Diccionarios

PENÍNSULA

Miguel Murcia

Diccionario de abreviaturas, siglas y acrónimos

EDICIONES PENÍNSULA

BARCELONA

Primera edición: mayo de 1998.

Este diccionario es obra de un equipo formado, además
de Miguel Murcia, por Joan Capdevila (director) y
Jordi Cornudella (editor).

Peu de la Creu 4, 08001-Barcelona.
E-MAIL: edicions-62 @ bcn. servicom.es
INTERNET: http://www.partal.com/Ed62

Diseño de la cubierta: Llorenç Marquès.

Impreso en Hurope, s.l., Lima 3, 08030 - Barcelona
Depósito legal: B. 16.207-1998.
ISBN: 84-8307-115-0.

PRESENTACIÓN

Actualmente se ha hecho muy habitual el uso de las abreviaturas, así como de las siglas y acrónimos, siendo utilizadas en cualquier faceta de la vida cotidiana. Ya sea en el ámbito común de la vida de relación, como en cualquier área de las diferentes disciplinas del saber.

Entendemos por abreviatura, la representación de una palabra por medio de una o varias de sus letras (caso de JC por Jesucristo). La sigla es una abreviatura, mediante iniciales u otras letras convencionales, de los nombres de Estados, provincias, entidades públicas o privadas, sociedades comerciales, etc. (caso de ONU por Organización de las Naciones Unidas). Mientras que el acrónimo, es una sigla que por su frecuencia de uso se ha convertido en sustantivo (caso de RADAR, por Detección y Referencia por Radio, que es la traducción de Radio Detecting and Ranging). Habiéndose iniciado su uso en Norteamérica se ha extendido rápidamente por todo el mundo.

Su empleo es tan frecuente que en ocasiones resulta difícil identificar su procedencia, dando lugar a confusión en el lector. Debemos tener presente que una abreviatura puede tener significados muy diferentes, pues incluso dentro de una misma profesión o disciplina las interpretaciones pueden ser dispares. Si pusiéramos como ejemplo la abreviatura DM, un abogado la interpretaría como Derecho Mercantil, un militar la entendería como División de Montaña, un economista como Marco Alemán (Deustche Mark), un médico como Dermatomiositis, Diabetes Mellitus, Depresión Mayor o Distrofia Muscular (según su especialidad fuera la dermatología, la diabetología, la psiquiatría o la neurología respectivamente), mientras que en el ámbito cotidiano la podríamos interpretar como Dios Mediante.

Si la función del lenguaje, verbal o escrito, es la de comunicar (y por tanto favorecer el entendimiento y la comprensión) se hace necesario un texto guía que permita el acceso rápido a los diferentes significados de las siglas, favoreciendo así la comunicación entre el emisor del mensaje y el receptor del mismo. Ya que la abreviatura, ante la dificultad que suscita su interpretación en algunas ocasiones, podría entorpecer los normales canales comunicativos, aun siendo utilizadas con el paradójico propósito de facilitar aquella comprensión.

Este diccionario de abreviaturas, siglas y acrónimos, abarca un amplio abanico de disciplinas al objeto de ser lo más práctico posible, pensando en las necesidades de diferentes colectivos de profesionales. Así, el lector hallará referencias sobre Ingeniería, Física, Química, Medicina, Biología, Bioquímica, Electrónica y Electricidad, Lingüística y Gramática, Matemáticas, Economía, Derecho, Ciencias Políticas y Sociales, Informática, Radiodifusión, Ciencia Militar y Armamento, Asociaciones e Instituciones de ámbito nacional e internacional, así como modismos de uso cotidiano y terminología latina.

Todas las referencias se agrupan en 12.157 entradas, que incluyen un total de 19.000 acepciones y significados. Atendiendo a que muchas abreviaturas son de procedencia extranjera, se ofrece la traducción en castellano pero conservando su significado en la lengua de origen.

Es deseo del autor que este libro sea útil y práctico para todos aquellos que tengan a bien consultarlo.

MIGUEL MURCIA GRAU
Badalona, Mayo 1997

DICCIONARIO DE ABREVIATURAS, SIGLAS Y ACRÓNIMOS

A

a Agua (aqua) || Amperio || Año (annus) || Área || Arteria || Constante de capilaridad || Presión constante de Van der Waals.

a Aceleración || Amplitud.

(a) Alias.

A Absorbancia || Acomodación, referido al cristalino || Acumulador (Accumulator) || Adenina || Adrenalina || Adriamicina || Adulto || Airbus || Alicante, referido a la matrícula nacional de automóvil || Almirante || Alteza || Alveolar || Amperímetro || Amperio || Amplitud || Anafilaxia || Ángel || Angstrom || Ánodo || Antena || Antonio || Aprobado, referido a examen || Área, referido a superficie || Argón || Arteria || Asimétrico || Átomo || Atómico || Austria, referido a la matrícula Internacional de automóvil || Axial || Azul || Dirección (address) || Gas alveolar || Número de masa || Temperatura absoluta || Trabajo máximo de un sistema Termodinámico.

A Absorbancia || Área || Vector de potencial magnético.

A/A Apoyo aéreo.

a/c A cuenta.

A/C Corriente alterna (Alternating Current) || Cuenta corriente (Account Current).

a/cta A cuenta.

A/E Adriamicina/Epirubicin.

a/f A favor.

A/G Aire-tierra (Air-Ground, referido a misil) || Relación albúmina-globulina.

A/kg Amperio por kilogramo.

A/L Apoyo logístico.

A/O A mi orden.

A/S Antisubmarino.

A/T Aire-tierra, referido a misil.

A+W Vivo y sano (Alive and Well).

A-1-AT Alfa-1-antitripsina.

$_{A\text{-}a}D_{O2}$ Diferencia de O_2 alveolar-arterial.

A-cm Amperio-centímetro.

A-h Amperio-hora.

A-m Amperio-minuto.

A-s Amperio-segundo.

A-t Amperio-vuelta (Ampere-turn).

A-V Audiovisual.

A&P Auscultación y percusión.

A_2 Segundo tono aórtico.

A3 Antena 3, referido al canal de televisión.

A_{45} Atmósfera a 45ª de latitud.

aa (X g): A partes Iguales (X gramos de cada componente), referido a formulación magistral.

aa Anillo abierto || Años || Arterias.

AA Absorción atómica || Ácido araquidónico || Ácido ascórbico || Aclaramiento de amilasa || Aerolíneas Americanas (American Airlines) || Alcohólicos Anónimos (Alcoholics Anonymus) || Almirante || Altezas || Amiloide A || Aminoácido || Angina (de pecho) Atípica || Antiaéreo, referido a proyectil || Arritmia auricular || Autores || Edad de rendimiento en el estudio (Achievement Age) || Reacción anticipada (Anticipatory Avoidance).

AAA Alianza anticomunista argentina || Aminoácidos aromáticos || Aneurisma de la aorta abdominal || Artillería antiaérea || Ataque agudo de ansiedad (Acute Anxiety Attack).

AAAA Actores y Artistas Asociados de América (Associated Actors and Artists of America).

AAAI Asociación Americana para la Inteligencia Artificial (American Association for Artificial Intelligence).

AAAL Academia Americana de Artes y Letras (American Academy of Arts and Letters).

AAAP Asociación Americana de Tecnólogos del Pavimento y del Asfalto (American Association of Asphalt and Paving Technologists).

AAAS Academia Americana de Artes y Ciencias (American Academy of Arts and Sciences) || Asociación Americana para el Progreso de la Ciencia (American Association for Advancement of Science).

AAb Autoanticuerpo (Autoantibody).

aac Año antes citado.

AAC Actividad anticomplementaria || Agrupación de apoyo de combate || Anticuerpos anticardiolipínicos || Control automático de amplitud (Automatic Amplitude Control) || En el año antes de Cristo (Anno Ante Christum).

AACB Asociación de Bancos de África Central (Association of African Central Banks).

AACC Asociación Americana de Química Clínica (American Association for Clinical Chemistry).

AACP Asociación Americana de Psiquiatría Infantil (American Association for Child Psychiatry).

AACR Asociación Americana Para la Investigación del Cáncer. (American Association for Cancer Research).

aacsp: A partes iguales (la suma de todos es igual a X), referido a formulación magistral.

Aad Ácido aminoadípico.

AAD Ácido acetodicarboxílico || Aloxacina adenina dinucleótido || Apéndice auricular derecho.

AAE Actividad antiheparínica || Alveolitis alérgica extrínseca || Aminoácidos esenciales || Asociación Americana de Ingenieros (American Association of Engineers) || Encefalitis alérgica aguda (Acute Allergic Encephalitis).

AAEE Asuntos Exteriores.

AAF Anticuerpos antifosfolípido || Aspiración con aguja fina || Astrocitoma con rasgos anaplásticos (Astrocytoma with Anaplastic Features) || Factor del ácido ascórbico (Ascorbic Acid Factor) || Factor antiescorbútico (Antiscorbutic Factor).

AAFDI Asociación Africana para la Financiación del Desarrollo Institucional.

AAFL Anticuerpos antifosfolípidos.

AAFS Academia Americana de Ciencia Forense (American Academy of Forensic Science).

AAG Asociación de Geógrafos Americanos (Association of American Geographers).

AAH Antígeno Australia de la hepatitis.

AAHMA Anemia hemolítica microangiopática.

AAI Agencia Atómica Internacional || Aminoácidos Indispensables || Apéndice auricular izquierdo || Autoanticuerpos para la insulina.

AAL Ácido aminolevulínico || Agrupación de apoyo logístico || Línea axilar anterior (Anterior Axillary Line).

AAM Asociación Americana de Microbiología (American Association of Microbiology) || Autoametralladora || Misil aire-aire (Air to Air Missile).

AAMC Autoametralladora cañón.

AAMD Asociación Americana sobre

Deficiencia Mental (American Association on Mental Deficiency).

AAMX Acetoacetato metaxilidida.

AAN Anticuerpos antinucleares.

AANF Anticuerpos antinucleares fluorescentes.

AANMT Alkilamina aromática N-metiltransferasa.

AAO Agrupación Aérea Operativa || Aminoácido oxidasa.

AAOMS Asociación Americana de Cirugía Oral y Maxilofacial (American Association of Oral and Maxilofacial Surgery).

AAOO Academia Americana de Oftalmología y Otolaringología (American Academy of Ophthalmology and Otolaryngology).

AAP Academia Americana de Pediatría (American Academy of Paediatric) || Actividad antiagregante plaquetaria || Alarma aérea previa || Agencia de Noticias Australiana (Australian Associated Press) || Poliomielitis anterior aguda (Acute Anterior Poliomyelitis).

AAPB Asociación Americana de Patólogos y Bacteriólogos (American Association of Pathologists and Bacteriologists).

AAPP Administraciones Públicas.

AAPSS Academia Americana de Ciencia Política y Social (American Academy of Political and Social Science).

AAR Ácido alcohol resistente || Aminoácidos ramificados || Reumatismo articular agudo (Acute Articular Rheumatism).

AARP Asociación Americana de Personas Retiradas (American Association of Retired Persons).

AAS Academia Americana de Ciencias (American Academy of Sciences) || Ácido Acetilsalicílico || Ácido argininosuccínico || Amiloide A sérico || Espectrometría de absorción atómica (Atomic Absorption Spectrometry) || Síndrome aplástico agudo (Acute Aplastic Syndrome) || Síndrome del arco aórtico (Aortic Arch Syndrome).

AASA Agencia Siria de Información (Agence Arabe Syrienne d'Information).

AASR Radar de Vigilancia de Aeropuertos y Aerovías (Airport and Airways Surveillance Radar).

AASS Asuntos Sociales.

AAT Agrupación Aérea Táctica || Alfa 1 antitripsina (Alpha 1 Antitrypsin) || Alfa Antituberculina || Amsacrina, arabinósido de citosina.

AATP Artillería autopropulsada.

AATT Asociación Americana de Tecnología Textil (American Association of Textile Technology).

AAU Asociación de Universidades Americanas (Association of American Universities).

AAV Aneurisma arteriovenoso || Vehículo de asalto anfibio (Assault Amphibious Vehicle).

AAVSO Asociación Americana de Observadores de Estrellas Variables (American Association of Variable Stars Observers).

AAVV Autores varios.

ab Abad.

Ab Aborto || Alabamina || Anticuerpo (Antibody).

AB Adriamicina, bleomicina || Albacete, referido a la matrícula nacional de automóvil || Asma bronquial || Axio bucal || Bronquitis Aguda (Acute Bronchitis) || Bronquitis asmática (Asthmatic Bronchitis).

ABA Asociación de Banqueros de América (American Bankers' Association) || Asociación de Arqueólogos del Reino Unido (Association of British Archeologists).

ABAO Asociación Bilbaína de Amigos de la Ópera.

ABC Acetobutirato de celulosa || Análisis de beneficios y costos || Asociación de Tenderos de Cataluña (Associació de Botiguers de Catalunya) || Axio buco cervical || Capacidad de unión con antígenos (Antigen Binding Capacity) || Citología por biopsia de aspiración (Aspiration Biopsy Cytology) || Compañía Americana de Radiodifusión (American Broadcasting Company) || Compañía Australiana de Radiodifusión (Australian Broadcasting Company) || Compensación automática de bajos (Automatic Bass Compensation) || Control automático de brillo (Automatic Brightness Control) || Ordenador Atanasoff-Berry (Atanasoff Berry Computer).

ABC-P Carmustina, ciclofosfamida, adriamicina, prednisona.

ABCC Asociación de Cámaras de Comercio del Reino Unido (Association of British Chambers of Commerce).

ABCD Adriamicina, bleomicina, lomustina, dacarbacina || Pasos a seguir en la resucitación cardíaca, según el Consejo de Investigación Nacional (EE.UU.): Airway (vía aérea), Breathing (respiración), Circulation (circulación), Diagnosis (diagnóstico).

ABCM Adriamicina, carmustina, ciclofosfamida, melfalán.

abd Abdomen || Abdominal || Abducción || Abductor.

ABDIC Adriamicina, bleomicina, dacarbacina, lomustina, prednisona.

ABDV Adriamicina, bleomicina, dacarbacina, vinblastina.

ABE Adriamicina, bleomicina, etopósido || Axiobucogingival || Endocarditis bacteriana aguda (Acute Bacterial Endocarditis).

ABGs Gases en sangre arterial (Arterial Blood Gases).

ABI Acuerdo básico interconfederal.

Abl Abril.

ABL Abetalipoproteinemia || Ablación (catéter de) || Axiobucolingual || Regulación automática del nivel del negro (Automatic Black Level).

ABM Misil antibalístico (Antiballistic Missile).

ABMT Trasplante autólogo de médula ósea (Autologous Bone Marrow Transplantation).

ABO Consejo Americano de Oftalmología (American Board of Ophthalmology) || Consejo Americano de Otolaringología (American Board of Otolaryngology) || Sistema de grupos sanguíneos.

ABOG Consejo Americano de Obstetricia y Ginecología (American Board of Obstetrics and Gynecology).

ABOS Consejo Americano de Cirugía Oral (American Board of Oral Surgery).

ABP Adriamicina, bleomicina, prednisona || Antibioprofilaxis || Consejo Americano de Pediatría (American Board of Pediatrics) || Presión arterial sanguínea (Arterial Blood Pressure).

ABPA Aspergilosis broncopulmonar alérgica.

ABPN Consejo Americano de Psiquiatría y Neurología (American Board of Psichiatry and Neurology).

ABPS Consejo Americano de Cirugía Plástica (American Board of Plastic Surgery).

ABr (prueba de) Aglutinación para la brucelosis (Agglutination for Brucellosis).

ABR Área Braquial || Reposo absoluto en cama (Absolute Bed Rest) || Respuesta audiométrica troncoencefálica (Audiometric Brainstem Reponses).

ABRD Aviones blanco radiodirigidos.

abs Absoluto (Absolute) || Absorbente || Abstracto.

abs feb Sin fiebre (Absente Febre).

abs gen Absolución general.

ABS Alquilbenceno Sulfonatos ||

Acrilonitrilo butadienoestireno (copolímeros de) || Área básica de salud || Consejo Americano de Cirugía (American Board of Surgery) || Síndrome cerebral agudo (Acute Brain Syndrome).

ABS-ATF Absorción de anticuerpos treponémicos fluorescentes.

Abto Abastecimiento.

ABTP Angioplastia con balón transluminal percutánea.

Abu Ácido amino-n-butírico.

ABV Adriamicina, bleomicina, vinblastina.

ABVC-BCG Adriamicina, bleomicina, vincristina, ciclofosfamida-bacilo de Calmette Guerin.

ABVD Adriamicina, bleomicina, vinblastina, dacarbacina.

ABVP Adriamicina, bleomicina, tenipósido, prednisona || Adriamicina, bleomicina, vinblastina o vincristina, prednisona.

ac Ácido || Acre, referido a medida de superficie || Antes de las comidas (ante cibum) || Año en curso (Anno Corrente).

aC Antes de Cristo.

Ac Acetil || Actinio || Agudo || Alicíclico || Altocúmulo (altocumulus).

AC Acción para el cambio (Action pour le Changement, Mauritania || Acción católica || Acetato de celulosa || Acetilcolina || Aclaramiento de Creatinina || Acromioclavicular || Adriamicina, carmustina || Adriamicina, ciclofosfamida || Aero club || Air Canada || Alerta y control || Altocúmulo || Anhidrasa carbónica || Antes de Cristo (Ante Christum) || Anticoagulación || Anticuerpo || Arabinósido de Citosina || Arteria coronaria || Asamblea Canaria || Asuntos civiles || Atletic Club || Auriculocarotídeo || Axiocervical || Azacitidina || Cloruro de alilo || Concentración arterial, respecto de la inhalación de un isótopo || Corriente alterna (Alternating Current) || Circunferencia abdominal (Abdominal Circumference, referido a ecografía fetal) || Cuenta corriente (Account Current).

AC I Isoenzima de la anhidrasa carbónica.

AC II Isoenzima de la anhidrasa carbónica.

AC III Isoenzima de la anhidrasa carbónica.

AC AD Arabinósido de Citosina en Altas Dosis.

AC *versus* ACMF Adriamicina, ciclofosfamida-adriamicina, ciclofosfamida, metotrexato, leucovorin, fluorouracilo.

AC-BCG Adriamicina, ciclofosfamida, bacilo Calmette Guerin.

ACA Anticuerpos anticardiolipina (Anticardiolipin Antibodies) || Artillería de campaña || Asociación de la Cruz Azul || Colegio Americano de Angiología (American College of Angiology).

Acad fran Academia francesa (Académie française).

ACAH Hepatitis crónica activa autoinmune (Autoimmune Chronic Active Hepatitis).

ACAN Agencia Centroamericana de Noticias.

ACAT Acil coenzima A colesterol acil transferasa.

ACB Asociación de Clubs de Baloncesto.

ACC Adenocarcinoma cístico || Anticoagulantes circulantes || Arsenato de cobre cromado || Atrofia cerebral Cortical || Centro del Área de Control (Area Control Center) || Colapso cardiovascular agudo (Acute Cardiovascular Collapse) || Colegio Americano de Cardiología (American College of Cardiology) || Condrocalcinosis articular (Articular Chondrocalcinosis) || Control automático de contraste (Automatic Contrast Control) || Control automático de crominancia (Automatic Chrominance Control).

ACCA Asociación Catalana de Críticos de Arte (Associació Catalana de Crítics d'Art).

ACCC Asociación Catalana de Comunicación Científica (Associació Catalana de Comunicació Científica).

AcCh Acetilcolina (Acetylcoline).

AcCoA Acetilcoenzima A.

ACCP Colegio Americano de Neumólogos (American College of Chest Physicians).

ACCT Agencia para la Cooperación Cultural y Técnica || Cuenta (Account).

ACCW Ondas continuas de corriente alterna (Alternating Current Continuous Waves).

ACD (Solución) Ácida de citrato de dextrosa || Actinomicina D || Agrupación para la Cultura y la Democracia, Argelia || Arteria coronaria derecha || Asociación Catalana de Diabéticos (Associació Catalana de Diabetics).

ACDC Ácido chenodesoxicólico.

ace (Fragmento) Acéntrico, referido a citogenética.

ACE Acetilcolinesterasa || Actinomicina D, Ciclofosfamida, Etopósido || Alcohol, cloroformo, éter, referido al anestésico || Antígeno carcinoembrionario || Arteria carótida externa || Artillería de cuerpo de ejército || Asociación Catalana de Estudiantes (Associació Catalana d'Estudians) || Avión de combate Europeo || Enzima convertidor a angiotensina (Angiotensin Converting Enzyme) || Equipo automático de verificación (Automatic Checkout Equipment).

ACEC Área catalana de exhibición cinematográfica || Asociación Colegial de Escritores de Cataluña (Associació Colegial d'Escriptors de Catalunya).

ACED Asociación Catalana de Editores de Diarios (Associació Catalana d'Editors de Diaris).

ACELL Agrupación Catalana de Deportes y Ocio (Agrupació Catalana d'Esports i Lleure).

ACEM Asociación Catalana de Esquí de Montaña.

ACEP Activador del complejo estreptoquinasa plasminógeno.

ACESA Autopistas concesionarias Españolas Sociedad Anónima.

acet Acetato || Acetona.

ACEt Adriamicina, ciclofosfamida, etopósido.

ACET Asociación Catalana de Ingenieros de Telecomunicaciones (Associació Catalana d'Enginyers de Telecomunicacions).

ACETT Asociación Catalana de Empresas de Trabajo Temporal (Associació Catalana d'Empresas de Treball Temporal).

ACF Automóvil Club de Francia (Automobile Club de France).

ACFV Adriamicina, ciclofosfamida, fluorouracilo, vincristina.

ACG Agrupación del Cuartel General || Angiocardiografía || Angiocardiograma || Apexcardiografía || Apexcardiograma || Arteritis de células gigantes || Colegio Americano de Gastroenterología (American College of Gastroenterology).

ACGBI Automóvil Club de Gran Bretaña e Irlanda (Automobile Club of Great Britain and Ireland).

ACI Almacén central de intendencia || Anticuerpos para las células de los islotes || Antígeno (de reacción) cruzada inespecífico || Arteria carótida interna || Arteria coronaria izquierda || Automóvil Club de Italia (Automobile Club d'Italia) || Insuficiencia coronaria aguda (Acute Coronary Insufficiency) || Instituto Americano del Hormigón (American Concrete Institute).

ACIC Asociación de Cantautores e

Intérpretes en Lengua Catalana (Associació de Cantautors e Interprets en Llengua Catalana).

ACIM Asociación Catalana para la Infancia Maltratada (Associació Catalana per a la Infancia Maltractada).

ACJD Asociación Catalana de Juristas Demócratas (Associació Catalana de Juristes Democrates).

aCL Anticuerpos contra la cardiolipina.

ACL Adjective Check List || Artillería de campaña ligera.

ACLA Liga Anticomunista de América (Anticommunist League of America).

ACLI Asociación Cristiana de Trabajadores Italianos (Associazione Cristiana Lavoratori Italiani).

ACM Anticuerpo monoclonal || Arteria cerebral media || Asociación Catalana de Municipios (Associació Catalana de Municipis) || Asociación Chino-Malaya || Malformación de Arnold Chiari (Arnold Chiari Malformation).

ACMf Adriamicina, ciclofosfamida, metotrexato, ácido folínico.

ACMP Comité Consultivo sobre Contaminación Marina (Advisory Committee on Marine Pollution).

ACMRR Comité Consultivo sobre Investigación de Recursos Marinos (Advisory Committee on Marine Resources Research).

ACN Antes del nacimiento de Cristo (Ante Christum Natum) || Asamblea Canaria Nacionalista || Colegio Americano de Neuropsiquiatras (American College of Neuropsychiatrists) || Conferencia nacional africana (African National Congress, República de Sudáfrica).

ACNO Asociación de Comités Nacionales Olímpicos.

ACNP Asociación Católica Nacional de Propagandistas || Colegio Americano de Físicos Nucleares (American College of Nuclear Phisics).

ACNUR Alto Comisionado de las Naciones Unidas para los Refugiados.

A cob Ámbito de Cobertura.

ACO Acción Católica Obrera || Anticonceptivos orales.

ACOG Colegio Americano de Obstetras y Ginecólogos (American College of Obstetrics and Gynecologists).

ACOM Acción para las comarcas mineras || Asociación Catalana de Observadores de Meteorología (Associació Catalana d'Observadors de Meteorologia).

ACOMLA Adriamicina, ciclofosfamida, vincristina, metotrexato, leucovorin, citarabina.

ACOP+ Adriamicina, ciclofosfamida, vincristina, prednisona + radioterapia.

Acor Acorazado.

ACP Acetato de ciproterona || África-Caribe y Pacífico, referido a los países de esa zona a los que la Comunidad Europea concede trato económico preferente || Anafilaxia cutánea pasiva || Angioplastia coronaria percutánea || Artillería de campaña pesada || Asociación Católica de Propagandistas || Automóvil Club de Portugal (Automóvil Clube de Portugal) || Colegio Americano de Farmacéuticos (American College of Pharmacists) || Colegio Americano de Patólogos (American College of Pathologists) || Fosfatasa ácida (Acid Phosphatase).

ACPB Asociación de Consumidores de la Provincia de Barcelona (Associació de Consumidors de la Provincia de Barcelona).

ACPC Asociación Catalana de Publicidad y Comunicación (Associació Catalana de Publicitat i Comunicació).

ACPCA Asociación Catalana de Productores Cinematográficos y Audio-

visuales (Associació Catalana de Productors Cinematografics i Audiovisuals).
ACPP Adrenocorticopolipéptido.
ACPS (Factor estable) Acelerador de la conversión de la protrombina sérica.
ACPT Angioplastia coronaria percutánea transluminal.
AcPV Acetato de polivinilo.
ACPV Acción Cultural del País Valenciano.
ACPVC Asociación Coordinadora de Pesebres Vivientes de Cataluña (Associació Coordinadora de Pessebres Vivents de Catalunya).
ACR Colegio Americano de Radiología (American College of Radiology) || Radar de control de aeródromo (Aerodrome Control Radar) || Registro auxiliar de mando (Auxiliary Command Register).
ACRD Almacén central de recepción y distribución.
acron Acrónimo.
ACS Alta cota supersónica || Arteria cerebelosa superior || Colegio Americano de Cirujanos (American College of Surgeons) || Comité Americano del Carbón (American Carbon Society) || En la casa del Señor (A la Casa del Senyor) || Sociedad Americana del Cáncer (American Cancer Society) || Sociedad Americana de Química (American Chemical Society, EE.UU.) || Suero citotóxico antireticular (Antireticular Cytotoxic Serum).
ACSAR Asociación Catalana de Solidaridad y Ayuda al Refugiado.
ACSM Colegio Americano de Medicina del Deporte (American College of Sports Medicine).
ACT Actinomicina || Asociación Catalana del Taxi (Associació Catalana del Taxi) || Terapia anticoagulante (Anticoagulant Therapy) || Torre de Control de aerodromo (Aerodrome Control Tower).
ACTA Artillería de costa.
actal Accidental.
ACTAL Accidental.
ACTH Hormona Adrenocorticotropa (Adrenocorticotropic Hormone).
ACTHRF Factor Liberador de la Hormona adrenocorticotropa (Adrenocorticotropic Hormone Releasing Factor).
ACTHRH Hormona liberadora de la hormona adrenocorticotropa (Adrenocortricotropic Hormone Releasing Hormone).
ACTN Adrenocorticotropina.
Acto Acuartelamiento.
ACTP Angioplastia coronaria transluminal Percutánea || Polipéptido adrenocorticotrópico (Adrenocorticotropic Polypeptide).
ACTUA Acción Catalana de Trabajo Unitario Antisida (Acció Catalana de Treball Unitari Antisida).
ACU Unidad aritmética de control (Arithmetical Control Unit).
ACV Accidente cerebrovascular || Aciclovir || Antígeno de la cápside viral.
ACVB Bypass venoso aortocoronario (Aortocoronary Venous Bypass).
ACVD Enfermedad cardiovascular arterioesclerótica (Arteriosclerotic Cardiovascular Disease).
AcH Acetaldehído.
ACH Armada de Chile.
ACh Acetilcolina (Acetylcoline).
AchE Acetilcolinesterasa.
AChE Acetilcolinesterasa.
ACHH Asociación Cultural Hispano-Helénica.
aChr Antes de Cristo.
AchR Receptores de acetilcolina.
ACHR Sociedad Americana de Derechos Humanos (American Society of Human Rights).
AChy Antiquimotripsina.
ad fin Cerca del fin (ad finem).
ad inf Hacia el infinito (ad infinitum).

ad init En el principio (ad initium).
ad lib A voluntad (ad libitum).
ad neut Hasta neutralizar (ad neutralizandum).
ad saec En el siglo (ad saeculum).
ad sat Hasta la saturación (ad saturandum).
ad u p Para uso propio (ad usum Proprium).
ad us Según costumbre (ad usum).
ad us ext Para uso externo (ad usum externum).
AD Acceso directo || Acción democrática, Venezuela || Acción Directa, referido al grupo terrorista francés || Adriamicina, dacarbacina || Aeródromo || Agrupación de desembarco || Alternativa Democrática, Surinam || Analógico a Digital (analog to Digital) || Angiografía digital || Ánodo (Anode) || Antidepresivo || Año del Señor (Anno Domini) || Artillería de división || Asociación Deportiva || Aurícula derecha || Autosómica dominante, referido a la herencia || Azacitidina, doxorrubicina || Defensa aérea (Air Defence) || Determinante antigénico (Antigenic Determinant) || Enfermedad de Alzheimer (Alzheimer's Disease).
Ad12 Serotipo 12 de adenovirus.
AD_{50} Dosis anestésica media (Median Anesthetic Dose).
ADA Acetona dicarboxílico ácido || Adenosina Deaminasa (Adenosine deaminase) || Asociación Americana de la Diabetes (American Diabetes Association) || Asociación Americana de Dietética (American Dietetic Association) || Asociación de Ayuda al Automovilista || Asociación de Defensa de los Accionistas.
ADAE Asociación de Aplicaciones de la Electricidad.
ADAGA Asociación de Amigos de los Gatos.
ADAMHA Administración para la Salud Mental, Abuso de Drogas y Alcohol (Alcohol Drug Abuse and Mental Health Administration).
ADB Banco Africano de Desarrollo (African Development Bank) || Banco Asiático de Desarrollo (Asian Development Bank).
ADBC Adriamicina, dacarbacina, bleomicina, lomustina.
ADC Adriamicina, dacarbacina, lomustina || Alianza Democrática Cívica, Chequia || Anemia diseritropoyética congénita || Asociación de Diabéticos de Cataluña (Associació de Diabetics de Catalunya) || Axiodistocervical || Ayuda de campo || Azodicarbonamida || Convertidor de analógico a digital (Analog to Digital Converter) || Suma complementaria (Add Complementary).
ADCB Adriamicina, dacarbacina, lomustina, bleomicina.
ADCC Citotoxicidad celular dependiente de los anticuerpos (Antibodies Dependent Cellular Cytotoxicity).
add Agregar o añadir, referido a receta médica.
Add Adducción || Adductor.
ADDA Asociación para la Defensa de los Derechos de los Animales.
ADDBS Ácido dodecilbencenosulfónico.
ADDIA Asociación en Defensa del Derecho de la Infancia a la Adopción (Associació en Defensa del Dret de la Infancia a l'Adopció).
ADE Acción dinámica específica, de los alimentos respecto del metabolismo basal || Amplitud de distribución eritrocitaria || Buque mixto (petroleo, repuestos, víveres y municiones) || Encefalitis diseminada aguda (Acute Disseminated Encephalitis) || Traductor audible Doppler (Audible Doppler Enhancer).
ADEK (vitaminas) A, D, E, K.
ADELA Asociación para el Desarrollo Económico de Latinoamérica.
ADELF Asociación de Escritores de

Lengua Francesa (Association d'Écrivains de Langue Française).

ADELPHA Asociación de Defensa Ecológica y del Patrimonio Histórico Artístico.

ADEMA Alianza para la Democracia en Mali.

ADEMAR Asociación de Antiguos Alumnos Maristas.

ADENA Asociación para la Defensa de la Naturaleza.

ADEPS Asociación de Educación para la Salud.

ADES Área de despliegue.

ADET Acta del Derecho de los Enfermos Terminales, Australia.

Adetca Asociación de Empresas de Teatro de Cataluña (Associació d'Empreses de Teatre de Catalunya).

ADF Ácido difenólico || Fondo para el desarrollo de Asia (Asian Development Fund) || Radiogoniómetro automático (Automatic Direction Finder).

aDg a Dios gracias.

ADG Axiodistogingival.

ADGL Ácido dihomogammalinoleico.

ADGR Amplitud de distribución de los glóbulos rojos.

ADH Ácido docosahexaenoico || Alcohol deshidrogenasa || Amplitud de distribución de la hemoglobina || Hormona antidiurética (Antidiuretic Hormone).

ADHC Antidepresivo heterocíclico.

ADHCs Antidepresivos heterocíclicos.

ADHD Trastorno por déficit de atención con hiperactividad (Attention Deficit Hyperactivity Disorder).

ADI Agrupación de Diseñadores Industriales || Alianza Democrática Islámica, Pakistán || Ansiedad-Depresión-Irritabilidad, referido a la escala de evaluación || Axiodistoincisal || Instituto Americano de Documentación (American Documentation Institute).

ADIC Asociación para el Desarrollo de la Ingeniería del Conocimiento.

ADID Adipato de diisodocilo.

ADIO Adipato de diisooctilo.

ADIRS Antidepresivos inhibidores de la recaptación de serotonina.

ADIS Anxiety Disorders Interview Schedule.

ADIU Unidad de Interface de Direcciones y Datos (Address and Data Interface Unit).

ADIVAN Asociación de Distribuidores e Importadores Videográficos de Ámbito Nacional.

ADIZ Zona de identificación obligatoria de aeronaves (Air Defense Identification Zone).

adj Adjetivo.

ADJ Ajustar (Adjust).

ADK Adenosina quinasa (Adenosine Kinase).

ADL Actividades de la vida diaria (Activities of Daily Living) || Alianza de Demócratas Liberales, Hungría.

ADLP Partido Laborista Democrático Australiano (Australian Democratic Labour Party).

ADM Adriamicina, dibromodulcitol, mitomicina || Alianza Democrática de Madagascar (Alliance Démocratique du Madagascar) || Sumar memoria (Add Memory).

ADM19 Alianza Democrática Movimiento 19 de Abril, Colombia.

Admón Administración.

adm^{or} Administrador.

admor Administrador.

ADMP Ácido dimetilolpropiónico.

ADMS Sistema desmagnetizador automático (Automatic Demagnetizer System).

ADN Acción Democrática Nacionalista, Bolivia || Ácido desoxirribonucleico || Alianza Democrática Nacional, Pakistán || Servicio General Alemán de Noticias (Allgemeine Deutscher Nachrichte Dienst).

ADNc Ácido desoxirribonucleico complementario.

ADNds Ácidos desoxirribonucleicos desnaturalizados.

ADNOD Adipato de Di(n-Octilo, n-Decilo).

ADO Adipato de dioctilo || Asociación de Deportes Olímpicos || Axiodistooclusal.

ADOC Adriamicina, vincristina, ciclofosfamida, cisplatino.

ADP Adenosina difosfato || Alianza Democrática de Oposición Civilista, Panamá || Amonio dihidrógeno fosfato || Amplitud de distribución plaquetaria || Fosfato dihidrógeno amónico (Ammonium Dihydrogen Phosphate) || Proceso automático de datos (Automatic Data Processing).

ADPA Asociación de Defensa de los Pequeños Accionistas.

ADPCM Modulación por código de impulsos diferenciables Adaptables (Adaptive Differential Pulse Code Modulation).

ADPS Sistema automático de tratamiento de datos (Automatic Data Processing System).

ADPTR Adaptador (Adapter).

Adr Adrenalina.

ADR Adriamicina o doxorrubicina o hidroxidaunomicina || Aporte dietético recomendado || Astra digital radio || Dirección o dirigir (Address) || Reducción automática de la distorsión (Automatic Distorsion Reduction) || Ruta aconsejada (Advisory Rute).

ADRDA Asociación para la Enfermedad de Alzheimer y Trastornos Asociados (Alzheimer's Disease and Related Disorders Association).

ADRS Escala de evaluación de los trastornos afectivos (Affective Disorders Rating Scale).

AdS Academia de Ciencias (Académie des Sciences, Francia).

ADS Sustancia antidiurética (Antidiuretic Substance).

adst feb Fiebre presente (Adstante Febre).

ADST Hora de verano según sistema horario del Atlántico (Atlantic Daylight Saving Time, referido a EE.UU.).

ADT Alianza Democrática Turnhalle, Namibia || Antidepresivo tricíclico || Tratamiento a Días Alternos (Alternate Day Treatment).

ADTE Asamblea de Trabajadores del Espectáculo.

ADTs Antidepresivos Tricíclicos.

adv Adverbio || Contrario (Adversus).

ADV Adenovirus.

ADVP Adictos a drogas por vía parenteral.

ae A la edad de (Aetatis).

AE Agencia Europea de Noticias (Agence Europe) || Agrupación de Electores (Agrupació d'Electors, Cataluña) || Almacén de explosivos || Aminoetil || Análisis elemental || Armada Española || Energía atómica (Atomic Energy) || Ingeniero aeronáutico (Aeronautical Engineer).

AE&MP Embajador extraordinario y ministro plenipotenciario (Ambassador Extraordinary and Minister Plenipotentiary).

AE&P Embajador extraordinario y plenipotenciario (Ambassador Extraordinary and Plenipotentiary).

AEA Acuerdo de empleo agrario || Alcohol, éter, acetona || Asociación Española de Anunciantes || Asociación Española de Arboricultura || Automovilistas Europeos Asociados.

AEAC Ácido epsilon-aminocaproico.

AEAT Agencia Estatal de la Administración Tributaria.

AEC Actividad estimulante de colonias || Agrupación escolar Catalana (Agrupació Escolar Catalana) || Agua extracelular || Arancel externo común, referido a los países del Pacto Andino || Asociación de Estados del Caribe || Asociación Española de la Banca || Ataxia Espinocerebelosa || Comisión de Energía Atómica (Atomic Energy Commission, EE.UU.).

AECA Asociación Española de Compañías Aéreas || Asociación Española de Contabilidad y Administración de Empresa || Asociación Española de Críticos de Arte.

AECC Asociación Española para el Control de la Calidad.

AECEI Asociación Española de Centros de Enseñanza Informática.

AECF Asociación española de Ciencia ficción.

AECI Agencia Española de Cooperación Internacional.

AECOC Asociación Española para la Codificación Comercial.

AED Asociación Española de Directivos || Asociación Europea de Profesores (Association Européenne des Enseignants).

AEDE Asociación de Editores de Diarios Españoles.

AEDEM Asociación española de Esclerosis Múltiple.

AEDENAT Asociación Ecologista de Defensa de la Naturaleza.

AEDS Sistemas de detección de energía atómica (Atomic Energy Detection Systems).

AEE Administración Espacial Europea || Agencia Espacial Europea.

AEEC Asociación Española de Enfermería en Cardiología.

AEEDE Asociación Española de Escuelas de Dirección de Empresas.

AEEF Asociación Española de Ejecutivos de Finanzas.

AEEGS Sociedad Electroencefalográfica Americana (American Electroencephalographic Society).

AEEN Agencia Europea para la Energía Nuclear (Agence Européenne pour l'Energie Nucléaire).

AEF África ecuatorial francesa || Efecto alogénico (Allogenic Effect).

AEFCF Asociación Española de Fantasía y Ciencia Ficción.

AEFH Asociación Española de Farmacéuticos de Hospital.

AEFI Asociación Española de Farmacéuticos de la Industria.

AEFJ Asociación Española de Fabricantes de Juguetes.

AEFM Asociación Europea de Festivales de Música (Association Européenne des Festivals de Musique).

AEG Electrograma auricular.

AEH Anhidroenneaheptitol.

AEI Asociación de Industrias Eléctricas, de Gran Bretaña (Association of Electrical Industries).

AEIA Asociación española de Informática y Automática.

AEIE Agrupación Europea de Interés Económico.

AEL Asociación Española del Leasing || Asociación para una Estonia Libre.

AELC Asociación Europea de Libre Comercio || Asociación de Escritores en Lengua Catalana (Associació d'Escriptors en Llengua Catalana).

AELE Asociación Europea de Libre Cambio (Association Européenne de Libre Échange).

AELLC Asociación de Editores en Lengua Catalana (Associació d'Editors en Llengua Catalana).

AEM Autoexamen de la mama.

AEMA Agencia Europea del Medio Ambiente.

AEMD Asociación Española de Marketing Directo.

aen Hecho de cobre (Aeneus, referido a numismática).

AEN Atenuación equivalente de nitidez.

AENA Aeropuertos Españoles y Navegación Aérea.

Aendo Área endocárdica.

AENOR Asociación Española para la Normalización y Racionalización.

AEORMA Asociación Española para la Ordenación del Medio Ambiente.

AEP Ácido eicosapentaenoico || Agencia Europea de Productividad (Agence Européenne de Productivité) || Antígeno específico próstatico || Asociación Española de Pediatría || Asociación de Estudiantes Progresistas (Associació d'Estudiants Progressistes) || Potencial evocado auditivo (Auditory Evoked Potential).

AEPD Amino etil propanodiol.

Aepi Área epicárdica.

AEPIA Asociación Española Para la Inteligencia Artificial.

AEPOVAC Asociación Española de Portadores de Válvulas Cardíacas.

AEPs Potenciales evocados auditivos (Auditory Evoked Potentials).

AEPSA Acuerdo para el Empleo y la Protección Social Agrarios.

aeq Igual (Aequalis).

AER Agencia Espacial Rusa || Asociación Española de Robótica || Respuesta evocada auditiva (Acoustic Evoked Response) || Tasa de excreción de aldosterona (Aldosterone Excretion Rate).

AERP Asociación Española de Radiodifusión Privada || Agrupación Española de Relaciones Públicas.

AES Acuerdo económico y social || Espectro de Emisión Atómico (Atomic Emission Spectrum) || Espectroscopia electrónica Auger (Auger Electron Spectroscopy) || Sociedad Americana de Electrochapeadores (American Electroplaters' Society) || Sociedad Encefalográfica Americana (American Encephalographic Society) || Sociedad Americana de Epidemiología (American Epidemiological Society) || Sociedad de Ingeniería de Audiofrecuencia (Audiofrequency Engineering Society, EE.UU.).

AESA Astilleros Españoles Sociedad Anónima.

AESLA Asociación Española de Lingüística Aplicada.

aet A la edad de (Aetatis).

AET Altura de un elemento de transmisión || Aminoetilisotiourea.

AETD Ácido etilendiaminotetraacético.

AETIJ Asociación Española de Teatro para la Infancia y la Juventud.

AEUE Asociación de Editoriales Universitarias Españolas.

af A favor || Próximo año (Anno Futuro).

Af Afganí, referido a la unidad monetaria de Afganistán.

A of F Academia de Ciencias (Academy of Sciences, EE.UU.).

AF Academia francesa (Académie Française) || Adriamicina, ftorafur || Agente filtrable, referido a medicina || Air France || Alférez de fragata || Alta frecuencia || Anamnesis familiar || Anemia de Fanconi || Anglo-francés || Armada francesa (Armée française) || Asociación de fiscales || Ataxia de Friedrich || Audiofrecuencia (Audio Frequency) || Fibrilación atrial o auricular (Atrial, or Auricular, Fibrillation) || Líquido amniótico (Amniotic Fluid).

AFA Ácido fenilacético || Asociación Americana de Fundidores (American Foundrymen's Association) || Asociación Africana de Fútbol (African Football Association) || Asociación de Fútbol Argentino.

AFAC Asociación de Familiares de (Enfermos de) Alzheimer de Cataluña (Associació de Familiars d'Alzheimer de Catalunya).

AFAMMCA Asociación de Familiares de Enfermos Mentales de Cataluña (Associació de Familiars de Malalts Mentals de Catalunya).

AFANIAS Asociación de Familias con Niños y Adultos Subnormales.

AFAS Asociación Francesa para el Desarrollo de las Ciencias (Association Francaise pour l'Avancement des Sciences).

AFC Alianza de las Fuerzas del Cambio, Niger || Asociación para el Fomento de la Ciencia (Associació per al Foment de la Ciencia, Cataluña) || Células formando anticuerpos (Antibody Forming Cells) || Control automático de frecuencia (Automatic Frequency Control) || Control automático de vuelo (Automatic Flight Control).

AFCA Asociación de Comunicaciones de las Fuerzas Armadas (Armed Forces Communications Association, EE.UU.).

AFCEA Asociación de Comunicacionbes y Electrónica de las Fuerzas Armadas (Armed Forces Communications and Electronics Association, EE.UU.).

AFCS Sistema de Control Automático de Vuelo (Automatic Flight Control System).

AFDLCZ Alianza de Fuerzas Democráticas para la Liberación del Congo-Zaire (Alliance de Forces Démocratiques pour la Liberation du Congo-Zaire).

AFE Asociación de Ferias Españolas || Asociación de Futbolistas Españoles.

AFERO Oficina Regional (de la FAO) para Asia y Lejano Oriente (Asia and the Far East Regional Office).

AFESD Fondo árabe para el desarrollo social y económico (Arab Fund for the Economic and Social Development).

Afg Afganistán.

AFG Afganistán, referido a la matrícula internacional de automóvil || Alfa fetoglobulina.

AFH Fundación Americana para la Homeopatía (American Foundation for Homeopathy).

AFHE Autoridad de fertillización humana y embriología.

AFI Alfabeto fonético internacional || Anticuerpo fluorescente Indirecto || Idiocia amaurótica familiar (Amaurotic Familial Idiocy) || Instituto Americano del Cine (American Film Institute).

AFIAP Artista de la Federación Internacional del Arte Fotográfico (Artiste de la Fédération Internationale de l'Art Photographique).

AFL (Antígeno) Asociado a la función linfocitaria || Federación Americana del Trabajo (American Federation of Labor) || Liga Americana de Fútbol (American Football League).

AFM Ácido fosfomolíbdico || Asociación de Fabricantes de Máquinas Herramientas || Microscopio de fuerza atómica (Atomic Force Microscope).

afmo Afectísimo.

AFMP Apoyo financiero a medio plazo.

AFNOR Asociación Francesa de Normalización (Association Française de Normalisation).

AFO Área frontal oftálmica.

AFOR Asociación, Fundación para la Investigación Ortopédica (Association, Foundation for the Orthopaedic Research).

AFORD Alianza Para la Democracia (Alliance for la Democracy, Malawi).

AFP Adriamicina, fluorouracilo, cisplatino || Agencia de Noticias Francesa (Agence France Presse) || Alfa fetoproteína (Alpha Fetoprotein).

AFPC Control automático de frecuencia y fase (Automatic Frequency and Phase Control).

AFPPMC Asociación de Fotógrafos Profesionales de Publicidad y Moda de Cataluña.

AFPT Anhidroformaldehído-p-toluidina.

Afr África.

AFR Insuficiencia renal aguda (Acute Renal Failure) || Insuficiencia respiratoria aguda (Acute Respiratory Failure).

AFRASEC Organización Afro-Asiática para la Cooperación Económica (Afro-Asian Organization for Economic Cooperation).

AFRD Enfermedad eespiratoria febril aguda (Acute Febrile Respiratory Disease).

AFRO Oficina Regional (de la FAO) para África (Africa Regional Office).

AFS Buque de apoyo logístico || Desplazamiento de audiofrecuencia (Audio Frequency Shift) || Servicio fijo aeronáutico (Aeronautical Fixed Service).

AFT Federación Americana de Profesores (American Federation of Teachers) || Tuberculina libre de albúmina (Albumin Free Tuberculin).

AFTM Fundación Americana de Medicina Tropical (American Foundation of Tropical Medicine).

AFTN Red de telecomunicaciones fijas aeronáuticas (Aeronautical Fixed Telecommunication Network).

AFUES Asociación de Funerarias Españolas.

AFYVE Asociación Fonográfica y Videográfica Española.

Ag Antígeno || Plata (Argentum).

AG Ácidos grasos || Alternativa gallega || Anestesia general || Antiglobulina || Axiogingival || Galope atrial, referido al ritmo cardíaco || Glaucoma agudo (Acute Glaucoma).

AGA Agudización grave del asma || Asociación Americana del Gas (American Gas Association).

AGAB Agrupación de abastecimiento.

AGAC Archivo General de la Administración Central || Corporación Americana de Autores y Compositores (American Guild of Authors and Composers).

AGACTA Agrupación de Artillería de Costa.

AGAH (Rama) Ascendente gruesa del Asa de Henle.

AGAIM Agrupación Anfibia de Infantería de Marina.

AGAL Asociación Gallega de la Lengua (Associacom Galega da Lingua).

AGAMP Amplificador con ajuste automático de ganancia (Automatic Gain Adjusting Amplifier).

AGARD Grupo Consultivo (de la OTAN) para la Investigación y el Desarrollo Aeroespacial (Advisory Group For Aerospace Research and Development).

AGASAN Agrupación de Asistencia Sanitaria.

AgAu Antígeno Australia.

ag feb Aumenta la fiebre (Aggrediente Febre).

Agbar Aguas de Barcelona.

AGBR Área grasa braquial.

AGC Cáncer gástrico avanzado (Advanced Gastric Cancer) || Dispositivo corrector de puntería aerotransportado y mandado por radar (Airborne Radar Gunsight) || Control automático de ganancia (Automatic Gain Control) || Recuento completo de granulocitos (Absolute Granulocyte Count).

AGCA Archivo general de la Corona de Aragón.

AGCC Consejo de Cooperación del Golfo Árabe (Arab Gulf Cooperation Council).

AGCL Ácidos grasos de cadena larga.

AGD Análisis gravimétrico diferencial.

AGE Ácidos grasos esenciales || Gastroenteritis aguda (Acute Gastroenteritis).

AGG Agammaglobulinemia.

AgHA Antígeno de la hepatitis A.

AgHBe Antígeno de la hepatitis B.

AgHBs Antígeno de superficie de la hepatitis B.

AGHEL Agrupación de helicópteros.

AGI Instituto Geográfico Americano (American Geographical Institute) || Instituto Geológico Americano (American Geological Institute) || Artistas Gráficos Internacionales (Artistes Graphiques Internationaux).

AGID Agar gel inmunodifusión.

AGIL Adaptación-capacidad para alcanzar objetivos-integración-estado latente (Adaptation-Goal Attainment-Integration-Latency).

AGIP Empresa General Italiana de Petróleos (Agenzia Generale Italiana Petroli).

AGIRG Agrupación de Intendencia de la Reserva General.

agit Agitar (Agitatum).

agit ante sum Agitar antes de tomar (Agita Ante Sumendun).

AGL Ácidos grasos libres || Agrupación logística || Leucemia granulocítica aguda (Acute Granulocytic Leukemia).

AGLD Agrupación logística de división.

AGM Aglutinina del Maní || Agrupación mixta || Misil aire-tierra (Air to Ground Missile) || Reunión general anual (Annual General Meeting).

AGMI Ácidos grasos monoinsaturados.

AGMO Monooleato acetilado de glicerina (Acetiled Glycerol Monooleate).

Agn Agustín.

AGN Glomerulonefritis aguda (Acute Glomerulonephritis).

AGNE Ácidos grasos no esterificados.

AGP Almacenamiento geológico profundo.

AGPA Asociación Americana de Psicoterapia de Grupo (American Group Psychotherapy Association).

AGPI Ácidos grasos poliinsaturados.

AGREE Grupo Consultivo sobre Fiabilidad de Equipos Electrónicos (Advisory Group on Reliability of Electronics Equipment).

AGRF Fundación Americana para la Investigación en Geriatría (American Geriatric Research Foundation).

AGS Ácidos grasos saturados || Estabilizador automático de ganancia (Automatic Gain Stabilizer) || Síndrome adrenogenital (Adrenogenital Syndrome) || Sociedad Geográfica Americana (American Geographical Society).

AGSA Antígenos de grupo sanguíneo A.

AGSAN Agrupación de sanidad.

AGT Ácidos grasos totales || Agrupación táctica || Alanina glioxilato aminotransferasa || Amnesia global transitoria.

AGTAC Agrupación táctica acorazada.

AGTC Asociación General de Transportistas de Cataluña.

AGTH Hormona adrenoglomerulotrópica (Adrenoglomerulotropic Hormone).

AGTMZ Agrupación táctica mecanizada.

Agto Agosto.

AGTr Adrenoglomerulotropina.

AGTT Prueba anormal de tolerancia a la glucosa (Abnormal Glucose Tolerance Test).

AGU Violeta de genciana y anilina (Anilin Gencian Violet).

AGV Ácidos grasos volátiles.

AgvW-II Antígeno II del factor de Von Willebrand.

ah A horas alternas (Alternis Horis) || Astigmatismo hipermetrópico.

Ah Amperio-hora || Astigmatismo hipermetrópico.

AH Amiloide (relacionado con la cadena) Pesada || Antihialuronidasa || Auricular-hisiano || En el año judío (anno hebraico) || En el año de la hégira (anno hegirae) || Hipertensión arterial (Arterial Hypertension) || Histerectomía Abdominal (Abdominal Histerectomy).

AHA Actividad antiheparínica (Antiheparin Activity) || Anemia hemolítica autoinmune || Asociación Americana del Corazón (American Heart Association) || Asociación Histórica Americana (American Historical Association) || Asociación Americana de Hospitales (American Hospitals Association).

AHAI Anemia hemolítica autoinmune.

AHAM Anticuerpos humanos antimurinos.

AHC Conjuntivitis hemorrágica aguda (Acute Hemorrhagic Conjunctivitis).

AHD Cardiopatía arteriosclerótica (Arteriosclerotic Heart Disease) || Enfermedad hemolítica autoinmune (Autoimmune Hemolytic Disease).

AHE Encefalomielitis hemorrágica aguda (Acute Hemorrhagic Encephalomyelitis).

AHEDT Ácido hidroxietiletilendiaminotriacético.

AHF Factor antihemofílico (Antihaemophilic Factor).

AHFA Factor antihemofílico A (Antihemophilic Factor A).

AHFB Factor antihemofílico B (Antihemophilic Factor B).

AHFC Factor antihemofílico C (Antihemophilic Factor C).

AHFS American Hospital Formulary Service.

AHG Asociación (Española del Profesorado) de Historia y Geografía || Globulina Antihemofílica (Antihemophilic Globulin).

AHGA Globulina antihemofílica A (Antihemophilic Globulin A).

AHGS Estomatitis gingival herpética aguda (Acute Herpetic Gingival Stomatitis).

AHI Anemia hemolítica inmune || Instituto Americano de la Salud (American Health Institute).

AHIA Ácido hidroxiindolacético || Anemia hemolítica inmune aguda.

AHL Liga Americana de Hockey (American Hockey League).

ahm Amperio, hora, metro.

AHM Medidor de amperios hora (Ampere Hour Meter).

AHMA Anemia hemolítica microangiopática.

AHN Archivo histórico nacional.

AHP Archivo histórico de protocolos || Pancreatitis hemorrágica aguda (Acute Hemorrhagic Pancreatitis).

AHS Arterias hipofisarias superiores || En el año de la salvación humana (anno humanae salutis).

AHV Acido homovanílico.

AHV-MAP Adriamicina, hidroxiurea, vinblastina, medroxiprogesterona acetato.

AI Adriamicina, ifosfamida || Acuerdo interconfederal || Air India || Alianza de Izquierdas, Grecia || Amnistía Internacional (Amnesty International) || Amplificador de impulsos || Antígenos iniciales || Aurícula izquierda || Buque de instrucción || Impulso apical (Apical Impulse) || Índice aterogénico (Atherogenic Index) || Inseminación artificial (Artificial Insemination) || Insuficiencia aórtica (Aortic Insuficience) || Inteligencia artificial (Artificial Intelligence) || Intercepción aérea (Airborne Interception) || Radar de interceptación de a bordo (Air Interceptation Radar).

AIA Instituto Americano de Aeronáutica (American Institute of Aeronautics) || Instituto Americano de Arquitectos (American Institute of Architects) || Instituto de Arqueología de América (Archeological Institute of America) || Intercepción aérea desde otro Avión (Airborne Interception of Aircrfat).

AIAA Instituto Americano de Aeronautas y Astronautas (American Institute of Aeronautics and Astronautics).

AIAC Asociación Internacional de

Arqueología Clásica (Association Internationale d'Archéologie Classique).

AIB Aminoisobutírico.

AIBA Asociación Internacional de Boxeo Amateur (Association Internationale de Boxe Amateur).

AIBS Acetato isobutirato de sacarosa || Instituto Americano de Ciencias Biológicas (American Institute of Biological Sciences).

AIC Acuerdo interprofesional de Cataluña (Accord Interprofessional de Catalunya) || Agua intracelular || Agrupación Independiente de Canarias || Aminoimidazol carboxamida || Instituto Americano de Químicos (American Institute of Chemists).

AICA Asociación Internacional de Críticos de Arte (Association Internationale des Critiques d'Art).

AICAR Aminoimidazol carboxamida ribonucleótido.

AICB Asociación Internacional Contra el Ruido (Association Internationale Contre le Bruit).

AICBM Misil balístico anti-intercontinental (Anti-Intercontinental Ballistic Missile).

AICE Instituto Americano de Ingenieros Químicos (American Institute of Chemical Engineers).

AICF Fijación autoinmunitaria del complemento (Autoimmune Complement Fixation).

AICS Asociación Internacional de Cine Científico (Association Internationale du Cinéma Scientifique).

AICT Ataque isquémico cerebral transitorio.

AIChE Instituto Americano de Ingenieros Químicos (American Institute of Chemical Engineers).

AID Agencia para el Desarrollo Internacional (Agency for International Development) || Adriamicina, ifosfamida, dacarbacina || Agencia Internacional para el Desarrollo (Agency for International Development) || Alianza para la Introducción de la Democracia, Guinea || Alianza de la Izquierda Democrática, Polonia || Asociación Internacional para el Desarrollo (Association Internationale pour le dévelopment) || Enfermedad autoinmune (Autoimmune Disease) || Enfermedad infecciosa aguda (Acute Infectious Disease) || Inseminación artificial por donante (Artificial Insemination by Donor).

AIDA Atención-interés-deseo y acción.

AIDF Fondo para el Desarrollo Industrial de África (African Industrial Development Fund).

AIDP Asociación Internacional de Derecho Penal (Association Internationale de Droit Pénal).

AIDS Síndrome de inmunodeficiencia adquirida (Acquired Immunodeficiency Syndrome).

AIDS-KS Síndrome de inmunodeficiencia adquirida asociado a sarcoma de Kaposi (Acquired Immunodeficiency Syndrome associated Kaposi's Sarcoma).

AIE Agencia Industrial del Estado || Agencia Internacional de la Energía || Artistas, intérpretes o ejecutantes || Asma inducido por el ejercicio.

AIEA Agencia Internacional de la Energía Atómica (Agence Internationale de l'Énergie Atomique).

AIEE Asociación de Institutos de Estudios Europeos (Association des Instituts d'Études Européennes) || Instituto Americano de Ingenieros Electricistas (American Institute of Electrical Engineers).

AIF Ácido Isoftálico || Asociación Internacional de Fomento.

AIFM Asociación internacional de Mujeres Médico (Association Internationale des Femmes Médecins).

AIFP Asociación Internacional de Futbolistas Profesionales.

AIGA Instituto Americano de Artes Gráficas (American Institute of Graphic Arts).

a_{ign} Ánodo de ignición (Anode Ignition).

AIH Asociación Internacional de Hostelería (Association Internationale de l'Hôtellerie) || Inseminación artificial por el esposo (Artificial Insemination by Husband) || Instituto Americano de Homeopatía (American Institute of Homeopathy).

AIHA Anemia hemolítica autoinmune (Autoimmune Hemolytic Anaemia) || Asociación Americana de Higiene Industrial (American Industrial Hygiene Association).

AIIE Instituto Americano de Ingenieros Industriales (American Institute of Industrial Engineers).

AIJD Asociación Internacional de Juristas Demócratas (Association Internationale des Juristes Démocrates).

AIJP Asociación Internacional de Periodistas Filatélicos (Association International des Journalistes Philateliques).

AIL Actividad inhibidora leucémica.

AILA Asociación Internacional de Lingüística Aplicada.

AILD Linfadenopatía angioinmunoblástica con disproteinemia (Angioimmunoblastic Lymphadenopaty with Dysproteinemia).

aIle alo-isoleucina.

AILLC Asociación Internacional de Lengua y Literatura Catalanas (Associació Internacional de Llengua i Literatura Catalanes).

AILS Sistema de aterrizaje integral avanzado.

AIM Aplicaciones interactivas multimedia.

AIME Instituto Americano de Ingenieros Mecánicos (American Institute of Mechanical Engineers) || Instituto Americano de Ingenieros de Minas (American Institute of Mining Engineers).

AIMME Instituto Americano de Ingenieros del Metal y de la Minería (American Institute of Mining and Metal Engineers).

AIMS Abnormal Involuntary Movement Scale.

AIN Actividad inductora de neutrofilia || Instituto Americano de la Nutrición (American Institute of Nutrition).

AINE Antiinflamatorio no esteroideo.

AIO Agencia Informativa Orbe, Chile.

AIP Agencia de Noticias de Costa de Marfil (Agence Ivoirienne de Presse) || Instituto Americano de Física (American Institute of Physic) || Porfiria intermitente aguda (Acute Intermittent Porphyria).

AIPA Asociación Internacional de Psicología Aplicada (Association Internationale de Psychologie Appliquée).

AIPO Instituto Americano de Opinión Pública (American Institute of Public Opinion).

AIPS Asociación Internacional de la Prensa Deportiva (Association Internationale de la Presse Sportive).

AIR Asociación Interamericana de Radiodifusión || Ataque isquémico reversible.

AIRCOM Comunicaciones Aéreas (Air Communication).

AIS Actividad intrínseca Simpaticomimética || Asociación Internacional de Sociología (Association Internationale de Sociologie) || Espectros de imagen aerotransportados (Airborne Imaging Spectrometer) || Servicios de Información Aeronáutica (Aeronautical Information Services).

AISE Asociación Internacional de Ciencias Económicas (Association Internationale des Sciences Économiques).

AISI Instituto Americano del Hierro y del Acero (American Iron and Steel Institute).
AISJ Asociación Internacional de Ciencias Jurídicas (Association Internationale des Sciences Juridiques).
AISN Administración Institucional de Sanidad Nacional.
AISS Administración Institucional de Servicios Socioprofesionales || Asociación Internacional de la Seguridad Social (Association Internationale de la Sécurité Sociale).
AIT Accidente o ataque isquémico transitorio || Adaptador de interfaz telegráfico.
AIT-VB Ataque Isquémico Transitorio Vertebrobasilar.
AITA Asociación Internacional de Teatro de Aficionados (Association Internationale du Théâtre d'Amateurs) || Asociación Internacional de Transporte Aéreo.
AITC Ataque isquémico transitorio carotídeo.
AITP Púrpura trombocitopénica autoinmune (Autoimmune Thrombocytopenic Purpura).
AITPA Asociación Industrial Textil del Proceso Algodonero.
AITs Ataques isquémicos transitorios.
AIU Asociación Internacional de Universidades (Association Internationale des Universités).
AIV Aciduria isovalérica || Asociación Internacional para el Voluntariado || Asociación Internacional de Vulcanología (Association Internationale de Volcanologie).
AIVR Ritmo (cardíaco) idioventricular acelerado (Accelerated Idioventricular Rhythm, referido a taquicardia).
AIWM Instituto Americano de Pesos y Medidas (American Institute of Weights and Measures).
a de JC Antes de Jesucristo.
AJ Antiinterferencias (Anti Jamming).
AJA Asesoría Jurídica del Aire.
AJAL Almirante jefe del apoyo logístico.
aJC Antes de Jesucristo.
AJC Asociación de Jóvenes Cristianos.
AJCC Comité Conjunto Americano del Cáncer (American Joint Committee of Cancer).
AJEC Asociación de Jóvenes Estudiantes de Cataluña (Associació de Joves Estudiants de Catalunya).
AJEMA Almirante jefe del Estado Mayor de la Armada.
AJFV Asociación Judicial Francisco de Vitoria.
AJP Perfil Autoinmune (Auto Immune Profil).
AJPM A Jesús por mediación de María (Ad Jesum Per Mariam).
AJUCEN Almirante jefe de la jurisdicción central.
AK Adenilato quinasa (Adenylate Kinase).
al Alcohol || Alcohólico || Alemán || Por otro lado (Alia).
A_L Área total de la superficie de difusión pulmonar.
AL Ácido linoleico || Adriamicina, lomustina || Albania, referido a la matrícula internacional de automóvil || Alcohol || Aluminio || Almería, referido a la matrícula nacional de automóvil || América latina || Amiloide (derivado de las cadenas) Ligeras || Anestesia Local || Anticoagulante lúpico || Axiolingual || En el año de la luz (Anno Lucis) || Legión americana (American Legion).
ALa Axiolabial.
Ala Alanina.
ALA Ácido aminolevulínico (Aminolevulinic Acid) || Alanina || Asociación Laringológica Americana (American Laryngological Association).

ALAD Ácido delta aminolevulínico.
ALADH Aminolevulinato deshidrasa.
ALADI Asociación Latinoamericana De Integración.
ALaG Axiolabiogingival.
ALAI Asociación Literaria y Artística Internacional (Association Littéraire et Artistique Internationale).
ALAINEE Asociación Latino Americana de la Industria Eléctrica y Electrónica.
ALaL Axiolabiolingual.
ALALC Asociación Latinoamericana de Libre Comercio.
ALAS Aminolevulinato sintetasa.
ALAT Alamina aminotransferasa (Alanine Aminotransferase).
Alb Albania || Alberto.
ALC Axiolinguocervical || Control automático de carga (Automatic Load Control) || Control automático de nivel (Automatic Level Control).
ALCA Asociación Americana de Químicos del Cuero (Americam Leather Chemists Association).
ALCANAR Almirante (jefe de la zona marítima) de Canarias.
ALCANT Almirante (jefe de la zona marítima) del Cantábrico.
ALCC Asociación de Libre Comercio del Caribe.
ALCM Lanzamiento aéreo de misiles crucero (Air Launching Cruise Missiles).
Ald Aldolasa.
ALD Adrenoleucodistrofia || Agencia (de noticias) Los Diarios, Argentina || Aldolasa.
ALDEST Almirante (jefe de la zona marítima) del Estrecho.
ALDH Aldehído deshidrogenasa.
ALDI Almacén local y depósito de intendencia.
ALE Epitaxi por capas atómicas (Atomic Layer Epitaxy).
Alec Alejandro (Alexander).
ALECSO Organización Árabe para la Educación, la Cultura y la Ciencia (Arab Educational, Cultural and Scientific Organization).
Alej° Alejandro.
Alf Alferez || Alfonso.
ALFLOT Almirante de la flota.
Alfo Alfonso.
alg Álgebra.
ALG Aceites, lubricantes y grasas || Axiolinguogingival || Globulina antilinfocítica (Antilymphocitic Globulin).
ALGOL Lenguaje algorítmico y orientado al álgebra (Algorithmic Languaje Algebraic Oriented Languaje).
ALH Antígeno leucocitario humano.
ALI Agencia Lusa de Información (Agencia Lusa de Informacao, Portugal) || Apoyo logístico integrado || Asociación de Licenciados en Informática.
ALJE Almirante Jefe.
alk Álcali (Alkali) || Alcalino (Alkaline).
ALKYL Alquilante (Alkilating).
alm Almacén.
Alm Almacén.
ALM Alarma (Alarm) || Melanoma lentiginoso (Acral Lentiginous Melanoma).
ALMED Almirante (jefe de la zona marítima) del Mediterráneo.
ALMI Infarto miocárdico anterolateral (Anterior Lateral Myocardial Infarction).
ALNICO Aluminio-niquel-cobalto.
Al° Alonso.
ALP Activos líquidos (en manos) del público || Fenotipo lipoproteínico aterogénico (Aterogenic Lipoproteic Fenotype) || Fosfatasa alcalina (Alkaline Phosphatase) || Partido Laborista Australiano (Australian Labour Party).
ALPER Almirante (jefe) de Personal.
ALPHN Anteproyecto de ley del plan hidrológico nacional.
Alq Alquimia.

alr De otro modo (Aliter).
ALROS Sociedad Americana de Laringología, Rinología y Otología (American Laryngological, Rhinological and Otological Society).
ALS Aldolasa || Buque logístico auxiliar || Esclerosis lateral amiotrófica (Amyothrophic Lateral Sclerosis).
alt Alternador || Altímetro || Altitud || Altura (Altitude).
alt dieb A días alternos (Alternis Diebus).
alt hor A horas alternas (Alternis Horis).
alt noct Noches alternas (Alternis Noctibus).
ALT Alanina transamisasa (Alanine Transaminase) || Altitud.
ALTB Laringo traqueobronquitis aguda (Acute Laryngo Tracheobronchitis).
ALU Unidad aritmética y lógica (Arithmetic and Logic Unit).
alv adst En estreñimiento (Alvo Adscricta).
alvdeject Deyección blanca (Alvi Dejectiones).
Álv Álvaro.
Alvº Álvaro.
ALX Agammaglobulinemia ligada al cromosoma X.
ALL Leucemia linfoblástica aguda (Acute Lymphoblastic Leukemia).
ALL-L1 ALL, blastos pequeños.
ALL-L2 ALL, blastos grandes.
ALL-L3 ALL, blastos con vacuolas ASP positivas en citoplasma.
ALLAC Antígeno de la leucemia linfoblástica aguda común.
am Ametropía || Amilo || Amonio || Amplitud || Astigmatismo miópico.
Am América || Americano || Americio || Ametralladora || Ametropía || Astigmatismo miópico.
AM Adriamicina, metotrexato || Adriamicina, mitomicina || Aeroméxico || Agencia (de noticias) meridional, Brasil || Antes del Meridiano (Ante Meridiem) || Anticuerpos monoclonales || Antígenos de membrana || Área de mantenimiento || Asamblea Majorera, Canarias || Ave María || Médula adrenal (Adrenal Medulla) || Memoria asociativa (Associative Memory) || Modulación de amplitud (Amplitude Modulation).
AMA Amina metaneoarsonato || Anticuerpos antimitocondriales || (Antimitochondrial Antibodies) || Asociación Americana de Dirección de Empresas (American Management Association) || Asociación Médica Americana (American Medical Association) || Sistema Automático de Contabilidad de Mensajes (Automatic Message Accounting).
AMAA Ametralladora antiaérea.
AMACAR Apostolado mariano carmelitano.
amal Amalgama || Amalgamado.
AMAS Asociación Madrileña de Administración Sanitaria.
amb Ambiguo.
Amb Ambulancia.
AMB Ámbar, se refiere al color || Asociación Mundial de Boxeo.
AMBR Área muscular braquial.
AMC American Motors Corporation || Asociación de Medicinas Complementarias || Axiomesiocervical || Control automático de modulación (Automatic Modulation Control).
AMCI Agrupación Mútua del Comercio y la Industria.
AMCP Apoyo monetario a corto plazo.
AMCS Sistema de control de misil aerotransportado (Airborne Missile Control System).
AMD Axiomesiodistal || Drenaje ácido de mina (Acid Mine Drainage).
AMDE Asociación de Mujeres Dominicanas en España.
AMDG A la mayor gloria de Dios (Ad Majorem Dei Gloriam).

AMDLI Antígenos de membrana detectados por los linfocitos.

AME Acuerdo marco sobre el empleo || Acuerdo monetario Europeo || Atrofia muscular espinal || Automoción, mecánico electricista.

AME I Enfermedad de Werdnig-Hoffman o AME del lactante.

AME II AME Infantil crónica.

AME III Enfermedad de Wolhfart-Kugelber-Welander o AME juvenil.

AMEIF Análisis de modos, efectos e importancia de los fallos.

amer Americano.

Amér América.

Amex American Express.

AMf Adriamicina, metotrexato, ácido folínico.

AMF Acetato miristato de forbol || Fondo Monetario Árabe (Arab Monetary Fund).

AMFAR Fundación Americana de Investigación sobre el SIDA (American Foundation AIDS Research).

\MG Axiomesiogingival.

AMGD A mayor gloria de Dios.

Amh Astigmatismo mixto con miopía.

AMH Anticuerpos de membrana hepática || Automoción, mecánico de helicópteros || Hiperplasia melanocítica atípica (Atypical Melanocytic Hyperplasia).

AMI Acuerdo marco interconfederal || Asociación Internacional Montessori (Association Montessori Internationale) || Asociación de Mandos Intermedios || Infarto agudo de miocardio (Acute Myocardial Infarction) || Infarto miocárdico anterior (Anterior Myocardial Infarction).

AMIA Asociación Mutual Israelita-Argentina.

AMJ Asamblea Mundial de la Juventud (Assemblée Mondiale de la Jeunesse).

AMJC Asociación de Música de Jazz de Cataluña (Associació de Musica de Jazz de Catalunya).

AML Ametralladora ligera || Leucemia mielógena aguda (Acute Myelogenous Leukemia).

AMLS Amonio lauril sulfato.

AMM Acidemia metilmalónica || Ácido metilmalónico || Ametralladora media || Amperímetro (Ammeter) || Asociación Médica Mundial (Association Médicale Mondiale) || Misil antimisil (Antimissile Missile).

AMMI Instituto Americano de la Marina Mercante (American Merchant Marine Institute).

am° Amigo.

AMOB Boya oceanográfica meteorológica Automática (Automatic Meteorological Oceanographic Buoy).

AMOL Leucemia monocítica aguda (Acute Monocytic Leukemia).

amp Amperio || Amplificador || Amplitud || Ampolla, referido a lesión dermatológica || Ampollas, referido a formulación magistral.

Amp Amperio (Ampere).

AMP Adenosín monofosfato || Amino metil propanol || Amplificador (Amplifier) || Atrofia muscular progresiva || Procesador del módulo de acceso (Access Module Processor) || Punto de fusión americano (American Melting Point).

amp-hr Amperio-hora.

amp-rec Amplificador-rectificador.

AMPAS Academia de Ciencias y Artes Cinematográficas (Academy of Motion Pictures Arts and Sciences).

AMPc Adenosín monofosfato cíclico.

AMPD Amino metil propanodiol.

AMPL Amplificador (Amplifier).

AMPPE Epiteliopatía pigmentaria placoide multifocal aguda (Acute Multiphocal Placoid Pigment Epitheliopathy).

AMPT Alfa metil paratirosina.

AMRAM Misiles aire-aire de alcance medio avanzado (Advanced Medium Range Air to Air Missiles).

AMRC Acceso múltiple con reparto por código.

AMRT Acceso múltiple con reparto en el tiempo.

AMS Área motora suplementaria || Atrofia multisistémica || Mareo de montaña agudo (Acute Mountain Sickness) || Sociedad Americana de Matemáticas (American Mathematical Society) || Sociedad Meteorológica Americana (American Meteorological Society || Sociedad Musicológica Americana (American Musicological Society).

AMSA Amsacrina (Amsacrine).

AMSA-AZA Amsacrina, azacitidina.

AMSAM Misil antimisil superficie aire (Anti-missile Surface to Air Missile).

AMSTRAD Alan Michael Sugar Trading, referido al fabricante de ordenadores.

AMT Cantidad o suma (Account).

AMTI Indicador aerotransportado de objetos móviles (Moving Target Indicator).

amu Unidad de masa atómica (Atomic Mass Unit).

AMV Afectación de múltiples vasos || Asociación Mundial Veterinaria (Association Mondiale Vétérinaire).

AMVET Veterano americano (American Veteran).

AMY Amilasa (Amylase).

an Año (Anno).

An Anisometropía || Ánodo.

A_n Atmósfera normal.

AN Ácido neuramínico || Ácido nucleico || Actividad neotectónica || Agencia (de noticias) nacional, Brasil || Alférez de navío || Alianza Nacional || Anorexia nerviosa.

AN AM Memoria analógica (Analogic Memory).

An-Fo Amonio nitrato y fuel oil.

ANA Agencia de Noticias Griega (Athenagence) || Anticuerpos antinucleares (Antinuclear Antibody) || Asociación Americana de Enfermeras (American Nurses' Association) || Asociación Americana de Neurología (American Neurological Association) || Asociación Americana de Numismática (American Numismatic Association) || Especificación aeronáutica ejército-armada (Army-Navy Aeronautical Specification, EE.UU.).

ANABAD Asociación Nacional de Archiveros, Bibliotecarios, Arqueólogos y Documentalistas.

ANAC Autorización Nacional de Calidad.

ANADAC Presentación y computación automática de navegación (Automatic Navigation Display and Computation).

ANADasas Antinicotinamida adenina dinucleotidasas.

ANAE Alfa-naftil ácido esterasa.

anag Anagrama.

anal Análisis || Analítico.

ANAP Aglutinación negativa absorción positiva || Partido de la Madre Patria (Anatavan Partisi, Turquía).

ANAR Antícuerpos que reaccionan con un antígeno nuclear.

ANARE Expediciones de investigación (a las áreas) antárticas (de posesión nacional) Australiana (Australian National Antartich Research Expeditions).

Anat Anatomía || Anatómico.

ANAVAM Asociación Nacional de Auditores y Verificadores Ambientales.

ANC Archivo Nacional de Cataluña (Archiu Nacional de Catalunya) || Congreso Nacional Africano (African National Congress) || Recuento Completo de Neutrófilos (Absolute Neutrophil Count).

ANCA Anticuerpos citoplasmáticos antinucleares.

ANCOP Agrupación Nacional de Constructores de Obras Públicas.

ANCHE Asociación Nacional para la Comunicación Humana y la Ecología.
and Andaluz.
And Andalucía.
AND Agrupamiento Nacional Andorrano (Agrupament Nacional Andorrà) || Alianza Nacional Democrática, Sudán || Andorra, referido a la matrícula internacional de automóvil.
ANDE Acuerdo Nacional Democrático, Chile.
ANDEBU Asociación Nacional de Broadcasters Uruguayos.
ANDG Ácido nordihidroguayarético.
ANDI Asociación Nacional de Dietética Infantil.
ANDP Alianza Nacional para la Democracia y el Progreso (Alliance Nationale pour la Democratie et le Progrès, Haití).
ANE Acuerdo Nacional de Empleo || Antígenos Nucleares Extraibles.
ANEB Antígeno nuclear (del Virus) de Epstein-Barr.
ANEC Consejo Americano de Energía Nuclear (American Nuclear Energy Council, EE.UU.).
ANEFOT Asociación Nacional de Empresas Fotográficas.
ANELE Asociación Nacional de Editores de Libros de Enseñanza.
ANEP Agencia Nacional de Evaluación y Prospectiva.
ANESPE Anuario español del petróleo.
Anf Anfibio.
ANF Factor antinuclear (Antinuclear Factor).
ANFAAC Asociación Nacional de Fabricantes de Alimentos para Animales de Compañía.
ANFAC Asociación Nacional de Fabricantes de Automoviles y Camiones.
ANGED Asociación Nacional de Grandes Establecimientos de Distribución.
anh Anhídrido.
ANH Hormona natriurética atrial (Atrial Natriuretic Hormone).
ANIA Asociación Nacional de Industrias Agroalimentarias, Francia.
ANIC Asociación Nacional de Inválidos Civiles.
ANIEL Asociación Nacional de Industrias Electrónicas.
ANIS Asociación Nacional de Informadores de la Salud.
ANL Limitador automático de ruido (Automatic Noise Limiter).
ANLL Leucemia no linfocítica aguda (Acute Non Lymphocytic Leukemia).
ANLL-M1 ANLL indiferenciada.
ANLL-M2 ANLL diferenciada.
ANLL-M3 ANLL promielocítica.
ANLL-M4 ANLL mielomonocítica.
ANLL-M5 ANLL monocítica.
ANLL-M6 ANLL eritroleucémica.
ANLL-M7 ANLL megacariocítica.
ann Años (Anni).
ANN Redes neuronales artificiales (Artificial Neural Networks).
anon Anónimo.
ANOVA Análisis de la Varianza (Analysis of Variance).
ANP Acuerdo Nacional Paraguayo || Agencia de Prensa Holandesa (Algemeen Nederlands Persbureau) || Autoridad Nacional Palestina || Fosfato de nitrato amónico (Ammonium Nitrate Phosphate) || Nitrógeno no proteico (Nonprotein Nitrogen) || Partido Nacional Australiano (Australian National Party).
ANPA Asociación Americana de Editores de Diarios (American Newspaper Publishers'Association).
ANPO Alfa Naftilfeniloxazol (Alfa NaftilPhenyloxazole).
ANPU Asociación Nacional de Policía Uniformada.
ANR Alianza Nacional para la Re-

construcción, Trinidad y Tobago || Asociación Nacional Republicana, Paraguay.

ANRS Agencia Nacional para la Investigación sobre el SIDA (Agence National pour la Recherche sur le SIDA, Francia) || Sistema Automático de Reducción de Ruido (Automatic Noise Reduction System).

Ans Anserina.

ANS Alianza Nacional de Somalia || Espina nasal anterior (Anterior Nasal Spine) || Sistema nervioso autónomo (Autonomic Nervous System).

ANSA Agencia Nacional de Prensa Asociada (Agenzia Nazionale Stampa Associata, de Italia).

ANSEA Asociación de Naciones del Sudeste Asiático.

ANSI Instituto de Normas Nacionales Americano (American National Standards Institute).

ANSP Partido Australiano Nacional Socialista (Australian National Socialist Party).

ant Anterior, referido a posición anatómica || Antiguo.

Ant Antillas || Antonio.

ANT Ácido nitrilotriacético || Antena (Antenna) || Armas nucleares tácticas.

ANTEL Administración Nacional de Telecomunicaciones, Uruguay.

ANTELCO Administración Nacional de Telecomunicaciones, Paraguay.

Anti HA Anticuerpos antihepatitis A.

antilog Antilogaritmo.

ANTIOPE Adquisición numérica y televisualizada de imágenes organizadas en páginas de escritura.

Antº Antonio.

ANTU Alfa naftiltiourea (Alphanaphtyl Thiourea).

ANUG Gingivitis úlcero necrotizante aguda (Acute Necrotizing Ulcerative Gingivitis).

ANUIES Asociación Nacional de Universidades e Instituciones de Educación Superior.

ANX Ansioso (Anxious).

ANZUS Australia-Nueva Zelanda-Estados Unidos (Australia-New Zealand-United States).

Ao Aorta.

AO Agujero oval || Amplificador operacional || Anticonceptivos Orales || Arteria aorta || Petrolero de flota.

AOA Área de objetivo anfibio || Asociación Ortopédica Americana (American Orthopaedic Association).

AOC Asociación de Objetores de Conciencia || Denominación de origen controlada (Apellation d'Origine Controlée, Francia) || En el año de la creación (Anno Orbis Conditi).

AOd Arteria aorta descendente.

AOD Ayuda Oficial al Desarrollo.

AODP Programa de Sondeos Oceánicos Avanzados (Advanced Oceanic Sounding Program).

AOF África occidental francesa (Afrique Occidentale Française) || Federación Olímpica Australiana (Australian Olympic Federation).

AOI Academia Olímpica Internacional.

A_{OIH} Concentración arterial de ortoiodohipurán.

AOL America Online.

AOM Osteomielitis aguda (Acute Osteomyelitis).

AOMOS Amplificador operacional MOS.

AOP Amplificador operacional || Asociación de operadores de productos petrolíferos.

AOPC Atrofia olivopontocerebelosa.

AOS Sistema operativo avanzado (Advanced Operative System) || Sociedad Oftalmológica Americana (American Ophthalmological Society) || Sociedad Otológica Americana (American Otological Society).

AOSO Observatorio solar orbital

Avanzado (Advanced Orbiting Solar Observatory).

AOU Unión de Ornitólogos Americanos (American Ornithologists' Union).

ap Anteroposterior || Antes de las comidas (Ante Prandium) || Aparte || apóstol.

Ap Apóstol || Poder de amplificación, referido a un amplificador.

AP Accion potential || Acción Prolongada, referido a un fármaco || Acidemia Propiónica || Acuerdo patriótico, Bolivia || Adriamicina, cisplatino || Agregación plaquetaria || Alertado y protegido || Alianza Popular || Amiloide P || Angina de pecho (Angor Pectoris) || Anteroposterior || Antiagregantes plaquetarios || Antígeno precoz || Antipersonal || Antipsicótico || Arma pesada || Arteria pulmonar || Artritis psoriásica || Fosfatasa ácida (Acid Phosphatase) || Patente americana (American Patent) || Perclorato amónico (Ammonic Perclorate) || Potencial de acción || Prensa asociada (Associated Press) || Presión arterial (Arterial Pressure).

ap[a] Apostólica.

APA Abastecimiento por aire || Ácido aminopenicilánico (Aminopenicillanic Acid) || Ácido fosfórico disponible (Available Phosphoric Acid) || Agencia de Noticias de Austria (Austria Presse Agentur) || Anticuerpos (anticélulas) parietales (Antiparietal Antibodies) || Asociación Americana de Físicos (American Physicists Association) || Asociación Farmacéutica Americana (American Pharmaceutical Association) || Asociación de Padres de Alumnos || Asociación Profesional de Ajedrez || Asociación Psicoanalítica Americana (American Psychoanalytic Association) || Asociación Psiquiátrica Americana (American Psychiatric Association) || Ataxia progresiva del adulto.

APAB Ácido paraaminobenzoico.

APACOR Asociación de Pacientes Coronarios.

APAE Aire particulado de alta eficiencia.

APAF Factor antianémico pernicioso (Antipernicious Anemia Factor).

APAFACc Asociación de Padres con Hijos Autistas y Caracteriales de Cataluña (Associació de Pares amb Fills Autistes i Caracterials de Catalunya).

A_{PAH} Concentración arterial de ácido paraaminohipúrico.

APAH Ácido paraaminohipúrico.

APAP Acetil-p-aminofenol (p-acetylaminophenol).

APAPA Aeródromo de partida de abastecimiento por aire.

APAS Ácido paraaminosalicílico.

APB Activadores policlonales de las células B.

APC Activador de la precalicreína || Adeno-faringo-conjuntival (Adenoidal-Pharyngeal-Conjunctival, referido al virus) || Ángulo ponto cerebeloso || Contracción atrial prematura (Atrial Premature Contraction) || Control de aproximación (Approach Control) || Control automático de fase (Automatic Phase Control) || Perclorato amónico (Ammonic Perclorate).

APCM Modulación por código de impulsos de adaptación (Adaptive Pulse Code Modulation).

APCN Año después del nacimiento de Cristo (Anno Post Christum Natum).

APCS Sistema de control predictivo de adaptación (Adaptive Predictive Control System).

APD Alianza Para la Democracia, República Dominicana || Arteria pulmonar derecha || Asociación para el Progreso de la Dirección || Diámetro anteroposterior (Anteroposterior Diameter) || Fotodiodo de avalancha (Avalanche Photo Diode).

apdo Apartado.
APE Antígeno prostato específico || Asociación Parlamentaria Europea || Asociación de Profesores de Español.
APEC Cooperación económica Asia-Pacífico (Asia Pacific Economic Cooperation).
APECED Poliendocrinopatía autoinmunitaria, candidiasis, distrofia ectodérmica (Autoimmunitary Poliendocrinopathy, Candidiasis, Ectodermic Dystrophy).
APF Factor promotor del anabolismo (Anabolism Promoting Factor) || Factor de proteína animal (Animal Protein Factor) || Asociación para la Propagación de la Fe.
APFA Aeródromo de partida de las fuerzas aerotransportadas.
APFDA Aeródromo de partida de las fuerzas de desembarco aéreo.
APG Ácido poliglicólico.
APH Acido aminofosfonoheptanoico (Acid Aminophosphonoheptanoic).
APHA Asociación Americana de Salud Pública (American Public Health Association).
API Agente de la propiedad inmobiliaria || Arteria pulmonar izquierda || Asociación Fonética Internacional (Association Phonétique Internationale) || Asociación Psicoanalítica Internacional || Ataxia progresiva idiopática || Indicador de posición en el aire (Air Position Indicator) || Instituto Americano del Petróleo (American Petroleum Institute).
APIC Aumento de la presión intracraneal.
APIE Asociación de Periodistas de Información Económica.
APITE Asociación Profesional Industrial de Técnicos en Electrónica.
APL Leucemia promielocítica aguda (Acute Promyelocytic Leukemia) || Nivel medio de la señal de imagen (Average Picture Level).
aplicª Apostólica.
aplicº Apostólico.
APM Alto peso molecular || Asociación Profesional de la Magistratura.
APML Leucemia promielocítica aguda (Acue Promyelocytic Leukemia).
APN Pielonefritis aguda (Acute Pyelonephritis).
apº Apostólico.
APO Adriamicina, prednisona, vincristina || Alianza Política Opositora, Nicaragua.
apo A Apolipoproteína A.
APO ASP 6MP Adriamicina, Prednisona, Vincristina, Asparaginasa, 6 Mercaptopurina.
apo B Apolipoproteína B.
apo C Apolipoproteína C.
apo E Apolipoproteína E.
APO 6MP MTX Adriamicina, prednisona, vincristina, mercaptopurina, metotrexato.
Apoc Apocalipsis.
apóc Apócope.
apost Apóstol.
app Aparato (Apparatus) || Apéndice (Appendix).
APP Ácido fenilpropiónico (Phenylpropionic) || Aminohidroxipropilidendifosfonato || Agencia de noticias parisina (Agence Parisienne de Presse) || Aproximación (Approach) || Arteria pulmonar principal || Asociación de Periodistas Parlamentarios || Proteína precursora del amiloide.
APPA Asociación de Productores de Petróleo de África (African Petroleum Producers Association).
APPAR Aparato (Apparatus).
APPG Penicilina procaína G acuosa (Aqueous Procaine Penicillin G).
appr Aproximadamente (Approximately).
approx Aproximadamente (Approximately).
APR Anemia perniciosa.
APRA Alianza Popular Revolucio-

naria Americana, Perú || Año Después de la Fundación de Roma (Anno Post Romam Conditam).

APROARTE Asociación de Profesionales en Arte Antiguo y Moderno.

APROMA Asociación de Profesionales del Medio Ambiente.

APRONUC Autoridad Provisional de las Naciones Unidas en Camboya.

aprox Aproximadamente o aproximado.

APRT Adenina fosforribosil (Phosphoribosil) transferasa.

APRTasa Adenina fosforribosil (Phosphoribosil) Transferasa.

APS Agencia de noticias senegalesa (Agence de Presse Senegalaise) || Amiloide P sérico || Atención primaria de salud || Servicio de Noticias de Argelia (Algerie Press Service) || Sistema fotoavanzado (Advanced Photosystem) || Sociedad Americana de Física (American Physical Society).

APSA Sociedad Americana de Ciencia Política (American Political Science Association).

APSS Asociación para el Estudio Psicofisiológico del Sueño (Association for the Psychophysiological Study of Sleep) || Sistema de búsqueda automática de programa (Automatic Programm Search System).

APt Activador del plasminógeno tisular.

APT Alianza Popular de los Trabajadores, Guyana || Apartamento (Apartment) || Herramienta programada automáticamente (Automatically Programed Tool) || Transmisión automática de imágenes (Automatic Picture Transmission).

APTA Asociación Portuguesa de Teatro de Amateurs.

apto Apartamento.

Apto Aprovisionamiento.

APtr Activadores del plaminógeno tisular recombinantes.

APTT Tiempo de tromboplastina parcial activada (Activated Partial Thromboplastin Time).

APTU Unión Africana de Correos y Telecomunicaciones (African Postal and Telecommunications Union).

APU Alianza del Pueblo Unido, Portugal || Asamblea del Pueblo Unido, Galicia || Unidad de potencia auxiliar (Auxiliary Power Unit).

APUD Captación de precursores aminados y descarboxilación (Amine Precursor Uptake and Decarboxylation).

aq ferv Agua hirviente (Aqua Fervens).

aq Acuoso (Aqueous) || Agua (Aqua).

aq bull Agua hirviendo (Aqua Bulliens).

aq cal Agua caliente (Aqua Calida).

aq dest Agua destilada (Aqua Destillata).

aq frig Agua fría (Aqua Frigida).

aq pur Agua pura (Aqua Pura).

aq reg Aqua regia.

aq tep Agua tibia (Aqua Terpida).

AQ Agresivo químico || Cociente de aprendizaje (Achievement Quotient).

AQDC Ácido quenodesoxicólico.

AQL Nivel aceptable de calidad (Acceptable Quality Level).

ar Año del reinado (Anno Regni).

Ar Arabia || Argón.

AR Acidoresistente || Aerolíneas Argentinas || Alianza por la República, Andalucía || Almacenamiento del resultado, referido a la informática || Amnesia retrógrada || Amplificador (Amplifier) || Anamnesis Remota || Anemia refractaria || Área de responsabilidad || Argyll-Robertson, referido al signo médico || Artritis reumatoide || Autosómica recesiva, referido a la herencia || Plata (Argentum) || Reacción de alarma (Alarm Reaction) || Reacción alérgica (Allergic Reaction) || Registro auxiliar (Auxiliary Register) || Reserva alcalina (Alkaline Reserve) || Respiración artificial (Artificial Respiration) || Riesgo atribuible (Attributable Risk) || Rinitis atrófica (Atrophic Rhinitis).

ara A 9-beta-D-arabinofuranosiladenina.

ara C Citarabina o arabinósido de citosina (Cytosine Arabinoside).

ara CTP Trifosfato de citarabina (Triphosphate of Cytosine Arabinoside).

ara U Arabinósido de uracilo (Uracil Arabinoside).

Ara A Arabinósido de adenina.

Ara C Arabinósido de Citosina.

ARA Administración para la Investigación Agrícola (Agricultural Research Administration, EE.UU.) || Armada de la República Argentina || Asociación Americana de Ferrocarriles (American Railway Association) || Autorrespirador de aire (con expulsión completa del aire expirado).

ARA-CAD Arabinósido de citosina en altas dosis.

ArAA Aminoácidos aromáticos (Aromatic Amino Acids.

ARAMCO Arabian-American (OIL) Company.

arb Arbitrio.

ARBON Área de responsabilidad de batallón.

ARC Alianza Revolucionaria del Caribe || Asociación para el Renacimiento de Córcega || Complejo Relacionado al Síndrome de inmunodeficiencia adquirida (Acquired Immunodeficiency Syndrome Related Complex) || Cruz Roja Americana (American Red Cross).

ARCIC Comisión Internacional (de las Iglesias) Católica Romana y Anglicana (Anglican-Roman Catholic International Commission).

Arco (Feria Internacional de) Arte Contemporáneo.

arch Archivo.

ARD Aceite de ricino deshidratado || Agrupación reforzada de desembarco || Avión radiodirigido.

ARDE Acción Republicana Democrática Española || Alianza Revolucionaria Democrática, Nicaragua.

ARDS Síndrome de dificultad respiratoria aguda (Acute Respiratory Distress Syndrome).

Are Artritis reactiva.

ARE Alianza Radical Europea || Asamblea de las Regiones de Europa || República Árabe de Egipto (Arab Republic of Egypt).

AREB Anemia refractaria con exceso de blastos.

AREBt Anemia refractaria con exceso de blastos en transformación.

AREJ Almacen de reserva del ejército.

AREM Anemia refractaria con exceso de mieloblastos.

AREMA Vanguardia de la Revolución Malgache (Autoky Ny Revolosiona Malagasy, Madagascar).

AREN Armada de la República Árabe de Egipto (Arab Republic Egyptian Navy).

ARENA Alianza de Renovación Nacional (Aliança de Renovaçao Nacional, Brasil) || Alianza Republicana Nacionalista, El Salvador).

ARESBANK Banco Árabe Español.

AREX Acción Regionalista Extremeña.

ARF Fiebre reumática aguda (Acute Rheumatic Fever) || Insuficiencia renal aguda (Acute Renal Failure) || Insuficiencia respiratoria aguda (Acute Respiratory Failure).

Arg Argentina || Arginina.

ARG Arginasa.

ARGENTORES Sociedad General de Autores de Argentina.

ARI Almacén regional de intendencia || Angiografía con radioisótopos || Área de rehabilitación integrada || Asociación de Radios Independientes || Infección respiratoria aguda

(Acute Respiratory Infection) || Insuficiencia respiratoria aguda (Acute Respiratory Insufficiency).

ARICPC Análisis de riesgos e identificación y control de puntos críticos.

Arit Aritmética.

ARJ Artritis reumatoidea juvenil.

ARL Nivel aceptable de fiabilidad (Acceptable Reliability Level).

ARM Agrupación Ruíz Mateos || Armadura, referida a circuitos magnéticos (Armature) || Misil antiradar (Antiradar Missile) || Movimiento Republicano Australiano (Australian Republican Movement).

Armt Armamento.

ARN Ácido ribonucleico || Alianza Republicana Nacionalista, El Salvador.

ARNHn Ácido ribonucleico nuclear heterógeno.

ARNm Ácido ribonucleico mensajero.

ARNr Ácido ribonucleico ribosómico.

ARNt Ácido ribonucleico de transferencia.

ARNtmet Ácido ribonucleico de transferencia que contiene metionina.

ARO Autorrespiradores con oxígeno.

ARP Período refractario absoluto (Absolute Refractory Period, referido a un estímulo) || Plataforma de radar aéreo (Airborne Radar Platform) || Precauciones radioeléctricas contra ataques aéreos (Air Radio Precautions).

ARPANET Red de la Agencia de Proyectos de Investigación Avanzada (Advanced Research Projects Agency Net).

Arpto Aeropuerto.

Arq Arquitecto || Arquitectura.

ARQ Petición automática de repetición (Automatic Repeat Request).

Arqueo Arqueología.

ARRL Liga Americana de Radioaficionados (American Radio Relay League).

ARS Síndrome de radiación agudo (Acute Radiation Syndrome).

ARSA Anemia refractaria con sideroblastos anillados.

ARSR Radar de vigilancia de ruta aérea (Air Route Surveillance Radar).

art Artículo || Artillería.

Art Arterial.

ART Lectura automática de la distancia (Automatic Range Tracking).

ARTCC Centro de Control de Tráfico de Rutas Aéreas (Air Route Traffic Control Center).

arts Artículos.

ARTS Sistema terminal de radar automatizado (Automated Radar Terminal System).

ARV Armada de la República de Venezuela || Virus asociado al SIDA (AIDS Related Virus).

arz Arzobispo.

Arz Arzobispo.

arzbpo Arzobispo.

Arzpo Arzobispo.

as Asimétrico (Asymmetrical).

As Arsénico || Asia || Asiático.

AS Alfaglobulina sérica || Altoestrato (Altostratus) || Aire-superficie, referido a misil || Anglo-sajón || Antisubmarino || Arilsulfatasa || Arteria silviana || Arterioesclerosis (Arteriosclerosis) || Astigmatismo || Espondilitis anquilosante (Ankylosing Spondylitis) || Estenosis aórtica (Aortic Stenosis) || Intento de suicidio (Attempted Suicide) || Lenguaje afectivo (Affective Style) || Solución o suspensión acuosa (Aqueous Solution or Suspension) || Tentativa de suicidio (Attempted Suicide).

ASA Ácido acetilsalicílico (Acetilsalicilic Acid) || Ácido aminosalicílico (Aminosalicilic Acid) || Ácido argininosuccínico (Argininosuccinic Acid)

|| Amiloide Sérico || Asociación Americana de Anestesistas || Asociación Americana de Estadística (American Statistical Association) || Asociación Americana de Normalización (American Standard Association).

ASAP Tan pronto como sea posible (As Soon As Possible).

ASAT Antisatélite (Anti Satellite) || Aspartato aminotransferasa.

ASB Sociedad Americana de Bacteriólogos (American Society of Bacteriologists) || Sociedad Americana de Bioquímicos (American Society of Biochemists).

ASBM Misil balístico aire superficie (Air to Surface Ballistic Missile).

ASC Conferencia Socialista de Asia (Asian Socialist Conference) || Control automático de la selectividad (Automatic Selectivity Control) || Control automático de la sensibilidad (Automatic Sensitivity Control) || Reloj asimétrico (Asymmetric Clock).

ASCAP Sociedad Americana de Compositores, Autores y Editores (American Society of Composers, Authors and Publishers).

ASCAT Asociación Internacional de Editores de Catálogos de Sellos de Correos (Association International d'Editeurs de Catalogues de Timbres Poste).

ASCE Sociedad Americana de Ingenieros Civiles (American Society of Civil Engineers).

ASCII Código normalizado americano para el intercambio de información (American Standard Code for Information Interchange).

ASCO Sociedad Americana de Oncología Clínica (American Society of Clinical Oncology).

ASCR Rectificador controlado de silicio asimétrico (Asymetrical Silicon Controlled Rectifier).

ASCT Área de superficie corporal total.

ASCVD Enfermedad cardiovascular arteriosclerótica (Aterioslerotic Cardiovascular Disease).

ASD Angiografía de sustracción digital || Defecto del septum atrial (Atrial Septal Defect).

ASDC Asociación de Centros para los Trastornos del Sueño (Association of Sleep Disorders Centers).

ASDE Equipo de Vigilancia de Aeropuerto a Nivel del Suelo (Airport Surface Detection Equipment).

ASDS Sociedad Americana de Cirugía Dermatológica (American Society of Dermatological Surgery).

ASEA Asociación del Sudeste Asiático (Association of South East Asia).

ASEAN Asociación de Naciones del Sureste Asiático (Association of South East Asian Nations).

ASEPEYO Asistencia sanitaria económica para empleados y obreros.

ASF Amperios por pie cuadrado (Amperes Per Square Foot).

ASFA Anuncio de señales y frenado automático, referido a ferrocarriles.

ASG Arteriosclerosis generalizada.

ASGB Sociedad Aeronáutica de Gran Bretaña (Aeronautical Society of Great Britain).

ASGBI Sociedad Anatómica de Gran Bretaña e Irlanda (Anatomical Society of Great Britain and Ireland).

AsH Astigmatismo hipermetrópico.

ASH Antiestreptohialuronidasa (Antistreptohyaluronidase).

ASHD Enfermedad cardíaca arteriosclerótica (Arteriosclerotic Heart Disease).

ASHVE Sociedad Americana de Ingenieros de Calefacción y Ventilación (American Society of Heating and Ventilating Engineers).

ASI Actividad simpaticomimética intrínseca || Inventario del estado de ansiedad (Anxiety Status Inventory).

ASID Dispositivo automático de

identificación de estación (Automatic Station Identification Device).

ASK Antiestreptoquinasa (Antistreptokinase).

ASL Argininosuccinato liasa || Antiestreptolisina (Antistreptolysin) || Liga americana de fútbol (American Soccer League).

ASLO Antiestreptolisina O (Antistreptolysin O).

ASLX Anemia sideroblástica ligada a X.

AsM Astigmatismo miópico.

ASM Adaptador de señalización de múltiplex || Ensamblador (Assembler) || Misil aire-superficie (Air to Surface Missile) || Sociedad Americana para los Metales (American Society for Metals).

ASMA Anticuerpos antimúsculo liso.

ASME Sociedad Americana de Ingenieros Mecánicos (American Society of Mechanical Engineers).

ASMI Indicador del Movimiento de Superficie en el Aeródromo, referido al movimiento en tierra (Airfield Surface Movement Indicator).

ASMM Área sensoriomotora para la mano.

Asn Asparagina.

ASNE Sociedad Americana de Editores de Diarios (American Society of Newspaper Editors).

ASO Antiestreptolisina O (Antistreptolysin O) || Orquesta Sinfónica Americana (American Symphony Orchestra).

Asobal Asociación de Clubs de Balonmano.

Asp Ácido aspártico.

ASP Asparaginasa.

ASPEFIL Asociación de Periodistas Filatélicos.

ASPEN Sociedad Americana de Nutrición Enteral y Parenteral (American Society of Parenteral and Enteral Nutrition).

ASPET Sociedad Americana de Farmacología y Terapéuticas Experimentales (American Society of Pharmacology and Experimental Therapeutics).

ASPH Sociedad Americana de Salud Pública (American Society of Public Health).

ASQ Anxiety Scale Questionnaire.

ASR Radar de vigilancia aéreo (Airborne Surveillance Radar) || Radar de Vigilancia de Aeropuerto (Airport Surveillance Radar) || Reconocimiento automático de la voz (Automatic Speech Recognition) || Recepción-transmisión automática (Automatic Send-Receive) || Tasa de secreción de aldosterona (Aldosterone Secretion Rate).

ASRA Amplificador automático de grabación estereofónica (Automatic Stereophonic Recording Amplifier).

ASRI Anemia sideroblástica refractaria idiopática.

ASROC Cohete antisubmarino (Anti-Submarine Rocket).

Ass Asociación (Association).

ASS Agencia de Sistemas Sanitarios || Argininosuccinato sintetasa || Espina (ilíaca) anterosuperior (Anterior Superior Spine) || Estación espacial automática (Automatic Space Station).

ASSn Asociación (Association).

ASSY Conjunto (Assembly).

Ast Astigmatismo.

AST Ácido sulfónico tolueno || Aspartato transaminasa (Aspartate Transaminase) || Hora Normal del Atlántico (Atlantic Standard Time) || Prueba para la detección de la afasia (Aphasia Screening Test).

ASTM Sociedad Americana para el Ensayo de Materiales (American Society for Testing Materials).

ASTP Proyecto de prueba Apolo-Soyuz (Apolo-Soyuz Test Project).

astr Astronomía.

ASTR Sociedad Americana para la

Radioterapia (American Society for Therapeutic Radiology).

Astrol Astrología.

Astron Astronomía.

ASTY Alianza Socialista de los Trabajadores Yugoslavos.

ASU Unidades de antiestreptolisina (Antistreptolisyn Units) || Unión Socialista Árabe (Arab Socialist Union).

at Atmósfera || Atmosférico || Atómico (Atomic).

At Ástato.

AT Accidente de trabajo || Acidez titulable || Aerotransportado || Alta tensión || Amperio-vuelta (Ampere Turn) || Angiotensina || Antiguo testamento || Antitanque || Antitetánica || Antitripsina || Antitrombina || Asociación por la tolerancia || Ataxia-telangiectasia || Atenuador (Attenuator) || Autotransformador (Autotransformer) || Buque Escuela || Temperatura ambiental (Air Temperature) || Test de aprendizaje (Achievement Test).

ata Atmósfera absoluta.

ATA Agencia de Noticias de albania (Albanian Telegraphic Agency) || Antígenos tumorasociados.

ATADT Asociación Técnica y Artística de Descentralización Teatral.

ATB Bombardero de tecnología avanzada (Advanced Technology Bomber).

ATBM Misil balístico antitáctico (Antitactical Ballistic Missile).

ATC Ácido tricarboxílico || Agua total corporal || Almacenamiento temporal centralizado || Antidepresivo tricíclico || Control automático de temperatura (Automatic Temperature Control) || Control de tráfico aéreo (Air Traffic Control) || Transcarbamilasa aspártica (Aspartate Transcarbamylase).

ATCC Centro de Control de Tráfico Aéreo (Air Traffic Control Centre).

ATCs Antidepresivos tricíclicos.

ATD Alianza Togolesa de los Demócratas, Togo || Análisis térmico diferencial.

ATE Aluminio trietilo || Anestesia torácica epidural || Antígenos Tumorespecíficos.

Atf Artificiero.

ATF Caza táctico avanzado (Advanced Tactical Figther).

ATFasa Adenosina trifosfatasa.

ATG Ácido triglicolámico || Globulina antitimocitaria (Antithymocyte Globulin) || Globulina antitrombocitaria (Antithrombocyte Globulin).

ATGD Antiglobulina Directa.

ATIG Antiglobulina Indirecta.

ATI Asociación de Técnicos en Informática || Bobina de sintonía de antena (Aerial Tuning Inductance).

ATL Leucemia o linfoma de células T del adulto (Adult T-cell Leukemia or Lymphoma).

ATLL Aguas Ter-Llobregat.

atm Atmósfera || Atmosférico.

ATM Aluminio trimetilo || Autoridad del Transporte Metropolitano (Autoritat del Transport Metropolità) || Misil Antitanque (Antitank Missile).

atn Atención.

ATN Atención (Attention) || Necrosis tubular aguda (Acute Tbular Necrosis) || Nefritis tubular aguda (Acute Tubular Nephritis).

aTNM Tumores, adenopatías, metástasis a nivel necrópsico (Autopsy Staging).

atnu Número atómico (Atomic Number).

ato Atento.

ATO Apnea total || Operación automática de trenes (Automatic Train Operation).

Atom Atómico.

AtP Activador tisular del plasminógeno.

ATP Adenosín trifosfato || Angioplastia transluminal percutánea || Asociación de Tenistas Profesionales || Automatización de las tecnologías de producción || Autopropulsado || Protección automática de trenes (Automatic Train Protection).

ATQ Automatic Thoughts Questionnaire.

ATR Acidosis tubular renal || Antitransmisión Recepción (Anti Transmit Receive) || Reflejo del tendón de Aquiles (Achilles Tendon Reflex).

ATS Antitiroideos de síntesis || Ayudante técnico sanitario || Estado de tensión ansiosa (Anxiety Tension State) || Servicio territorial auxiliar (Auxiliary Territorial Service, EE.UU.) || Sociedad Americana de Televisión (American Television Society) || Suero antitetánico (Antitetanic Serum).

ATT American Telephon and Telegraph || Antígenos de trasplante tumorespecíficos || Toxoide antitetánico (Antitetanus Toxoid).

atta Atenta.

ATTEN Atenuación (Attenuation).

attmte Atentamente.

atto Atento.

ATUC Confederación Africana de Sindicatos (African Trade Union Confederation).

ATVPD Arabinósido de citosina, tioguanina, vincristina, prednisona, daunorrubicina.

ATW Radar de avión instalado en la cola (Aircraft Tail Warning).

at w Peso atómico (Atomic Weight).

at wt Peso atómico (Atomic Weight).

At Wt Peso atómico (Atomic Weight).

Au Antígeno Australia || Oro (Aurum).

AU Unidad Angstrom (Angstrom Unit) || Unidad aritmética (Arithmetic Unit) || Unidad astronómica (Astronomical Unit).

AU2 Ácido úrico dihidratado.

AUA Anormalidades urinarias asintomáticas || Asociación Urológica americana (American Urological Association).

AUC Área de concentración de plasma bajo la curva (Area Under the Plasma Concentration Curve) || Asociación de Usuarios de la Comunicación.

Aud Audiencia.

Aud Nac Audiencia Nacional.

AUD Audio.

Aud^a Audiencia.

AUDC Ácido ursodesoxicólico.

AUE Aglutinina 1 del ulex Europaeus || Asociación de Usuarios de Internet.

AUM Misil aire-submarino (Air to Underwater Missile).

AUO Ácido úrico anhidro || Organización para la Unidad Africana (African Unity Organization).

AUPA Asociación para el Uso Prudente de los Antibióticos.

AUR Alianza Unitaria de Rumanía.

Aus Australia || Austria.

AUS Australia, referido a la matrícula internacional de automóvil || Ejército de los Estados Unidos (Army of United States).

aut Autógrafo.

autobiog Autobiografía || Autobiográfico.

AUX Auxiliar.

av Avenida || Promedio (Average) || Según el valor (Ad Valorem).

Av Avenida.

AV MAP BCG Adriamicina, vincristina, medroxiprogesterona acetato, bacilo de Calmette Guerin.

AV Adriamicina, vincristina || Agudeza visual || Amperio-vuelta || Arteriovenosa || Audiovisual || Aurículo ventricular || Ávila, referido a la matrícula nacional de automóvil || Promedio (Average) || Válvula aórtica (Aortic Valve) || Ventilación asistida (Assisted Ventilation).

AVA Actividad antiviral (Antiviral Activity) || Aneurisma arteriovenoso (Arteriovenous Aneurysm).

AVAL Área visual de asociación lateral.

AVAO Asociación Valenciana de Amigos de la Ópera.

AVB Adriamicina, vincristina, bleomicina.

AVC Accidente vascular cerebral || Actividades de la vida cotidiana, referido a la recuperación de un paciente cardíaco || Adriamicina, tenipósido, lomustina || Adriamicina, vincristina, ciclofosfamida || Canal atrioventricular (Atrioventricular Canal) || Control automático de volumen (Automatic Volume Control).

AVCC Adriamicina, vincristina, ciclofosfamida, lomustina.

AVCT Accidente vascular cerebral transitorio.

avda Avenida.

AVE Alta Velocidad Española, referido al tren de Alta Velocidad || Asociación Videográfica Española || Expansor automático de volumen (Automatic Volume Expander).

AVEPA Asociación de Veterinarios de Pequeños Animales.

AVF Fístula arteriovenosa (Arteriovenous Fistula).

avg Promedio (Average).

AVG Promedio (Average).

avgas Gasolina de aviación (Aviation Gasoline).

AVGAS Gasolina de aviación (Aviation Gasoline).

AVI Índice de velocidad del aire (Air Velocity Index, referido al pulmón).

AVIACO Aviación y comercio.

AVIANCA Aerovías Nacionales de Colombia.

AVIATECA Aviación Guatemalteca.

AVIONICS Electrónica de Aviación (Aviation Electronics).

AVK Antivitamina K.

AVL Alquiler de vehículos a largo plazo.

AVM Abombamiento de las válvulas mitrales || Ácido vanilmandélico || Adriamicina, vinblastina, mitomicina.

AVN Nodo atrioventricular (Atrioventricular Node).

Avo Avión.

AVP Ácido valproico || Área visual Primaria || Arginina vasopresina (Arginine Vasopressin) || Proteína antiviral (Antiviral Protein).

AVR Regulador automático de voltaje (Automatic Voltage Regulator).

AVSD Angiografía Venosa de Sustracción Digital.

AVT Arginina vasotocina (Arginine Vasotocin) || Asociación de Víctimas del Terrorismo.

AVURNAVE Aviso urgente a los Navegantes.

AW Detección de aviones (Aircraft Warning) || Peso atómico (Atomic Weight).

AWACS Sistema de alerta y control aerotransportado (Airborne Warning and Control System).

AWAWR Seguro con riesgo medio de guerra (Assurance With Average War Risk).

AWC Control de tráfico aéreo (Airways Traffic Control).

AWD Enfermedad de las vías respiratorias (Airways Disease).

AWU Unidad de peso atómico (Atomic Weight Unit).

AWY Vías aéreas (Airways).

Ax Axilar.

AXR Rayos X Abdominales (Abdominal X-Ray).

Ayunt^o Ayuntamiento.

Az Azimut.

AZ Azobisformamida.

AZA Azacitidina.

AZdU Azidodideoxyuridina.

AZQ Aziridinilbenzoquinona.

AZT Acidotimidina (Azidothymidine) || Test de Aschheim-Zondek (Aschheim-Zondek Test).

B

b Bacterium || Coeficiente de regresión, referido a estadística || Punto de ebullición (Boiling Point).

b Volumen constante de Van der Waals.

B Amplitud de banda || Bacilo bacillus) || Baht, referido a la unidad monetaria de Tailandia || Balboa, referido a la unidad monetaria de Panamá || Banco || Baptista || Barcelona, referido a la matrícula nacional de automóvil || Bartolomé || Base || Baume || Beato || Bélgica, referido a la matrícula internacional de automóvil || Benito || Biblia || Biopsia || Bolivar, referido a la unidad monetaria de Venezuela || Bombardero || Boro || Brillo (Brightness) || Bueno, referido a examen || Escala de Benoit || Flujo de Inducción Negativa || Linfocito B || Susceptancia.

B Inducción magnética.

b/d Barriles por día.

B/E Letra de cambio (Bill of Exchange).

B/L Conocimiento de embarque (Bill of Lading).

B/N Blanco y negro.

B/S Escritura de venta (Bill of Sale).

B/W Ambos Sentidos (Both Ways).

B-CAVe Bleomicina, lomustina, adriamicina, vinblastina.

B-CMF Bleomicina, ciclofosfamida, metotrexato, 5-fluorouracilo.

B-DOPA Bleomicina, dacarbacina, vincristina, prednisona, adriamicina.

B-MOPP Bleomicina, mecloretamina, vincristina, procarbacina, prednisona.

Ba Bario.

BA Ácidos biliares (Bile Acids) || Ácido bórico (Boric Acid) || Asma bronquial (Bronchial Asthma) || Asociación Británica (British Association) || Badajoz, referido a la matrícula nacional de automóvil || Banco Atlántico || Báse aérea || Bendición Apostólica || Bronquitis aguda || Bronquitis asmática || Buenos Aires || Buque anfibio || Líneas Aéreas Británicas (British Airways).

BAA Asociación Arqueológica Británica (British Archeological Association) || Asociación Astronómica Británica (British Astronomical Association).

BAAR Bacilos ácido alcohol resistentes.

BAAS Asociación Británica para el Progreso de la Ciencia (British Association for the Advancement of Science).

Bab Bárbara, referido a nombre.

BABAs Agentes betabloqueantes (Beta Adrenergic Blocking Agents).

BABS Sistema faro de aproximación a ciegas (Blind Approach Beacom System).

BAC Asociación Británica de Químicos (British Association of Chemists) || Biblioteca de Autores Cristianos || Bucoaxiocervical || Concentración de alcohol en sangre (Blood Alcohol Concentration) || Células broncoalveolares (Bronchoalveolar Cells).

BACAT Gabarra a bordo de un catamarán (Barge Aboard Catamaran).

BACON Bleomicina, adriamicina, lomustina, vincristina, mecloretamina.

BACOP Bleomicina, adriamicina, ciclofosfamida, vincristina, prednisona.

bact Bacteria || Bacteriología.

BACTA Batería de artillería de costa.

bad Badana.

BAD Asociación Británica de Dermatología (British Association of Dermatology) || Banco Africano de Desarrollo.

BaE Enema de bario (Barium Enema).

BAE Biblioteca de Autores Españoles.

BAEP Potencial evocado auditivo troncoencefálico (Brainstem Auditory Evoked Potentials).

BAER Respuesta evocada auditiva troncoencefálica (Brain Auditory Evoked Response).

BAERs Respuestas evocadas auditivas troncoencefálicas (Brainstem Auditory Evoked Responses).

BAF Bencil-para-aminofenol || Fuerza Aérea Británica (British Air Force).

BAFM Asociación Británica de Medicina Forense (British Association of Forensic Medicine).

BAFMi Carmustina, adriamicina, fluorouracilo, mitomicina.

BAG Bucoaxiogingival.

BAI Oficina de la industria animal (Bureau Animal Industry).

BAL Antilewisita Británica (British Antilewisite, referido al dimercaprol) || Buque de apoyo logístico || Lavado broncoalveolar || Nivel de alcohol en sangre (Blood Alcohol Level).

BAL MOD Modulador de balanceo (Balancer Modulator).

BALT Tejido linfoide asociado al bronquio (Bronchus Associated Lymphoid Tissue).

BALUN Simétrico a asimétrico (Balancet to Unbalanced).

BaM Papilla de bario (Barium Meal).

BAM Academia de Música de Brooklyn (Broooklyn Academy of Music).

BAMP Presión media arterial bronquial (Bronchial Arterial Mean Pressure).

BAN Asociación Británica de Neurólogos (British Association of Neurologists) || Base Aeronaval.

BANESTO Banco Español de Crédito.

BANKPYME Banco de la Pequeña y Mediana Empresa.

BANVENEZ Banco de Venezuela.

BANZARE Expedición de Investigación al Antártico (formada por) Nueva Zelanda, Australia y Reino Unido (British, Australian, New Zealand Antartic Research Expedition).

BAO Secreción ácida basal (Basal Acid Output).

BAOMS Asociación Británica de Cirujanos Orales y Máxilofaciales (British Association of Oral and Maxillo-Facial Surgeons).

BAP Batallón de apoyo || Benzil para aminofenol (Benzyl-p-Aminophenol) || Carmustina, adriamicina, prednisona || Presión en la arteria braquial (Brachial Artery Pressure).

BAPD Batallón de armas pesadas de desembarco.

BAPP Bleomicina, adriamicina, cisplatino, prednisona.

BAPS Asociación Británica de Cirujanos Pediátricos (British Association of Paediatric Surgeons) || Asociación Británica de Cirujanos Plásticos (British Association of Plastic Surgeons).

bar Barón, referido a título nobiliario.

BAR Bacterias acidorresistentes.

BARNA Barcelona.
BARR Asociación Británica de Reumatología y Rehabilitación (British Association of Rheumatology and Rehabilitation).
Bart Bartolomé (Bartholomew).
Bas Basófilo.
BAS Broncoaspirado.
BASF Badische Anilin Soda Fabritz.
BASIC Código de instrucción simbólico de uso Múltiple para Principiantes (Beginner's All Purpose Symbolic Instruction Code).
BASUB Base de submarinos.
bat Batallón || Batería (Battery, referido a corriente).
BAT Batería (Battery).
BAUS Asociación Británica de Cirujanos Urológicos (British Association of Urological Surgeons).
BAUX Base auxiliar.
BAV Base avanzada || Bloqueo atrioventricular.
Bb Borrelia Burgdorferi.
B&B Cama y desayuno (Bed and Breakfast).
BB Banco de sangre (Blood Bank) || Banda base (Baseband) || Base tampón (Buffer Base) || Betabloqueante || Brigitte Bardot, referido a la actriz francesa || Buque acorazado.
BBA Asociación Británica de Banqueros (British Bankers' Association) || Licenciado en administración de Empresas (Bachelor of Business Administration).
BBB Barrera hematoencefálica (Blood Brain Barrier) || Bloqueo de rama (Bundle Branch Block) || Cama, desayuno y cuarto de baño (Bed, Breakfast and Bath).
BBBB Bloqueo de rama bilateral (Bilateral Bundle Branch Block).
BBC Caracteres de comprobación de bloque (Block Check Characters) || Corporación Británica de Radiodifusión (British Broadcasting Corporation).
bbep Billones de barriles equivalentes de petróleo.
BBF Bloqueo bifascicular.
BBIA Bombeo con balón intraaórtico.
bbl Barril de petróleo.
bbls/d Barriles por día (Barrels per Day).
BBN N-butil N-hidroxibutil nitrosamina.
BBO Dibifenililoxazol.
BBOT Butilbenzoxazolil tiofeno.
BBP Ftalato de butilbencilo (Butyl Benzyl Phtalate).
BBS Besnier-Boëck-Schaumann, referido a la enfermedad || Sistemas de boletines electrónicos (Bulletin Board Systems) || Sociedad Británica de Bioquímica (British Biochemical Society).
BBT Temperatura corporal basal (Basal Body Temperature).
BBV Banco Bilbao Vizcaya.
BC Bacterias comensales || Banco Central || Bilirrubina conjugada (Conjugated Bilirubin) || Bleomicina, lomustina || Bronquitis crónica || Bucocervical || Carcinoma bronquial (Bronchial Carcinoma) || Conexión de la base (Base Connection) || Conexión por detrás (Back Connected) || Coordinador de emisiones (Broadcast Coordinator) || Difusión o emisión (Broadcast) || Hemocultivo (Blood Culture) || Radiodifusión (Broadcast).
BCA Bronquitis crónica asmática.
BCAA Aminoácidos de cadena ramificada (Branched Chain Amino Acids).
BCB Ballet Contemporáneo de Barcelona.
BCC Bloqueo cardíaco completo || Carcinoma de células basales (Basal Cell Carcinoma).
BCCE B-Carboline Carboxylic Acid Ethyl ester.
BCCI Banco de Crédito y Comercio

Internacional (Bank of Credit and Commerce International).

BCD Barcelona Centro de Diseño (Barcelona Centre de Disseny) || Bleomicina, Ciclofosfamida, Dactinomicina || Código binario decimal (Binary Coded Decimal).

BCDF Factor diferencial de las células B (B-Cell Differential Factor).

BCDV Bleomicina, ciclofosfamida, dactinomicina, vincristina.

BCE Antes de la era cristiana (Before Christian Era) || Banco Central Europeo || Epitelioma de células basales (Basal Cell Epithelioma).

BCEAO Banco Central de los Estados de África del Oeste (Banque Centrale des États de l'Afrique de l'Ouest).

BCECC Cámara de Comercio Británica y de Europa Central (British And Central European Chamber of Commerce).

BCG Bacilo Calmette-Guerin (Bacille Calmette-Guerin) || Balistocardiografía.

BCH Banco Central Hispano || Hiperplasia de Células Basales (Basal Cells Hyperplasia).

BCI Banco Centroamericano de Integración || Banco de Crédito Industrial || Interferencia (con la recepción de programas) de radiodifusión (Broadcast Interference).

BCIS Oficina Central Internacional de Sismología (Bureau Central International de Séismologie).

BCN Barcelona || Base Cartográfica Numérica || Radiobaliza (Beacon) || Radiooyente (Broadcast Listener).

BCN Ibex-35 Índice bursátil de la Bolsa de Barcelona, indica los valores de mayor volumen de negociación.

BCN MID-50 Índice bursátil de la Bolsa de Barcelona, representativo del segmento medio del mercado.

BCN TOP-5 Índice Bursátil de la Bolsa de Barcelona, agrupa los cinco valores más líquidos del mercado.

BCNU Bis-cloroetilnitrosourea o carmustina.

BCNU-DAG Carmustina, dianhidrogalactitol.

Bco Banco.

BCOM Base de combate.

BCOP Carmustina, ciclofosfamida, vincristina, prednisona.

BCP Partido Comunista de Bulgaria (Bulgarian Communist Party) || Píldora anticonceptiva (Birth Control Pill) || Protocolos de control de byte (Byte Control Protocols).

BCRC Centro de Investigación Oncológica de Baltimore (Baltimore Cancer Research Center).

BCU Unidad de Control de Bus (Bus Control Unit).

BCVM Bleomicina, cisplatino, vincristina, metotrexato.

BCVP Bleomicina, ciclofosfamida, vincristina, prednisona.

BCVPP Carmustina, ciclofosfamida, vinblastina, procarbacina, prednisona.

BCWL Carbonato básico blanco de plomo (Basic Carbonate White Lead).

BCZAM Batallón de Cazadores de Alta Montaña.

bd Dos veces al día (Bis Die).

BD Bangladesh || Base de datos || Bilirrubina directa || Bucodistal || Dinar de Bahrain, referido a la unidad monetaria || República Federal de Alemania (Bundesrepublik Deutschland).

BDA Asociación Británica de la Diabetes (British Diabetes Association) || Bloque Democrático de Azerbaiyán.

BDE Batallón de desembarco.

BDET-TTF bis(etilenoditio)tetratiafulvaleno.

BDHI Inventario de hostilidad de Buss Durkee (Buss Durkee Hostility Inventory).

BDI Banco de Desarrollo Interamericano || Inventario de depresión de Beck (Beck Depression Inventory).

BDOS Sistema operativo en disco en lenguaje Basic (Basic Disk Operating System).

BDP Diagnóstico biológico de la gestación (Biological Diagnosis for Pregnancy).

BDRN Banco de Desarrollo de la República Nigeriana.

bds Tomar dos veces al día (Bis In Die Sumendus).

BDS Barbados, referido a la matrícula internacional de automóvil.

BDTA Benzofenona dianhídrido tetracarboxílico.

BDV Tensión de ruptura (Breakdown Voltage).

BDZ Benzodiacepina.

Be Berilio.

BE Banco de Inglaterra (Bank of England) || Buque escuela || Eliminación de banda (Band Elimination) || Enema de Bario (Barium Enema) || Imperio británico (British Empire).

Bé Baumé, referido a la escala.

BEA Asociación Británica para la Epilepsia (British Epilepsy Association).

BEAC Banco de los Estados del África Central (Banque des États de l'Afrique Centrale).

BEAM Mapeo de la actividad eléctrica cerebral (Brain Electrical Activity Mapping).

BEAR (comité pra la evaluación de los) Efectos biológicos de la radiación atómica).

Bec Rebeca.

BEC Boletín epidemiológico de Cataluña (Butlletí Epidemiologic de Catalunya) || Oficina europea del café (Bureau Européen du Café).

BECALM Bleomicina, etopósido, ciclofosfamida, adriamicina, metotrexato con leucovorina.

BECI Bibliografía española de Ciencias de la Información.

Becky Rebeca.

BED Brigada Especial de Desarme, Nicaragua.

BEDO-TTF bis(etilenodioxi)tetratiafulvaleno.

BEE Gasto de energía basal (Basal Energy Expenditure).

BEF Banco Europeo de Finanzas.

Beh Comportamiento (Behaviour).

BEHAVE Patología del comportamiento en la enfermedad de Alzheimer (Behavioral Pathology in Alzheimer's Disease).

BEI Banco Europeo de Inversiones (Banque Européenne d'Investissement) || Bloque de Estudiantes Independentistas (Bloc d'Estudiants Independentistes) || Oficina de Exposiciones Internacionales (Bureau d'Expositions Internationales) || Yodo extraíble por butanol.

BEK Butil etil cetena (Butyl Ethyl Ketene).

Bel Bélgica || Isabel (Isabella).

BELD Bleomicina, vindesina, lomustina, dacarbacina.

BELGA Agencia (de noticias) belga.

Belle Isabel (Isabella).

BEM Monstruo de Ojos Saltones (Bug Eyed Monster).

BEMF Fuerza contraelectromotriz (Back Electro Motive Force).

ben Bendición (Benedictio).

Ben Benjamín, referido a nombre.

BENCOM Código de frases de Bentley Completo (Bentley's Complete Phrase).

BENELUX Bélgica, Países Bajos (Nederlands), Luxemburgo, referido a la unión económica entre los países citados.

Benf Beneficiarios.

BENSEC Segundo código de frases de Bentley (Bentley's Second Phrase Code).

benz Benzol.

BEP Bleomicina, etopósido, cisplatino.

BER Bebedor excesivo regular || Ritmo eléctrico de base (Basical Electrical Rythm).

BERA Audiometría transmitida por respuesta eléctrica troncoencefálica (Brainstem Electric Responses Audiometry).

BERD Banco Europeo de Reconstrucción y Desarrollo.

BERNº Bernardo.

Bert Alberto o Herberto (Albert or Herbert).

Bertie Alberto o Herberto (Albert or Herbert).

Bess Elizabeth.

Bessy Elizabeth.

BEST Polarización, ecualización y sensibilidad de cinta (Bias, Equalisation, Sensitivity of Tape).

BET Brunauer, Emmett and Teller.

beta HCG Gonadotropina coriónica humana beta (beta Human Chorionic Gonadotropin).

beta-LPH beta lipotropin.

Beth Elizabeth.

Betsy Elizabeth.

Betty Elizabeth.

BEUC Oficina Europea de Uniones de Consumidores (Bureau Européenne des Unions de Consommateurs).

BeV Mil millones de electrón-voltios (Billion electron-Volts).

BEV Billón electrón voltios.

BEX Banco Exterior.

BEXA Asociación de Exportadores Británicos (British Exporters Association).

BF Autocontrol biológico (Biofeedback) || Baja frecuencia || Banco de Francia (Banque de France) || Franco Belga (Belgian Franc, referido a la unidad monetaria) || Frecuencia de batido (Beat Frequency).

BFB Autocontrol biológico (Biofeedback).

BFE Bromotrifluoretileno.

BFGF Factor de crecimiento fibroblástico básico (Basic Fibroblastic Growth Factor).

BFI Instituto Británico del Cine (British Film Institute).

BFO Oscilador de frecuencia de batido para recepción telegráfica (Beat Frequency Oscillator).

BFP Benzoxazol fluorofenil propiónico.

Bg Brigada, referido al empleo militar.

BG Base de guerrillas || Bucogingival || Bulgaria, referido a la matrícula internacional de automóvil || Buque de guerra || Glucosa sanguínea (Blood Glucose) || Grupo sanguíneo (Blood Group).

BGE Butilglicidil éter.

BGN Bacilos gramnegativos.

BGS Radiogoniómetro de suelo en banda S (Beacon Ground S-band).

bh Barriles por hora.

BH Agujero negro (Black Hole, referido a astronomía).

BHA Asociación Homeopática Británica (British Homeopathic Association) || Base de hidroaviones || Hidroxianisol butilado (Butylated Hydroxyanisole).

BHC Hexacloruro de benceno (Benzene Hexachloride).

BHE Barrera hematoencefálica.

BHELA Batallón de helicópteros de ataque.

BHELMA Batallón de helicópteros de maniobra.

BHELTRA Batallón de helicópteros de transporte.

BHF Fundación Británica del Corazón (British Heart Foundation).

BHI Oficina Hidrográfica Internacional (Bureau Hydrographique International).

BHL Vida media biológica (Biological Half Life).

BHP Caballos de potencia al freno (Brake Horse Power).

BHT Hidroxitolueno butilado (Butylated Hydroxytoluene).

Bi Bismuto.

BI Batallón de infantería || Beneficio

inmediato || Bilirubina indirecta || Bloque de Izquierdas, Chequia || Búsqueda de instrucción || Vizcaya, referido a la matrícula nacional de automóvil.

Bia Batería, referido a la unidad de artillería.

BIA Instituto Británico de Acupuntura (British Institute of Acupuncture).

BIAC Batallón de infantería acorazado.

BIAO Banco Internacional del África Occidental.

BIAT Batallón de infantería aerotransportable.

Bibl Biblia.

biblio Biblioteca.

BIC Banco Industrial de Cataluña || Oficina Internacional del Cine (Bureau International du Cinéma).

BICC Oficina Internacional de las Cámaras de Comercio (Bureau International des Chambres de Commerce).

BICE Banco Internacional de Cooperación Económica.

BicP Bicarbonato plasmático.

bid Dos veces al día (Bis In Die).

BID Banco Integrado de Datos || Banco Interamericano de Desarrollo || Banco Islámico de Desarrollo || Índice de depresión de Bellevue (Bellevue Index Depression).

Biddy Brígida (Bridget).

BIE Oficina Internacional de Educación (Bureau International d'Éducation) || Oficina Internacional de Exposiciones (Bureau International des Expositions).

BIH Hipertensión intracraneal benigna (Benign Intracranial Hypertension) || Oficina Internacional de la Hora (Bureau International de l'Heure).

BII Banco de Inversiones Internacionales.

BIIF Banco Internacional para el Intercambio Financiero.

Bill Guillermo (William).

Billy Guillermo (William).

BIM Banco Industrial de Mónaco || Instituto Británico de Metales (British Institute of Metals).

BIMT Batallón de infantería motorizado.

BIMZ Batallón de infantería mecanizado.

bin Binario (Binary).

BINAC Ordenador automático binario (Binary Automatic Computer).

BING Batallón de ingenieros.

biol Biológico.

Biol Biología.

BIOS Investigación biológica del espacio (Biological Investigation of Space) || Sistema básico de entrada y salida (Basic Input Output System).

BIP Batallón de Instrucción Paracaidista.

BIPCA Comisión internacional permanente de química analítica (Bureau International Permanent de Chimie Analytique, referido a las materias destinadas a la alimentación del hombre y de los animales).

BIPM Oficina Internacional de Pesos y Medidas (Bureau International des Poids et Mesures).

BIPP Pasta de parafina, iodoformo y bismuto (Bismuth, Iodoform, Paraffin Paste).

BIR Instituto Británico de Radiología (British Institute of Radiology).

BIRD Banco Internacional para la Reconstrucción y el Desarrollo (Banque Internationale pour la Reconstruction et le Développement) || Bloqueo incompleto de rama derecha.

BIRF Banco Internacional para la Reconstrucción y Fomento.

BIS Oficina Internacional del (movimiento) Scout (Bureau International du Scoutisme).

BISYNC Comunicaciones sincrónicas binarias (Binary Synchronous Communications).

Bit Dígito binario (Binary Digit).
BIT Baleares, innovación y tecnología || Oficina Internacional del Trabajo (Bureau International du Travail).
BITE Equipo de prueba integrado (Built In Test Equipment).
BIU Comisión Internacional de Universidades (Bureau International des Universités).
biz Negocio (Business).
BJ Bence-Jones, referido a la proteína.
BJM Huesos, articulaciones, músculos (Bones, Joints, Muscles).
BJP Proteína de Bence-Jones (Bence-Jones Protein) || Bharatiya Janata Party, India.
BK Bankinter || Berkelio || Negro (Black).
BK-A Calicreína del basófilo en la Anafilaxia.
BKA Amputación Por Debajo de la Rodilla (Below the Knee Amputation).
BL Azul (Blue) || Base logística || Bilirubina libre || British Leyland || Bucolingual || Linfoma de Burkitt (Burkitt's Lymphoma).
BLACC Cámara de Comercio Británica y Latinoamericana (British and Latin American Chamber of Commerce).
BLADING Conocimiento de carga (Bill of Lading).
BLD Banda lateral doble.
BLEG Bandera de la legión.
Bleo Bleomicina.
Bleo/CAP Bleomicina, Ciclofosfamida, Adriamicina, Cisplatino.
Bleo/CHOP Bleomicina, ciclofosfamida, adriamicina, vincristina, prednisona.
BLEU Unión Económica de Bélgica y Luxemburgo (Belgo-Louxembourg Economic Union).
BLI Banda lateral independiente.
BLK Negro (Black).
blm Besa la mano.
BLM Besa la mano || Bleomicina.
BLN Ballet Lírico Nacional.
blp Besa los pies.
BLP Besa los pies || Partido Laborista de las Barbados (Barbados Labour Party).
BLU Banda lateral única.
BLV Virus de la leucemia bovina (Bovine Leukaemia Virus).
BM Banco Mundial || Feliz memoria (Bona Memoriae) || Marina alemana (Bundesmarine) || Médula ósea (Bone Marrow) || Membrana basal (Basal Membrane) || Metabolismo basal (Basal Metabolism) || Museo Británico (British Museum) || Papilla de bario (Barium Meal) || Radiobaliza limítrofe (Boundary Marker).
BMA Asociación Médica Británica (British Medical Association).
BMC Barcelona Moda Centre || Bleomicina, Metotrexato, Cisplatino.
BMD Nacimientos, Matrimonios y defunciones (Births, Marriages and Deaths).
BMDL Linfocitos dependientes de médula ósea (Bone Marrow Dependent Lymphocytes).
BMEP Presión eficaz media al freno (Brake Mean Effective Pressure).
BMEWS Sistema de alerta avanzado contra cohetes balísticos (Ballistic Missile Early Warning System).
BMG Gammapatía monoclonal benigna (Benign Monoclonal Gammapathy).
BMI Indice de masa corporal (Body Mass Index).
BMING Batallón mixto de ingenieros.
BMJ British Medical Journal.
Bmo Pe Beatísimo padre.
BMP Carmustina, melfalán, prednisona || Proteína capaz de inducir tejido óseo (Bone Morphogenetic Protein).
BMPFC Batallón de movilización y prácticas de ferrocarriles.

BMR Blindado medio de reconocimiento || Blindado medio sobre ruedas || Tasa metabólica basal (Basal Metabolic Rate).

BMS Escala de manía de Beigel (Beigel Mania Scale) || Sociedad Micológica Británica (British Mycological Society).

BMT Trasplante de médula ósea (Bone Marrow Transplantation).

BMV Santísima Virgen María (Blessed Mary the Virgin).

BMVL Bleomicina, metotrexato, vinblastina, lomustina.

BMW Fábrica de motores de Baviera (Bayerische Motorenwerkwe).

BN Balance (diario) de nitrógeno || Base naval || Biblioteca Nacional || Blanco y negro || Bulimia nerviosa.

BNA Asociación Británica de Naturalistas (British Naturalists' Association) || Nomenclatura anatómica de Basilea (Basle Nomina Anatomica).

BNCC Comité Nacional Británico para la Química (British National Committee for Chemistry).

BNCI Banco Nacional para el Comercio y la Industria (Banque Nationale pour le Commerce et l'Industrie, Madagascar).

BNCSR Comité Nacional Británico sobre Investigación Espacial (British National Committee on Space Research).

BNDD Oficina de Narcóticos y Fármacos Peligrosos (Bureau of Narcotics and Dangerous Drugs, EE.UU.).

BNE Ballet Nacional de España.

bnf Fan muy conocido y famoso (Big Name Fan).

BNF Formulario (farmacológico) nacional británico (British National Formulary.

BNG Bloque Nacionalista Gallego (Bloque Nacionalista Galego).

BNO Intestino No Obstruido (Bowel Nor Opened).

BNOC Compañía Británica Nacional de Ópera (British National Opera Company).

BNP Banca Nacional de París (Banque Nationale de Paris) || Partido Nacional Británico (British National Party).

BNPG Bloque Nacional Popular Gallego.

BNS Banca Nacional Suiza (Banque National Suisse) || Sistema de Navegación Batimétrico (Bathymetric Navigation System) || Sociedad Británica de Numismática (British Numismatic Society).

BNSC Centro Espacial Nacional Británico (British National Space Center).

BO Boletín Oficial || Buque oceanográfico || Oficina de correos (Box Office) || Olor corporal (Body Odour) || Oscilador de bloqueo (Blocking Oscillator).

BOA Asociación Olímpica Británica (British Olympic Association) || Asociación Ortopédica Británica (British Orthopaedic Association) || Boletín Oficial de Aragón.

BOAD Banco de Desarrollo (de los países) del Oeste de África (Banque Ouest Africaine de Développement).

BOAP Bleomicina, vincristina, adriamicina, prednisona.

Bob Roberto (Robert).

BOC Bloque Obrero y Campesino (Bloc Obrer i Camperol, Cataluña) || Boletín Oficial de Cantabria.

BOCAIB Boletín Oficial de la Comunidad Autónoma de las Islas Baleares.

BOCAIC Boletín Oficial de la Comunidad Autónoma de las Islas Canarias.

BOCM Boletín Oficial de la Comunidad de Madrid.

BOCYL Boletín Oficial de Castilla y León.

BOD Demanda bioquímica de oxígeno (Biochemical Oxygen Demand).

BOE Boletín Oficial del Estado.
BOEL Bandera de Operaciones Especiales de la Legión.
BoJ Banco del Japón (Bank of Japan).
BOJA Boletín Oficial de la Junta de Andalucía.
Bol Bolivia.
BOLD Bleomicina, vincristina, lomustina, dacarbacina.
BOMP Bleomicina, vincristina, mitomicina, cisplatino.
BON Beta oxinaftoido ácido || Boletín Oficial de Navarra.
Bón Batallón.
B of E Banco de Inglaterra (Bank of England).
BOP Boletín Oficial de la Provincia || Buque oceanográfico polar || Carmustina, vincristina, prednisona.
BOPA Agencia de Prensa Botswana (Botswana Press Agency) || Boletín Oficial del Principado de Asturias.
BOPO Bronquiolitis obliterante con pneumonía organizativa.
BOPOB Bis(bisfeniloxazolil)benceno.
BOPP Carmustina, vincristina, procarbacina, prednisona.
BOR Boletín Oficial de la Rioja.
BORM Boletín Oficial la Región de Murcia.
Borr Borrador.
BOS Bloque Opositor del Sur, Nicaragua.
Bos Pops Boston Pops (Boston Pops, referido a la orquesta de EE.UU.).
BOSS Estación espacial orbital de bioastronáutica (Bioastronautic Orbiting Space Station).
Bot Botánica.
BOT Junta de Comercio (Board of Trade).
BOU Unión Británica de Ornitólogos (British Ornithologists' Union).
bp Punto de ebullición (Boiling Point).
BP Baden Powell, referido al fundador del movimiento scout || Banda de frecuencias (Bandpass) || Base principal o de partida || Bendición papal || British Petroleum || Bucopulpal || Cuenta pendiente (Bill Payable) || Depresión bipolar (Bipolar Depression) || Farmacopea británica (British Pharmacopoeia) || Figuras negras (Blacky Pictures) || Presión barométrica (Barometric Pressure) || Presión de la sangre (Blood Pressure) || Punto de ebullición (Boiling Point).
BPA Asociación Británica de Pediatría (British Paediatric Association) || Banca Privada de Andorra.
BPAC Bandera paracaidista.
BPAdd Adendum a la farmacopea británica (British Pharmacopeia Addendum).
BPB Bifenilos policlorados.
BPC Broncopneumopatía crónica || Código farmacéutico inglés (British Pharmaceutical Codex).
BPCO Broncopneumopatía crónica obstructiva.
bpd Barriles por día.
BPD Diámetro biparietal (Biparietal Diameter) || Displasia broncopulmonar (Bronchopulmonary Displasia) || Trastorno límite de la personalidad (Borderline Personality Disorder).
BPE Bacterias patógeno específicas.
BPF Factor potenciador de la bradiquinina (Bradykinin Potentiating Factor) || Filtro de paso de banda (Bandpass Filter).
BPG Bisfosfoglicerato.
BPGM Bisfosfoglicerato mutasa.
BPh Farmacopea británica (British Pharmacopeia).
BPH Hipertrofia prostática benigna (Benign Prostatic Hypertrophy).
BPI Banco de Pagos Internacionales, Basilea.
BPICA Comisión Permanente Internacional de Constructores de Automóviles (Bureau Permanent International des Constructeurs d'Automobiles).

BPL Asociación de Radiotelegrafistas Aficionados (Brass Pounders League, EE.UU.) || Bencilpeniciloil-Polilisina, referido a la prueba cutánea || Beta propiolactona || Buenas prácticas de laboratorio.

bpm Barriles por minuto.

BPO Bacterias patógeno oportunistas || Orquesta Filarmónica de Berlín (Berlin Phiharmonic Orchestra).

BPONT Batallón de pontoneros.

bpp Bits por pulgada.

BPR Bloque Popular Revolucionario, El Salvador || Elevación del punto de ebullición (Boiling Point Rise).

BPRS Escala rápida para la evaluación psiquiátrica (Brief Psychiatric Rating Scale).

bps Bits por segundo.

BPS Sociedad Farmacológica Británica (British Pharmacological Society).

BPSM Banco Pinto Sotto Maior, Portugal.

BPsS Sociedad Psicológica Británica (British Psychological Society).

b pt Punto de ebullición (Boiling Point).

BPV Papilomavirus bovino (Bovine Papilloma Virus).

Bq Becquerel o becquerelio.

Br Babor || Birr, referido a la unidad monetaria de Etiopía || Brasil || Braulio || Bretaña || Británico || Bromo || Brucella.

BR Biorretracción || Brasil, referido a la matrícula internacional de automóvil || Brigadas Rojas, referido al grupo terrorista italiano || Libro de referencia (Book of Reference) || Marrón (Brown) || Reposo en cama (Bed Rest).

BRA Ácido beta resorcílico (Beta Resorcylic Acid) || Asociación Británica de Artritis y Reumatismo (British Rheumatism and Arthritis Association).

BRART Brigada de artillería.

BRB Bloqueo de rama bilateral.

BRC Brigada de caballería || Corporación Británica de Radio (British Radio Corporation).

BRCS Sociedad de la Cruz Roja Británica (British Red Cross Society).

BRCZAM Brigada de cazadores de alta montaña.

BRCZM Brigada de cazadores de montaña.

BRD Bloqueo de rama derecha || República Federal de Alemania (Bundesrepublik Deutschlands).

Br dUrd Bromo desoxiuridina.

BREMA Asociación Británica de Fabricantes de Material de Radio (British Radio Equipment Manufacturers' Association).

Bri Brigada, referido a unidad del ejército.

BRI Bloqueo de rama izquierda || Instituto de Investigación Biológica (Biological Research Institute) || Instituto de Investigación del Cerebro (Brain Research Institute, EE.UU.).

BRIAC Brigada de infantería acorazada.

BRIL Brigada de infantería ligera.

BRILAT Brigada ligera aerotransportable.

BRIMT Brigada de infantería motorizada.

BRIMZ Brigada de infantería mecanizada.

BRIPAC Brigada paracaidista.

BRIR Brigada de infantería de reserva.

BRISAN Brigada de sanidad.

BRKR Interruptor (Breaker).

BRM Modificadores de respuesta biológica (Biologic Response Modifiers).

BRMES Escala de melancolía de Bech-Rafaelsen (Bech-Rafaelsen Melancholia Scale).

BRMS Escala de Manía de Bech-Rafaelsen (Bech-Rafaelsen Mania Scale).

BRO Broncoscopia.
Bros Hermanos (Brothers).
BRT (Compañía) Belga de Radio y Televisión (Belgische Radio en Televisie).
BRU Brunei, referido a la matrícula internacional de automóvil.
Bs Bolívares, referido a la unidad monetaria de Venezuela || Bolivianos, referido a la unidad monetaria de Bolivia.
BS Azúcar sanguíneo (Blood Sugar) || Bacterias saprófitas || Bahamas, referido a la matrícula internacional de automóvil || (conexión de) Base protegida (Base Shield) || Boy Scout || Bus de salida, referido a electrónica || Emisora de radiodifusión (Broadcasting Station) || Sales biliares (Bile Salts).
BSA Área de superficie corporal (Body Surface Area) || Asociación de Boy Scouts || Binario seudoaleatorio || Bloqueo sinoatrial || Boy Scouts de América.
BSAEP Potencial evocado auditivo del tallo del encéfalo (Brain Stem Auditory Evoked Potential).
BsAs Buenos Aires.
BSB Satélite británico de radiodifusión (British Satellite Broadcasting).
BSBI Sociedad Botánica de las Islas Británicas (Botanical Society of the British Isles).
BSC Canal binario simétrico (Binary Symmetrical Channel) || Comunicaciones sincrónicas binarias (Binary Synchronous Communications).
BSCC Sociedad Británica de Citología Clínica (British Society of Clinical Cytology).
BSD Salpingooforectomía bilateral (Bilateral Salpingoophorectomy).
BSE Autoexamen del pecho (Breast Self Examination, referido al seno) || Batallón de servicios especiales || Encefalopatía espongiforme bovina (Bovine Spongiform Encephalopathy).
BSER Respuesta evocada troncoencefálica (Brainstem Evoked Response).
BSERA Audiometría de respuesta evocada troncoencefálica (Brainstem Evoked Responses Audiometry).
BSF Bromosulfoftaleína || Busulfán.
BSFA Asociación Británica de Ciencia Ficción (British Science Fiction Association).
BSH Sociedad Británica de Hipnoterapeutas (British Society of Hypnotherapists).
BSI Instituto Británico de Normalización (British Standard Institution).
BSIB Comité Internacional de Boy Scouts (Boy Scouts Internacional Bureau).
BSIP Protectorado Británico de las Islas Solomon (British Solomon Islands Protectorate).
BSL Nivel de azúcar en sangre (Blood Sugar Level) || Sociedad Bioquímica de Londres (Biochemical Society of London).
BSM Besa su mano.
BSO Banda sonora original || Orquesta Sinfónica de Boston (Boston Symphony Orchstra).
BSp Broncoespasmo (Bronchospasm).
BSP Bromosulfoftaleína (Bromosulfophthalein).
BSS Especificación de norma británica (British Standard Specification).
BST Bromosulfoftaleína || Hora de verano en Inglaterra (British Summer Time) || Somatotropina bovina (Bovine Somatothropin).
BSTFA Bis(Trimetilsilil)Trifluoroacetamida.
BSTT Tiempo de transmisión troncoencefálico (Brain Stem Transmision Time).
BSWB Comité Internacional de Boy Scouts (Boy Scouts World Bureau).
BT *Bacillus Thuringiensis* || Baja tensión || Base de tiempo || Base de tránsito || Batallón de transmisiones || Ba-

tería || Bilirrubina total || British Telecom || Temperatura basal (Basal Temperature) || Temperatura corporal (Body Temperature) || Terapia conductista (Behaviour Therapy) || Tiempo de hemorragia (Bleeding Time) || Transfusión de sangre (Blood Transfusion) || Tumor benigno (Benign Tumour) || Tumor cerebral (Brain Tumour).

Bta Beata.

BTA Asociación Británica del Teatro (British Theatre Association) || Agencia de Noticias Búlgara (Bulgarska Telegrafitscheka Agentzia) || Bancos Totta y Azores, Portugal.

BTC Confederación Textil Británica (British Textile Confederation).

btca Biblioteca.

BTDA Dianhídrido tetracarboxílico de la benzofenona (Benzophenone Tetracarboxylic Dianhidride).

BTEX Benzeno, tolueno, etilbenceno y xileno.

BTF Bloqueo trifascicular.

BThU Unidad térmica británica (British Thermal Unit).

B del TLN Ballet del Teatro Lírico Nacional.

BTM Bromotrifluorometano.

bto Bulto || Bruto.

Bto Beato.

BTO Bombardeo a través de las nubes (Bombing Through Overcast).

Btu Unidad térmica británica (British Thermal Unit).

BTU Unidad térmica británica (British Termal Unit).

BTV Barcelona Televisió.

BTX Benceno, tolueno, xileno.

Bu Butilo.

BU Universidad de Brown (Brown University, EE.UU.) || Burgos, referido a la matrícula nacional de automóvil.

BUA Buceador de asalto.

BUAP Buceador de apoyo.

BUE Butil vinil éter.

BUFB Memoria intermedia ocupada (Buffer Busy).

BUFF Memoria intermedia completa (Buffer Full).

BUIT Oficina de la Unión Internacional de Telecomunicaciones (Bureau of the International Telecommunications Union).

Bulg Bulgaria.

BUN Nitrógeno ureico en sangre (Blood Ureic Nitrogen).

BUP Bachillerato Unificado Polivalente || British United Press.

BUR Birmania, referido a la matrícula internacional de automóvil.

Bur. St Instituto Americano de Normalización (Bureau of Standards).

BuRec Oficina de Reclamación (Bureau of Reclamation, EE.UU.).

BV Quede usted con Dios (Bene Vale) || Santísima Virgen (Beata Virgo) || Vasos sanguíneos (Blood Vessels) || Volumen de la sangre (Blood Volume) || Vuestra Santidad (Beatitudo Vestra).

BVCP Bleomicina, vincristina, ciclofosfamida, prednisona.

BVCPP Carmustina, vinblastina, ciclofosfamida, procarbacina, prednisona.

BVDS Bleomicina, Vinblastina, adriamicina, Streptozocina.

BVM Santísima Virgen María (Beata Virgo Maria).

BVPP Carmustina, Vincristina, Procarbacina, Prednisona.

BVRT Test de retención visual de Benton (Benton Visual Retention Test).

BW Agua corporal (Body Water) || Ancho de banda (Band Width) || Guerra bacteriológica (Bacteriological Warfare) || Guerra biológica (Biological Warfare) || Peso al nacimiento (Birth Weight).

BWI Antillas británicas (British West Indies).

BWO Válvula osciladora de onda progresiva (Backward Wave Oscillator).

BWR Reactor de agua a presión hirviente (Boiling Water Reactor).
Bx Biopsia.
BXA Direccionamiento indexado y absoluto (Branch Indexed and Absolute).
BYP Derivación (Bypass).
Bz Benceno.
BZ Batallón de zapadores || Benzodiacepina.
BZD Benzodiacepina.
BZDs Benzodiacepinas.
BZFC Batallón de zapadores de ferrocarriles.

C

c Alrededor (Circum) || Aproximadamente (Circiter) || Calle || Candela (Candle) || Capítulo || Centi, referido a Centésimo || Centígramo || Centímetro || Ciclo || Ciudad || Comida (Cibus) || Concentración || Constante de Einstein, referido a la velocidad de propagación de la luz en el vacío || Contra || Cúbico.

c Capacidad de calor específico || Velocidad de la luz en el vacío.

C Arrastre (Carry) || Caballeros || Caliente || Caloría || Cámbrico || Capacidad || Capitán || Carbón || Carbonífero || Carbono || Cardenal || Carlos || Carmen || Catecismo || Cátodo || Católico || Cayados, referido a neutrófilos || Caza, referido al avión || Celsius, referido a la escala termométrica || Centígrados || Cesar || Citocromo || Citosina || Ciudad || Cocaína || Cohete || Colector || Complemento || Concentración || Condensador || Congregación || Congreso || Cuba, referido a la matrícula internacional de automóvil || Culombio || Curie || Dilución centesimal hahnemanniana, referido a homeopatía || La Coruña, referido a la matrícula nacional de automóvil || Vaciar, referido a la memoria de un ordenador || 100, referido a la numeración romana.

C Capacidad electrostática || (grados) Centígrados || Concentración, referido a química.

C/ Cargo o cuenta.

C^a Compañía.

C/A Cuenta de ahorros.

C/B Contrabatería, de artillería.

C/C Contracarro de combate.

c/c Cuenta corriente.

C/Kg Culombio por kilogramo.

c/o Con orden (Care of).

C/L Camión ligero.

c/m Ciclos por minuto.

C/M Camión medio || Contramorteros.

C/P Camión pesado || Contra personal || Cociente colesterol-fosfolípido (Cholesterol-Phospholipid).

c/s Ciclos por segundo.

C/S Ciclos por segundo.

c/w Compatible con (Consistent With).

C de E Consejo de Estado.

C de J Compañía de Jesús.

C of E Consejo de Europa (Council of Europe).

C-14 Carbono 14.

c-Abl Celular Abelson (referido al protooncogene).

C-COMAD Ciclofosfamida, citarabina, vincristina, metotrexato en altas dosis.

c-hr Bujía hora (Candle Hour).

C-MOPP Ciclofosfamida, vincristina, procarbacina, prednisona.

C-ONC Oncogene celular (Cellular Oncogene).

C-T Concentración sobre Tiempo (Concentration over Time).

C&A Clemens y Auguste Breeninkmeyer, referido a la cadena de tiendas.

C&H Cocaína y heroína.

C&I Comercial e industrial.

C&M Cocaína y morfina.

C1 a C9 Fracciones del complemento.

C1-INH Inhibidor de la C1 esterasa.

C1ªG Cefalosporina de primera generación.

C2ªG Cefalosporina de segunda generación.

C3FN Factor nefrítico C3.

C3ªG Cefalosporina de tercera generación.

ca Bujía (Candle) || Caja alta || Carcinoma || Centiárea || Corriente alterna.

Ca Calcio || Carcinoma.

CA Acetato de celulosa (Cellulose Acetate) || Acetato de cortisona (Cortisone Acetate) || Ácido cólico (Cholic Acid) || Anhidrasa carbónica (Carbonic Anhidrase) || Antígeno común (Common Antigen) || Arteria coronaria (Coronary Artery) || Cádiz, referido a la matrícula nacional de automóvil || Caja de Ahorros || Cancelado (Cancelled) || *Candida albicans* || Carbapatita || Catecolaminas || Células amnióticas || Ciclofosfamida, adriamicina || Citosina arabinósido || Contraalmirante || Convocatoria para Andalucía || Corriente alterna || Cuenta de ahorros || Edad cronológica (Chronological Age) || Ejército canadiense (Canadian Army).

Cª Carlota || Carolina || Cristina.

CA/EV Ciclofosfamida, adriamicina-epirubicin, vincristina.

CA 15-3 Marcador tumoral del cáncer de mama.

CA 19-9 Marcador tumoral del cáncer de páncreas y de colon.

CA 125 Marcador tumoral del cáncer de ovario y de mama.

CAA Administración de Aeronáutica Civil (Civil Aeronautic Administration) || Comandos Autónomos Anticapitalistas.

CAAAL Cañón de artillería antiaéreo ligero.

CAAC Centro Atlántico de Arte Contemporáneo.

CAAL Cañón antiaéreo ligero.

CAAPS Complejo activador acil plasminógeno-estreptocinasa.

Cab Caballería.

CAB Acetobutirato de celulosa (Cellulose Acetate Butyrate) || Cisplatino, adriamicina, bleomicina || Control automático de brillo.

CABEI Banco de América Central para la Integración Económica (Central American Bank for Economic Integration).

CABG Injerto de bypass de la arteria coronaria (Coronary Artery Bypass Graft).

CABO Cisplatino, adriamicina, bleomicina, vincristina.

CABS Cirugía de bypass de la arteria coronaria (Coronary Artery Bypass Surgery).

CAC Amplificador controlado de crominancia (Chrominance Amplifier Control) || Caballero alférez cadete || Centro de alerta y control || Centro cardioacelerador (Cardioaccelerating Center) || Control automático de carga || Control automático de crominancia || Control automático de color.

CACIF Comité Coordinador de Asociaciones Agrícolas, Comerciales, Industriales y Financieras, Guatemala.

CACM Mercado Común Centroamericano (Centroamerican Common Market).

CACP Complejos activados del complejo protrombínico.

cad Cadáver.

Cad Cádiz.

CAD Carmustina, melfalán, vindesina || Ciclofosfamida, Adriamicina, Cisplatino || Ciclofosfamida, adriamicina, dacarbacina || Controlador de aeródromo || Dermatitis alérgica de contacto (Contact Allergic Dermatitis) || Diseño asistido por ordenador (Computer Aided Design) || Enfermedad de la arteria coronaria (Coronary Artery Disease).

Cadeca Confederación de Asociaciones para la Defensa del Castellano.

CADIS Sistema de información de diseño asistido por ordenador (Computer Aided Design Information System).

CADS Sistema de diseño asistido por ordenador (Computer Aided Design System).

CAE Ciclofosfamida, adriamicina, etopósido || Cóbrese al entregar || Código alimentario español || Conducto auditivo externo || Enseñanza asistida por ordenador (Computer Aided Education).

CAEM Consejo de Asistencia Económica Mutua (Conseil d'Assistance Économique Mutuelle).

CAEME Centro de Análisis del Estado Mayor del Ejército.

CAEP Cuestionario anamnésico epidemiológico psiquiátrico.

CAEPA Complejo activador estreptoquinasa-plasminógeno acilado.

caf Cafetería.

CAF Ciclofosfamida, adriamicina, fluorouracilo || Cloramfenicol || Control automático de frecuencia || Costo y flete (Cost and Freight) || Craxi, Andreotti, Forlani, referido a la política italiana 1989.

CAF-MPA Ciclofosfamida, adriamicina, fluorouracilo, medroxiprogesterona acetato.

CAFEA-ICC Comisión sobre asuntos de Asia y Lejano Oriente de la Cámara de Comercio Internacional (Commission on Asia and Far Eastern Affairs of the International Chamber of Commerce).

CAFVP Ciclofosfamida, adriamicina, fluorouracilo, vincristina, prednisona.

CAG Circulación aérea general || Control automático de ganancia || Gastritis atrófica crónica (Chronic Atrophic Gastritis).

CAGI Control automático de ganancia instantánea.

CAGP Comisión administrativa de grupos de puertos.

CAH Hepatitis crónica activa (Chronic Active Hepatitis).

CAI Caja de Ahorros de la Inmaculada || Conducto auditivo interno || Instrucción asistida por ordenador (Computer Aided Instruction).

CAICYT Comisión asesora interministerial de ciencia y tecnología.

CAIR Búsqueda de información asistida por ordenador (Computer Aided Information Retrieval).

C_{ak} Capacidad entre ánodo y cátodo (Anode to Cathode Capacitance).

cal Calibre || Caloría.

Cal Calcuta || Caledonia || Calendario || Calibración || Calibre || California || caloría.

CAL Laboratorio aeronáutico de (la universidad de) Cornell (Cornell Aeronautical Laboratory, EE.UU.).

CALANS Servicio de noticias de América Latina y el Caribe (Caribbean and Latin American News Service).

CALD Enfermedad hepática crónica activa (Chronic Active Liver Disease).

Calv Calvinismo.

Calz Calzada.

CALLA Antígeno de leucemia linfoblástica aguda común (Common Acute Lymphoblastic Leukemia Antigen).

Cam Camboya || Cambridge || Camerún.

CAM Caja de Ahorros del Mediterráneo || Centro de Arquitectos del Mar || Ciclofosfamida, adriamicina, metotrexato || Complejo de ataque de membrana || Comunidad Autónoma de Madrid || Fabricación asistida por Ordenador (Computer Aided Manufacturing) || Memoria de contenido direccionable (Content Addressable Memory) || Moléculas citoadherentes (Cell Adhesion Molecules).

CAMAC Aplicación del ordenador a la medida y al control (Computer Application For Measurement and Control).

CAMBR Cociente adiposo muscular braquial.

CAME Ciclofosfamida, adriamicina, metotrexato, fluorouracilo || Consejo de Ayuda Mutua Económica, término más correcto que el de COMECON, antiguo mercado común entre los países socialistas europeos.

CAMEO Programa de ordenador que evalúa las reacciones Orgánicas (Computer Assisted Mechanistic Evaluation of Organic Reactions).

cAMP Adenosina monofosfato cíclico (cyclic Adenosine Monophosphate).

CAMP Ciclofosfamida, adriamicina, metotrexato, procarbacina.

CAMP+RT Ciclofosfamida, Adriamicina, Metotrexato, Procarbacina + Radioterapia.

CAMPSA Compañía Arrendataria del Monopolio de Petróleos, Sociedad Anónima.

CAMRS Conferencia administrativa mundial de radiodifusión por satélite.

CAMS Comisión para la abolición de las mutilaciones sexuales.

CAMTS Conferencia administrativa mundial de las telecomunicaciones espaciales (Conférence Administrative Mondiale de les Telecommunications Spatials).

CAMtxPr Ciclofosfamida, adriamicina, metotrexato, procarbacina.

CaMV Virus del mosaico de la coliflor (Cauliflower Mosaic Virus).

CAMV Ciclofosfamida, adriamicina, metotrexato, vincristina.

Can Canarias.

CAN Caja de Ahorros de Navarra || Control Automático de Nivel.

CANA Agencia de noticias del Caribe (Caribbean News Agency).

CANDF Costo y flete (Cost and Freight).

CANDI Costo y seguro (Cost and Insurance).

CANEL Laboratorio de ingeniería nuclear avanzado de Connecticut (Connecticut Advanced Nuclear Engineering Laboratory, EE.UU.).

CANIECE Cámara Nacional de la Industria Electrónica y Comunicaciones, México.

CANTAT Cable Telefónico Transatlántico Canadiense (Canadian Transatlantic Telephone Cable).

CAO Circulación aérea operativa || Observatorio astrofísico de Crimea (Crimean Astrophysical Observatory) || Obstrucción crónica de las vías aéreas (Chronic Airways Obstruction, referido al pulmón).

CAOEt+RT Ciclofosfamida, adriamicina, cisplatino, etopósido + radioterapia.

CAOS Cirugía ortopédica asistida por ordenador.

Cap Capitán || Cápsula, referido a medicamento.

cap Capital || Capítulo.

CAP Acetato de ciproterona || Centro de asistencia primaria || Ciclofosfamida, adriamicina, cisplatino || Ciclofosfamida, adriamicina, Prednisona || Cistina aminopeptidasa || Cloranfenicol (Chloramphenicol) || Colegio Americano de Patólogos (College of American Patologists) || Condensador (Capacitor) || Conducto arterioso persistente || Contracción atrial prematura.

CAPAE Complejo activador plasminógeno acilado estreptocinasa.

CAPBLOP Ciclofosfamida, adriamicina, procarbacina, bleomicina, vincristina, prednisona.
CAPBOP Ciclofosfamida, adriamicina, procarbacina, bleomicina, vincristina, prednisona.
CAPD Diálisis peritoneal ambulatoria continua (Continuous Ambulant Peritoneal Dialysis).
CAPM Ciclofosfamida, adriamicina, cisplatino, metotrexato || Cininógeno de alto peso molecular.
capn Capitán.
Capric Capricornio.
caps Capítulos || Cápsula.
CAPS Centro de análisis y programas sanitarios.
capt Capitán (Captain).
CAPT Confederación de Asociaciones de Profesionales Taurinos.
CAQ Condicionamiento aversivo químico.
car Cartoné.
Car Carnosina.
CAR Centro de alto rendimiento || Cuerpo de Agentes Rurales (Cos d'Agents Rurals, Cataluña).
Card Cardenal.
card Cardinal, referido a matemáticas.
CARIBANK Banco de Inversiones del Caribe (Caribbean Investment Bank).
CARICOM Comunidad del Caribe (Caribean Community).
CARIFTA Zona caribeña de libre comercio (Caribean Free Trade Agreement).
Carrie Carolina (Caroline).
CARRMM Centro de Atención, Recuperación y Reinserción de Mujeres Maltratadas.
CARS Centro de Arte Reina Sofía.
Cart Cartografía.
cart Cártago.
CAS Academia de Ciencias de Chicago (Chicago Academy of Sciences) || Centro de atención y seguimiento (Centre d'Atenció i Seguiment, referido a drogodependencias) || Control automático de sensibilidad.
CASA Construcciones Aeronáuticas Sociedad Anónima.
CASE Ingeniería del software asistida por ordenador (Computer Aided Software Engineering).
CASI Instituto Canadiense de la Aeronáutica y del Espacio (Canadian Aeronautics and Space Institute).
CASSP Child and Adolescent Service System Program.
cast Castellano || Castilla.
cat Catálogo || Catamarán || Cataplasma || Catapulta || Catecismo || Categoría.
Cat Catalán || Católico.
CAT Carnitina aciltransferasa (Carnitine Acyltransferase) || Catecolamina || Células asistentes tímicas || Centro Andaluz de Teatro || Colina acetiltransferasa (Choline Acetyltransferase) || Instrucción asistida por ordenador (Computer Assisted Training) || Test de apercepción infantil (Children's Aperception Test) || Tomografía axial computarizada (Computerized Axial Tomography) || Traducción asistida por ordenador (Computer Aided Translation).
Ca_T Calcio plasmático total.
CATC Corrector automático de tiempo (para señal) de color.
CATH Cátodo (Cathode).
CATIM Centro de Adiestramiento Táctico de Infantería de Marina.
Catsc Colectivo Autónomo de Trabajadores de la Sanidad de Cataluña (Collectiu Autonom de Treballadors de la Sanitat de Catalunya).
CATV Sistema de televisión con antena colectiva (Community Antenna Television System).
CAUCA Código aduanero uniforme centroamericano.
CAV Ciclofosfamida, adriamicina, vincristina || Control automático de

volumen || Velocidad angular constante (Constant Angular Velocity) || Virilismo adrenal congénito (Congenital Adrenal Virilism).

CAV+RT Ciclofosfamida, adriamicina, vincristina + radioterapia.

cAVC Canal aurículo ventricular completo.

CAVE Ciclofosfamida, adriamicina, vincristina, etopósido.

CAVEC Corrección de los errores de amplitud de crominancia y de velocidad (Chroma Amplitude and Velocity Error Correction).

CAVEt+RT Ciclofosfamida, adriamicina, vincristina, etopósido + radioterapia.

CAVI Centro Audiovisual Internacional (Centre Audio Visuel International).

CAVM Ciclofosfamida, adriamicina, vincristina, metotrexato.

CAVOP Ciclofosfamida, adriamicina, etopósido, vincristina, prednisona.

CAVPE Ciclofosfamida, adriamicina, vincristina, prednisona, etopósido.

CAYC Centro de Arte y Comunicación.

Cb Culombio || Cumulonimbo.

CB Batería central (Central Battery) || Batería Común (Common Battery) || Bilirrubina conjugada (Conjugated Bilirubin) || Bronquitis crónica (Chronic Bronchitis) || Campamento base || Carcinoma broncogénico || Cazabombardero || Ceguera de colores (Color Blindness) || Cisplatino, bleomicina || Clorambucilo || Clorobromometano || Club de baloncesto || Cognitivo conductual (Cognitive Behavioral) || Corbeta || Cortacircuito (Circuit Breaker) || Coste beneficio || Crucero de batalla || Fusible (Circuit Breaker).

cb Caja baja.

Cb1 (ME) Cabo primero militar de Empleo.

Cb1 (V) Cabo primero veterano.

Cb1 (V) IM Cabo primero veterano infantería de marina.

CBA Análisis de coste beneficio (Cost Benefit Analysis) || Bronquitis crónica asmática (Chronic Bronchitis and Asthma) || Centro de Buceo de la Armada || Comandante de base aérea.

CBAC Cirugía de bypass de las arterias coronarias.

CBC Corporación Canadiense de Radiodifusión (Canadian Broadcasting Corporation) || Recuento hemático completo (Complete Blood Count, referido al hemograma).

CBDCA Carboplatino.

CBE Comendador de la órden del Imperio británico (Commander of the Order of the British Empire) || Corporación Bancaria de España.

CBF Confederación Brasileña de Fútbol || Flujo sanguíneo cerebral (Cerebral Blood Flow) || Flujo sanguíneo coronario (Coronary Blood Flow).

CBG Globulina Fijadora de Cortisol (Cortisol Binding Globulin).

CBH Cable hertziano || Claude-Bernard-Horner, referido al síndrome.

CBI Agencia central de información (Central Bureau Information, EE.UU.) || Comisión ballenera internacional || Confederación de la Industria Británica (Confederation of British Industry) || Entrada digital en binario complementario (Complementary Binary Input).

CBIS Sistema de información apoyado por ordenador (Computer Based Information System).

Cbl Cobalamina.

CBL Cable ligero.

CBM Cable múltiple || Cisplatino, bleomicina, mitomicina || Clorobromometano || Club de balonmano || Confederación Boliviana de Minas.

CBMIS Sistema de información de gestión apoyado por ordenador

(Computer Based Management Information System).

Cbo Cabo, referido a empleo militar || Colombo, referido a la capital de Sri Lanka.

Cbo (MR) Cabo militar de reemplazo.

CBP Bronconeumopatía crónica (Chronic Bronchopneumopathy) || Ciclofosfamida, bleomicina, cisplatino || Cirrosis biliar primaria.

CBPI Carbonato de Butilperoxiisopropilo.

CBS Ciclohexil benzotiazol || Síndrome cerebral crónico (Chronic Brain Syndrome) || Cistiatonina beta sintetasa || Columbia Broadcasting System || Reposo completo en cama (Complete Bed Rest).

CBT Terapia cognitivo conductual (Cognitive Behavioral Therapy).

CBU Unidad de almacenamiento intermedio de caracteres (Character Buffer Unit).

CBVD Lomustina, bleomicina, vinblastina, dexametasona.

CBVPP Clorambucilo, vinblastina, procarbazina, prednisona.

CBW Guerra química y biológica (Chemical and Biological Warfare).

CBZ Carbamazepina.

cc Centímetro (s) cúbico (s) || Cuenta corriente.

C_c Capacidad de colector (Collector Capacitance).

Cc Cirrocumulos || Lente cóncava.

CC Caballero cadete || Cáceres, referido a la matrícula nacional de automóvil || Capitán de corbeta || Cardiopatía coronaria || Carretera comarcal || Carro de combate || Centristas de Cataluña (Centristes de Catalunya) || Centro de control || Cetil celulosa || Cirrocumulos || Coalición canaria || Código canónico || Código civil || Código de colores (Color Code) || Columna cervical || Comité central || Concilio || Control del ordenador (Computer Control) || Corbeta || Corriente continua || Cortocircuito || Cuerpo consular.

CCA Arteria carótida común (Common Carotid Artery) || Arteria coronaria circunfleja (Circumflex Coronary Artery) || Compañía Cubana de Aviación || Condrocalcinosis articular || Consejo de Cooperación Aduanera || Consejo de Cooperación Árabe || Escala de ansiedad Costello-Comrey (Costello Comrey Anxiety Scale).

CCAA Comunidades autónomas.

CCAD Citotoxicidad (mediada) por células anticuerpo dependientes.

CCAE Confederación de Cooperativas Agrarias de España.

CCAM Central de Conmutación Automática de Mensajes || Memoria analógica controlada por ordenador (Computer Control Analogic Memory).

CCAN Consejo de Cooperación del Atlántico Norte.

CCAT Centro de Control Aerotáctico.

CCC Cámara de Comercio Canadiense (Canadian Chamber of Commerce) || Cañón contracarro || Cardiopatía congénita cianógena || Células Comunistas Combatientes (Cellules Communistes Combattants, Bélgica) || Centro de Cultura Contemporánea, referido a la ciudad de Barcelona || Círculo cerrado con (uniones) covalentes || Colecistocinina || Confederación de Comercio de Cataluña (Confederació de Comerç de Catalunya) || Consejo (europeo) de Cooperación Cultural (Conseil de Coopération Culturelle).

CCCB Centro de Cultura Contemporánea de Barcelona || Cirugía cardíaca coronaria de bypass.

CCCMH Comité coordinador de centros de medicina hiperbárica.

CCCP Cisplatino, carmustina, ciclofosfamida, prednisona.

CCD Centro Cristiano Democrático, Italia || Consejo de Cooperación Aduanera (Conseil de Coopération Douanière) || Dispositivo de transferencia de carga (Charge Coupled device) || Escala de depresión Costello Comrey (Costello Comrey Depression Scale).

CCDA Citotoxicidad celular dependiente de los anticuerpos.

CCDCR Complejo cetoácido deshidrogenasa de cadena ramificada.

CCDSA Conferencia Coordinadora del Desarrollo del Sur de África.

CCE Centros para el Control de las enfermedades || Comisión de las Comunidades Europeas || Consejo de Municipios de europa (Conseil des Communes d'Europe).

CCEE Comité de Cooperación Económica Europea.

CCEPYME Confederación Española de la Pequeña y Mediana Empresa.

CCETT Centro Común de Estudios de Teledifusión y de Telecomunicaciones (Centre Commun d'Études de Télédiffusion et de Télécommunications).

CCF Células centrofoliculares || Crédit Comercial de France, referido a la entidad bancaria || Cromatografía en Capa fina || Factor quimiotáctico inducido por cristales || Insuficiencia cardíaca congestiva (Congestive Cardiac Failure).

CCG Consejo de Cooperación del Golfo Pérsico.

CCGD Complejo cetoglutarato deshidrogenasa.

CCH Centro de Control de Helicópteros.

CCHD Enfermedad cardíaca congénita cianógena (Cyanotic Congenital Heart Disease).

cc hr Centímetros cúbicos por hora.

CCI Cámara de Comercio Internacional || Comité de Coordinación Interpartidos, Ghana || Insuficiencia coronaria crónica (Chronic Coronary Insufficiency) || Interconector de canales de comunicación (Communications Channel Interface).

CCIC Comité Consultivo Internacional del Algodón (Comité Consultatif International du Coton).

CCIR Comité Consultivo Internacional de Radicomunicaciones (Comité Consultatif International des Radiocommunications) || Consejo Católico para las Relaciones Internacionales (Catholic Council for International Relations).

CCIs Inhibidores de los canales de calcio (Calcium Channel Inhibitors).

CCIT Comité Consultivo Internacional Telefónico (Comité Consultatif International Téléphonique).

CCITT Comité Consultivo Internacional Telegráfico y Telefónico (Comité Consultatif International Télégraphique et Téléphonique).

CCJO Consejo Consultivo de Organizaciones Judías (Consultative Council of Jewish Organizations).

CCK Colecistoquinina (Cholecystokinin).

CCL Carro de combate ligero || Lógica de célula compuesta (Composite Cell Logic).

CCLM Cinasa de las cadenas ligeras de miosina.

CCM Cardiopatía coronaria mínima || Carro de combate medio || Células cebadas de las mucosas || Modulación constante de corriente (Constant Current Modulation).

CCMC Comunidad del Caribe para el Mercado Común.

CCMH Concentración corpuscular media de hemoglobina.

CCN Cruzada Civilista Nacional, Panamá.

CCNR Comité Consultivo para Investigación Nuclear (Consultative

Committee for Nuclear Research, referido al Consejo de Europa).

CCNU Cloroetil-cicloexil-nitrosourea o lomustina.

CCNU-VP Lomustina, vinblastina, prednisona.

CCOA Cisplatino, ciclofosfamida, vincristina, adriamicina.

CCOO Comisiones Obreras.

CCP Carro de combate pesado || Cor pulmonale crónico (Chronic Cor Pulmonale) || Puesto central de mando (Central Control Position).

CCPD Diálisis peritoneal a ciclo continuo (Continuous Cycle Peritoneal Dialysis).

CCPF Comité Central de la Propiedad Forestal (Comité Central de la Propriété Forestiére, referido a la Comunidad Europea).

CCPO Comité Central Permanente del Opio (Comité Central Permanent de l'Opium).

CCQ Centro Catalán de la Calidad (Centre Català de la Qualitat).

CCr Aclaramiento de Creatinina (Clearance of Creatinine).

C_{Cr} Aclaramiento de creatinina (Clearance of Creatinine).

CCR Cáncer de células renales || Centro Común de Investigación (Centre Commun de la Recherche, Comunidad Europea) || Comisión de Derechos Civiles (Commission of Civil Rights, EE.UU.).

CCRTV Corporación Catalana de Radio y Televisión (Corporació Catalana de Ràdio i Televisió).

CCS Centro de Cálculo de Sabadell || Sistema compacto de casete (Compact Cassette System) || Soporte común de comunicaciones (Communications Common Support).

CCSE Cognitive Capacity Screening Examen.

CCSIG Cardiopatía coronaria significativa.

CCSL Lógica compatible por extracción de corriente (Compatible Current Sinking Logic).

CCT Carcinoma de células de transición || Centro de Cálculo de Tomelloso || Experimentación clínica controlada (Controlled Clinical Trial) || Trauma craneoencefálico (Craniocerebral Trauma).

CCTA Comisión de Cooperación Técnica para África (Commission de Coopération Technique pour l'Afrique).

CCTC Canal de transferencia de computadora a computadora (Computer to Computer Transfer Channel) || Células cebadas del tejido conectivo.

CCTV Televisión en circuito cerrado (Closed Circuit Television).

CCU Unidad de asistencia coronaria (Coronary Care Unit) || Unidad de control central (Central Control Unit).

CCUS Cámara de Comercio de los Estados Unidos (Chamber of Commerce of the United States).

CCVM Centro Cultural Villa de Madrid.

CCVPP Ciclofosfamida, lomustina, vinblastina, procarbacina, prednisona.

cd/m^2 Bujía por metro cuadrado (Candle Square Meter).

CD Caza diurna (avión de) || Centro de diagnóstico || Ciclodextrinas || Ciclofosfamida, doxorrubicina || Citarabina, daunorrubicina || Club deportivo || Coalición Democrática || Condrodisplasia || Conferencia sobre desarme, referido a Naciones Unidas || Convención Democrática, Rumanía || Convergencia Democrática, El Salvador || Corriente directa || Cuerpo diplomático || Defensa civil (Civil Defense) || Denominación de grupo, para anticuerpos monoclonales (Cluster Designation) || Dermatitis de Contacto (Contact Dermatitis) || Disco compacto (Compact Disc) || Enfermedad cardiovascular (Cardiovascular Disease) || Enfermedad contagiosa (Communicable Disease) || Enfermedad de Crohn (Crohn's Disease) || Nacido mediante cesárea (Caesarean Delivered).

cd Candela (Candle) || Ciudad.

C_d Capacidad de Diodo (Diode Capacitance).

Cd Cadmio || Caudal.

CD-ROM Disco compacto de memoria de lectura solamente (Compact Disc Read Only Memory).

CD4 Cuadrafonía o cuatro canales discretos (Channel Discrete 4).

CDA Alcohol completamente desnaturalizado (Completely Denatured Alcohol) || Anticuerpo dependiente del complemento (Complement Dependent Antibody) || Clorodesoxiadenosina || Convertidor digital a analógico || Llamamiento Cristiano Democrático (Christen Democratisch Appel, Holanda).

CDAA Cloro dialilacetamida.

Cdad Caridad, referido a nombre de persona.

CDAI Índice de actividad de la enfermedad de Crohn (Crohn Disease Activity Index).

CDC Centro para el Control de Enfermedades (Center for Disease Control, EE.UU.) || Concertación Democrática Cubana || Convergencia Democrática de Cataluña (Convergència Democràtica de Catalunya).

CDC-HF Cisplatino, doxorrubicina, ciclofosfamida, hexametilmelamina, fluorouracilo.

CDCA Ácido quenodesoxicólico (Chenodeoxycholic Acid).

CDDP Cisplatino.

cde Conde.

CdE Control de calidad.

CDE Código (Code) || Cloruro de dietilaminoetilo || Conferencia sobre Desarme en Europa.

CDEA Cloruro de dietilaluminio.

CDEC Cloroalilo dietilditiocarbamato.

CDEP Cloruro de dietilaminopropilo.

CDF Células dendríticas foliculares || Ciclofosfamida, doxorrubicina, fluorouracilo || Congregación para la Defensa de la Fe || Repartidor de Combinación (Combination Distributing Frame).

CDGC Centro Dramático de la Generalidad de Cataluña (Centre Dramatic de la Generalitat de Catalunya).

CDGSC Comisión Delegada del Gobierno para Situaciones de Crisis.

CDGV Centro Dramático de la Generalidad Valenciana.

CDH Ceramida dihexósido || Luxación congénita de la cadera (Congenital Dislocation of the Hip).

CDI Cardioversor-desfibrilador implantable || Células dendríticas interdigitadas || Cloruro de diisopropilaminoetilo || Disco compacto interactivo (Compact Disc Interactive) || Inventario de depresión para niños (Children's Depression Inventory).

CDIT Terapia por inhalación de dióxido de carbono (Carbon Dioxide Inhalation Therapy).

CDL Lógica de condensador y diodo (Capacitor Diode Logic).

CDM Centro Distribuidor de Modulación || Cloruro de dimetilaminoetilo.

CDMP Cloruro de dimetilaminopropilo.

CDN Canadá, referido a la matrícula internacional de Automóvil || Centro Dramático Nacional || Congreso Democrático Nacional, Ghana || Congreso Democrático Nacional, Estado de Granada || Coordinadora Democrática Nicaragüense.

Cdo Consulado.

CDO Coalición Democrática de Oposición, Santo Tomé y Príncipe.

CDOSTP Coalición Democrática de Oposición de Santo Tomé y Príncipe.

CDP Difenilfosfato de cresilo (Cresyl Diphenyl Phosphate) || Difosfato de citidina (Cytidine Diphosphate).

CDR Comités de Defensa de la Revolución, Burkina Faso || Convención Democrática de Rumanía.

CDS Centro Democrático y Social || Convergencia para la Democracia Social, Guinea Ecuatorial.

CDST Hora de verano en el huso horario central (Central Daylight Saving Time, referido a EE.UU.).

CDT Test de detección de cianuro.

CDTI Centro para el Desarrollo Tecnológico e Industrial.

CDU Clasificación decimal universal || Coalición Democrática Unitaria, Portugal || (Angioqueratoma) corporal difuso universal || Cristianodemócratas Unidos, Italia || Unión Cristiano Demócrata (Christisch Demokratische Union, Alemania).

Cdz Cádiz.

C_e Capacidad de emisor (Emitter Capacitance).

Ce Cerio.

CE Capacidad espiratoria || Carótida Externa || Ceuta, referido a la matrícula nacional de automóvil || Ciclofosfamida, epirubicin || Cisplatino, etopósido || Coeficiente emocional || Colesterol esterificado || Comisión Europea || Comunidad Europea (Communauté Européenne) || Consejo de Europa (Council of Europe) || Constitución española || Controlador electrónico || Cristianos en la enseñanza || Cuerpo de ejército || Efecto citopático (Cytopathic Effect).

CE y AC Centro de Estudios y Actividades Culturales, referido a la Comunidad de Madrid.

CEA Antígeno carcinoembrionario (Carcinoembrionary Antigen) || Comisión de la Energía Atómica || Compañía Ecuatoriana de Aviación || Comunidad Económica Africana || Confederación de Empresarios de Andalucía || Confederación Europea de Agricultura (Confédération Européenne de l'Agriculture).

CEAC Comisión Europea de Aviación Civil (Commission Européenne de l'Aviation Civile).

CEADRE Centro de Apoyo para el Desarrollo de la Reforma Educativa.

CEAJE Confederación Española de Asociaciones de Jóvenes Empresarios.

CEAO Comunidad Económica del África Occidental.

CEAP Cooperación Económica Asia-Pacífico.

CEAPA Confederación Española de Asociaciones de Padres de Alumnos.

CEAR Comisión Española de Ayuda al Refugiado.

CEBAR Guerra química, biológica y radiológica (Chemical, Biological and Radiological Warfare).

CEC Centro Excursionista de Cataluña (Centre Excursionista de Catalunya) || Ciclofosfamida, etopósido, cisplatino || Circulación extracorpórea || Comisión de las Comunidades Europeas (Commission of the European Communities) || Confederación Española de Comercio || Consejo Económico Centroamericano || Crisis electroconvulsivas.

CECA Comunidad Europea del Carbón y del Acero (Communauté Européenne du Charbon et de l'Acier) || Confederación Española de Cajas de Ahorros.

CECOD Centro de Conducción de la Defensa.

CECOE Centro de Conducción de Operaciones Estratégicas.

CECOM Centro de Comunicaciones.

CECU Confederación Española de Consumidores y Usuarios.

CED Comunidad Europea de Defens· || Disco de lectura capacitiva (Capacitive Electronic Disc).

CEDA Confederación Española de Derechas Autónomas.

CEDAC Consejo de Empresas Distribuidoras de Alimentación de Cataluña.

CEDADE Círculo Español de Amigos de Europa.

CEDD Comité Español de Disciplina Deportiva.

CEDE Confederación Española de Directivos y Ejecutivos.

CEDEAL Centro Español de Estudios de América Latina.

CEDEIN Centro de Estudios de Economía Internacional.

CEDEX Centro de Estudios y Experimentación.

CEDI Centro Europeo de Documentación e Información (Centre Européenne de Documentation et d'Information).

CEDIC Centro de Investigaciones sobre la Comunicación (Centre d'Investigacions sobre la Comunicació).

CEE Comisión Económica para Europa (Commission Économique pour l'Europe) || Compañía de Esquiadores Escaladores || Comunidad Económica Europea (Communauté Économique Européenne) || Conferencia Episcopal Española.

CEEA Comunidad Europea de la Energía Atómica (Communauté Européenne de l'Energie Atomique).

CEEAO Comunidad Económica de Estados de África del Oeste.

CEEC Consejo para la Cooperación Económica Europea (Council for European Economic Cooperation).

CEEG Computoelectroencefalografía.

CEELS Espectroscopia característica de electrones de pérdida de energía (Characteristic Electron Energy Loss Spectroscopy).

CeeNU Lomustina.

CEEP Centro Europeo de Estudios de Población (Centre Européenne d'Études de Population) || Comité Europeo de la Empresa Pública.

CEES Confederación española de Estaciones de Servicio.

CEF Centro de Estudios Financieros || Comisión Electoral Federal, EE.UU.

CEFB Centro de Formación Bíblica.

CEH Comisión para el Esclarecimiento Histórico, Guatemala.

CEHI Centro de Estudios Históricos Internacionales.

CEI Comisión Electrotécnica Internacional (Commission Électrotechnique Internationale) || Comunidad de Estados Independientes, antigua URSS || Consejo Ecuménico de las Iglesias.

CEIA Centro de Estudios de Información Ambiental (Centre d'Estudis d'Informació Ambiental, Cat).

CEIF Consejo de Federaciones Industriales Europeas (Council of European Industrial Federations).

CEIM Centro de Instrucción de (Infantería de) Marina || Confederación Empresarial Independiente de Madrid.

CEIN Centro Europeo de Investigaciones Nucleares.

CELA Centro de Estudios Latinoamericanos.

CELAM Conferencia Episcopal Latinoamericana.

CELATS Centro Latinoamericano de Trabajo Social.

CELFR Clinical Evaluation of Language Fundamentals Revised.

CEM Campos eléctricos y magnéticos || Lomustina, etopósido, metotrexato.

CEMAC Centro de Mediación y Arbitraje de Catalunya.

CEMAP Comisión Europea de Métodos de Análisis de los Pesticidas (Commission Européenne des Méthodes d'Analyse des Pesticides).

CEMCI Centro de Estudios Municipales y de Cooperación Interprovincial.

CEMF Fuerza Contraelectromotriz (Counterelectromotive Force).

CEMFI Centro de Estudios Monetarios y Financieros.

CEMIP Centro Madrileño de Investigaciones Pedagógicas.

CEMLA Centro de Estudios Monetarios Latinoamericanos.

CEMR Consejo de los Municipios y Regiones de Europa (Council of European Municipalities and Regions).

CEMT Conferencia Europea de Ministros de Transportes.

CEMVH Células endoteliales microvasculares humanas.

cen Centrómero.

CEN Comité Europeo de Normalización (Comité Européenne de Normalisation) || Consejo Ejecutivo Nacional (Malawi).

CENEL Comité Europeo de Normas Eléctricas.

CENELEC Comité Europeo de Normalización Electrotécnica (Comité Européenne de Normalisation Électro-technique).

CENIDE Centro Nacional de Investigaciones para el Desarrollo de la Educación.

CENIM Centro Nacional de Investigaciones Metalúrgicas.

Cent Centígrado (Centigrade).

CEOE Confederación Española de Organizaciones Empresariales.

CEOL Centro de Emergencia para las Operaciones contra las Langostas, es un organismo dependiente de la FAO.

CEOP Ciclofosfamida, epirubicin, vincristina, prednisona || Ciclofosfamida, epirubicin, vincristina, procarbacina.

CEOPB Ciclofosfamida, epirubicin, vincristina, prednisona, bleomicina.

CEP Centro de Experimentación del Pacífico (Centre d'Expérimentation du Pacifique, referido a las posesiones francesas de Mururoa y Hao) || Ciclofosfamida, epirubicin, cisplatino || Colangitis esclerosante primaria || Lomustina, etopósido, prednimustina || Neumonía eosinófila crónica (Chronic Eosinophil Pneumonia) || Porfiria eritropoyética congénita (Congenital Erythropoietic Porphyria).

CEPA Centro de Ecología y Proyectos Alternativos (Centre d'Ecologia i Projectes Alternatius) || Compañía Española de la Penicilina y Antibióticos.

CEPAL Comisión Económica de los Países de América Latina.

CEPCEO Comité de Estudios de (los países) Productores de Carbón de Europa Occidental (Comité d'Études des Producteurs de Charbon d'Europe Occidentale).

CEPE Ciencias de la Educación Preescolar y Especial || Comisión Española Permanente de Electricidad.

CEPES Comité Europeo Para el Progreso Económico y Social (Comité Européenne pour le Progrès Économique et Social).

CEPGL Comunidad Económica de los Países de los Grandes lagos.

CEPSA Compañía Española de Petróleos Sociedad Anónima.

CEPT Conferencia Europea de Correos y Telecomunicaciones (Conference Europeen de Poste et Telecommunications).

CEPYME Confederación Española de la Pequeña y Mediana Empresa.

CERC Centro de Estudios y Recursos (Naturales) de Cataluña (Centre d'Estudis i Recursos Naturals de Catalunya).

CERLO Consejo de Estado para la

Restauración de la Ley y el Órden, Myanwar.

CERMI Comité Español de Representantes de Minusválidos.

CERN Consejo Europeo para la Investigación Nuclear (Conseil Européen pour la Recherche Nucléaire).

CERP Centro Europeo de Relaciones Públicas (Centre Européenne des Relations Publiques).

CERT Equipo de Seguridad para la Coordinación de Emergencias en Redes Telemáticas (Computer Emergency Response Team).

CERTA Centro de Investigación y Tecnología de los Alimentos (Centre de Recerca i Tecnologia dels Aliments).

CES Cianoetilsacarosa || Confederación Europea de Sindicatos || Consejo Económico y Social || Electroestimulación cardíaca (Cardiac Electrostimulation).

CESB Consejo Económico y Social de Barcelona.

CESC Conferencia Europea de Seguridad y Cooperación.

CESEDEN Centro Superior de Estudios de la Defensa Nacional.

CESFAC Confederación Española de Fabricantes de Alimentos Compuestos para animales.

CESI Consejo Económico Sindical Interprovincial.

CESIA Centro de Estudios Superiores de Intendencia de la Armada.

CESID Centro Superior de Investigación de la Defensa.

CESIF Centro de Estudios Superiores de la Industria Farmacéutica.

CESL Confederación Europea de Sindicatos Libres.

CEt Ciclofosfamida, etopósido.

CET Campeonato de España de turismos || Consejo de Estado de Transición, Liberia 1993 || Hora de la Europa Central (Central European Time).

CETA Centro de Estudios Teológicos de la Amazonía.

CETAB Bromuro de cetiltrimetilamonio (Cetltrimethyammoniu Bromide).

CETC Compañía Española de Teatro Clásico.

CETE Centro de Estudios de Teología Espiritual.

CETM Confederación española de Transportes de Mercancías.

CETME Centro de Estudios Técnicos de Materiales Especiales.

CEU Centro de Estudios Universitarios.

CEV Centro de Evacuación || Ciclofosfamida, epirubicin, vincristina || Ciclofosfamida, etopósido, vincristina.

CEVD Lomustina, etopósido, vindesina, dexametasona.

CEVEt Ciclofosfamida, epirubicin, vincristina, etopósido.

CEVH Células del endotelio vascular humano.

CEX Centro excursionista (Centre Excursionista).

Cf Californio.

cf Compárese (Confer) || Confesor.

CF Capacidad funcional || Capitán de fragata || Centro de flotación || Ciclofosfamida, Fluorouracilo || Cisplatino, fluorouracilo || Club de fútbol || Comédie Française || Consumo fisiológico || Corazón fetal || Factor citrovorum (Citrovorum Factor) || Factor christmas (Christmas Factor) || Fibrosis quística (Cystic Fibrosis) || Fijación del complemento (Complement Fixation) || Flujo coronario (Coronary Flow) || Frecuencia central (Center Frequency) || Fuerza centrífuga (Centrifugal Force) || Insuficiencia cardíaca (Cardiac Failure) || Seguidor de cátodo (Cathode Follower).

CFA Alveolitis fibrosa criptogenética (Cryptogenic Fibrous Alveolitis) || Amplificador de campo cruzado

(Crossed Field Amplifier) || Comunidad Financiera Africana || Comunidad Francófona Africana.

CFC Clorofluorcarbonado || Coadyuvante de Freund completo, referido a la inmunidad humoral y celular || Coeficiente de filtración capilar || Compuesto de fibra de carbono.

CFCE Consejo de Federaciones Comerciales de Europa (Conseil des Fédérations Commerciales d'Europe).

CFCs Clorofluorcarbonados.

cfd Pies cúbicos por día (Cubic Feet per Day).

CFD Confederación de Fuerzas Democráticas (Confédération des Forces Démocratiques, República Centroafricana).

CFDT Confederación Francesa Democrática del Trabajo (Confédération Française Dèmocratique du Travail).

CFE Células fotoelectroquímicas || Clorotrifluoroetileno || Fuerzas convencionales en Europa (Conventional Forces in Europa).

CFF Frecuencia crítica de parpadeo (Critical Flicker Frequency).

CFG Cromatografía en Fase Gaseosa.

cfh Pies cúbicos por hora (Cubic feet per Hour).

CFH Cofactor heparínico.

CFHT Capacidad de fijación del hierro total.

CFI Entrevista de familia de Camberwell (Camberwell Family Interview).

CFIT Test de inhibición de la fijación del complemento (Complement Fixation Inhibition Test).

cfm Pies cúbicos por minuto (Cubic Feet per Minute).

CFM Ciclofosfamida || Clorofluorometano || Pies cúbicos por minuto (Cubic Feet per Minute).

CFP Ciclofosfamida, fluorouracilo, prednisona || Compañía Francesa de Petróleos (Compagnie Française des Pétroles) || Compañía de Ferrocarriles Portugueses || Comunidad Francófona del Pacífico || Concentración de Fuerzas Populares, Ecuador || Parálisis facial central (Central Facial Paralysis).

CFQ Creatinina fosfoquinasa.

cfr Confróntese.

CFR Capacidad funcional residual (Functional Residual Capacity).

cfs Pies cúbicos por segundo (Cubic Feet per Second).

CFS Carbamil fosfato sintetasa.

CFSE Cuerpos y fuerzas de Seguridad del Estado.

CFT Compañía Francesa de Televisión (Compagnie Française de Télévision) || Test de fijación del complemento (Complement Fixation Test).

CFTC Confederación Francesa de Trabajadores Cristianos (Confédération Française des Travailleurs Chrétiens).

CFTR Regulador (de la conductancia) transmembranosa de la fibrosis quística (Cystic Fibrosis Transmembranous Regulator).

CFV Células fotovoltaicas || Comité de las Fuerzas Vivas, Madagascar || Curva flujo volumen.

Cg Centro de gravedad.

C_g Aclaramiento de glucosa (Clearance of Glucose).

CG Capitán general || Centro de gravedad (Center of Gravity) || Coalición Gallega || Coste geológico || Constante (de asimilación) para glucosa || Consul general || Cortes generales || Cromatografía de gases || Crucero lanzamisiles || Guardacostas (Coast Guard) || Cuartel general || Gonadotropina coriónica (Chorionic Gonadotropin).

CG-EM Cromatografía de gases con espectrometría de masas.

CGA Cardiograma del ápex || Cuartel general de la armada.

CGAC Centro Gallego de Arte Contemporáneo.
CGAE Consejo General de la Abogacía Española.
CGAS Escala de evaluación global para niños (Children's Global Assessment Scale).
CGC Confederación General de Cuadros (Confédération Générale des Cadres, Francia) || Conjunto de granulocitos circulantes.
CGCVE Consejo General de Colegios de Veterinarios de España.
CGD Enfermedad granulomatosa crónica (Chronic Granulomatous Disease).
CGDS Cromoglicato disódico.
CGE Cuartel General del Ejército.
CGEA Cuartel General del Ejército del Aire.
CGH Cabo de Buena Esperanza (Cape of Good Hope) || Hormona gonadotropa coriónica (Chorionic Gonadotropic Hormone).
CGI Centro de Gestión Infovía || Imagen gráfica por ordenador (Computer Graphic Image).
CGIL Confederación General Italiana del Trabajo (Confederazione Generale Italiana del Lavoro).
CGL Cromatografía de gases líquidos || Leucemia granulocítica crónica (Chronic Granulocytic Leukemia).
cgm Centígramo.
CGM Células gigantes multinucleadas || Compartimiento granulocítico marginal.
CGMACAN Cuartel General del Mando Aéreo de Canarias.
CGMACEN Cuartel General del Mando Aéreo del Centro.
CGMAEST Cuartel General del Mando Aéreo del Estrecho.
CGMALEV Cuartel General del Mando Aéreo de Levante.
CGN Crucero lanzamisiles de propulsión nuclear || Glomerulonefritis crónica (Chronic Glomerulonephritis).
cgo Cargo.
CGO Colecistografía oral.
CGP Congreso General del Pueblo, Yemen.
CGPJ Consejo General del Poder Judicial.
CGPM Conferencia General de Pesos y Medidas (Conference Generale des Poids et Mesures) || Consejo General de Pesca para el Mediterráneo (Conseil Général de Pêche pour le Méditerranée).
CGPT Compartimiento granulocítico periférico total.
CGR Cuartel General Regional.
CGRE Colangiografía retrógrada endoscópica.
CGRP Péptido genéticamente afín a la calcitonina (Calcitonin Genetic Related Peptide).
CGS Centímetro-gramo-segundo (Centimeter-Gram-Second).
CGS EMU Unidad electromagnética centímetro-gramo-segundo (Centimeter-Gram-Second Electromagnetic Unit).
CGS ESU Unidad electrostática centímetro-gramo-segundo (Centimeter-Gram-Second Electrostatic Unit).
CGSB Coordinadora Guerrillera Simón Bolivar, Colombia.
cgse (sistema) Electrostático CGS.
cgsm (sistema) Electromagnético CGS.
CGT Confederación Nacional de Trabajadores, Argentina || Confederación General del Trabajo, referido a España || Confederación General del Trabajo (Confédération Générale du Travail, Francia).
CGT-FO Confederación General del Trabajo-Fuerza Obrera (Confédération Géneral du Travail-Force Ouvrière, Francia).
CGTasa Ciclodextrina glicosil transferasa.
CGTG Confederación General de Trabajadores Griegos.

CGTT Test de Tolerancia a la Glucosa Potenciado con Corticoides.
ch Cadena (Chain).
ch/ Cheque.
Ch Chile || China || Cirugía (Chirurgiae).
CH Canal (Channel) || Carga hueca || Carbohidratos || Carnegie Hall || Choque || Cofactor heparínico || Concentrado de Hematíes || Confederación Helvética (Confédération Helvétique) || Crucero portahelicópteros || Dilución Centesimal Hahnemanniana, referido a homeopatía || Hemorragia cerebral (Cerebral Haemorrhage) || Suiza, referido a la matrícula internacional de automóvil.
C_{H_2O} Aclaramiento de agua libre (Clearance of Free Water).
ChA Colina acetilasa (Choline Acetylase).
CHA Junta Aragonesista (Chunta Aragonesista).
ChAc Colino acetilasa.
CHAD Ciclofosfamida, hexametilmelamina, adriamicina, cisplatino.
CHAMOCA Hidroxiurea, vincristina, metotrexato, ácido folínico, ciclofosfamida, actinomicina, adriamicina.
CHAP Ciclofosfamida, hexametilmelamina, adriamicina, Cisplatino.
Charley Carlos (Charles).
Charlie Carlos (Charles).
CHB Bloqueo cardíaco completo (Complete Heart Block).
CHC Carbonato de ciclohexilamina (Cyclohexylamine Carbonate).
CHCM Concentración de hemoglobina corpuscular media.
CHD Enfermedad cardíaca coronaria (Coronary Heart Disease) || Enfermedad congénita del corazón (Congenital Heart Disease) || Enfermedad infantil (Childhood Disease).
CHDM Ciclohexanodimetanol.
ChDS Almacenamiento de datos químicos (Chemical Data Storage).
ChE Colinesterasa (Cholinesterase).
CHE Confederación Hidrográfica del Ebro.
CHEMRAWN Investigación Química Aplicada a las Necesidades Mundiales (Chemical Research Applied to World Needs).
CHEMTREC Centro de Urgencia de Transportes Químicos (Chemical Transportation Emergency Center).
CHF Ciclofosfamida, hexametilmelamina, fluorouracilo || Insuficiencia cardíaca congestiva (Congestive Heart Failure).
CHI Índice elevado de creatinina (Creatinine Height Index).
chl Cloroformo || Cloruro.
Chl Clorambucil.
ChlVPP Clorambucil, vinblastina, procarbacina, prednisona.
CHM Complejo de histocompatibilidad mayor.
CHNL Canal (Channel).
CHO Hidrato de Carbono.
CHOC Centro de Historia de la Química (Center of History of Chemistry).
CHOMP Ciclofosfamida, adriamicina, vincristina, metotrexato, ácido folínico, prednisona.
CHOP Ciclofosfamida, adriamicina, vincristina, prednisona.
CHOP/HOP Ciclofosfamida, doxorrubicina, vincristina, prednisona/Doxorrubicina, vincristina, prednisona.
CHOP-BLEO Ciclofosfamida, adriamicina, vincristina, prednisona, bleomicina.
CHOP-P Ciclofosfamida, adriamicina, vincristina, prednisona, procarbacina.
CHP Criohemoglobinuria paroxística || Partido Republicano del Pueblo, Turquía.
CHPRN Armada de la República Popular de China (China People's Republic Navy).
Chr Crónico (Chronic).

CHT Chimotripsina.

ChUM: Chorro Urinario Medio.

CI Capacidad inspiratoria || Cardiopatía isquémica || Carótida interna || Centro de información || Circuito integrado || (Arteria Coronaria) Circunfleja izquierda || Cirros || Coeficiente intelectual || Coitus interruptus || Colitis indeterminada || Colon irritable || Complejo inmune || Contraindicaciones || Contra inteligencia || Curie o curio || Costa de marfil, referido a la matrícula internacional de automóvil || Índice cardíaco (Cardiac Index) || Índice de color (Colour Index) || Insuficiencia coronaria || Perfusión continua (Continuous Infusion).

cía Compañía.

Cia Compañía, referido a unidad militar.

CIA Agencia Central de Inteligencia (Central Intelligence Agency, EE.UU.) || Artritis Crónica Inflamatoria (Chronic Inflammatory Arthritis) || Centro de Instrucción y Adiestramiento || Compañía || Comunicación Interauricular.

CIAAP Centro Interamericano de Artesanías y Artes Populares.

CIAAPS Compañía de Apoyo y Servicios, referido a unidad militar.

CIAB Consejo Internacional de Agencias Benéficas (Conseil International des Agences Bénévoles).

CIAM Congreso Internacional de Arquitectura Moderna.

CIAPG Confederación Internacional de Antiguos Prisioneros de Guerra (Confédération Internationale des Anciens Prissoniers de Guerre).

CIAS Centro de Investigación y Actividades Subacuáticas || Conferencia de Estados Africanos Independientes (Conference of Independent African States).

CIASU Compañía de Suministros.

CIAT Compañía de Transmisiones.

CIAV Comisión Internacional de Apoyo y Verificación.

CIB Comisión Internacional Ballenera.

CIC Centro cardioinhibidor (Cardioinhibitory Center) || Centro de influencia católica || Centro de información y combate || Citología por impresión conjuntival || Consejo de la Información de Cataluña (Consell de la Informació de Catalunya) || Consejo Interuniversitario de Cataluña (Consell Interuniversitari de Catalunya) || Corporación Inhalámbrica Cubana.

CICA Comité Internacional de Críticos de Arquitectura.

CICAA Comisión Intergubernamental para la Conservación del Atún Atlántico.

CICC Conferencia Internacional de Socorros Católicos (Conférence International des Charités Catholiques).

CICG Centro Internacional de Comercio al por Mayor (Centre International du Commerce de Gros).

CICI Congreso Internacional de Cine Independiente.

CICR Comité Internacional de la Cruz Roja (Comité International de la Croix Rouge).

CICT Consejo Internacional del Cine y de la Televisión (Conseil International du Cinéma et de la Télévision).

CICU Unidad de cuidados intensivos coronarios (Coronary Intensive Care Unit).

CICYT Comisión Interministerial de Ciencia y Tecnología.

CID Células interdigitantes || Coagulación intravascular diseminada || Enfermedad por inclusión de citomegalovirus (Cytomegalic Inclusion Disease).

CIDA Centro de Investigación y Desarrollo Agrario || Comisión Interamericana de Desarrollo Agrícola || Comité Intergubernamental de Derechos de Autor (Comité Intergouvernamental du Droit d'Auteur).

CIDC Consorcio de Información y Documentación de Cataluña (Consorci d'Informació i Documentació de Catalunya).

CIDE Comisión de Inversión y Desarrollo Económico.

CIDEM Centro de Información y Desarrollo Empresarial (Centre d'Informació i Desenvolupament Empresarial).

CIDESA Centro Internacional de Documentación Económica y Social Africano (Centre International de Documentation Économique et Sociale Africaine).

CIDEU Centro Iberoamericano de Desarrollo Estratégico Urbano.

CIDI Entrevista Diagnóstica Internacional Compuesta (Composite International Diagnostic Interview).

CIDRA Compañía Internacional de Radio Argentina.

CIE Carcinoma intraepitelial || Centro Internacional de la Infancia (Centre International de l'Enfance) || Clasificación internacional de enfermedades || Comisión Internacional de la Iluminación (Commision Internationale de l'Eclairage) || Confederación Internacional de Estudiantes (Confédération Internationale des Étudiants) || Contrainmunoelectroforesis.

CIEC Centro Internacional de Estudios Criminológicos (Centre International d'Etudes Criminologiques).

CIEM Consejo Internacional para la Exploración del Mar (Conseil International pour l'Exploration de la Mer).

CIEMAT Centro de Investigaciones Energéticas Medioambientales y Tecnológicas.

CIEME Centro de Inteligencia del Estado Mayor del Ejército.

CIEMEN Centro Internacional Escarré para las Minorías Étnicas y las Naciones (Centre Internacional Escarré per a les Minories Ètniques i les Nacions).

Cien Comisión de Integración Eléctrica Nacional.

cienc Ciencia.

ciente Científicamente.

CIEP Contrainmunoelectroforesis (Counterimmunoelectrophoresis).

CIEPS Consejo Internacional de la Educación Física y Deportiva (Conseil International de l'Éducation Physique et Sportive).

CIES Consejo Interamericano Económico y Social.

CIF Consejo Internacional de Mujeres (Conseil International des Femmes) || Costo, seguro y flete (Cost, Insurance and Freight).

CIFA Centro de Investigación en Farmacobiología Aplicada.

CIFAS Comité de Investigación Fuerzas Armadas Sociedad.

CIFC Costo, seguro y comisión de flete (Cost, Insurance and Freight Commission).

CIFE Consejo de las Federaciones Industriales de Europa (Conseil des Fédérations Industrielles d'Europe).

CIFJ Centro Internacional del Cine para la Juventud (Centre International du Film pour la Jeunesse).

CIG Comité Internacional de Geofísica (Comité International de Géophysique) || Compuesto de Intercalación de Grafito || Conferencia intergubernamental || Confederación Intersindical Gallega.

CIGR Comisión Internacional de Ingeniería Agrícola (Commission Internationale du Génie Rural).

CIHA Comité Internacional de Historia del Arte (Comité International d'Histoire de l'Art).

CII Centro Internacional de la Infancia || Congreso Internacional de

Iluminación || Consejo Internacional de Enfermeras (Conseil International des Infirmières) || Corporación Interamericana de Inversiones. || Corporación Internacional de Inversiones.

CIIA Comisión Internacional de Industrias Agrícolas (Commission Internationale des Industries Agricoles).

CIIT Instituto de Toxicología de la Industria Química (Chemical Industry Institute of Toxicology).

CIJ Comisión Internacional de Juristas (Commission Internationale de Juristes).

CIL Circuito integrado lineal.

CILCE Centro Internacional de Lengua y Cultura Española.

CILSI Circuito integrado con integración a gran escala (Circuito Integrado Large Scale Integration).

CIM Central Integrada de Mercancías (Central Integrada de Mercaderies, Cataluña) || Centro de Información del Medicamento || Circuito Integrado para Microondas || Concentración Inhibidora Mínima || Conferencia Islámica Mundial (Conférence Islamique Mondial) || Consejo Internacional de la Música (Conseil International de la Musique).

CIMA Comisión Interministerial de Medio Ambiente.

CIME Comité Intergubernamental para las Migraciones Europeas (Comité Intergouvernemental pour les Migrations Européennes).

CIMO Centro de Investigación Militar Operativa.

CIMOS Circuito integrado metal óxido semiconductor.

CIMOSLSI Circuito integrado metal óxido semiconductor con integración a gran escala (Circuito Integrado Metal Oxide Semiconductor Large Scale Integration).

CIMPM Comité Internacional de Medicina y Farmacia Militar (Comité International de Médecine et Pharmacie Militaire).

CIMSI Circuito integrado con integración a escala media (Circuito Integrado Medium Scale Integration).

CIMTP Congreso Internacional de Medicina Tropical y de Paludismo (Congrès International de Médecine Tropicale et de Paludisme).

C_{in} Aclaramiento de inulina (Clearance of Inuline).

CIN Cociente internacional normalizado || Conferencia Internacional sobre Nutrición || Comisión Iberoamericana de Normalizaciones || Comisión Internacional de Numismática (Commission Internationale de Numismatique) || Neoplasia cervical intraepitelial (Cervical Intraepithelial Neoplasia, referido al cuello del útero).

CINA Comisión Internacional de Navegación Aérea.

CINB Código internacional de nomenclatura botánica.

CINC Comandante en jefe (Commander in Chief).

CINZ Código internacional de nomenclatura zoológica.

CIO Centro de Información y Operaciones || Comisión Internacional de Óptica (Commission Internationale d'Optique) || Comité Internacional Olímpico (Comité International Olympique) || Congreso de Organizaciones Industriales (Congress of Industrial Organizations, EE.UU.).

CIOFF Congreso de la Organización Internacional de Festivales de Folclore (Congress of International Organizations of Folklore Festivals).

CIOSL Confederación Internacional de Organizaciones Sindicales Libres.

CIP Centro de Investigación para la Paz || Ciprofloxacino || Política Industrial Común (Common Industrial Policy, referido a la Comunidad Económica Europea).

CIPD Conferencia Internacional sobre Población y Desarrollo.

CIPL Comité Internacional Permanente de Lingüistas (Comité International Permanent de Linguistes).

CIPM Comisión Internacional de Pesos y Medidas (Commission Internationale des Poids et Mesures).

CIPO Comité Internacional para la Preservación de las Aves (Comité International pour la Préservation des Oiseaux).

CIPR Comisión Internacional de Protección contra las Radiaciones (Commission Internationale de Protection contre les Radiations).

CIPSH Consejo Internacional de Filosofía y Ciencias Humanas (Conseil International de la Philosophie et des Sciences Humaines).

cir Alrededor (circa).

CIR Centro de Instrucción de Reclutas.

CIRBOL Compañía Internacional de Radio Boliviana.

CIRIT Comisión Interdepartamental de Investigación e Innovación Tecnológica (Comissió Interdepartamental de Recerca i Innovació Tecnológica).

CIRM Centro Internacional Radio Médico.

CIRPAC Comité Internacional para la Resolución de los Problemas de la Arquitectura Contemporánea.

CIRRIS Telescopio de infrarrojos enfriado con helio líquido (Cryogenic Infrared Radiation Instrumentation for Shuttle).

CIRSA Compañía Internacional de Radio Sociedad Anónima.

Cis Cecilia (Cecile) || Cisteína.

CIS Carcinoma *in situ* || Centro de Investigaciones Sociológicas || Conductor Aislante Semiconductor (Conductor Isolant Semiconductor).

CISAC Confederación Internacional de Autores y Compositores (Confédération Internationale des Sociétés d'Auteurs et Compositeurs).

CISC Ordenador con un juego de instrucciones complejas (Complex Instruction Set Computer).

CISCA Cisplatino, ciclofosfamida, adriamicina.

CISF Confederación Internacional de Comadronas (Confédération Internationale des Sages-femmes).

CISL Confederación Internacional de Sindicatos Libres (Confédération Internationale des Syndicats Libres) || Confederación Italiana de Sindicatos de Trabajadores (Confederazione Italiana Sindacati Lavoratori).

CISPR Comité Internacional Especial de las Perturbaciones Radioeléctricas (Comité International Spécial des Perturbations Radioélèctriques).

CISS Consejo Internacional de Ciencias Sociales (Conseil International des Sciences Sociales).

Cit Citrulina.

CIT Crisis Isquémicas Transitorias.

CITCE Comité Internacional de Termodinámica y de Cinética Electroquímicas (Comité International de Thermodynamique et de Cinétique Électrochimiques).

CITEL Comisión Interamericana de Telecomunicaciones.

CITTL Circuito integrado con lógica transistor-transistor (Circuito Integrado Transistor-Transistor Logic).

CITYC Centro de Información (de la Industria) Textil y de la Confección.

CiU Convergencia y Unión (Convergència i Unió).

CIUS Consejo Internacional de Uniones Científicas (Conseil International des Unions Scientifiques).

CIUSS Unión Católica Internacional para el Servicio Social (Catholic International Union for Social Service).

CIV Colangiografía intravenosa || Comunicación interventricular.

CIVD Coagulación intravascular diseminada.
CJD Enfermedad de Creutzfeld-Jakob (Creutzfeld-Jakob Disease).
CJM Código de Justicia Militar || Congreso Judío Mundial (Congrès Juif Mondial) || Moléculas de citoconexión (Cell Joint Molecules).
CJMOA Comandante en Jefe del Mando Operativo Aéreo.
CK Creatina quinasa (Creatine Kinase).
ckt Circuito (Circuit).
CKT Circuito (Circuit).
cl Centilitro.
CL Aclaramiento (Clearance) || Centro logístico || Cociente de lectura || Colesterol libre || Columna Lumbar || Crédit Lyonnais || Cristal líquido || Cromatografía líquida || Crucero ligero || Cuerpo lúteo || Leishmaniasis cutánea (Cutaneous Leishmaniasis) || Línea central (Centre Line).
Cl Aclaramiento o depuración (Clearance) || Cloro.
CLA Centro Logístico de Abastecimiento.
CLAO Asociación de Oftalmólogos de Lentes de Contacto (Contact Lenses Association Ophtalmologists, EE.UU.).
CLAP Cromatografía líquida de alta presión.
CLAR-FI Cromatografía líquida de alta resolución en fase inversa.
CLAV Centro Logístico Avanzado.
CLB Clorambucil.
CLBNS Capacidad de ligadura de B_{12} no saturada.
CLBR Centro Logístico de Brigada.
CLCR Aclaramiento de creatinina (Clearance of Cretinine).
CLD Centro Logístico de División || Convención Liberal Democrática, Guinea Ecuatorial || Enfermedad Hepática Crónica (Chronic Liver Disease).
CLE Centro Logístico del Ejército.
$Cl_{fract}PO_4$ Aclaramiento fraccional de Fosfatos.
Cl_{H_2O} Aclaramiento del agua libre (Clearance of Free Water).
CLIN Comités de Lucha contra las Infecciones Nosocomiales (Comités de Lutte contre les Infections Nosocomiales, Francia).
CLIP Péptido intermedio de tipo corticotropina (Corticotropin-Like Intermedium Peptide).
CLK Reloj (Clock).
CLL Centro del Libro y de la Lectura || Leucemia linfocítica crónica (Chronic Lymphocytic Leukemia).
CLM Cultivos leucocitarios mixtos.
Cl_{OIH} Aclaramiento de ortoiodohipurán.
CL_{osm} Aclaramiento osmolar.
CLP Cuerpo lúteo persistente.
Cl_{PAH} Aclaramiento (Clearance) del ácido paraaminohipúrico.
Cl_{PO_4} Aclaramiento de fosfatos.
CLPR Cromatografía líquida de proteína rápida.
CLR Centro logístico retrasado || Borrar (Clear).
CLS Centro Logístico de Suministro.
CLT Tiempo de lisis del coágulo (Clot Lysis Time).
CLTF Central telefónica.
CLTG Central telegráfica.
CLTT Central de teletipos.
CLU Cortisol libre urinario.
CLV Velocidad lineal constante (Constant Linear Velocity).
cm Mañana en la mañana (Cras Mane).
CM Carboximetil || Celularidad mixta || Centimorgan || Cociente de memoria || Componentes multipolares || Contador de medidas (referido a radar (Countermeasures) || Contrato mercantil || Control de memoria || Coronaria mitral || Director comercial (Commercial Manager) || Jefe de comunicaciones (Communications Manager) || Malformación congénita (Congenital Malformation) || Máqui-

na de conexión (Connection Machine) || Membrana celular (Cell Membrane).

cM Centimorgan.

Cm Curio (Curium).

CM-CSF Factores estimuladores de colonias de granulocitos macrófagos.

cm^2 Centímetro cuadrado.

CMA Concentración máxima admitida || Metanearsonato de calcio (Calcium Metanearsenite).

CMAC Centro de Mediación Arbitraje y Conciliación.

CMAS Confederación Mundial de Actividades Subacuáticas (Confédération Mondiale des Activités Subaquatiques).

cmb Cuyas manos beso.

CMB Chase Manhattan Bank || Circunferencia (de la parte) Media del Brazo || Cisplatino, metotrexato, bleomicina || Concentración mínima bactericida || Consejo Mundial de Boxeo || Cuyas manos beso.

CMC Carboximetilcelulosa || Ciclofosfamida, metotrexato, lomustina || Citotoxicidad mediada por células || Comando Militar Combinado, referido a paramilitares protestantes en Irlanda del Norte || Comisión de Medios de Comunicación.

CMCA Consejo Monetario Centroamericano.

CMCE Consorcio de Madrid Capital Europea de la Cultura.

CMCL Comercial (Commercial).

CME Concentración mínima eficaz || Conferencia Mundial de la Energía (Conférence Mondiale de l'Energie) || Crioglobulinemia mixta esencial.

CMF Capacidad máxima de filtración || Ciclofosfamida, metotrexato, fluorouracilo || Ciclofosfamida, hexametilmelamina, fluorouracilo || Fuerza cimomotriz (Cymomotive Force).

CMF-T Ciclofosfamida, metotrexato, fluorouracilo, tamoxifen.

CMFP Ciclofosfamida, metotrexato, fluorouracilo, prednisona.

CMFP-T Ciclofosfamida, metotrexato, fluorouracilo, prednisona, tamoxifen.

CMFVP Ciclofosfamida, metotrexato, fluorouracilo, vincristina, prednisona.

CMH Complejo mayor de histocompatibilidad || Malformación congénita del corazón (Congenital Malformation of Heart).

CMHC Centro de Salud Mental Comunitario (Community Mental Health Center) || Concentración media de hemoglobina corpuscular.

CMHCs Community Mental Health Center's.

CMHEC Carboximetil hidroxietil celulosa.

CMHP Células madres hematopoyéticas pluripotenciales.

CMI Cadena mamaria interna || Comisión Mixta Internacional || Comité Marítimo Internacional (Comité Maritime International) || Concentración mínima inhibidora || Concilio Mundial de las Iglesias || Inmunidad mediada por células (Cells Mediated Immunity).

CMIMA Centro Mediterráneo de Investigaciones Marinas y Ambientales.

CML Citotoxicidad mediada por linfocitos || Concentración mínima letal || Coriomeningitis linfocitaria || Leucemia mieloide crónica (Chronic Myelogenous Leukemia) || Lógica en modo de corriente (Current Mode Logic).

CMM Cirugía micrográfica de Mohs || Complejos motores de migración || Comunicación (Communication).

CMMAN Comisión de Mamíferos Marinos del Atlántico Norte.

CMMB Circunferencia (de la parte) media muscular del brazo.

CMMs Máquinas de medir por coordenadas (Coordinate Measuring Machines).

CMP Células madres pluripotenciales || Monofosfato de citidina (Cytidine Monophosphate).

CMPP Cloro metilfenoxilpropiónico.

cmps Centímetros por segundo.

CMPTR Ordenador (Computer).

CMR Tasa metabólica cerebral de oxígeno (Cerebral Metabolic Rate of Oxygen).

CMRA Asociación para la Investigación Comercial de la Industria Química (Chemical Marketing Research Association).

CMRE Comité de Municipios y Regiones de Europa.

CMR_G Tasa metabolica cerebral de glucosa (Cerebral Metabolic Rate of Glucose).

CMRN Comité Militar de Reenderezamiento Nacional, República de Guinea.

cms Para ser tomado mañana en la mañana (Cras Mane Sumendus).

CMS Mal de montaña crónico (Cronic Mountain Sore) || Sistema modular de micrófono de condensador (Condenser Microphone Modular System).

CMSNN Comité Militar de Salvación Nacional, Burundi.

CMT Carcinoma medular del tiroides || (Enfermedad de) Charcot-Marie-Tooth || Ceguera monocular transitoria || Comisión del Mercado de Telecomunicaciones || Comité Militar Transitorio, Sudán 1985 || Confederación Mundial del Trabajo (Confédération Mondial du Travail).

CMUN Centro de Municionamiento.

CMV Cisplatino, metotrexato, vinblastina || Citomegalovirus || Clorofenildimetilurea.

CMVE Ciclofosfamida, metotrexato, fluorouracilo, vincristina.

cn Mañana en la noche (Cras Nocte).

CN Camión || Capitán de navío || Carretera nacional || Club de natación || Control numérico || Convención Nacional, Ghana || Convergencia Nacional, Venezuela || Nervio craneal (Cranial Nerve) || Nitrato de celulosa (Cellulose Nitrate) || Número de coordinación (Coordination Number).

CNA Agencia de Noticias Central (Central News Agency, Taiwan) || Agencia de Noticias de Chipre (Cyprus News Agency) || Congreso Nacional Africano, República Sudafricana.

CNAG Confederación Nacional de Agricultores y Ganaderos.

CNB Club Natación Barcelona.

CNC Confederación Nacional de la Construcción || Control numérico por computador.

CNCL Comisión Nacional de la Comunicación y de las Libertades, Francia.

CNCSC Centro Nacional de Conducción de Situaciones de Crisis.

CND Comité Nacional Demócrata, EE.UU. || Compañía Nacional de Danza.

CNE Comisión Nacional de Energía.

CNES Centro Nacional de Estudios Espaciales (Centre Nationale d'Études Spatials, Francia).

CNET Centro Nacional (francés) de Estudios de Telecomunicación (Centre National d'Études des Télécommunications).

CNEV Coalición Nacional (a favor) de la Eutanasia Voluntaria, Australia.

CNF Carcinoma nasofaríngeo || Factor necrotizante citotóxico (Cytotoxic Necrotizing Factor).

CNFC Convención Nacional de las Fuerzas del Cambio, República de Benin.

CNG Coordinadora Nacional Guerrillera, Colombia.

CNGSB Coordinadora Nacional Guerrillera Simón Bolivar, Colombia.

CNH Hiperventilación Neurógena Central (Central Neurogenic Hyperventilation).
CNI Centro Nacional de Información, Chile.
CNID Comité Nacional de Iniciativa Democrática, Mali.
CNJC Consejo Nacional de la Juventud de Cataluña (Consell Nacional de la Joventut de Catalunya).
CNK Cianuro de potasio.
CNL Consejo Nacional de Liberación (Conseil National de Libération, Chad).
CNLTT Camión ligero todo terreno.
CNM Centro Nacional de Microelectrónica.
CNMP Comité Nacional para el Mantenimiento de la Paz, Tailandia.
CNMTT Camión medio todo terreno.
CNMV Comisión Nacional del Mercado de Valores.
CNN Cable News Network.
CNNTE Centro Nacional de Nuevas Tendencias Escénicas.
CNO Jefe de operaciones navales (Chief of Naval Operations).
CNOC Consejo Nacional de Objeción de Conciencia.
CNP Carta Nacional Palestina || Congreso Nacional Popular, Guyana || Cuerpo Nacional de Policía.
CNPCE Comité Nacional de Planes Civiles de Emergencia.
CNPP Convención Nacional de los Patriotas Progresistas (Convention National des Patriotes Progressistes, Burkina Faso).
CNPTT Camión pesado todo terreno.
CNR Comisión Nacional de Reconciliación, Guatemala || Consejo Nacional de Reconciliación, Mali || Consejo Nacional de Resistencia, Uganda || Consejo Nacional de la Revolución (Conseil National de la Révolution, Burkina Faso).
CNRM Consejo Nacional de la Resistencia Maubera, Timor.
CNRS Centro Nacional de la Investigación Científica (Centre Nationale de la Recherche Scientifique, Francia).
CNS Centrales Nacionales Sindicales || Consejo Nacional Supremo, Camboya || Sistema Nervioso Central (Central Nervous System) || Servicio Chino de Noticias (China News Service).
CNSLD Enfermedad pulmonar crónica no específica (Chronic Non Specific Lung Disease).
CNT Comité Nacional del Transporte || Compañía Nacional de Teatro, México || Confederación Nacional del Trabajo, España || Consejo Nacional de Transición (Conseil National de Transition, Argelia) || Convención Nacional de Trabajadores, Uruguay.
CNTC Comité Nacional de Transporte por Carretera || Compañía Nacional de Teatro Clásico.
CNTT Camión todo terreno.
CNU Congreso Nacional Unificado, Trinidad y Tobago.
CNUDM Conferencia de la Naciones Unidas sobre el Derecho del Mar.
CNUMAD Conferencia de las Naciones Unidas sobre el Medio Ambiente y el Desarrollo.
CNV Variación contingente negativa (Contingent Negative Variation).
Cñ Cañón.
Co Cobalto.
CO Colegio oficial || Colombia, referido a la matrícula internacional de automóvil || Compañía (Company) || Conducción ósea || Contraceptivo oral || Coproporfirinógeno oxidasa || Córdoba, referido a la matrícula nacional de automóvil || Fusible (Cutout) || Gasto cardíaco (Cardiac Output) || Monóxido de carbono ||

Oscilador de cristal (Crystal Oscillator).
co Cotangente.
co-mer Copolímero (Copolymer).
CoA Coartación aórtica || Coenzima A.
COA Cambio de dirección (Change of Adress) || Colegio Oficial de Arquitectos || Colina acetilasa.
CoA-SH Coenzima A reducido.
COAA Centro de Operaciones de Artillería Antiaérea.
COAC Colegio Oficial de Agentes Comerciales || Colegio Oficial de Arquitectos de Cataluña.
COACTA Centro de Operaciones de Artillería de Costa.
COAD Enfermedad de las vías aéreas obstructiva crónica (Chronic Obstructive Airways Disease).
CoAHMG Coenzima A reductasa 3-hidroxi-3-metilglutaril.
COAP Ciclofosfamida, vincristina, arabinósido de citosina, prednisona || Colegio de Agentes de la Propiedad.
COAX Coaxial.
COB Central Obrera Boliviana.
COBOL Lenguaje común orientado a los negocios (Common Business Oriented Language).
COBT Obstrucción crónica de las vías biliares (Chronic Obstruction of Biliary Tract).
COC Centro de Operaciones de Combate || Comité Olímpico Catalán (Comitè Olimpic Catalá) || Contraceptivo oral combinado || Vaso abierto de Cleveland (Cleveland Open Cup).
COCA Cisplatino, vincristina, ciclofosfamida, adriamicina.
COCAFER Confederación Centroamericana de Ferrocarriles.
COCATRAM Comisión Centroamericana de Transportes Marítimos.
COCESNA Corporación Centroamericana de Servicios de Navegación Aérea.
COCGAG Combinado gas y gas (Combined Gas And Gas).
COCONA Consejo de Cooperación del Norte del Atlántico.
COCORP Consorcio para la Realización de Perfiles de Sísmica de Reflexión en Áreas Continentales (Consortium for Continental Reflection Profiling).
coch Cucharada (Cochleare).
coch amp Cucharada grande (Cochleare Amplum).
coch mag Cucharada abundante (Cochleare Magnum).
coch med Cucharada media (Cochleare Medium).
coch parv Cucharada pequeña (Cochleare Parvum).
cod Código.
Cod Fr Farmacopea Francesa (Codex Francaise).
COD Cáncer de origen desconocido || Causa de la muerte (Cause of Death) || Colectivo de la Oposición Democrática, Togo || Coordinación de la Oposición Democrática, Gabón || Demanda química de oxígeno (Chemical Oxygen Demand) || Entrega Contra Reembolso (Cash On Delivery).
CODA Coordinadora de Organizaciones (ecologistas) de Defensa Ambiental.
CODAG Combinado diesel y gas (Combined Diesel And Gas).
CODAN Dispositivo antirruido accionado por portadora (Carrier Operated Device Anti Noise).
CODATA Comité de Datos para Ciencia y Tecnología, referido al Consejo Internacional de Uniones Científicas.
CODBLAM Ciclofosfamida, vincristina, dexametasona, bleomicina, adriamicina, procarbacina.
CODEC Codificador-decodificador.
CODECA Corporación de Desarrollo Económico del Caribe.

CODEH Comité de Derechos Humanos, Honduras.
CODEPA Conciencia de Patria, Bolivia.
CODESA Convención para una Democrática Sudáfrica.
CODOG Combinado diesel o gas (Combined Diesel Or Gas).
CODS Escala de depresión de Cronholm Ottoson (Cronholm Ottoson Depression Scale).
COE Comité Olímpico Español || Compañía de Operaciones Especiales || Consejo Ecuménico de las Iglesias (Conseil Oecuménique des Églises).
coef Coeficiente.
COEPS Sistema Extrapiramidal de Origen Cortical (Cortically Originating Extrapyramidal System).
COF Comité Olímpico Francés (Comité Olympique Française).
COFIDES Compañía (Española) de Financiación del Desarrollo.
COFIR Corporación Financiera Reunida.
COGECA Comité General de Cooperación Agrícola (Comité Général de la Coopération Agricole, referido a los países de la Comunidad Europea).
COGOG Combinado gas o gas (Combined Gas Or Gas).
COHb Carboxihemoglobina.
COHO Oscilador Coherente (Coherent Oscillator).
COI Comisión Oceanográfica Interguvernamental (Commission Océanographique Intergouvernementale) || Comité Olímpico Internacional.
COJO Conferencia de Organizaciones Judías (Conference of Jewish Organizations).
col Colección || Columna.
Col Colombia.
COL Coronel (Colonel) || Colesterol.
COLD Enfermedad pulmonar obstructiva crónica (Chronic Obstructive Lung Disease).
colec Colección.
COLIDAR Radar de luz coherente (Coherent Light Radar).
COLINA Coalición de Liberación Nacional, Panamá.
colog Cologaritmo.
coloq Coloquial.
COLP Ciclofosfamida, vincristina, lomustina, prednisona.
Colprensa Agencia de Noticias, Colombia.
com Comercial (Commercial) || Comercio || Comisión.
Com Comunidad.
COM Cadena de ondas del movimiento || Ciclofosfamida, vincristina, metotrexato || Osteomielitis crónica (Chronic Osteomyelitis).
COMAL Lenguaje algorítmico común (Common Algorithmic Language).
COMANFES Comando Anfibio Especial.
COMASPO Comisión de Asuntos Políticos, Uruguay.
COMB Colegio Oficial de Médicos de Barcelona.
COMCM Contramedidas de comunicaciones.
COMELEC Comisión de Elecciones, Filipinas.
COMEXO Comité para la Explotación de los Océanos (Committee for Explotation of the Oceans).
COMEXTEL Compañía Telefónica y Telegráfica Mexicana.
COMF Ciclofosfamida, vincristina, metotrexato, fluorouracilo.
COMGE Comandancia o comandante general.
COMGEBAL Comandancia General de Baleares.
COMGECEUT Comandancia General de Ceuta.
COMGEIM Comandancia General de la Infantería de Marina.
COMGEMEL Comandancia General de Melilla.
COMIBOL Corporación Minera Boliviana.

Cominter Internacional Comunista (Communist International).
COMIRA Consejo Militar para la Resistencia de Angola.
COMLA Ciclofosfamida, vincristina, metotrexato (con rescate mediante Leucovorin), arabinósido de citosina.
COMM Commutador.
comm'l Comercial (Commercial).
comp Comprimidos.
COMP Comparador || Ciclofosfamida, vincristina, metotrexato, prednisona.
COMPANDOR Compresor-expansor (Compressor-Expandor).
compl Completamente (completely).
compn Composición (Composition).
compo Composición (Compositión).
COMPT Presidente comercial (Commercial President).
COMSAT Satélite de comunicaciones (Communications Satellite).
COMT Catecol-O-metiltransferasa (Catechol-O-methyltransferase) || Centro Organizador de los Microtúbulos.
COMTELCA Comisión Técnica de las Telecomunicaciones de Centroamérica.
COMTEMAR Comandante Militar de Marina.
COMVP Vicepresidente comercial (Commercial Vicepresident).
com'l Comercial (Commercial).
Con A Concanavalina A.
CON Centro de Operaciones Navales || Consol, referido al sistema inglés de radionavegación.
CONACO Convención Nacional del Congo (Convention National du Congo).
CONADEP Comisión Nacional de Personas Desaparecidas, Argentina.
CONASUPO Compañía Nacional de Subsistencias Populares, México.
CONATO Consejo Nacional de Trabajadores Organizados, Panamá.
conc Concentrar (Concentrate) || Concentrado (Concentrated).
CONCA Confederación Nacional de Cámaras Agrarias.
CONCACAF Confederación Norte-Centroamericana y del Caribe de Fútbol.
CONCAPA Confederación Católica de Padres de Alumnos.
concn Concentración (Concentration) || Concentrado (Concentrated).
cond Condensante (Condensing) || Conductividad (Conductivity).
CONDECA Consejo de Defensa Centroamericano.
CONED-SJ Comisión Nacional de Educación de la Compania de Jesús.
CONEMRAD Control de emisiones radioeléctricas.
conf Confesor || Confirmación.
CONFAVC Confederación de Asociaciones de Vecinos de Cataluña.
CONFEBASK Confederación Empresarial Vasca.
CONFER Confederación Española de Religiosos.
CONI Comité Olímpico Nacional Italiano (Comitato Olimpico Nazionale Italiano).
CONIE Confederación Nacional de Indígenas del Ecuador.
CONN Conector (Connector).
CONNDIA Diagrama de Conexiones (Connection Diagram).
Cons Constantino || Consul.
cons° Consejo.
Cons de Min Consejo de ministros.
Const Constitución.
constl Constitucional.
cont Contabilidad.
CONT Contacto || Control.
cont rem Los medicamentos serán continuados, es decir no se interrumpirá su administración (Continuantur Remedia).
CONTRAMAR Control del tráfico marítimo.
CONV Convertidor.

COOB'92 Comité Olímpico Organizador Barcelona 1992.

coop Cooperativa.

CoP Colinesterasa Plasmática.

COP Ciclofosfamida, vincristina, prednisona || Presión osmótica coloidal (Colloidal Osmotic Pressure) || Procesador orientado al control (Control Oriented Processor).

COP-B Ciclofosfamida, vincristina, prednisona, bleomicina.

COP-BCNU Ciclofosfamida, vincristina, prednisona, carmustina.

COP-BLAM Ciclofosfamida, vincristina, prednisona, bleomicina, adriamicina, procarbacina.

COPA Comité de Organizaciones Profesionales Agrícolas (Comité des Organisations Professionelles Agricoles, referido a la Comunidad Europea) || Compañía Panameña de Aviación.

COPAZ (Comisión Nacional para la) Consolidación de la Paz, El Salvador.

COPCA Consorcio de Promoción Comercial de Cataluña (Consorci de Promoció Comercial de Catalunya).

COPD Detector y Orientador de la Presencia de una Silla de Niño || Enfermedad pulmonar obstructiva crónica (Chronic Obstructive Pulmonary Disease).

COPE Cadena de Ondas Populares Españolas || Enfisema pulmonar obstructivo crónico (Chronic Obstructive Pulmonary Emphysema).

COPEC Consorcio Catalán de Promoción Exterior de la Cultura (Consorci Catala de Promoció Exterior de la Cultura).

COPEI Comité de Organización Política Electoral Independiente, Venezuela.

COPLACO Comisión de Planeamiento y Coordinación, referido al área metropolitana de Madrid.

COPO Comité Político, referido a la Unión Europea.

COPP Ciclofosfamida, vincristina, procarbacina, prednisona || Lomustina, vincristina, procarbacina, prednisona.

copr Copyright.

COPRO Coproporfirinógeno.

COPYME Confederación de la Pequeña y Mediana Empresa.

coq Cocer (Coque).

CoQ Coenzima Q.

Cor Coronel.

COR Relé Accionado por la Portadora (Carrier Operated Relay).

COREMO Comité Revolucionario de Mozambique.

COREPER Comité de Representantes Permanentes, referido a la Comunidad Europea.

cort Cortex.

cos Coseno.

Cos Coseno.

COS Cetil Oleil Sulfato.

COSAG Combinado vapor y gas (Combined Steam And Gas).

COSATU Congreso de los Sindicatos de Sudáfrica (Congress of South African Trade Union).

cosec Cosecante.

COSENA Consejo de Seguridad Nacional.

Cosm Aclaramiento osmótico (Clearance Osmotic).

COSNS Control de sustancias nocivas para la salud.

COSYGA Confederación Sindical Gabonesa (Confédération Syndicale Gabonaise).

cot Cotangente.

COT Centro de Operaciones y Tiro.

COTAR Orientación coordinada de seguimiento y alcance (Correlated Orientation Tracking and Range).

COTAT Seguimiento y triangulación coordinados (Correlation Tracking and Triangulation).

COTER Centro de Operaciones Terrestres.

COU Curso de Orientación Universitaria.

coul Culombio (Coulomb).
COV Compuestos orgánicos volátiles.
COX Ciclo oxigenasa || Citocromo C Oxidasa.
cp Bujía (Candle Power, referido a la unidad fotométrica igual a un lumen) || Potencia luminosa (Candlepower) || Potencial constante (Constant Potential).
CP Acoplamiento (Coupling) || Canadian Press, referido a la agencia de noticias || Coalición Popular || Carótida primitiva || Centro de presión || Clorpromacina || Código penal || Código postal || Coeficiente de proximidad || Computadora personal || Concentración plasmática || Copiloto || Coproporfirina || Cor Pulmonale || Creatín fosfato || Cromatografía de papel || Parálisis de origen cerebral (Cerebral Palsy) || Potencia de bujía (Candle Power) || Pulso carotídeo (Carotid Pulse) || Químicamente puro (Chemically Pure).
C_P Aclaramiento de fósforo (Clearance of Phosphorus).
CPA Alternancia de la fase de color (Color Phase Alternation) || Caja Postal de Ahorros || Canadian Pacific Airlines || Centro de Protección de los Animales (Centre de Protecció dels Animals, Cataluña) || Células procesadoras del antígeno || Concentración polínica atmosférica || Congreso Panafricanista, República Sudafricana || Contracción prematura auricular || Oscilación de fase cromática (Color Phase Alternation) || Partido Comunista de Australia (Communist Party of Australia).
CPAP Presión de Vías Aéreas Positiva Continua (Continuous Positive Airways Pressure).
CPB Cuyos pies beso.
CPC Células pequeñas clivadas || Computadora programada por tarjetas perforadas (Card Program Computer) || Cor pulmonale crónico.
CPCC Consultas Políticas y Conducción de Crisis (centro de).
CPCIZ Comité Permanente de los Congresos Internacionales de Zoología (Comité Permanent des Congrès Internationaux de Zoologie).
CPCP Carcinoma pulmonar de células pequeñas.
CPD Catéter Peridural || Centro de Proceso de Datos || Citrato-fosfato-dextrosa || Complejo piruvato deshidrogenasa || Concertación de los Partidos por la Democracia, Chile || Dermatitis pustular contagiosa (Contagious Pustular Dermatitis) || Diálisis peritoneal crónica (Chronic Peritoneal Dialysis).
CPDD Cisplatino.
CPDS Convergencia Para la Democracia Social, Guinea Ecuatorial.
CPE Congreso del Pueblo Europeo (Congrès du Peuple Européenne) || Cooperación Política Europea || Enfisema pulmonar Crónico (Chronic Pulmonary Emphisema).
CPER Colangiopancreatografía endoscópica retrógrada.
CPF Centro de la Propiedad Forestal.
CPFF Consejo de Política Fiscal y Fianaciera.
CPG Cromatografía en fase gaseosa || Generador de impulsos de reloj (Clock Pulse Generator).
CPGB Partido Comunista de Gran Bretaña (Communist Party of Great Britain).
cph Ciclos por hora.
CPH Complejo principal de histocompatibilidad || Coproporfiria hereditaria || Hepatitis crónica persistente (Chronic Persisting Hepatitis).
cpi Caracteres por pulgada (Characters Per Inch).
CPI. Copia (Copy) || Interfaz común

de programación (Common Programmation Interface) || Inventario de personalidad California (California Personality Inventory).

CPJI Corte Permanente de Justicia Internacional (Court Permanente de Justice Internationale).

CPK Creatin-fosfoquinasa (Creatine Phosphoquinase).

CPL Cabeza de playa || Cabo (corporal, referido a empleo militar).

cpm Ciclos por minuto.

CPM Ciclofosfamida (Cyclophosphamide) || Compañía de Policía Militar || Consejo de Política Monetaria (Conseil de Politique Monetaire) || Mielinólisis Pontina Central (Central Pontine Myelinolysis).

Cpn Copenhage.

CPN Partido Comunista de Holanda (Communistische Partij van Nederland) || Pielonefritis crónica (Chronic Pyelonephritis).

CPNZ Partido Comunista de Nueva Zelanda (Communist Party of New Zealand).

CPO Citología postoperatoria.

CPOM Conferencia de Paz para Oriente Medio.

CPP Capacidad de producción potencial || Crédito Predial Portugués || Poliartritis crónica primaria (Chronic Primary Poliartritis).

CPPB Respiración con presión positiva continua (Continuous Positive Pressure Breathing).

CPPK Congreso Popular del Pueblo Kanako, Nueva Caledonia.

CPPV Ventilación a Presión Positiva Continua (Continuous Positive Pressure Ventilation).

CPR Capacidad pulmonar residual || Cicloneno piretrina rotenona || Resucitación (o recuperación) cardiopulmonar (Cardiopulmonary Resuscitation).

CPRE Colangiopancreatografía retrógrada endoscópica || Coledocopancreatografía retrógrada por endoscopia.

cps Caracteres por segundo || Ciclos por segundo || Compañeros.

Cps Cápsula (Capsule).

CPS Carbamil fosfato sintetasa || Comisión del Pacífico Sur || Escala de personalidad de Comrey (Comrey Personality Scale) || Estado Psicopático Constitucional (Constitutional Psychopatic State) || Potencial estabilizado de cátodo (Cathode Potential Stabilization).

CPSE Contraantena (Counterpoise).

CPT Capacidad pulmonar total || Carnitina palmitoil transferasa || Centro de Programas Tácticos || Comité de Prevención de la Tortura.

CPTA Ácido Ciclopentanotetracarboxílico.

CPTH Colangiografía percutánea transhepática.

Cpto Campamento.

CPU Congreso del Pueblo de Uganda || Coproporfirina urinaria || Unidad Central de Proceso (Central Proces Unit).

CPUSA Partido Comunista de los Estados Unidos de América (Communist Party of United States of America).

CPV Contracción prematura ventricular.

CPVD Centro de Predicción y Vigilancia de la Defensa.

CPVs Contracciones prematuras ventriculares.

CPZ Clorpromacina.

cr Cruz (Crux).

Cr Creatinina || Cromo || Crónico.

CR Cardiopatía reumática || Cardiorespiratorio || Célula rectificadora (Cell Rectifier) || Centro de Reclutamiento || Centro respiratorio || Ciudad Real, referido a la matrícula nacional de automóvil || Cociente Respiratorio || Costa Rica, referido a la matrícula internacional de automóvil || Rayo catódico (Cathode Ray) || Receptores para el complemento (Complement Receptors) || Reflejo condicionado (Continuous Reinforcement) || Regulador de corriente (Current Regulator) || Relé de control (Control Relay) || Remisión completa (Complete Remision) || Resección del colon (Colon Resection) || Respuesta condicionada (Conditioned Response) || Retracción del coágulo (Clot Retraction).

CRC Códigos de redundancia cíclica.

CRCC Comité de la Cruz Roja Canadiense (Canadian Red Cross Committee).

CRD Enfermedad renal crónica (Chronic Renal Disease) || Enfermedad respiratoria crónica (Chronic Respiratory Disease).

CRDF Radiogoniómetro catódico o radiogoniómetro de detección osciloscópica (Cathode Ray Direction Finder).

CRE Efecto radioacumulativo (Acumulative Radiation Effect) || Relé de control activado electrónicamente (Control Relay Electronically Energized).

CREA Corpus de Referencia del Español Actual.

CREAF Centro de Investigación Ecológica y Aplicaciones Forestales (Centre de Recerca Ecològica i Aplicacions Forestals).

CREFAL Centro Regional de Educación Fundamental para la América Latina, dependiente de la UNESCO).

CREI Centro de Investigación en Economía Internacional (Centre de Recerca en Economia Internacional).

CREMA Centro de Recuperación de Especies Marinas Amenazadas.

CREST Calcinosis (Síndrome de), fenómeno de Raynaud, hipomotilidad esofágica esclerodactilia, telangiectasia || (Calcinosis, Raynaud Phenomenon, Esophageal Hypomotility, Sclerodactyly, Telangiectasia).

CRF Capacidad residual funcional || Factor liberador de corticotropina (Corticotropin Releasing Factor) || Insuficiencia renal crónica (Chronic Renal Failure) || Insuficiencia respiratoria crónica (Chronic Respiratory Failure).

CRFA Consejo Rector de las Fuerzas Armadas, Nigeria.

CRH Hormona liberadora de corticotropina (Corticotropin Releasing Hormone).

CRI Capacidad de reserva inspiratoria || Cruz Roja Italiana (Croce Rossa Italiana) || Insuficiencia respiratoria crónica (Chronic Respiratory Insufficiency).

CRIB Compañía de Radio Internacional de Brasil.

CRIF Consejo Representativo de los Judíos Franceses (Conseil Représentatif des Juifs de France).

crioIg Crioinmunoglobulinas.

CRIP Proteína intestinal rica en cisteína.

Cripto Criptografía.

CRIS Centro de Recuperación e Investigaciones Submarinas.

Crit Crítico (Critical).

CRM Capacidad respiratoria máxima || Certificados de regulación monetaria || Convención Republicana Nacional, Nigeria || Medidas contra el radar (Counter Radar Measures) || Relé de control principal (Control Relay Master).

CRO Osciloscopio de rayos catódicos (Cathode Ray Oscilloscope) || Oficina Central de Radio (Central Radio Office).

CROM Memoria sólo de lectura y control (Control Read Only Memory).

CrP Creatínfosfato (Creatine Phosphate).

CRP Comandos Revolucionarios del Pueblo, Perú || Concentración de renina plasmática || Proteína C reactiva (C-Reactive Protein).

CRS Compañías Republicanas de Seguridad (Compagnies Républicaines de Sécurité, Francia) || Complejo relacionado con el SIDA || Síndrome del restaurante chino (Chinese Restaurant Syndrome).

CRST Calcinosis, fenómeno de Raynaud, esclerodactilia, telangiectasia (Calcinosis, Raynaud Phenomenon, Sclerodactyly, Telangiectasia).

CRT Compañía Riograndense de Telecomunicaciones, Brasil || Tubo de rayos catódicos (Cathode Ray Tube).

CRTVG Compañía de Radio y Televisión de Galicia.

Cry Cristales (Crystals) || Cristalino (Crystalline).

Cryst Cristalino (Crystalline).

Crystd Cristalizado (Crystallized).

cs Cantidad Suficiente, referido a formulación magistral.

Cs Cesio || Consciente (Conscious).

CS Castellón, referido a la matrícula nacional de automóvil || Cicloserina || Cirrostratos || Componentes secretorios || Congregación de salesianos || Corea del Sur || Corticosteroide || Esclerosis coronaria (Coronary Sclerosis) || Estado clínico (Clinical Stage) || Estímulo condicionado (Conditioned Stimulus) || Seno carotídeo (Carotid Sinus) || Sífilis congénita (Congenital Syphilis).

CsA Ciclosporina A.

CSA Actividad estimulante de colonias (Colony Stimulating Activity, referido a colonias de células) || Asociación de Normas Canadienses (Canadian Standard Association) || Capa de semiatenuación || Ciclosporina || Consejo Superior de la Armada || Consejo Superior del Audiovisual.

CSB Consejo Superior Bancario || Consorcio Sanitario de Barcelona || Estimulación química del cerebro (Chemical Stimulation of the Brain).

csc Cosecante.

CSC Confederación Sindical Congolesa, Congo.

CSCE Confederación sobre Seguridad y Cooperación en Europa (Conference on Security and Cooperation in Europe).

CSCR Rectificador controlado de silicio complementario (Complementary Silicon Controller Rectifier).

CSD Canal Satélite Digital || Consejo Superior de Deportes.

CSDA Consejo Supremo de Defensa de Afganistán.

CSDD Comité Superior de Disciplina Deportiva.

CSDP Convención Socialdemócrata Popular, Guinea Ecuatorial.

CSE Consejo Superior del Ejército.

CSEA Consejo Superior del Ejército del Aire.

CSEN Comisión del Sector Eléctrico Nacional.

CSF Factores estimuladores de colonias (Colony Stimulating Factors, referido a colonias de células) || Líquido cefalorraquídeo (Cerebrospinal Fluid).

CSFs Factores estimuladores de colonias (Colony Stimulating Factors).

CSG Glaucoma crónico simple (Chronic Simple Galucoma).

CSI Central Sindical Independiente || Corporación Siderúrgica Integral.

CSIC Consejo Superior de Investigaciones Científicas.

CSID Centro Superior de Investigación de la Defensa.

CSIF Central Sindical Independiente de Funcionarios.

CSII Infusión de insulina subcutánea continua (Continuous Subcutaneous Insulin Infusion).

CSIP Comité para la Investigación Científica de lo Paranormal (Committee for the Scientific Investigation of the Paranormal).

CSK Manipulación por desplazamiento de portadora (Carrier Shift Keying).

CSL Sociedad Química de Londres (Chemical Society of London).

CSLA Consejo Supremo de Liberación de Angola.

CSLI Centro para el Estudio del Lenguaje y la Información (Center for the Study of Language and Information, Universidad de Stanford, EE.UU.).

CSM Meningitis cerebroespinal (Cerebrospinal Meningitis).

CSN Consejo de Seguridad Nuclear || Nervio del seno carotídeo (Carotid Sinus Nerve).

CSOM Otitis media supurativa crónica (Chronic Suppurative Otitis Media).

CSON Consejo Superior de Orientación Nacional, Niger.

CSP Centro Director de Conmutación (Control Switching Point) || Programa de Soporte Comunitario (Community Support Program).

csp Cantidad Suficiente Para, referido a formulación magistral.

CSPAA Conferencia de Solidaridad de los Países Afro-Asiáticos (Conférence de Solidarité des Pays Afro-Asiatiques).

CSPPA Comité de Solidaridad con los Prisioneros Políticos Árabes.

CSR Cañón sin retroceso || Respiración de Cheyne-Stokes (Cheyne-Stokes Respiration).

CSSB Sistema Compatible de banda lateral única (Compatible Single Sideband System).

CST Conversaciones sobre Estabilidad Convencional (Conventional Stability Talks) || Hora Normal del Centro (Central Standard Time, EE.UU.) || Shockterapia convulsivante (Convulsive Shock Therapy) || Temperatura crítica de la disolución (Critical Solution Temperature).

CSU Congreso Somaliano Unificado, Somalia || Unidad de conmutación de circuitos (Circuit Switching Point) || Unión Social Cristiana (Christich Soziale Union, Alemania).

CSUT Confederación Sindical Unitaria de Trabajadores.

ct Aberración cromatínica.

ct del Delección cromatídica.

ct inv Inversión cromatídica.

CT Calcitonina || Capacidad total || Centro de transmisiones || Colesterol total || Comandancia de tropas || Comunidades terapéuticas || Constante de tiempo || Tejido conectivo (Connective Tissue) || Telefonía de corrientes portadoras (Carrier Telephony) || Tiempo de coagulación (Coagulation Time) || Toma central, referido a un transformador (Center Tap) || Tomografía computarizada (Computerized Tomography) || Transformador de intensidad (Current Transformer) || Transplante de córnea (Corneal Transplant) || Trombosis cerebral (Cerebral Thrombosis) || Trombosis coronaria (Coronary Thrombosis).

cta Cuenta.

CTA Área de control (Control Area) || Comité Técnico de Árbitros.

cta/n Cuenta nueva.

ctb Fractura de cromátide.

CTB Compañía Telefónica de Brasil.

CTC Cable y Televisión de Cataluña (Cable i Televisió de Catalunya) || Células T cerebriformes || Clortetraciclina || Confederación de Trabajadores Cubanos || Control de Tráfico Centralizado (Centralized Traffic Control).

ctcas Características.

CTCL Linfoma cutáneo de células T (Cutaneous T-cell Lymphoma).

CTD Dispositivos de transferencia de carga (Charge Transfer Devices).

cte Corriente.
Cte Comandante.
CTE Captación de transferrina en el eritrón || Centro de Tecnología Educativa || Equipo trasladador de canales (Channel Translating Equipment).
CTEA Cloruro de tetraetilamonio.
CTF Capacidad total de fijación, referido al hierro en sangre.
CTFE Clorotrifluoretileno.
CTFM sonar Sonar de emisión continua y modulación de frecuencia (Continuous Transmission Frequency Modulated sonar).
ctg Cromátide gap.
CTH Ceramida trihexósido.
CTHP Colangiografía transhepática percutánea.
CTI Centro de Tecnologías de la Información.
CTL Linfocitos citotóxicos (Cytotoxic Lymphocytes) || Lógica condensador-transistor (Capacitor Transistor Logic) || Lógica de transistores complementarios (Complementary Transistor Logic).
CTLH Capacidad total de ligadura del hierro.
CTLM/CM Cohete largo multigranada contra material.
CTLM/CP Cohete largo multigranada contra personal.
CTLM/FU Cohete largo multigranada fumígeno.
CTLM/MCC Cohete largo multigranada-minas contra carro.
CTLR Cohete largo rompedor.
CTLs Linfocitos T citotóxicos (Cytolytic T Lymphocytes).
CTM Confederación de Trabajadores Mexicanos.
CTM/EEG Computed Tomographic Mapping of the EEG.
CTME Centro de Transmisiones del Estado Mayor del Ejército.
ctn Cotangente.
CTN Nefritis tubular crónica (Chronic Tubular Nephritis).
CTNNE Compañía Telefónica Nacional de España.
CTNR Cohete normal rompedor.
cto Crédito.
CTP Colangiografía transhepática percutánea || Confederación de Trabajadores del Perú || Trifosfato de citidina (Cytidine Triphosphate).
CTR Reacción termonuclear controlada (Controlled Thermonuclear Reaction) || Registro de tumores de California (California Tumor Registry).
CTRN Comité Transitorio de Reenderezamiento Nacional, República de Guinea.
CTRP Confederación de Trabajadores de la República de Panamá || Contribución Territorial Rústica y Pecuaria.
cts Céntimos.
CTS Examen tomográfico computarizado (Computerized Tomographic Scan).
CTSP Comité de Transición para la Salvación del Pueblo, Mali.
CTU Contribución Territorial Urbana.
CTUH Capacidad total de unión al hierro.
CTV Confederación de Trabajadores de Venezuela || Televisión por cable (Cable Television).
CTX Ciclofosfamida.
CTZ Zona de control de tráfico (Control Traffic Zone, referido al aéreo) || Zona quimiorreceptora (Chemoreceptor Trigger Zone).
cu Cada Unidad || Cúbico (Cubic).
Cu Aclaramiento ureico (Clearance Ureic) || Cobre (Cuprum) || Cúmulos, referido a meteorología.
CU Colitis ulcerosa || Cuenca, referido a la matrícula nacional de automóvil || Cúmulos || Primer Plano (Closeup, referido a cinematografía) || Unidad de cristal (Crystal Unit) || Unidad de diafonía (Crosstalk Unit) || Universidad de Cornell (Cornell University, EE.UU.).

cu cm Centímetro cúbico (Cubic Centimeter).
cu ft Pie cúbico (Cubic Foot).
cu in Pulgada cúbica (Cubic Inch).
cu m Metro cúbico (Cubic Meter).
cu yd Yarda cúbica (Cubic Yard).
CUA Acceso común de usuario (Common User Access) || Universidad Católica de América (Catholic University of America).
CUB Comisión de Urbanismo de Barcelona.
CUC Colitis ulcerosa crónica (Chronic Ulcerative Colitis) || Comisión de Urbanismo de Cataluña (Comissió d'Urbanisme de Catalunya).
CUJT Transistor uniunión complementario (Complementary Uni Junction Transistor).
cult Cultura.
CUN Comité para la Unidad Nacional, Zambia || Consejo de Unidad Nacional, Rumanía 1990.
CUP Cambridge University Press || Partido Democristiano Flamenco, Bélgica.
Cupac Acetato de cobre (Cooper Acetate).
cur Cursiva.
CUR Corriente (Current).
CUS Congreso Unificado de Somalia || Coordinadora de Usuarios de la Sanidad.
CUT Candidatura Unitaria de los Trabajadores || Central Unitaria de los Trabajadores, Chile || Centro Universitario Teatral, Italia.
CUTV Confederación Unitaria de Trabajadores Venezolanos.
cv Mañana en la Noche (Cras Vespere).
CV Caballos de vapor || Campo visual (Visual Field) || Capacidad vital || Cardiovascular || Cerebrovascular || Ciclofosfamida, vincristina || Coeficiente de variación, referido a estadística || Comunidad Valenciana (Comunitat Valenciana) || Condensador variable || Cuerda vocal || Curriculum vitae || Portaaviones de ataque || Valor calorífico (Calorific Value) || Volumen corpuscular o globular (Corpuscular Volume).
CVA Accidente cerebrovascular (Cerebrovascular Accident) || Ángulo costovertebral (Costovertebral Angle).
CVAS Enfermedad cardiovascular arteriosclerótica (Arteriosclerotic Cardiovascular Disease).
CVB Cisplatino, vindesina, bleomicina.
CVC Casete de vídeo compacto (Compact Video Cassette) || Catéter venoso central || Cociente ventrículo cerebro.
CVD Contracción del ventrículo derecho || Enfermedad cardiovascular (Cardiovascular Disease) || Trastorno cerebrovascular (Cerebrovascular Disorder).
CVE Capacidad vital espiratoria || Portaaviones escolta.
CVF Capacidad vital forzada.
CVI Capacidad vital inspiratoria || Centro vasoinhibidor || Concilio Vaticano I || Contracción del ventrículo izquierdo.
CVII Concilio Vaticano II.
CVL Capacidad vital lenta || Portaaviones ligero.
CVM Capacidad ventilatoria máxima || Centro vasomotor || Cisplatino, vincristina, metotrexato.
CVMfA Ciclofosfamida, vincristina, metotrexato (con rescate mediante ácido folínico), adriamicina.
CVN Contingente de variación negativa || Portaaviones de ataque de propulsión nuclear.
CVP Ciclofosfamida, vincristina, prednisona || Contracciones ventriculares prematuras || Partido Social Cristiano (Christelijk Volkspartif, Bélgica) || Presión venosa central (Central Venous Pressure).

CVP-B Cicofosfamida, vincristina, Prednisona, Bleomicina.

CVPP Ciclofosfamida, vinblastina, procarbacina, prednisona.

CVPP-CCNU Ciclofosfamida, vinblastina, procarbacina, prednisona, lomustina || Resistencia vascular cerebral (Cerebrovascular Resistance).

CVR Comisión de Verdad y Reconciliación, Chile || Curva de valoración de ruido.

CVS Centro Vocacional La Salle || Cirugía cardiovascular (Cardiovascular Surgery) || Sistema cardiovascular (Cardiovascular System).

CVSA Portaaviones de cubierta corrida.

CW Guerra química (Chemical Warfare) || Ondas continuas (Continuous Waves) || Onda portadora (Carrier Wave).

CWI Índice de trabajo cardíaco (Cardiac Work Index).

CWP Pneumoconiosis de los Trabajadores del Carbón (Coal Worker's Pneumoconiosis) || Partido Comunista de los Trabajadores (Communist Workers' Party, EE.UU.).

CWS Servicio de Guerra Química (Chemical Warfare Service).

cx Cérvix || Convexo.

CxI (Arteria Coronaria) Circunfleja izquierda.

CY Chipre, referido a la matrícula internacional de automóvil || Ciclo (Cycle).

CyA Ciclosporina A.

Cyc Ciclofosfamida (Cyclophosphamide).

Cyp Chipre.

CYRA Captación de yodo radiactivo.

Cys Cistina.

CYS Cistoscopia (Cystoscopy).

CYT Citocromo (Cytochrome).

CytaBOM Citarabina, bleomicina, vincristina, metotrexato (con rescate mediante ácido folínico).

CYVADIC Ciclofosfamida, vincristina, adriamicina, dacarbacina.

Cz Cenozoico.

CZ Zona del canal (Canal Zone, referido a Panamá).

CZF Consorcio de la Zona Franca.

CZI Insulina zinc cristalina (Crystalline Zinc Insulin).

D

d Deci, referido a décimo || Decreto || Densidad || Dextrorrotatorio || Día || Diámetro || Diferencial, referido a matemáticas || Dinar, referido a la unidad monetaria de Túnez || Disposición || Distancia || Documento || Dosis || Dracma, referido a la unidad monetaria de Grecia.

d Densidad || Dextrorrotatorio || Diámetro || Distancia || Distorsión (factor de).

D Alemania, referido a la matrícula internacional de automóvil || Dalasï, referido a la unidad monetaria de Gambia || Daunorubicina o daunomicina || Decreto || Densidad de flujo electrostático || Densidad óptica || Depresión endógena || Derecho || Deuterio || Dextrosa || Día || Diámetro || Dilución Decimal Hahnemanniana, referido a homeopatía || Dinar, referido a la unidad monetaria de Túnez || Diodo || Dioptría || Dios (Deus) || Disposición || Distal || Distorsión || Documento || Domingo, referido a nombre de persona || Don || Dong, referido a la unidad monetaria de Vietnam || Dorsal || Dosis || Drenador, referido a un transistor (Drain) || Duque || Retardo (Delay) || Señor (Dominus) || 500, referido a la numeración romana.

D Atenuación óptica || Coeficiente de difusión de un fluido || Desplazamiento eléctrico || Deuterio || Diámetro || Doctor || Dom, referido al título monástico || Don || Potencia de un sistema de lentes o potencia de refracción.

Dª Doña.

D/A Dextrosa-agua || Digital a analógico (Digital to Analog).

D/ART Depresión/atención, reconocimiento, programa de tratamiento (Depression/Awareness, Recognition, Treatment Program).

D/D Días-fecha (Days-Date).

d/f Días fecha.

D/N Nota de débito (Debit Note) || Razón (o cociente) Nitrógeno-dextrosa.

D/O Orden de entrega (Delivery Order).

D/P Documento contra pago (Document Against Payment).

D/Q Razón (o cociente) de Difusión-perfusión.

d/v Días vista.

D/W Certificado de depósito (Dock Garrant).

D beta H Dopamino beta hidroxilasa.

D din 20 Distensibilidad dinámica de 20 respiraciones por minuto.

D(P+T) Distensibilidad pulmonar y torácica.

D-L Donath-Landsteiner (anticuerpos).

D-S Dextrosa-salina, referido a la combinación.

D&C Dilatación y legrado (Dilatation and Curettage).

D&V Diarrea y vómitos.
D5LR Dextrosa 5% en lactato ringer.
D5R Dextrosa 5% en ringer.
D2.5S Dextrosa 2,5% en cloruro sódico al 0,9%.
D5S Dextrosa 5% en cloruro sódico al 0,9%.
D10S Dextrosa 10% en cloruro sódico al 0,9%.
D5W Dextrosa 5% en agua.
D66 Demócratas (Democraten 66, Holanda).
dA Desoxiadenina Nucleótido.
Da Dalton.
DA Acción retardada (Delayed Action) || Ajuste decimal (Decimal Adjusted) || Angiografía digital (Digital Angiography) || Antena direccional (Directional Antenna) || Artritis degenerativa (Degenerative Arthritis) || Daunorrubicina, arabinósido de citosina || Defensa aérea || Derecho administrativo || Dermatitis atópica || Dinar, referido a la unidad monetaria de Argelia || Dopamina || Dosis aislada.
DA-beta-OH Dopamino beta hidroxilasa.
DA_{50} Dosis anestésica media.
DAA Circuito de acceso directo (Direct Acces Arrangement) || Defensa antiaérea || Defensa aérea activa || Diacetona acrilamida || Diacetona alcohol.
DAAP Defensa antiaérea pasiva.
DABP Presión arterial diastólica (Diastolic Arterial Blood Pressure).
DAC Convertidor digital a analógico (Digital to Analog Converter) || Dermatitis alérgica de contacto || Diamino carboxílico || División acorazada || Vindesina, adriamicina, ciclofosfamida.
Dact Dactinomicina.
DACT Desactivación.
DAD Defensa aérea diurna.
DAE Daunorrubicina, arabinósido de citosina, etopósido || Dirección de Asuntos Económicos.
DAFS Dacarbacina, adriamicina, fluorouracilo, estreptozocin.
dag Decagramo.
DAG Diacilglicerol || Dianhidrogalactitol.
DAH Débito ácido horario || Déficit de atención asociado a hiperactividad || Trastorno funcional cardíaco (Disordered Action of the Heart).
DAHA Diarrea acuosa, hipopotasemia, aclorhidria.
DAHC Deficiencia aislada de hormona del crecimiento.
DAHQ Di-amilhidroquinona.
DAI Desplazamiento autónomo inicial.
dal Decalitro.
DAL Deshidrogenasa del ácido láctico || Destructoras activadas por linfocinas (células).
DAM Destacamento aeromóvil || Drenaje ácido de mina.
DAMPA Ácido 2-4 diamino-N^{10} metilpteroico (2-4 Diamine-N^{10} Metylpteroic Acid).
Dan Daniel.
DAN Defensa aérea nocturna.
DANA Depresión aislada de niveles altos (popularmente conocida como gota fría).
DAO Diseño asistido por ordenador.
DAP Defensa aérea pasiva || Diámetro anteroposterior || Ductus arterioso persistente || Ftalato de dialilo (Diallyl Phthalate) || Fosfato diamónico (Diammonium Phosphate) || Presión arterial diastólica (Diastolic Arterial Pressure).
DAPM Dianhídrido piromelítico.
DAPP Dermatitis alérgica a la picadura de la pulga.
DAPT Diamino feniltiazol (Diaminophenylthiazole).
DARP Departamento de Agricultura, Ganadería y Pesca (Departament d'Agricultura, Ramaderia i Pesca).
DARPA Agencia de Proyectos de Investigación Avanzada para la De-

fensa (Defence Advanced Research Projects Agency, EE.UU.).

DAS Diamino estilbeno disulfónico.

DASH Helicóptero teledirigido para la lucha antisubmarina (Drone Anti Submarine Helicopter).

DASS Detección de emisiones electromagnéticas y análisis de señales.

dat Fecha (Data).

DAT Daunorrubicina, arabinósido de citosina, tioguanina || Demencia de tipo Alzheimer (Dementia of the Alzheimer's Type) || Dibromodulcitol, adriamicina, tamoxifen || Distorsión armónica total || Test de aptitud diferencial (Dipherencial Aptitude Test).

DATB Dianhídrido tetracarboxílico de la benzofenona.

dATP Desoxiadenosina trifosfato.

DAV Dato válido (Data Valid) || Dispensario antivenéreo (Dispensaires Antivénériens, Francia).

DAVE Actinomicina, adriamicina, vincristina, etopósido.

Davy David.

dB Decibelio.

Db Dobra, referido a la unidad monetaria de Santo Tomé y Príncipe.

DB Banco Federal de Alemania (Deutsche Bundesbank) || Bilirrubina directa (Direct Bilirubin) || Decibelímetro || Diclorofenoxibutírico || Displasia boncopulmonar || Distobucal || Distrofias de Becker || Doble ciego, referido a la técnica de experimentación (Double Blind) || Duobinario.

DB/DC Bases de datos/Comunicaciones de datos (Data Base/Data Communications).

dBa Decibelios corregidos (Ajusted Decibels).

DBA Dibenzoantraceno (Dibenzoanthracene).

DBC Duración básica del ciclo, referido al sinusal.

DBCP Dibromocloropropano.

DBD Dibromodulcitol.

DBDAVTAMH Dibromodulcitol, adriamicina, vincristina, tamoxifen, fluoxymesterone.

DBEP Ftalato de dibutoxietilo (Dibutoxiethyl Phtalate).

DBG Diagnóstico biológico de la gestación.

DBH Dopamino beta hidroxilasa (Dopamine Beta Hidroxylase).

dBi Decibelios referidos a un radiador isótropo (Decibels Referred to an Isotropic Radiator).

DBI Inhibidor de la unión del diacepam (Diazepam Binding Inhibitor).

dBk Decibelios referidos a un kilovatio (Decibels Referred to 1 Kw).

DBL Doble banda lateral.

DBLR Doblador (Doubler).

dBm Decibelios referidos a un milivatio (Decibels Referred to 1 mW).

DBM Dibromomanitol || Maleato de dibutilo (Dibutyl Maleate).

DBMC Dibutil meta cresol.

DBMS Sistemas de gestión de bases de datos (Data Bases Management Systems).

DBO Demanda biológica de oxígeno.

dBp Decibelios referidos a un picovatio (Decibels Referred to 1 pW).

DBP Diámetro biparietal || Displasia broncopulmonar || Distobucopulpal || Ftalato de dibutilo (Dibutyl Phthalate) || Presión arterial diastólica (Diastolic Blood Pressure) || Proteína ligada a la vitamina D (D vitamin Binding Protein) .

DBPC Dibutil paracresol.

dBr Decibelios referidos a la potencia en el punto de origen del circuito (Decibels Referred to the Power at the Point of origin of the Circuit).

DBR Dibenzoil resorcinol.

dBrap Decibelios sobre la potencia de referencia acústica (Decibels Above Referrence Acoustical Power).

dbre Diciembre.

dBrn Decibelios por encima del ruido de referencia (Decibels Above Referrence Noise).

DBS Satélite de radiodifusión directa (Direct Broadcasting Satellite) || Sebacato de dibutilo (Dibutyl Sebacate).

DBT Diámetro bitemporal.

DBUS Bus de datos (Data Bus).

dBv Decibelio por encima de 1 voltio.

dBvg Decibelios de ganancia en tensión (Decibels of Voltage Gain).

dBw Decibelios por encima de 1 vatio.

dBW Decibelios referidos a un vatio (Decibels Referred to 1 W).

dB_x Decibelios sobre el acoplamiento de referencia (Decibels Above Reference Coupling).

dc Densidad crítica (Critical Density).

dC después de Cristo.

DC Acoplamiento directo (Direct Coupling) || Centro de diagnóstico (Diagnosis Center) || Corriente continua (Direct Current) || Democracia Cristiana || Depresión caracterial || Derecho civil || Dermatitis de contacto || Dicigoto || Distocervical || Distrito capital || Doble ciego, referido a la técnica de experimentación || Doble contacto (Double Contact) || Douglas Comercial, referido a la industria aeronáutica McDonnell-Douglas || Doxorrubicina, carmustina || Doxorrubicina, cisplatino.

DC to DC Continua a continua, referido a corriente.

DCA Acetato de desoxicorticosterona (Deoxycorticosterone Acetate).

DCan Derecho canónico.

DCB Diclorobutano.

DCc Bicóncavo.

DCC Casete compacto digital (Digital Compact Cassette).

DCCS Degeneración cerebelosa cortical subaguda.

DCCW Ondas continuas generadas con corriente continua (Direct Current Continuous Waves).

DCD Dúplex de doble canal (Double Channel Duplex).

DCE Democracia Cristiana Eslovena || Equipo de transmisión de datos (Data Communication Equipment).

DCEA Dicloruro de etilaluminio.

DCF Desoxicoformicina.

DCFC Di-(p-Clorofenil)metilcarbinol.

DCG Democracia Cristiana Guatemalteca || Ganancia controlada por Doppler (Doppler Controlled Gain) || Gramática de cláusulas definidas.

DCGG Generador de caracteres y gráficos visualizados (Display Character and Graphics Generator).

DCh Deformidad de Chiari.

DCH Hipersensibilidad cutánea retardada (Delayed Cutaneous Hypersensitivity).

dcha Derecha.

DCHP Ftalato de diciclohexilo (Dicyclohexyl Phtalate).

DCI Democracia Cristiana Italiana || Denominación común internacional, referido a los fármacos || Dicloroisoproterenol.

DCIA Desfibrilador cardioversor implantable automático.

DCL Desalojo del dispositivo (Device Clear).

DCM Diclorometotrexato || Disfunción cerebral mínima.

dCMP desoxiCitidina monofosfato.

DCNA Dicloro nitroanilina.

DCNU Clorozotocin.

D_{CO} Capacidad de difusión del monóxido de carbono (Monoxide Diffusing Capacity).

DCO Aceite de castor deshidratado (Dehydrated Castor Oil).

dCO_2 Anhídrido carbónico disuelto.

DCP Derivación cardiopulmonar || Descarboxiprotrombina || Discrasia de células plasmáticas || Ftalato de dicaprilo (Dicapryl Phthalate).

DCPC Diclorofenil metil carbinol (Dichlorophenyl Methyl Carbinol).

DCR Decremento || Registrador digital de casete (Digital Cassette Register).
DCS Degeneración combinada subaguda, referido a la médula espinal || Símplex de doble canal (Double Channel Simplex).
DCT Tecnología digital en componentes (Digital Components Tecnology).
DCTL Circuito lógico de diodos, capacitores y transistores (Diode Capacitor Transistor Logic) || Lógica de transistor directamente acoplado (Directed Coupled Transistor Logic).
dcto Descuento.
dCTP desoxiCitidina trifosfato.
DCU Contador de base decimal (Decimal Counting Unit).
DCV Adriamicina, ciclofosfamida, vincristina.
DCx Biconvexo.
dd Días.
DD Decúbito dorsal || Destructor || Diagnóstico diferencial (Diferential Diagnostic) || Distrofia de Duchenne || Doctores.
DDA Analizador diferencial digital (Digital Differential Analyzer) || Dimetil dioctadecil amonio.
DDAVP Desamino-D-arginina vasopresina.
DDB Dodecilbenceno.
DDBSA Ácido dodecilbencenosulfónico.
ddC Didesoxicitidina.
DDC Clasificación decimal Dewey (Dewey Decimal Classification) || Control digital directo (Direct Digital Control) || Dietilditiocarbamato.
DDCS Dimetilditiocarbamato sódico.
DDD Desplazamiento de despolarización || Diclorodifenil dicloroetano (Dichlorodiphenyldichloroethane).
DDDA Ácido dodecanodioico (Dodecanodioic Acid).
DDDM Dihidroxi diclorodifenilmetano.
DDE Diclorodifenildicloroetileno.
DDF Distribución de frecuencia.
DDG Destructor lanzamisiles.
DDH Destructor portahelicópteros || Diclorodimetilhidantoína.
ddI Didesoxiinosina.
DDI Didesoxiinosina || Lenguaje de definición de datos (Data Definition Language).
dd in d De día en día (De Die In Diem).
DDL Lógica de diodos (Diode Logic).
DDM Dihidroxi diclorodifenilmetano || Dodecilmercaptano.
DDME Dosis diaria mínima efectiva, referido a la radiación ultravioleta en el tratamiento de la psoriasis.
DDNP Diazodinitrofenol || Ftalato de dodecilo (Dodecyl Phthalate).
DDP Diaminodicloroplatino o cisplatino.
DDQ Dicloro dicianobenzoquinona.
DDR Dosis diaria recomendada || República Democrática Alemana (Deutsche Demokratische Republik).
DDS Anhídrido dodecenilsuccínico (Dodecenylsuccinic Anhydride) || Diaminodifenilsulfona || Servicio digital de transmisión de datos (Dataphone Digital Service) || Sistema decimal Dewey (Dewey Decimal System).
DDT Diclorodifenil tricloroetano (Dichlorodiphenyltrichloroethane).
DDTV Diamétro diastólico del tabique ventricular.
DDVD Diámetro diastólico del ventrículo derecho.
DDVI Diámetro diastólico del ventrículo izquierdo.
DDVP Fosfato de dimetildiclorovinilo (Dymethyl Dichlorovinyl Phosphate).
de Diámetro exterior.
DE Desviación estandar || Dextrosa

equivalente || Diálisis extracorpórea || Dosis eritema.

DE_{50} Dosis eficaz media.

DEA Administración para la Lucha contra la Droga (Drug Enforcement Administration, EE.UU.) || Dehidroepiandrosterona (Dehydroepiandrosterone) || Dietanolamina.

DEAC Cloruro de dietilaluminio (Diethylaluminum Chloride).

DEAE Dietilaminoetanol (Diethylaminoethanol).

DEAEC Dietilamino etilcelulosa.

DEANOL Dimetilaminoetanol.

DEB Diepoxibutano.

dec Decimal || Decímetro.

Dec Decano (Decanus).

DEC Cloruro de dietilaminoetilo || Decodificador || Decremento.

DECF Desplazamiento de la epífisis de la cabeza femoral.

DED Fecha Esperada de Alumbramiento (Date of Expected Delivery).

def Definición (definition) || Difunto (Defunctus).

deg Degeneración (Degeneration) || Grado/s (Degree).

DEG Derechos especiales de giro || Dietanolglicina || Dietilenglicol.

DEGN Dinitrato de dietilenglicol (Diethyleneglycol Dinitrate).

DEHP Dietilhexilftalato.

del Delección.

DEL Diodo electroluminescente.

deliq Delicuescente (Deliquescent).

DELTIC Compresión de tiempo por línea de retardo (Delay Line Time Compression).

DEM Demodulador || Dietilmaleato || Dosis eritematosa mínima, referido a la dosis diaria necesaria para eliminar la psoriasis en las regiones espectrales UV-B y UV-A.

DEMOS Democrática Oposición de Eslovenia.

DEMU Depósito de municiones.

DEN Degeneración estrionígrica.

dens Densidad (Density).

dep Deporte || Depósito.

Dep Depósito.

DEP Descanse en paz || Diclorofenoxi etil fosfito || Ftalato de Dietilo (Diethyl Phtalate).

DEPANA Defensa del patrimonio natural.

DEPC Cloruro de dietilaminopropilo (Diethylamino-propyl Chloride) || Pirocarbonato de dietilo (Diethylpyrocarbonate).

der (Cromosoma) Derivativo.

DES Dietilestilbestrol (Diethylstilbestrol) || Norma de cifrado de datos (Data Encryption Standard).

Desc Descontaminación.

Dest Destacamento.

DET Detector || Dietiltriptamina (Diethyltriptamine).

DETAPA Dietilentriaminopentacetato.

DEVN Desviación (Deviation).

DEW Prealarma de distancia (Distant Early Warning).

Dex Dexametasona.

DF Deterioro fisiológico || Distancia focal || Distrito Federal || Droga libre (Drug Free) || Filtro digital (Digital Filter) || Radiogoniómetro (Direction Finder) || Sistema directivo (Direction Finder).

DFA Departamento de Asuntos Exteriores (Department of Foreign Affairs, EE.UU.) || Difenilamina || Difosfato de adenosina.

DFB Realimentación distribuida (Distributed Feed Back).

DFC Difosfato de citidina || Doble cambio de frecuencia (Double Frequency Changing).

DFCS Estación de control radiogoniométrica (Direction Finding Control Station).

DFD Diagramas de flujo de datos.

DFDD Difluorodifenildicloroetano.

DFDT Difluorodifeniltricloroetano.

DFEH Distrofia facioescapulohumeral.

DFF Diisopropilo fluofosfato.
DFFD Difenilo-p-fenilendiamina.
DFG Débito de filtración glomerular || Difosfato de guanosina.
DFGM Difosfoglicerato mutasa.
DFH Difenilhexatrieno || Difenilhidantoína.
DFM Distrofia fibromuscular.
DFO Desferrioxamina || Difeniloxazol.
DFOM Desferrioxamina.
DFP Diisopropilfluorofosfato (Diisopropyl Fluorophosphate) || Distancia foco piel || Fluorofosfato de diisopropilo (Diisopropyl Fluorophosphate).
DFP-H³ Diisopropilfluorofosfato tritiado.
DFS Incidencia de supervivencia sin enfermedad (Disease Free Survival) || Tienda libre de impuestos (Duty Free Shop).
DFT Transformada discreta de Fourier (Discrete Fourier Transform).
DFU Difosfato de uridina.
DFUG Difosfato de uridina y glucosa.
DFX Desferrioxamina.
DF y T Derecho financiero y tributario.
dg Decigramo.
DG Deterioro global || Desoxi-D-glucosa || Diámetro globular, referido a eritrocitos || Dirección general || Director general || Distogingival || Generador diferencial (Differential Generator) || Por la gracia de Dios (Dei Gratia).
DGA Análisis gravimétrico diferencial (Differential Gravimetric Analysis) || Diglicolamina || Dirección General de Aduanas || Dirección General de Autores.
DGAC Dirección General de Aviación Civil.
DGAI Dirección General de Atención a la Infancia.
DGAIE Dirección General de Aduanas e Impuestos Especiales.
DGAISD Dirección General de Asuntos Internacionales de Seguridad y Desarme.
DGAM Dirección General de Armamento y Material.
DGB Confederación Alemana de Sindicatos (Deutsche Gewerkschaftsbund).
DGC Dirección General de Carreteras.
DGCT Dirección General de Correos y Telecomunicaciones.
DGDH D-glicerato deshidrogenasa.
DGE Déficit de gránulos específicos, referido a los neutrófilos || Éter diglicidílico (Diglycidyl Ether).
DGI Dirección General de Industria.
DGIT Dirección General de Innovación Tecnológica.
DGLA Dihomogammalinolénico ácido.
DGLR Disección de ganglios linfáticos retroperitoneales.
DGM Diámetro globular medio, referido a eritrocitos.
DGMM Dirección General de Marina Mercante.
DGMT Dirección General de Música y Teatro.
DGP Dirección General de Policía || Dirección de Gestión de Personal.
DGPA Dirección General de Producción Agraria.
DGPC Dirección General de Puertos y Costas.
DGRN Dirección General de los Registros y del Notariado.
DGRT Dirección General de Radiodifusión y Televisión.
DGS Dirección General de Seguridad.
DGSE Dirección General de Seguridad Exterior (Direction Generale de la Sécurité Exterieure, Francia).
DG6F Desoxiglucosa-6-fosfato.
DGT Dirección General de Tráfico.
DGTT Dirección General de Transportes Terrestres.
DGZ Punto cero deseado (Desired Ground Zero).

Dh Dirham, referido a la unidad monetaria de los Emiratos Árabes Unidos.

DH De Havilland, referido a aeronáutica || Dilución Decimal Hahnemanniana, referido a homeopatía || Dirham, referido a la unidad monetaria de Marruecos || Hipersensibilidad retardada (Delayed Hipersensitivity).

dha Dicha.

DHA Dehidroepiandrosterona (Dehydroepiandrosterone) || Dihidroxiacetona || Docosahexaenoico ácido.

DHA-S Sulfato de dehidroepiandrosterona (Dehydroepiandrosterone Sulfate).

DHACR Deshidrogenasa de aminoácidos de cadena ramificada.

DHAD Dihidroxiantracenodiona o mitoxantrona.

DHAP Dihidroxiacetona fosfato (Dihydroxyacetone Phosphate).

DHAP-AT Dihidroxiacetona fosfato acil transferasa.

dhas Dichas.

DHAS Dehidroacético sal sódica.

DHC Déficit de la hormona del crecimiento.

DHCC Dihidroxicolecalciferol.

DHE Dihidroergotamina (Dihydroergotamine).

DHEA Dihidroepiandrosterona (Dehydroepiandrosterone).

DHEAS Dihidroepiandrosterona sulfato.

DHETE Ácido dihydroxy eicosatetraenoico (Dihydroxy Eicosatetraenoico acid).

DHF Fiebre Hemorrágica dengue (Dengue Hemorrhagic Fever).

DHFR Dihidrofolato reductasa (Dihydrofolate Reductase).

DHL Linfoma histiocítico difuso (Diffuse Histiocytic Lymphoma).

DHM Ácido dihidroximandélico (Dihydroxymandelic Acid).

dho Dicho.

dhos Dichos.

DHPG Dihidroxifenilglicol (Dihydroxyphenylglycol).

DHPR Dihidropteridina reductasa (Dihydropteridine Reductase).

DHR Reacción de hipersensibilildad retardada (Delayed Hypersensitivity Reaction).

DHS Dihidroestreptomicina (Dihydrostreptomycin) || Dihidroxiacetona || Sistema (Automotriz) David Henley (David Henley System).

DHT Dihidrotaquisterol (Dihydrotachysterol) || Dihidrotestosterona (Dehydrotestosterone) || Dihidroxitriptamina.

DHT_3 Dihidrotaquisterol.

di Diámetro Interior.

Di Diana, referido a nombre || Didimio || Dinar, referido a unidad monetaria.

DI Decodificación de la instrucción || Déficit inmunitario || Diabetes insípida || Distancias inmunológicas || Distoincisoria || Drepanocitosis irreversible || Índice de descontaminación (Decontamination Index) || Índice de destrucción, referido al parénquima en el curso del enfisema (Destruction Index).

DI_{50} Dosis infectiva media.

dia Diámetro.

DIA Agencia de inteligencia de la Defensa (Defense Intelligence Agency, EE.UU.) || Datos en el acumulador (Data In Accumulator) || Defecto (en el septum) Interatrial || Desfibrilador interno automático.

DIAC Diodo de corriente alterna (Diode Alternating Current).

DIAG Diagrama.

diap Diapasón.

DIB Entrevista diagnóstica estructurada (Diagnostic Interview Borderlines).

DIBA Adipato de diisobutilo (Diisobutyl Adipate).

DIBAC Cloruro de diisobutilaluminio (Diisobutylaluminum Chloride).

DIBALH Hidruro de diisobutilaluminio (Diisobutylaluminum Hydride).
dic (Cromosoma) Dicéntrico || Diciembre.
Dic Ricardo (Richard).
DIC Cloruro de diisopropilaminoetil (Diisopropylaminoethyl Chloride) || Coagulación intravascular diseminada (Disseminated Intravascular Coagulation) || Código de intercambio de datos (Data Interchange Code) || Déficit inmunitario combinado.
DICA Entrevista diagnóstica para niños y adolescentes (Diagnostic Interview for Children and Adolescents).
DICG Deficiencia inmune combinada grave.
Dicky Ricardo (Richard).
DICS Selección digital de canales (Digital Channel Selection).
Dict Dictamen.
DIDA Adipato de diisodecilo (Diisodecyl Adipate).
DIDP Ftalato de diisodecilo (Diisodecyl Phtalate).
dieb alt A días alternos (Diebus Alternus).
DIEN Dietilenotriamina || Dirección de Enseñanza.
DIENA Dirección de Enseñanza naval.
DIF Inmunofluorescencia directa (Direct Immunofluorescence).
Dig Digoxina.
DIG Distorsión de intermodulación de graves.
DIGEGUCI Dirección General de la Guardia Civil.
DIGENEN Dirección General de Enseñanza.
DIGENSEM Dirección General del Servicio Militar.
DIGICOM Comunicación digital (Digital Communication).
DIHF Federación del Comercio y la Industria de Alemania.
DII Mejorador del encendido de combustible diesel (Diesel Ignition Improver).
dil Diluir (Dilute).
DIL En doble línea (Dual In Line).
dim La mitad (Dimidium).
DIM Diisocianato de metilendifenilo.
DIm_{50} Dosis inmunizante media.
DIMPLE Reactor nuclear experimental de agua pesada (Deuterium Moderated Pile Low Energy).
DIMS Trastornos del inicio y mantenimiento del sueño (Disorders of Iniciating and Mantaining Sleep).
DIMT División de Infantería Motorizada.
DIMZ División de Infantería Mecanizada.
Din Dinar, referido a unidad monetaria.
DIN Diabetes insípida nefrogénica.
DInter Derecho Internacional.
DIO Diodo.
DIOA Adipato de diisooctilo (Diisooctyl Adipate).
DIOP Ftalato de diisooctilo (Diisooctyl Phthalate).
DIOS Sebacato de diisooctilo (Diisooctyl Sebacate).
DIOZ Azelato de diisooctilo (Diisooctyl Azelate).
dip Diploma.
Dip Diputación.
DIP Distancia interpupilar || Empaquetamiento en doble línea (Dual In Line Package) || Neumonía intersticial descamativa (Desquamative Interstitial Pneumonia).
DIPA Diisopropanolamina.
Dipl Diplomacia.
DIPST Derivación intrahepática portosistémica por vía transyugular.
dir Director.
Dir Dirección.
Dir Gral Dirección general.
dir ins Inserción Directa (Direct Insertion).
DIREGUENA Director de la Escuela de Guerra Naval.
DIS Decreto de imposición de sanciones.

DISAN Dirección de Sanidad.
DISC Desconectar (Disconnect).
DISH Hiperostosis esquelética idiopática difusa (Diffuse Idiopathic Skeletal Hyperostosis).
Dismo Monoglicéridos destilados (Distilled Monoglycerides).
DISSC Dirección de Infraestructura y Seguimiento para Situaciones de Crisis.
dist Destilable (Distillable).
distd Destilado (Distilled).
distn Destilación (Distillation).
DIT Departamento de Investigaciones Técnicas, Guatemala || Depleción intratecal || Diiodotirosina (Diiodothyrosine) || Distorsión de intermodulación transitoria || División Internacional del Trabajo || Termogénesis inducida por la dieta (Diet Induced Thermogenesis).
DIU Dispositivo intrauterino || Muerto en útero (Death In Utero).
DIV Defecto (en el septum) interventricular || Dividir || División.
div in par aea Dividir en partes iguales (Dividatur In Partes Aequales).
DIVA Angiografía por sustracción digital (Digital Intravenous Angiography).
DIVC Coagulación intravascular diseminada (Disseminated Intravascular Coagulation).
DIVD Dimensión interna del ventrículo derecho.
DIVI Dimensión interna del ventrículo izquierdo.
divor Divorcio.
DJ Disk jockey || Dow Jones, referido al índice bursátil.
dJC después de Jesucristo.
DJD Artropatía degenerativa (Degenerative Joint Disease).
DJI Índice Dow Jones (Dow Jones Index).
DJIM Diabetes juvenil de inicio en la madurez.
DK Dinamarca, referido a la matrícula internacional de automóvil.
DKA Cetoacidosis diabética (Diabetic Ketoacidosis).
dKg Decagramo (Dekagram).
dKl Decalitro (Dekaliter).
dKm Decámetro (dekameter).
DKP Ortofosfato dipotásico o fosfato potásico dibásico (Dibasic Potassium Phosphate).
dl Decilitro.
dL Decreto ley.
Dl Decalitro.
D_L Capacidad de difusión pulmonar.
DL Decreto ley || Decúbito lateral || Demócrata Liberal, Reino Unido || Depleción linfocitaria || Depósito legal || Distolingual || Dosis letal || Enlace de datos (Data Link) || Laringoscopia directa (Direct Laryngoscopy) || Láser de diodo (Diode Laser) || Línea de retardo (Delay Line).
DL_{50} Dosis letal media.
DLa Distolabial.
DLA Deuteruro de litio y aluminio.
DLaI Distolabioincisoria.
DLC Control de enlace de datos (Data Link Control).
DLCL Linfoma difuso de células grandes (Diffuse Large Cell Lymphoma).
D_{LCO} Capacidad de difusión pulmonar del monóxido de carbono.
DLCO Capacidad de difusión del monóxido de carbono (Monoxide Diffusing Capacity).
DLD Decúbito lateral derecho.
DLE Fuga de enlace de datos (Data Link Escape) || Lupus eritematoso diseminado (Disseminated Lupus Erythematosus).
DLF Dilaurato de fluoresceína.
DLI Decúbito lateral izquierdo || Distolinguoincisoria.
DLM Dosis Letal Media.
D_{LO} Capacidad de difusión pulmonar para el oxígeno.
DLO Distolinguooclusoria.

DLP Distolinguopulpal.
DLS Transporte de lanchas de desembarco (Dock Landing Ship).
DLTDP Dilauril tiodipropionato.
dm Decímetro.
Dm Decámetro || Dios mediante.
D_M Capacidad de difusión a través de la membrana, referido al alveolo-capilar.
DM Derecho mercantil || Dermatomiositis || Depresión mayor || Diabetes mellitus || Dios mediante || Distorsión motivacional || Distrofia miotónica o muscular || División de montaña || Marco alemán (Deutsche Mark, referido a la unidad monetaria) || Memoria directa (Direct Memory) || Mixto difuso, referido al linfoma (Diffuse Mixed).
DMA Acceso directo a la memoria (Direct Memory Access) || Dimetilacetamida || Dimetilamina || Dimetilarsonato disódico (Disodium Methyl Arsonate) || Dimetoxianfetamina (Dimethoxyamphetamine) || Dosis máxima admitida.
DMAB Dimetil aminobenzoato.
DMAC Dimetilacetamida.
DMAPMA Dimetilaminopropilmetacrilamida.
DMAPN Dimetilaminopropionitrilo.
DMB Dimetoxibenceno.
DMBU Doxorrubicina, melfalán, bleomicina, vincristina.
DMC Diclorofenil metil carbinol || Difuso con células mixtas, referido al linfoma || Dimetilaminoetil cloruro.
DMD Derecho a morir dignamente || Distrofia muscular de Duchenne.
DMDI Diabetes mellitus dependiente de la insulina.
DMDR Demetoxidaunorrubicina (Demethoxydaunorubicin).
DMDT Dimetoxidifeniltricloroetano.
DME Dimetiléter || Dosis mínima eficaz || Dosis mínima eritema || Equipo de medición de distancia o radiotelémetro (Distance Measuring Equipment).
DMEG Dimetil éter del glicol.
DMET Ftalato de dimetoxietilo (Dimethoxyethyl Phtalate.
DMEU Dimetiloletileno urea.
DMF Dimetilformamida || Doxorrubicina, mitomicina, fluorouracilo.
DMG Dimetilglicina.
DMH Dimetilhidantoína || Hipotálamo dorsomedial (Dorsomedial Hypothalamus).
DMHF Dimetilhidantoína formaldehído.
DMi Adriamicina, mitomicina.
DMI Demencia multiinfarto || Depresión manía intervalo libre || Desipramina || Dosis mínima infectiva || Interface para memoria dinámica (Dinamic Memory Interface).
DMID Diabetes mellitus insulinodependiente.
DML Dosis mínima letal || Lenguaje de manipulación de datos (Data Manipulation Language) || Linfoma difuso mixto (Diffuse Mixed Lymphoma).
DMM Dimetilmaleato.
DMN Dimetilnitrosamina || Dosis mínima necrosante.
DMNDI Diabetes mellitus no dependiente de insulina.
DMNID Diabetes mellitus no insulinodependiente.
DMO Dimetil oxazolidindiona (Dimethyl Oxazolidinedione).
DMOS Transistor metal óxido semiconductor de doble difusión (Doubled Diffused Metal Oxide Semiconductor).
DMP Dimetil piperazina || Distrofia muscular progresiva.
DMPA Depósito de acetato medroxiprogesterona (Depo-Medroxyprogesterone Acetate) || Ácido dimetilpropiónico.
DMPC Cloruro de dimetilamino propilo.

DMPEA (3-4-Dimetoxifeniletilamina (Dimethoxyphenylethylamine).

DMR Dosis mínima reactiva.

DMS Dermatomiositis || Dimetilsilicona || Distancia mínima de seguridad || Sistema de gestión de datos (Data Management System) || Sonido principal digital (Digital Master Sound).

DMSA Ácido dimercaptosuccínico (Dimercaptosuccinic Acid).

DMSO Dimetilsulfóxido (Dimethylsulfoxide).

DMT Dimetiltriptamina (Dimethyltryptamine) || Dosis máxima tolerable || Tereftalato de dimetilo (Dimethyl Terephthalate).

DMU Dimetilurea.

dn Decinéper.

dN Decineper o decineperio.

Dn Daniel || Don.

DN Derecha Nacional, Italia || Desde el principio (De Novo) || Destructoras naturales (células) || Nuestro Señor (Dominus Noster).

DNA Ácido desoxirribonucleico (Desoxyrribonucleic Acid).

DNase Desoxirribonucleasa (Deoxyribonuclease).

DNB Dinitrobenceno (Dinitrobenzene).

DNBF Dinitrobutilfenol,.

DNBP Dinitrobutilfenol (Dinitro-o-sec-Butylphenol).

DNBQ Defensa nuclear-biológica-química.

DNC Dinitrocarbanilida || Dinitrocresol.

DNCB Dinitroclorobenceno (Dinitrochlorobenzene).

DNF Filtro dinámico de ruido (Dynamic Noise Filter).

DNFB Dinitrofluorobenceno (Dinitrofluorobenzene).

DNI Documento Nacional de Identidad.

DNJC Nuestro Señor Jesucristo (Dominus Noster Jesus Christus).

DNL Detector de nivel líquido || Limitador de ruido dinámico (Dynamic Noise Limiter).

DNM Daunomicina (Daunomycin).

DNO Diabético no obeso.

DNOC Dinitro-orto-cresol.

DNOCHF Dinitro-orto-ciclohexilfenol.

DNOCHP Dinitro-orto-ciclohexilfenol (Dinitro-o-Cyclohexylphenol).

DNODA Adipato di(n-Octilo, n-Decilo).

DNODF Ftalato de di(n-Octilo, n-Decilo).

DNP Desoxirribonucleoproteínas (Deoxyribonucleoprotein) || Dinitrofenol (Dinitrophenol) || Ftalato de dinonilo (Dinonyl Phthalate).

DNPC Dinitro-para-cresol.

DNPD Di naftil fenilendiamina.

DNPH Dinitrofenilhidrazina (Dinitrophenylhydrazine).

DNPT Dinitrosopentametilentetramina.

DNR Daunorrubicina.

DNS Supresión dinámica de ruido (Dynamic Noise Suppression) || Tabique nasal desviado (Deflected Nasal Septum).

DNT Dihidroneopterina trifosfato || Dinitrotolueno.

DNU Dispepsia no ulcerativa.

D° Derecho.

DO Declaración obligatoria || Denominación de origen || Densidad óptica || Displasia occipital || Distooclusoria || Oxígeno disuelto (Disolved Oxygen).

D_{O_2} Capacidad de difusión para el oxígeno.

DOA Adipato de dioctilo (Dioctyl Adipate) || Muerto al ingresar (Dead On Arrival, referido al hospital).

DOB Fecha de Nacimiento (Date of Birth).

doc Docena || Documento.

DOC Denominación de origen controlada (Denominazione di Origine

Controllata, Italia) || Desoxicorticosterona (Deoxycorticosterone).

DOCA Acetato de desoxicorticosterona (Deoxycorticosterone Acetate).

DOCE Diario Oficial de la Comunidad Europea.

DOCG Denominación de origen controlada y garantizada (Denominazione di Origine Controllata Garantita, Italia) || Glucósido de desoxicorticosterona (Deoxicorticosterone Glucoside).

DOCM Diario Oficial de Castilla La Mancha.

Doct Doctor.

DOE Departamento de Energía (Department of Energy, EE.UU.) || Disnea de Esfuerzo (Dyspnoea On Exertion).

DOES Trastornos de excesiva somnolencia (Disorders of Excessive Sleepiness).

DOG Diario Oficial de Galicia.

DOGC Diario Oficial de la Generalidad de Cataluña (Diari Oficial de la Generalitat de Catalunya).

DOGV Diario Oficial de La Generalidad Valenciana (Diari Oficial de la Generalitat Valenciana).

DOJ Departamento de Justicia (Department of Justice, EE.UU.).

dol Dólar (Dollar).

Dol Dorotea (Dorothy).

DOLS Dólares (Dollars).

DOLSIGN Signo de dólar (Dollar Sign).

Dolly Dorotea (Dorothy).

Dom Dominico, referido a la orden religiosa || Señor (Dominus).

DOM Dimetoxi metilanfetamina (Dimethoxy Methylamphetamine) || República Dominicana, referido a la matrícula internacional de automóvil.

dom° Domingo, referido al día de la semana.

Dom° Domingo, referido a nombre de persona.

DOMUND Domingo mundial, referido a la propagación de la fe.

DON 6-diazo-5-oxonorleucina || Disco óptico numérico.

DOP Ftalato de dioctilo (Dioctyl Phthalate).

DOPA Dihidroxifenilalanina (Dihydroxyphenylalanine).

DOPAC Acido dihidroxifenilacético (Dihydroxyphenylacetic Acid).

DOPS Dihidroxifenilserina.

DOPSCAN Ecografía Doppler (Doppler Scanner).

DORAN Alcance Doppler (Doppler Range).

Dorick Teodoro (Theodoric).

D^{os} Derechos.

DOS Sistema operativo de discos (Disk Operational System).

Dot Dotación.

DOT Defensa operativa del territorio.

DOTG Di-orto-tolilguanidina.

DOTT Di-orto-toliltiourea.

DOX Doxorrubicina.

DOZ Azelato de dioctilo (Dioctyl Azelate).

DP Defensa pasiva || Demencia precoz (Dementia Praecox) || Democracia Popular, Ecuador || Demócratas Progresistas, Irlanda || Depresión primaria || Derecho procesal || Diagnóstico prenatal || Diálisis peritoneal || Distensibilidad pulmonar || Distopulpal || Doble polo || Grado de polimerización (Degree of Polymerization) || Presión diferencial (Differential Pressure).

DPA Ácido difenólico (Diphenolic Acid) || Agencia de Prensa Alemana (Deutsche Presse Agentur) || Difenilamina (Diphenylamine) || Duración del potencial de acción.

DPAC Diálisis peritoneal ambulatoria continua.

DPC Diferencia de potencial de Contacto || Desnutrición proteico-calórica.

DPCC Diálisis peritoneal cíclica continua.

DPCM Modulación por código diferencial de impulsos (Differential Pulse Code Modulation).
DPDL Linfoma (linfocítico) difuso escasamente diferenciado (Diffuse Poorly Differentiated Lymphoma).
DPDP Fosfito de difenilisodecilo (Diphenylisodecyl Phosphite).
DPen Derecho Penal.
DPG Difenilguanidina (Diphenylguanidine) || Difosfoglicerato (Diphosphoglycerate).
DPGM Difosfoglicerato mutasa.
DPGP Difosfoglicerato fosfatasa.
DPH Difenilhexatrieno (Diphenylhexatriene) || Difenilhidantoína (Diphenylhydantoin).
DPI Diálisis peritoneal intermitente.
DPIP Isoftalato de Difenilo (Diphenyl Isophthalate).
DPL Dipalmitoil lecitina (Dipalmitoyl Lecithin) || Distopulpolingual.
DPLa Distopulpolabial.
DPM Dermatopolimiositis.
DPN Difosfopiridina dinucleótido (Diphosphopiridine Dinucleotide) || Disnea paroxística nocturna.
DPNH Difosfopiridín nucleótido reducido (Reduced Diphosphopyridine Nucleotide).
DPO Difeniloxazol (Diphenyloxazole).
DPol Derecho Político.
DPP Depresión pospsicótica.
DPPC Dipalmitoil fosfatidilcolina (Dipalmitoyl Phosphatidylcholine).
DPPD Difenil-para-fenilendiamina (Diphenyl-p-Phenylenediamine).
DPQ Destacamento de Parque.
DPQT Destacamento de Parque y Talleres.
DPQTR Destacamento de Parque de Transmisiones.
DPQZ Destacamento de Parque de Zapadores.
DPR Débito plasmático renal.
dps Desintegraciones por segundo.
DPs Depresión Psicótica.
Dpt Dioptría.
DPT Difteria, pertusis, tétanos, referido a la vacuna || Difosfotiamina (Diphosphothiamine) || Dipropiltriptamina.
dpto Departamento.
DQ Defensa química.
DQO Demanda química de oxígeno.
dque Duque.
dr Doctor || Drachma, referido a la unidad monetaria de Grecia.
Dr Director || Doctor || Drachma, referido a la unidad monetaria de Grecia.
DR Deterioro real || Derecho romano || Desprendimiento de retina || Reacción degenerativa (Degenerative Reaction) || Retinopatía diabética (Diabetic Retinopathy) || Sala de partos (Delivery Room).
dra Derecha.
Dra Doctora.
Drª Doctora.
DRA Reagrupamiento Democrático Africano, Sudán.
DRADA Descontaminación radiactiva.
DRAE Diccionario de la Real Academia (de la Lengua) Española.
DRAM Memoria de aceso directo dinámica (Dynamic Random Access Memory).
DRD Defensa radiológica.
DRET Dirección de Investigaciones y Estudios Técnicos (Direction de Recherches et Études Techniques, Francia).
DRGs Grupos Diagnósticos Relacionados (Diagnosis Related Groups).
Dr hc Doctor honoris causa.
DRISDE Dirección General de Relaciones Informativas y Sociales de la Defensa.
DRK Cruz Roja Alemana (Deutsches Rotes Kreuz).
dro Derecho.
dros Derechos.
DRRNP Distress respiratorio del recién nacido prematuro.

DRS Depression Rating Scale.
DRT Depresión resistente al tratamiento || Tiempo de reacción retardado (Delayed Reaction Time).
DRU Unidad de diagnóstico de investigación (Diagnostic and Research Unit).
Ds Dios (Deus) || Señor (Dominus).
DS Democracia Socialista || Departamento de Estado (Department of State, EE.UU.) || Depresión secundaria || Desviación Standard, referido a estadística || Dios || Disfunción sexual || Distrito (District) || Doxorrubicina, semustina || Síndrome de Down (Down's Syndrome).
DSA Angiografía de sustracción digital (Digital Subtraction Angiography) || Disfunción Sinoauricular || Distimia subafectiva.
DSB Banda lateral doble (Double Side Band).
DSBAM Modulación de amplitud y doble banda lateral (Double Sideband Amplitude Modulation).
DSCG Cromoglicato disódico (Disodium Cromoglycate).
DSCL Linfoma difuso de células pequeñas hendidas (Diffuse Small Cleaved Cell Lymphoma).
DSCRM Discriminador (Discriminator).
DSD Diagramas de estructura de datos (Data Structure Diagrams).
DSE Dirección de Seguridad del Estado.
DSEM Depresión Secundaria a Enfermedad Médica.
DSGN Diseño (Design).
DSI Inventario del estado de depresión (Depression Status Inventory).
DSIP Péptido inductor de sueño delta (Delta Sleep Inducing Peptide).
DSIR Departamento de Investigación Científica e Industrial (Department of Scientific and Industrial Research).
DSM Manual diagnóstico y estadístico, referido a los trastornos mentales (Diagnostic and Statistical Manual).
DSO Displasia suboccipital.
DSP Fosfato disódico (Disodium Phosphate) || Procesamiento digital de señales (Digital Signal Processing).
DSQ Cuestionario diario de sueño (Daily Sleep Questionnaire).
DSS Dodecilsulfato sódico || Partido Democrático de Serbia.
DSSS Departamento de Sanidad y Seguridad Social (Departament de Sanitat i Seguretat Social, Cataluña).
DST Test de supresión de la dexametasona (Dexamethasone Suppression Test).
DSTDP Diestearil tiodipropionato.
DSU Unidad de almacenamiento en disco (Disc Storage Unit).
dt Delirium Tremens.
dT Desoxitimidina.
DT *Daily Telegraph* || Delirium tremens || Derecho del Trabajo || Desintoxicación || Deutsche Telekom || Difteria y tétanos, referido a la vacuna || Dirección de tiro || Discinesia tardía || Disposición transitoria || Dosis total || Fecha (Date) || Transferencia de tambor (Drum Transfer).
DT_{50} Dosis tóxica media.
DTA Análisis térmico diferencial (Differential Thermal Analysis) || Demencia tipo Alzheimer.
DTAB Difteria (toxoide asociado a) TAB.
DTB Federación Alemana de Tenis.
DTBP Peróxido de di-terc-butilo (Di-tert-Butyl Peroxide).
DTC Dispositivo de transferencia de carga || Doppler transcraneal.
Dtd Diámetro telediastólico.
DTD Dosis total de digitalización.
DTDP Ftalato de ditridecilo (Ditridecil Phthalate).
DtdVI Diámetro telediastólico del ventrículo izquierdo.
DTE Equipo terminal de datos (Data Terminal Equipment).

DTF Seguimiento dinámico de pista (Dynamic Track Following).
DTH Hipersensibilidad de tipo diferido (Delayed Type Hypersensitivity).
DTI Disminución de la calidad de transmisión (Distortion Transmission Impairment).
DTIC Dimetil-triazenil-imidazolcarboxamida o dacarbacina.
DTIS Despertar tras el inicio del sueño.
DTL Lógica diodo transistor (Diode Transistor Logic).
DTMF Multifrecuencia de doble tono.
dTMP Desoxitimidina monofosfato.
DTN Defectos del tubo neural || Desarrollo tecnológico nuclear.
DTNB (ácido) Ditiobis nitrobenzoico.
DTP (toxoides) Diftérico y tetánico (combinados con la vacuna antitosferina) pertussis.
DTPA Ácido dietilenotriamino pentaacético (Diethyltriaminopentaacetic Acid).
DTR Defectos tubulares renales || Reflejo tendinoso profundo (Deep Tendon Reflex).
Dts Diámetro telesistólico.
DTs Delirium tremens.
DTSVI Diámetro telesistólico del ventrículo izquierdo.
dTT Desoxinucleotidiltransferasa terminal.
DTT Difteria, tos ferina y tétanos, referido a la vacuna. Teletermografía dinámica (Dynamical Telethermography).
dTTP Desoxitimidina trifosfato.
DTV Televisión digital (Digital Television).
DTVSAT Televisión digital por satélite (Digital Television Satellite).
dU Desoxiuridina.
DU Dador universal, referido a sangre || Diagnóstico no definido (Diagnosis Undetermined) || Difuso no diferenciado, referido al linfoma (Diffuse Undifferentiated) || Diplomatura universitaria || Úlcera duodenal (Duodenal Ulcer).
dub Duda (Dubitans).
Dub Dublín.
DUE Diplomatura Universitaria en Enfermería.
DUF Diplomatura Universitaria en Fisioterapia.
DUFLE Localizador digital de fallos (Digital Universal Fault Locator).
DUL Linfoma difuso no diferenciado (Diffuse Undifferentiated Lymphoma).
dUMP Desoxiuridina monofosfato.
dup Duplicación.
DUP Partido Democrático Unionista (Democratic Unionist Party, Irlanda del Norte).
dupl° Duplicado.
DUTS Diplomatura Universitaria en Trabajo Social.
DV Decúbito ventral || Diferencia de voltaje.
DVA Duración de la apnea voluntaria (Duration of Voluntary Apnea, referido a la prueba) || Vindesina.
DVB Cisplatino, bleomicina, vindesina || Divinilbenceno.
DVC Dactinomicina, vincristina, ciclofosfamida || Digital vídeo casete || Diodo de capacidad variable (Diode Variable Capacity).
DVCO Oscilador digital controlado por tensión (Digital Voltage Control Oscillator).
DVD Dimensión del ventrículo derecho || Vídeo disco digital (Digital Video Disc).
DVI Dimensión del ventrículo izquierdo.
dvm Muerto en vida de la madre (Decessit Vita Matris) || Voltímetro digital (Digital Voltmeter).
dvp Muerto en vida del padre (Decessit Vita Patris).
DVP Despolarizaciones ventriculares prematuras.
DVT Trombosis venosa profunda (Deep Venous Thrombosis).

DVTR Grabación de vídeo digital (Digital Video Tape Recorder).

DW Agua destilada (Distilled Water).

DWDL Linfoma (linfocítico) difuso bien diferenciado (Diffuse Well Differentiated Lymphoma).

d_x Diferencial de x, referido a matemáticas.

DX Dexametasona.

DXE Dixililetano.

DXM Dexametasona.

DXN-S Dextrano 6% en cloruro sódico al 0,9%.

Dy Disprosio.

dyn Dina, referido a física.

DYNEC Ecualización dinámica (Dynamic Equalisation).

DYP Partido de la Justa Vía, Turquía.

DYT Diyodotirosina.

DZ Dicigoto (Dizygotic) || Diodo Zener.

E

e Base de un sistema de logaritmos natural o neperiano || Carga eléctrica || Carga igual y opuesta en signo a la de un electrón || Eficiencia || Ejemplo || Fuerza electromotriz || Positrón.

E Campo eléctrico || Egipto || Einstenio || Emalangeni, referido a la unidad monetaria de Swazilandia || Emergencia || Emilio || Emisor, referido a un transistor || Epinefrina (Epinephrine) || Epirubicin || Eritrocitos || Escherichia || España || España, referido a la matrícula internacional de automóvil || Este, referido al punto cardinal || Fuerza Electromotriz || Galaxia Elíptica || Iluminación || Inglaterra (England) || Intensidad Óptica.

E Cantidad de electricidad, especialmente carga electrostática || Diferencia de potencial || Eficiencia || Energía || Energía intrínseca || Excentricidad de una sección cónica || Fuerza electromotriz || Intensidad de campo eléctrico.

(E) Gradiente de potencial eléctrico.

E/. Efectos.

E/cob Efectos a cobrar.

E/H (proporción) Esplénica-hepática.

E/neg Efectos a negociar.

E/P (proporción) Esplénica-precordial.

E/pag Efectos a pagar.

E/S Entrada/salida || (complejo) Enzima-substrato.

e/w Equipado con (Equipped With).

E_1 Estrona.

E_2 Estradiol.

E^2CL Lógica de emisor-emisor acoplados (Emitter-Emitter Coupled Logic).

E_3 Estriol.

EA Antígeno embrionario (Embryonary Antigen) || Ejército del Aire || Enfermedad alcohólica || Enfermedad de Alzheimer || Epidermólisis ampollosa || Epoxi amina || Escala activa || Espondilitis anquilosante || Estenosis aórtica || Extrasístoles auriculares || Solidaridad vasca (Eusko Alkartasuna).

EAA Alveolitis alérgica extrínseca (Extrinsic Allergic Alveolitis) || Aminoácido esencial (Essential Amino Acid) || Espectrometría de absorción atómica.

EAAA Asociación Europea de Agencias de Publicidad (European Association of Advertising Agencies).

EAC Comisión Atómica Europea (European Atomic Commssion) || Conducto auditivo externo (External Auditory Canal) || Enfermedad de las arterias coronarias.

EACA Ácido epsilon aminocaproico (Epsilon Aminocaproic Acid).

EACD Dermatitis alérgica eczematosa de contacto (Eczematous Allergic Contact Dermatitis).

EAD Enfermedad articular degenerativa.

EADA Escuadrilla de apoyo al despliegue aéreo || Escuela de Alta Dirección y Aministración.
EADC Dicloruro de etilaluminio (Ethyl Aluminum Dichloride).
EAE Encefalomielitis alérgica experimental || Encefalomielitis hemorrágica aguda (Acute Hemorrhagic Encephalomyelitis) || Escuela de Administración de Empresas.
EAEC (serotipos) Enteroadhesivos de *Escherichia coli*.
EAES Sociedad Europea de Energía Atómica (European Atomic Energy Society).
EAH Equipo de apoyo de helicópteros.
EAHF Eczema, asma, fiebre del heno (Eczema, Asthma, Hay Fever).
EAIM Escuela de Aplicación de Infantería de Marina.
EAJ Partido Nacionalista Vasco (Euzko Alderdi Jeltzailea).
EAK Etil amil cetona (Ethyl Amyl Ketone) || Kenya, referido a la matrícula internacional de automóvil.
EAM Máquina calculadora eléctrica (Electric Accounting Machine).
EAMA Estados Africanos y Malgache Asociados.
EAMF Asociación Europea de Festivales de Música (European Association of Music Festivals).
EAN Número atómico real u operativo (Effective Atomic Number).
EAO Enseñanza asistida por ordenador.
EAP Edgar Allan Poe || Etopósido, adriamicina, cisplatino || Programa de avión experimental (Experimental Aircraft Program).
EARC Conferencia administrativa extraordinaria de radiocomunicaciones (Extraordinary Administrative Radio Conference).
EARMA Escuela de armas.
EAS Velocidad estimada del aire (Estimated Air Speed).
EASA Escuela de Aprovisionamiento y Servicios de la Armada.
EASC Etilaluminio sesquicloruro.
EAT Tanzania, referido a la matrícula internacional de automóvil.
EATAM Escuadrilla de apoyo al transporte aéreo militar.
EAU Emiratos Árabes Unidos || Uganda, referido a la matrícula internacional de automóvil.
EAUX Escala auxiliar.
EB Enciclopedia Británica (Encyclopedia Britannica) || Endocarditis Bacteriana || Epstein Barr || Escala básica || Exceso de base, referido a bioquímica.
EBA Endocarditis bacteriana aguda.
EBAM Memoria de acceso por haz de electrones (Electron Beam Access Memory).
EBC Epitelioma basocelular || Equipo de buceadores de combate.
EBD Distribución electrónica de frenada (Electronic of Brake Distribution).
EBF Eritroblastosis fetal || Extra baja frecuencia.
EBHC Comunicación de duración reducida (Equated Busy Hour Call).
EBI Ioduro de emetina y bismuto (Emetine Bismuth Iodide).
EBICON Conductividad inducida por bombardeo electrónico (Electron Bombardment Induced Conductivity).
EBL Pérdida de sangre estimada (Estimated Blood Loss).
EBMT Grupo Europeo de Trasplante de Médula Ósea (European Bone Marrow Transplant).
EBNA Antígeno nuclear de Epstein-Barr (Epstein-Barr Nuclear Antigen).
EBR Efectividad biológica relativa || Registro por haz de electrones (Electron Beam Recorder).
EBRD Banco Europeo para la Reconstrucción y Desarrollo (European

Bank of Reconstruction and Development).

EBS Endocarditis bacteriana subaguda.

EBU Unión Europea de Radiodifusión (European Broadcasting Union).

EBV Epirubicin, bleomicina, vinblastina || Epirubicin, bleomicina, vincristina || Etopósido, bleomicina, vinblastina || Virus de Epstein Barr (Epstein Barr Virus).

Ec Ecuador.

EC Capacidad espiratoria (Expiratory Capacity) || Carótida externa || Comisión Europea (European Commission) || Comunidad Europea (European Community) || Ecuador, referido a la matrícula internacional de automóvil || Edad cronológica || Electrochoque || Electroestimulación cardíaca || Electrón-ciclotrón || Embolia cerebral || Embolismo cardíaco || Encefalitis de California || Endarterectomía carotídea || Energía cinética || Enfermedad de Crohn || Epirubicin, ciclofosfamida || Equivalente calórico || Escala de complemento || Escalón de combate || Ésteres del colesterol || Estímulo condicionado || Extracelular.

ECA Arteria carótida externa (External Carotid Artery) || Comisión Económica para África (Economic Commission for Africa, dependiente de la ONU) || Comisión Europea sobre Agricultura (European Commission on Agriculture) || Cuenta de control de Cambios (Exchange Control Account) || Elemento de control auxiliar || Enzima convertidora de la angiotensina.

ECAC Conferencia Europea de Aviación Civil (European Civil Aviation Conference).

ECAQ Edema cerebral agudo por gran altura.

ECBC Examen citobacteriológico de Crachat.

ECBO Examen citobacteriológico de la orina.

ECC Centro Cultural Europeo (European Cultural Centre) || Circulación Extracorpórea (Extracorporeal Circulation) || Enfermedad cardíaca coronaria || Estereograma de campo de color.

Ecc Hom He aquí el hombre (Ecce Homo).

ecc^a^ Eclesiástica.

ECCA Edema cerebral por cota alta || Enfermedad cardíaca coronaria aterosclerótica.

ecc^o^ Eclesiástico.

ECCSL Lógica de acoplamiento por emisor y gobierno por corriente (Emitter Coupled Current Steered Logic).

ECD Banco de datos de componentes electrónicos (Electronic Components Databank).

ECDC Transistor (Electrochemical Diffused Collector).

ECE Comisión Económica para Europa (Economic Commission for Europe, dependiente de la ONU).

ECEH *Escherichia coli* enterohemorrágica.

ECEI *Escherichia coli* enteroinvasiva.

ECEP *Escherichia coli* enteropatógena.

ECET *Escherichia coli* enterotóxica.

ECF Enciclopedia de las Ciencias Filosóficas || Enfermedad de las células falciformes || Líquido extracelular (Extracellular Fluid).

ECFA Factor quimiotáctico eosinofílico de la anafilaxia (Eosinophil Chemotactic Factors of Anaphylasis).

ECG Electrocoagulación || Electrocardiografía || Electrocardiograma || Electrocorticografía || Electrocorticograma.

ECG-SP Electrocardiografía de señales promediadas.

ECGA Electrocardiograma ambulatorio.

ECGF Electrocardiografía fetal || Factor de crecimiento de las células endoteliales (Endothelial Cells Growth Factor).

ECIA Escuela Central de Idiomas de la Armada.

ECHO Ecocardiografía || Ecocardiograma.

ECHO-EG Ecoencefalografía (Echoencephalography).

ECJ Enfermedad de Creutzfeld-Jakob.

ECL Enfermedad (por depósito) de cadenas ligeras || Lógica de emisor acoplado (Emitter Coupled Logic).

ECLAC Comisión Económica para América Latina y el Caribe (Economic Commission for Latin America and the Caribbean, dependiente de la ONU).

ECM Contramedidas electrónicas (Electronic Countermeasures) || Mercado Común Europeo (European Common Market).

ECMA Asociación Europea de Fabricantes de Ordenadores (European Computer Manufacturers Association).

ECMT Conferencia Europea de Ministros de Transportes (European Conference of Ministers of Transport).

ECO Organización Europea del Carbón (European Coal Organization) || Oscilador de acoplamiento electrónico (Electron Coupled Oscillator).

ECOA Comunidad Económica del África Occidental.

ECOFIN (Consejo de Ministros de) Economía y Finanzas (de la Comunidad Europea).

ECoG Electrocorticograma (Electrocorticogram).

Ecol Ecología.

ECOMOG Grupo de Observación de la Comunidad Económica del África Occidental.

Econ Economía.

ECORS Estudio de la corteza continental por reflexión y refracción sísmica (Etude de la Croute Continentale et Oceanique par Reflexión et Refraction Sysmique).

ECOSOC Consejo Económico y Social (Economic and Social Council, Dependiente de la ONU).

ECOWAS Comunidad Económica de los Estados del África del Oeste (Economic Community of West African States).

ECP Efecto citopático || Enclavamiento de los capilares pulmonares || Enfermedad de las cadenas pesadas || Enfermedad cardíaca reumática || Epirubicin, ciclofosfamida, cisplatino.

ECPS Centro Europeo Para los Estudios de Población (European Centre for Population Studies).

ECR Radar de Alcance Extendido (Extended Coverage Radar).

ECS Satélite europeo de comunicaciones (European Communications Satellite) || Shock Electroconvulsivante (Electroconvulsive Shock).

ECSC Comunidad Europea del Carbón y del Acero (Europan Coal and Steel Community).

ECT Electroestimulación cardíaca temporal || Terapia electroconvulsiva (Electroconvulsive Therapy) || Tomografía computarizada por emisión (Emission Computerized Tomography).

ECTL Lógica de transistor acoplado por emisor (Emitter Coupled Transistor Logic).

ECU Unidad de Cuenta (o Monetaria) Europea (European Currency Unit).

ECUA Ecuador.

ECUK Costa Este del Reino Unido (East Coast United Kingdom).

ECV Enfermedad cardiovascular.

ECVA Enfermedad cardiovascular aterosclerótica || Enfermedad cerebrovascular aguda.

ECW Agua extracelular (Extracellular Water).

ECWA Comisión Económica para el Oeste Asiático (Economic Commission for Western Asia, dependiente de la ONU).

ECYO Joven Orquesta de la Comunidad Europea (European Community Youth Orchestra).

ed Cada día (Every Day) || Edición.

Ed Constante dieléctrica || Editorial.

ED Diálisis extracorpórea (Extracorpoeal Dialysis) || Dosis eritema (Eritema Dose) || Eficacia de disolución || Enfermedad extendida (Extensive Disease) || Epidural || Equivalente de dextrosa.

ED&C Electrodesecación y legrado.

ED_{50} Dosis eficaz media (Median Effective Dose).

EDA Encefalitis diseminada aguda (Acute Disseminated Encephalitis) || Endoscopia digestiva alta || Unión de la Izquierda Democrática (Eniea Dimokratiki Aristera, Grecia).

EDAPOR Editorial Apostolado de la Oración.

EDB Dibromuro de etileno (Ethylene Dibromide).

EDC Comunidad Europea de Defensa (European Defence Community).

edd Ediciones (Editiones) || Editado por (Ediderunt).

EDD Fecha esperada de nacimiento (Expected Date of Delivery).

Eddy Eduardo (Edward).

EDE Equipo de desactivación de explosivos || Escala de la desviación estándar.

EDF Electricidad de Francia (Électricité de France) || Factor diferenciador de eosinófilos (Eosinophil Differentiation Factor) || Fondo Europeo de Desarrollo (European development Fund).

EDG Generador diesel de emergencia (Emergency Diesel Generator).

EDHH Electrograma distal del haz de His.

EDIC Epirubicin, dacarbacina.

EDIP Programa de Mejora de la Defensa Europea (European Defence Improvement Programme).

EDIS Equipo de Investigación Sociológica.

EDK Subluxación externa de la rodilla (External Derangement of the Knee).

EDMA Asociación Europea de Marketing Directo (European Direct Marketing Association).

EDO Ecuaciones diferenciales ordinarias.

EDP Ecuaciones entre derivadas parciales || Electricidad de Portugal || Tratamiento electrónico de datos (Electronic Data Processing).

EDPE Equipo para el tratamiento electrónico de datos (Electronic Data Processing Equipment).

EDPS Sistema para el tratamiento electrónico de datos (Electronic Data Processing System).

EDR Radiación directa eficaz (Effective Direct Radiation).

EdT Estatuto de los Trabajadores.

EDTA Ácido etilendiaminotetraacético (Ethylenediamine Tetraacetic Acid) || Asociación Europea de Diálisis y Transplante (European Dialysis and Transplant Association).

EDTAN Etilenodiaminotetraacéticonitrilo.

EDTN Etilendiaminotetraacetonitrilo.

EE Eliminación de errores || Escala especial || Etinilestradiol (Ethynylestradiol) || Expresividad emocional (Expressed Emotion) || Ingeniero electrónico (Electrical Engineer) || Izquierda Vasca (Euskadiko Ezkerra) || Salvo error (Errors Excepted).

EEA Área Económica Europea (European Economic Area) || Esquizofrenia esquizoafectiva.

EEB Encefalopatía espongiforme bovina.

EEC Correlación energía energía

(Energy Energy Correlation) || Comunidad Económica Europea (European Economic Community) || Enciclopedia Espasa Calpe || Epitelioma espinocelular || Estimulación eléctrica cerebral.

EEE Enfermedad Emocional Estacional || Espacio Económico Europeo.

EEF Estudio electrofisiológico.

EEG Electroencefalograma (Electroencephalographic).

EEI Esfinter esofágico inferior || Instituto de Electricidad Edison (Edison Electric Institute).

EEM Acuerdo de la Izquierda de Menorca (Entesa de la Esquerra de Menorca) || Error estándar de la media.

EEMP Enviado extraordinario y ministro plenipotenciario (Envoy Extraordinary and Minister Plenipotentiary).

EENT Ojo, oído, nariz y garganta (Eye, Ear, Nose and Throat).

EEO Encefalitis equina oriental.

EEOC Encefalitis equina occidental.

EEP Efectos extrapiramidales || Esclerosis en placas.

EES Esfinter esofágico superior || Sistema de cambio europeo (European Exchange System).

EE.UU. Estados Unidos de América

EEV Encefalitis equina venezolana.

EEZ Zona económica exclusiva (Exclusive Economic Zone).

EF Electrofisiología || Electroforesis || Epirubicin, fluorouracilo || Escalón de fuego || Espirometría forzada || Factor extrínseco (Extrinsic Factor) || Seguidor de emisor (Emitter Follower).

EFA Ácidos grasos esenciales (Essential Fatty Acids) || Avión de combate europeo (European Fighter Aircraft).

EFC Comisión Forestal Europea (European Forestry Commission).

EFCE Federación Europea de Ingeniería Química (European Federation of Chemical Engineering).

EFCG Electrofonocardiografía.

EFE Agencia de Noticias, España || Prevaporización de la gasolina (Early Fuel Evaporation).

EFEM Epirubicin, fluorouracilo, epirubicin, mitomicina.

eff Eficiencia (Efficiency).

EFF Fundación de las Fronteras Electrónicas (Electronic Frontier Foundation).

Effie Eufemia (Euphemia).

EFFPC Escuela de Fotografía de la Fundación Politécnica de Cataluña.

EFG Especialidades Farmacéuticas Genéricas.

EFI Inyección electrónica de combustible (Electronic Fuel Injection).

EFIS Sistema de información electrónico de vuelo (Electronic Flight Information System).

EFM Estados Federados de Micronesia || Movimiento Federalista Europeo (European Federalist Movement).

EFP Einstein-Fokker-Planck, referido a la ecuación diferencial || Exploración funcional pulmonar.

EFPW Federación Europea para la Protección de las Aguas (European Federation for the Protection of Waters).

EFQM Fundación Europea para la Gestión de Calidad (European Foundation for Quality Management).

EFSA Efectividad de un sistema de armas.

eft Efecto.

EFTA Asociación Europea de Libre Comercio (European Fee Trade Association).

EFU Unión del Fútbol Europeo (European Football Union).

efvo Efectivo.

eg Por ejemplo (Exempli Gratia).

Eg Egipto.

E_g Tensión polarizadora de rejilla.

EG Enteroglucagon || Epilepsia generalizada || Estado General, referido a exploración médica || Izquierda Gallega (Esquerda Galega).

EGA Asociación Europea del Oro (European Gold Association) || (empresa) Ecuatoguineana de Aviación.

EGADS Secuenciador electrónico de destrucción automática desde Tierra (Electronic Ground Automatic Destruct Sequencer).

EGARD Detector de radón y rayos gamma medioambiental (Environmental Gamma Ray Radon Detector).

EGB Enseñanza General Básica || Granuloma eosinófilo del hueso (Eosninophyle Granuloma of Bone).

EGC Enfermedad granulomatosa crónica.

EGC-X Enfermedad granulomatosa crónica (ligada al cromosoma) X.

EGD Ecuación de Gibbs-Duhem || Esofagogastroduodenoscopia.

EGDS Etilenglicoldiestearato (Ethylene Glycol Diestearate).

EGF Factor de crecimiento epidérmico (Epidermial Growth Factor).

EGFR Receptor del Factor de crecimiento epidérmico (Epidermal Growth Factor Receptor).

EGM Estudio General de Medios.

EGMS Etilenglicolmonoestearato (Ethylene Glycol Monoestearate).

EGO Observatorio geofísico (de órbita) excéntrica || Órganos genitales externos (External Genital Organs).

EGOT Transaminasa glutámico oxalacética eritrocitaria (Erythrocyte Glutamic Oxaloacetic Transaminase).

EGPA Electroforesis en gel de poliacrilamida.

EGPA-DSS Electroforesis en gel de poliacrilamida-Dodecilsulfato sódico.

EGPT Transaminasa glutámico pirúvica eritrocitaria (Erythrocyte Glutamic Pyruvic Transaminase).

EGR Glutación reductasa eritrocitaria (Erythrocyte Glutathione Reductase).

EH Encefalopatía hipertensiva || Enfermedad de Hodgkin || Enfermedad de Huntington || Hipertensión esencial (Essential Hypertension).

EHB Ecografía hepato-biliar || Euskal Herriko Berdeak.

EHC Circulación enterohepática (Enterohepatic Circulation) || Corporación Europea de Hoteles (European Hotel Corporation).

EHDP Etano-1-hidroxi-1-difosfonato.

EHEC Enterohemorrágicas (cepas) de *Escherichia coli* || Etilhidroxietilcelulosa.

EHF Federación Europea de Balonmano (European Handball Federation) || Federación Europea de Hockey (European Hockey Federation) || Fiebre hemorrágica epidémica (Epidemic Hemorrhagic Fever) || Frecuencia extremadamente elevada (Extremely High Frequency).

EHH Electrograma del Haz de His.

EHHG Eje hipotalámico-hipofisario-gonadal.

EHL Vida media efectiva (Effective Half Life, referido a la física atómica).

EHN Enfermedad hemolítica neonatal.

ehp Caballos de potencia efectivos (Effective Horse Power).

EHP Caballos de potencia efectivos (Effective Horse Power).

EHPL Enfermedad de Hodgkin a predominio linfocitario.

EHRN Enfermedad hemolítica del recién nacido.

EHS Enfermedad de Huntington sintomática.

EHT Muy alta tensión (Extra High Tension).

EHV Muy alta tensión (Extra High Voltage).

EI Enfermedad inducida medioambientalmente (Environmentally Induced Illness) || Irradiación externa (External Irradiation).

EIA Análisis del impacto medioambiental (Environmental Impact Analysis) || Asma inducido por el ejercicio (Exercise Induced Asthma) || Asociación de Industrias Electrónicas (Electronic Industries Association, EE.UU.) || Enzimoinmunoensayo (Enzyme Immunoassay) || Escuela de Informática de la Armada.

EIAJ Asociación de Industrias Electrónicas del Japón (Electronic Industries Association of Japan).

EIAK Asociación de Industrias Electrónicas de Korea (Electronic Industries Association of Corea).

EIB Banco Europeo de Inversiones (European Investment Bank).

EIC Enfermedad isquémica del corazón || Espacio Intercostal || Ingenieros Industriales de Cataluña (Engingers Industrials de Catalunya).

EICI Enfermedad inflamatoria crónica intestinal.

EICH Enfermedad injerto contra huésped.

EID Electroinmunodifusión.

EIEC Enteroinvasivas (cepas) de *Escherichia coli*.

EII Enfermedad inflamatoria intestinal.

EIM Escuela de idiomas modernos.

EIN Efecto inotrópico negativo (Negative Inotropic Effect).

EIO Exploratory and Insight Oriented.

EIP Efecto inotrópico positivo (Positive Inotropic Effect) || Electrograma intracelular perinodal || Enfermedad inflamatoria pélvica.

EIPC Instituto Europeo de Circuitos Impresos (European Institute of Printed Circuits).

EIPID Enfermedad inmunoproliferativa del intestino delgado.

EIR Irlanda, referido a la matrícula internacional de automóvil.

EIRM Ensayo Inmunoradiométrico.

EIS Ejército Islámico de Salvación, Argelia || Sistema de Información Económico (Economic Information System).

EISA Arquitectura estándar y extendida de la industria (Extended Industry Standard Architecture).

ej Ejemplar || Ejemplo.

EJ Reflejo cubital (Cubital Jerk).

EJC Consejo Mixto de Ingenieros (Engineers Joint Council).

ejem Ejemplar.

E_k Energía cinética (Kinetic Energy).

EK Unión de Centro (Enosis Kentron, Grecia).

EKG Electrocardiografía (Electrocardiography) || Electrocardiograma (Electrocardiogram).

EL Electroluminiscente/ Límite elástico (Elastic Limit).

ELA Ejército de Liberación de Eritrea (Eritrean Liberation Army, Etiopía) || Eritroleucemia aguda || Esclerosis lateral amiotrófica || Estado Libre Asociado, referido a Puerto Rico respecto de EE.UU.

ELA-STV Solidaridad (o Sindicato) de Trabajadores Vascos (Eusko Languille Alkartasuna).

ELAC Escuadrón Ligero Acorazado.

ELAM Molécula de adhesión del leucocito al endotelio.

ELANTOR Escuadrilla de lanchas torpederas.

ELCE Estridor laríngeo congénito esencial.

ELCTL Electrólito (Electrolyte).

ele Electo.

ELEC Liga Europea para la Cooperación Económica (European League for Economic Cooperation).

ELF Frecuencia extremadamente baja (Extremely Low Frequency) ||

Frente de Liberación de Eritrea (Eritrean Liberation Front, Etiopía).
ELH Eliptocitosis hereditaria || Historia (diagramas) de vida de una entidad (Entity Life History).
ELIEDA Ensayo de inmunoelectrodifusión asociado a enzima (Enzyme Linked Electroimmunodiffusion Assay).
ELISA Ensayo inmunosorbente ligado a enzimas (Enzime Linked Immunosorbent Assay).
ELL Ejército de Liberación de Lesotho.
ELM Eritroleucemia murina || Estrecha la mano.
ELN Ejército de Liberación Nacional, Colombia.
ELP Esclerosis lateral primaria.
ELPS Ejército de Liberación Popular de Sudán.
ELS Ejército de Libano del Sur || Ejército de Liberación Somalí, Somalia.
ELSSE Equipo de pantalla espacial electrónica (Electronic Sky Screen Equipment).
ELT Enseñanza de la lengua inglesa (English Language Teaching).
EM Correo electrónico (Electronic Mail) || Edad mental || Eléctrico y mecánico || Electromagnético || Electromotriz || Embden-Meyerhof, referido a bioquímica || En mano || Eosinofilia Mialgia || Epirubicin, mitomicina || Equine Morbillivirus || Escala Media || Esclerosis múltiple || Estado Mayor || Estenosis mitral || Microscopio electrónico (Electron Microscope) || Movimiento Europeo (European Movement).
Emª Eminencia.
EMA Antígeno de membrana epitelial || Asociación Europea de Marketing (European Marketing Association) || Estado Mayor del (ejército del) Aire || Estado Mayor de la Armada || Unión Monetaria Europea (European Monetary Agreement).
EMACON Estado Mayor Conjunto.
EMAD Encefalomielitis aguda diseminada || Estado Mayor de la Defensa.
EMANI Escuela de maniobras, referido a la Armada.
EMAT Escalón Médico Avanzado del Ejército de Tierra.
Emb Embajada || Embajador (a) || Embriología.
EMB Biopsia endomiocárdica (Endomyocardial Biopsy) || Etambutol.
EMBL Laboratorio Europeo de Biología Molecular (European Molecular Biology Laboratory).
EMBO Organización Europea de Biología Molecular (European Molecular Biology Organization).
EMCF Fondo Europeo de Cooperación Monetaria (European Monetary Cooperation Fund).
EMCO Estado Mayor Combinado.
EME Estado Mayor del Ejército.
EMEM Emisión electromagnética.
EMETEO Estación meteorológica.
EMF Epirubicin, metotrexato, fluorouracilo || Factor de maduración de los eritrocitos (Erythrocyte Maturation Factor) || Federación Europea de Trabajadores del Metal (European Metalworkers' Federation) || Fondo Monetario Europeo (European Monetary Fund) || Fuerza electromotriz (Electromotive Force).
EMFRR Epilepsia mioclónica con fibras rojas rotas.
EMG Electromiografía (Electromyography) || Electromiograma (Electromyogram) || Estado Mayor General.
EMGs Electromiogramas.
EMI Electro Musical Industrias || Interferencia electromagnética (Electromagnetic Interference).
EMIT Técnica de inmunoensayo multiplicado por enzimas (Enzime Multiplied Immunoassay).
EMJ Epilepsia mioclónica juvenil.

EMK Movimiento Comunista de Euskadi.

EMMA Entidad Metropolitana del Medio Ambiente.

Emmo Eminentísimo.

EMMOT Estado Mayor del Mando Operativo Terrestre.

EMNA Éster metílico (del ácido) naftalenacético.

EMOS Velocidad orbital media de la tierra (Earth's Mean Orbital Speed).

emp Emplasto (Emplastrum).

EMP Pulso electromagnético (Electromagnetic Pulse).

EMR Estado Mayor Regional || Radiación electromagnética (Electromagnetic Radiation).

EMS Estado Mayor Especial || Servicio médico de emergencia (Emergency Medical service) || Sistema Monetario Europeo (European Monetary System).

EMT Empresa Municipal de Transportes || Entidad Metropolitana del Transporte (Entitat Metropolitana del Transport).

EMTB Éter metil ter butílico.

EMTC Enfermedad mixta del tejido conectivo.

EMTS Etilmercurio-para-toluenosulfonanilida.

EMU Unidad electromagnética (Electromagnetic Unit) || Unión Europea Económica y Monetaria (European Economic and Monetary Union).

EMUC Emisoras Municipales de Cataluña.

EMW Guerra electromagnética (Electromagnetic Warfare).

EMZ Escuadrón mecanizado.

Emª Eminencia.

EN Empresa nacional || Encuentro Nacional, Paraguay || Eritema nodoso || Esclerosis nodular || Estación Naval || Estado Nutritivo || Estudiantes Nacionalistas (Estudiants Nacionalistes) || Etilendiamina || Excreción (diaria) de nitrógeno || Nutrición enteral (Enteral Nutrition).

ENA Antígeno nuclear extraíble (Extractable Nuclear Antigen) || Empresa Nacional de Artesanía || Empresa Nacional de Autopistas || Encuentro Nacional de los Argentinos || Equipo de Navegación de Altura || Escuela Nacional de Administración (École Nationale d'Administration, Francia) || Escuela Nacional de Aeronáutica.

ENAC Entidad Nacional de Acreditación.

ENAGAS Empresa Nacional del Gas.

ENASA Empresa Nacional de Autocamiones Sociedad Anónima.

ENB Ballet Nacional de Inglaterra (English National Ballet) || Etilideno norborneno.

enc Encuadernación.

ENC Equipo de Navegación Costera.

ENCE Empresa Nacional de Celulosas.

End Endorfinas.

END Desarme Nuclear Europeo (European Nuclear Disarmament).

ENDASA Empresa Nacional del Aluminio Sociedad Anónima.

ENDESA Empresa Nacional de Electricidad Sociedad Anónima.

ENDS Sistema de Documentación Nuclear Euratom (Euratom Nuclear Documentation System).

ENE Estenoreste.

ENEA Agencia Europea para la Energía Nuclear (European Nuclear Energy Agency).

Enem Enemigo.

ENESA Entidad Estatal de Seguros Agrarios.

ENET Estimulación nerviosa eléctrica transcutánea.

Enf Enfermería.

ENF Estudio neurofisiológico || Fuerza Nuclear Europea (European Nuclear Force).

ENG Electroneurografía || Electronistagmografía (Electronystasmography) || Electronistagmograma (Electronystagmogram).

ENGR Ingeniero (Engineer).

ENGRG Ingeniería (Engineering).

ENI Organismo Nacional de Petróleos (Ente Nazionale Idrocarburi, Italia).

ENIAC Calculador e integrador numérico electrónico (Electronic Numerical Integrator and Calculator).

ENIT Ente Nacional de la Industria Turística (Ente Nazionale Industrie Turistiche, Italia).

ENL Eritema nodoso leproso.

ENM Escuela Naval Militar.

ENNA Encuesta nacional de nutrición y alimentación.

en° Enero.

ENO English National Opera.

ENR Ejército Nacional de Resistencia, Uganda.

ENRC Centro Europeo de Investigaciones Nucleares (European Nuclear Research Center).

ENRESA Empresa Nacional de Residuos Radiactivos.

ENSIDESA Empresa Nacional Siderúrgica Sociedad Anónima.

ENT Empresa Nacional de Telecomunicaciones, Colombia || Enfermedades neurodegenerativas transmisibles || Estimulación nerviosa transcutánea || Oído, nariz y garganta (Ear, Nose and Throat).

ENTEL Empresa Nacional de Telecomunicaciones, Argentina y Chile.

entlo Entresuelo.

ENUSA Empresa Nacional de Uranio Sociedad Anónima.

Env Ext Enviado extraordinario.

E_o Energía media de traslación de una molécula de un gas ideal a 0°C.

Eo Europio.

EO Electro óptica || Operación elemental (Elementary Operation).

EOA Enfermedad Oclusiva Arterial.

EOAP Enfermedad Oclusiva Arterial Periférica.

EOC Equipo de Oficina Central.

EOG Electrooculografía (Electrooculography || Electrooculograma (Electrooculogram) || Electroolfatografía (Electroolfactography) || Electroolfatograma (Electroolfactogram).

EOI Escuela de Organización Industrial.

E_{OIH} Coeficiente de extracción de ortoiodohipurán.

EOKA Organización Nacional para la Resistencia de Chipre (Ethniki Organosis Kipriakou Agonos, Grecia-Chipre).

EONR Organización Europea para la Investigación Nuclear (European Organization for Nuclear Research).

EOOJA Enfermedad de la orina con olor a jarabe de arce.

EOP Enfermedad ovárica poliquística.

EOPP Epirubicin, vincristina, procarbacina, prednisona.

EOQC Organización Europea para el Control de Calidad (European Organization for Quality Control).

EORTC Organización Europea para la Investigación y el Tratamiento del Cáncer (European Organization for Research and Treatment of Cancer).

Eos Eosinófilos.

ep Enfermedad profesional || Primera edición (Editio Princeps).

Ep Epimerasa || Obispo (Episcopus).

E_p Energía potencial || Tensión continua de placa o ánodo.

EP Economía política || Embarazo ectópico (Ectopic Pregnancy) || Embolia pulmonar || Encuentro Progresista, Uruguay || Energía potencial || Energía primaria || Enfermedad de Parkinson || Epilepsia parcial || Epirubicin, cisplatino || Epoxi poliamida || Estenosis pulmonar || Etileno propileno || Etopósido, cisplatino || Europa Press, agencia de noticias de España || Extraordinario y planipotenciario || Extremas presiones || Eyaculación precoz || Parlamento Europeo (European Parliament) || Poliestireno expandido (Expanded Polystyrene) || Potencial evocado (Evoked Potential) || Punto de neutralización (End Point).

EPA Ácido eicosapentaenoico (Eicosapentaenoic Acid) || Agencia para la Proteción Medioambiental (Environmental Protection Agency) || Aminas epoxifenólicas || Encuesta de población activa || Enfermedad perianal.

E_{PAH} Coeficiente de extracción de ácido paraaminohipúrico.

EPAQ Edema pulmonar agudo por gran altura.

EPB Epilepsia parcial benigna.

EPC Encefalopatía Porta-Cava || Enfisema Pulmonar Crónico || Negro de canales de proceso fácil (Easy Processing Channel Black) || Porfiria eritropoyética congénita.

EPCA Edema pulmonar por cota alta.

EPCG Electrofonocardiografía (Electrophonocardiography) || Electrofonocardiograma (Electrophonocardiogram).

EPCO Enfisema Pulmonar obstructivo crónico (Chronic Obstructive Pulmonary Emphysema).

EPD Detector electrónico de proximidad (Electronic Proximity Detector) || En paz descanse.

EPDM Etileno propileno dieno monómero.

EPEC Enteropatógenas (cepas) de *Escherichia coli.*

EPF Etileno propileno fluorado.

EPH Edema, proteinuria, hipertensión.

EPHH Electrograma proximal del haz de His.

EPHMRA Asociación Europea de Investigación en Marketing Farmacéutico (European Pharmaceutical Marketing Research Association).

EPI Enfermedad de Parkinson idiopática || Enfisema pulmonar intersticial || Imágenes ecoplanares || Indicador de elevación y posición (Elevation Position Indicator) || Indicador de posición electrónico (Electronic Position Indicator) || Indicador de posición ensanchado (Expanded Position Indicator) || Inventario de personalidad de Eysenck (Eysenck Personality Inventory).

EPK Partido Comunista de Euskadi.

EPL Esperanza, Paz y Libertad, referido a la actual denominación del extinto Ejército Popular de Liberación de Colombia || Espondilolistesis.

EPLF Frente de Liberación del Pueblo Eritreo (Eritrean People's Liberation Front, Etiopía).

EPLM Escuadrón de Plana Mayor.

EPLMS Escuadrón de Plana Mayor y Servicios.

EPM En propia mano.

EPN Endopeptidasa neutra.

EPO Entidad promotora observadora || Eritropoyetina (Erythropoietin).

EPOC Enfermedad pulmonar obstructiva crónica.

EPOrHu Eritropoyetina recombinante humana.

EPP Potencial de la placa terminal (End Plate Potential, referido a la unión neuromuscular) || Protoporfiria eritropoyética (Erythropoietic Protoporphyria).

EPQ Cuestionario de personalidad de Eysenck (Eysenck Personality Questionnaire).

EPR Caucho de etileno propileno (Ethylene Propylene Rubber) || (paradoja de) Einstein-Podolsky-Rosen || Ejército Popular Revolucionario, México || Resonancia paramagnética electrónica (Electronic Paramagnetic Resonance).

EPROM Memoria sólo de lectura programable y borrable (Erasable Programmable Read Only Memory)

|| Memoria sólo de lectura programable electrónicamente (Electronically Programmable Read Only Memory).

EPS Síndrome extrapiramidal (Extrapiramidal Syndrome) || Sistema extrapiramidal (Extrapyramidal System).

EPSA Empresa Pública del Suelo de Andalucía.

EPSP Potencial postsináptico excitatorio (Excitatory Postsynaptic Potential).

EPSPs Potenciales excitatorios postsinápticos (Excitatory Postsynaptic Potentials).

EPT Espesor del pligue (cutáneo) del Tríceps || Terpolímero de etileno propileno (Ethylene Propylene Terpolymer).

EPTC Etilopropiltiocarbamato.

EPU Ejército Popular de Uganda || Unidad de proceso extendida (Extended Processing Unit).

Epus Obispo (Episcopus).

eq Ecuación (Equation) || Peso equivalente gramo.

Eq Ecuación (Equation) || Ecualizador (Equalizer) || Equipo (Equipment) || Equivalente.

EQ Ecuador, referido a la matrícula internacional de automóvil || Ecualizador (Equalizer) || Equipo quirúrgico || Estreptoquinasa.

EQAV Equipo quirúrgico avanzado.

EQPT Equipo (Equipment).

Er Erbio || Ernesto || Estribor.

ER Equivalentes retinol || Exploración rectal (Rectal Examination) || Izquierda Republicana (Esquerra Republicana, Cataluña) || Receptor estrogénico (Estrogen Receptor) || Resistencia externa (External Resistance, referido a un circuito) || Respuesta evocada (Evoked Response) || Retículo endoplásmico (Endoplasmic Reticulum).

ERA Asociación de Investigación Eléctrica (Electrical Research Association) || Audiometría de respuesta evocada (Evoked Response Audiometry) || Ejército Revolucionario Armenio.

ERB Ejército Revolucionario de Bougainville, Nueva Guinea.

ERBF Flujo sanguíneo renal efectivo (Effective Renal Blood Flow).

ERC Estudio randomizado controlado || Izquierda Republicana de Cataluña (Esquerra Republicana de Catalunya).

ERCP Colangiopancreatografía retrógrada encoscópica (Endoscopic Retrograde Choledochopancreatography).

ERD Detector de respuesta evocada (Evoked Response Detector) || Estación de Radiodifusión.

ERDA Administración del Desarrollo e Investigación de la Energía (Energy and Research Development Administration).

ERDF Fondo para el Desarrollo Regional Europeo (European Regional Development Fund).

ERDR Referencia direccional del movimiento de la tierra (Earth Rate Directional Reference).

ERE Esfinterotomía retrógrada endoscópica || Expediente de regulación de empleo || Unión Radical Nacional (Ethniki Rizospastiki Enosis, Grecia).

EREMA Estación de Radio del Estado Mayor de la Armada.

ERFA Agencia Europea de Radiofrecuencia (European Radio Frequency Agency).

erg Ergio.

ERG Electroretinografía (Electroretinography) || Electroretinograma (Electroretinogram).

ERIA Electroradioinmunoensayo (Electroradioimmunoassay).

Erit Eritrea.

ERM Espectroscopia por resonancia magnética.

ERN Ejército de Resistencia Nacional, Uganda.

ERO Expediente de regulación de empleo.

Eros Satélite de observación de los recursos de la tierra (Earth Resources Observation Satellite).

ERP Período refractario efectivo (Effective Refractory Period) || Potencia efectiva radiada (Effective Radiated Power) || Potencial relacionado con el acontecimiento (Event Related potential).

ERPC Evacuación de los Productos Retenidos de la Concepción (Evacuation of Retained Products of Conception).

ERPF Flujo plasmático renal efectivo (Effective Renal Plasma Flow).

ERPs Event Related Potentials.

ERRN Ensayo de radiorreceptor para neurolépticos.

ERS Diagrama de entidad-relación (Entity Relationship Diagrams) || Satélite de recursos de la tierra (Earth Resource Satellite).

ERSB Boya emisora de señales de radio y sonoras (Expendable Radio Sono Buoy).

ERT Envase reutilizable de transporte || Instituto Nacional Helénico de la Radio y Televisión (Elliniki Radiophonia Tileorasis, Grecia) || Tratamiento de sustitución con estrógenos.

ERTS Satélite tecnológico de recursos terrestres (Earth Resources Technology Satellite).

ERV Enfermedad renovascular || Volumen de reserva espiratoria (Expiratory Reserve Volume).

ERVD Elemento que responde a la vitamina D.

Es Einstenio.

ES Efecto indeseable (Effect Size) || Electrón-sincrotrón || Electroshock || El Salvador, referido a la matrícula internacional de automóvil || Enzima-sustrato || Eritrosedimentación || Escala superior || Esclerosis sistémica || Espirometría simple || Estimulación eléctrica (Electrical Stimulus).

ESA Agencia Espacial Europea (European Space Agency) || Extrasístole atrial || Sociedad Entomológica de América (Entomological Society of America, EE.UU.).

ESADE Escuela Superior de Administración y Dirección de Empresas.

ESALA Ejército Secreto Armenio para la Liberación de Armenia.

ESAP Etopósido, metilprednisolona, arabinósido de citosina, cisplatino.

ESAPO Escuela de Apoyo Aéreo.

ESB Estimulación eléctrica del cerebro (Electrical Stimulation to Brain).

ESBO Selección electrónica y mando de barras (Electronic Selection and Bar Operation).

Esc Escuadra || Escudo, referido a la unidad monetaria de Portugal.

ESC Conferencia Europea del Espacio (European Space Conference) || Estatus socioeconómico || Estimulación del seno carotídeo.

ESCA Encuesta de Salud de Cataluña (Enquesta de Salut de Catalunya) || Espectrometría electrónica para análisis químicos (Electronic Spectrometry for Chemical Analysis) || Espectroscopio electrónico (de alta resolución) para el análisis químico (Electronic Spectroscopy for the Chemical Analysis).

ESCAP Comisión Económica y Social para Asia y el Pacífico (Economic and Social Commission for Asia and the Pacific, dependiente de la ONU).

ESCI Escuela Superior de Comercio Internacional (Escola Superior de Comerç Internacional).

ESCO Organización Educativa, Científica y Cultural (Educational, Scientific and Cultural Organization, dependiente de la ONU).

Escon Escuadrón, referido a caballería.

escrit Escritura.

ESCWA Comisión Económica y Social para Medio Oriente.

ESD Desorción estimulada con electrones (Electron Stimulated Desorption) || Escalón de seguridad divisionario.

ESE Estesureste.

ESEM Espectro electromagnético.

ESEPA Escuela de Energía y Propulsión de la Armada.

ESF Energía solar fotovoltaica || Factor estimulante de la eritropoyesis (Erythropoiesis Stimulating Factor) || Fundación Europea de la Ciencia (European Science Foundation).

ESFORCA Escuela de Formación de Cabos, referido a la Infantería de Marina.

ESH Esferocitosis hereditaria || Sociedad Europea de Hematología (European Society of Haematology).

ESHS Escala de susceptibilidad hipnótica de Stanford (Stanford Hypnotic Susceptibility Scale).

ESI Escuela de Sistemas Informáticos.

ESL Encefalitis de San Louis.

ESLAB Laboratorio Europeo de Investigación Espacial (European Space Research Laboratory).

Eslla Escuadrilla, referido al ejército del aire y a la armada.

ESMA Escuela de Mecánica de la Armada, Argentina.

ESNE Escuela Superior de Negocios.

ESO Educación secundaria obligatoria || Escuela Europea de Oncología (European School of Oncology) || Observatorio Europeo Meridional (European Southern Observatory).

ESOC Centro Europeo de Operaciones Espaciales (European Space Operations Centre).

ESOMAR Asociación Europea para Estudios de Opinión e Investigación de Mercado (European Society for Opinion Surveys and Market Research).

ESONE Normas Europeas de Electrónica Nuclear (Euroean Standards of Nuclear Electronics).

esp Español || Especialmente.

Esp España.

ESP Esclerosis sistémica progresiva || Percepción extrasensorial (Extrasensory Perception) || Poderes extrasensoriales (Extrasensorial Powers).

ESPANTELCO Compañía Telefónica Nacional de España, referido a su dirección telegráfica.

ESPGAN Sociedad Europea de Gastroenterología Pediátrica y Nutrición (European Society for Pediatric Gastroenterology and Nutrition).

Espol Espoleta.

ESR Velocidad de sedimentación globular (Erythrocyte Sedimentation Rate).

ESRD Enfermedad Renal en Fase Terminal (End Stage Renal Disease).

ESRF Fuente Europea de Radiación Sincrotrón (European Sincrotron Radiation Fount).

ESRIN Instituto Europeo de Investigación Espacial (European Space Research Institute).

ESRO Organización Europea de Investigación Espacial (European Space Research Organization).

ESS Sistema de conmutación electrónica (Electronic Switching System).

ESSCC Conferencia Europea de Circuitos de Estado Sólido (European Solid State Circuits Conference).

est Estatuto || Estimar o calcular (Estimate).

Est Estonia || Estratégico.

EST Electroshock terapia (Electroshock Therapy) || Especialista en sistemas de telecomunicaciones/ Hora

normal del este (Eastern Standard Time, EE.UU.).
estd Estimado o calculado (Estimated).
ESTI Instituto Europeo de Tecnología Espacial (European Space Technology Institute).
Est° Estanco.
ESTRO Sociedad Europea para la Radioterapia y la Oncología (European Society for Therapeutic Radiology and Oncology).
ESU Unidad electrostática (Electrostatic Unit).
ESUBMAR Escuela de Submarinos de la Armada.
ESUBO Escuela de Suboficiales.
ESV Extrasístole supraventricular.
ESVD Sociedad Europea de Dermatología Veterinaria.
ESVEM Estudio electrofisiológico frente a monitorización Electrocardiográfica.
ESZ Eritrosedimentación Z.
Et Etilo.
Ét Ética.
ET Egipto, referido a la matrícula internacional de automóvil || Ejército de Tierra || Esclerosis tuberosa || Estatuto de los trabajadores || Etosuximida || Extraterrestre.
ET Endotraqueal.
ETA Ácido eicosatrienoico (Eicosatrienoic Acid) || Asociación Europea de Profesores (European Teachers'Association) || Atomización electrotérmica (Electrothermal Atomization) || Etionamida || País Vasco y Libertad (Euzkadi Ta Askatasuna) || Tiempo estimado de llegada (Estimated Time of Arrival).
ETA-AAS Espectrofotometría de absorción atómica con atomización Electrotérmica (Electrothermal Atomization Atomic Absorption Spectrophotometry).
et al Y otros/as (Et Alii).
ETA-m ETA militar.
ETAp-m ETA político-militar.
EtAPB Etopósido, adriamicina, cisplatino, bleomicina.
ETB Etambutol || Televisión Vasca (Euskal Telebista).
etc Y demás (Et Caetera).
EtCAV Etopósido, ciclofosfamida, adriamicina, vincristina.
ETCD Equipo terminal de circuito de datos.
ETCM Especialista en telecomunicación militar.
ETD Equipo terminal de datos || Hora estimada de salida (Estimated Time of Departure).
ETE Ecocardiograma transesofágico.
ETEA Escuela de Transmisiones y Electricidad de la Armada.
ETEC Enterotóxicas (cepas) de *Escherichia coli.*
ETG Ecotomografía.
ETH Etiopía, referido a la matrícula internacional de automóvil.
EtHM Etopósido, hexametilmelamina, metotrexato.
ETI Elemento de tratamiento de la información || Eritroblastopenia transitoria de la infancia || Intubación endotraqueal (Endotracheal Intubation) || Tiempo estimado de intercepción (Estimated Time of Interception).
etim Etimología.
ETO Etileno óxido || Organización Europea del Transporte (European Transport Organization).
Etop Etopósido.
EtP Etopósido, cisplatino.
ETS Conmutador telegráfico electrónico (Electronic Telegraph Switch) || Enfermedades de Transmisión Sexual || Escala de tropas y servicios || Escuela Técnica Superior || Hora estimada de salida (Estimated Time of Sailing).
ETSAB Escuela Técnica Superior de Arquitectos de Barcelona.
ETSI Escuela Técnica Superior de Ingenieros || Instituto Europeo de Normas de Telecomunicación (Eu-

ropean Telecommunication Standard Institute).

ETSIAN Escuela Técnica de Ingenieros de Armas Navales.

ETT Empresa de trabajo temporal.

ETTA Enriqueta (Henrietta).

ETTU Unión Europea de Tenis de Mesa (European Table Tennis Union).

ETU Etilentiourea.

ETUC Confederación Europea de sindicatos (European Trade Union Confederation).

ETV Ecografía transvaginal || Televisión educativa (Educational Television).

EtVAC Etopósido, vincristina, adriamicina, ciclofosfamida.

Eu Eugenio || Europio.

EU Escuela Universitaria || Estados Unidos || Extrauterino || Extremadura Unida || Izquierda Unida (Esquerda Unida, Galicia) || Unidad de entropía (Entropy Unit) || Unidad enzimática (Enzyme Unit) || Unión Europea (European Union).

EUA Estados Unidos de América || Examen Bajo Anestesia (Examination Under Anesthesia) || Unidad de Cuenta Europea (European Unit of Account).

EUDEBA Editorial Universitaria de Buenos Aires.

EUE Escuela Universitaria de Enfermería.

EUF Escuela Universitaria de Fisioterapia.

EUFTT Unión Europea de Técnicos del Cine y de la Televisión (European Union of Film and Television Technicians).

Eug° Eugenio.

EUI Escuela Universitaria de Enfermería (Escola Universitaria de Infermería, Cataluña) || Estados Unidos de Indonesia.

EUIT Escuela Universitaria de Ingenieros Técnicos.

EUM Estados Unidos de México.

EUNSA Ediciones de la Universidad de Navarra Sociedad Anónima.

EUP Embarazo extrauterino (Extrauterine Pregnancy) || Ensayo de Unión a las Proteínas.

Eur Europa.

EURATOM Comisión Europea de la Energía Atómica (European Atomic Energy Commission).

EURO Oficina Regional Europea (European Regional Office, dependiente de la FAO).

Euro$ Eurodólar.

EUROCEAN Asociación Oceanográfica Europea (European Oceanographic Association).

EUROPMI Unión Europea de Pequeñas y Medianas Industrias.

EUROPOL (oficina) Europea de Policía (European Police).

EUROSPACE Grupo de Estudio Europeo para la Industria Espacial (European Industrial Space Study Group).

EUROSTAT Estadística Europea (oficina). (European Statistic).

EUSS Escuela Universitaria Salesiana de Sarriá, Barcelona.

EUTELSAT Satélite de Telecomunicaciones Europeo (European Telcommunications Satellite).

EUTG Estudios Universitarios y Técnicos de Guipúzcoa.

EUV Estudios Universitarios de Vic (Estudis Universitaris de Vic).

EUW Unión Europea de Mujeres (European Union of Womens).

eV Electrón voltio.

E_v Energía de vibración.

EV Endovenoso || Escalón de vigilancia || Exploración vaginal || Extrasístole ventricular || Los Verdes (Els Verds, Cataluña).

EVA Actividad extra vehicular (Extra Vehicular Activity) || Escuadrón de vigilancia aérea || Acetato de etileno de vinilo (Ethylene Vinyl Acetate).

Evac Evacuación.
EVAC Etopósido, vincristina, adriamicina, ciclofosfamida.
evap Evaporar (Evaporate) || Evaporación (Evaporation).
EVAP Etopósido, vinblastina, arabinósido de Citosina, Cisplatino.
evapd Evaporado (Evaporated).
evapn Evaporación (Evaporation).
EVB Ecografía de la vesícula biliar.
EVC Capacidad vital espiratoria (Expiratory Vital Capacity).
EVDS Epirubicin, vindesina.
EVE Ente Vasco de la Energía || Espacio de Vídeo Europeo || Etil vinil éter.
evln Evolución (Evolution).
EVMC Epirubicin, etopósido, metotrexato, lomustina.
EVO Enfermedad venooclusiva.
EVP Estenosis valvular pulmonar.
EVR Registrador de vídeo electrónico (Electronic video Recording).
EVW Enfermedad de Von Willebrand.
EW Enfermedad de Wilson || Estonia, referido a la matrícula internacional de automóvil || Radar de aproximación (Early Warning).
EWO Orquesta Europea de Mujeres (European Women's Orchestra).
ex Exceso (Excess).
EXAFS Estructura fina de absorción de rayos X (Extended X-Ray Absorption Fine Structure).
examd Examinado (Examined).
examn Examinación (Examination).
EXc[a] Excelencia.
Excia Excelencia.
Excma Excelentísima.
Excmo Excelentísimo.
excp Excepción.
EXEVP Vicepresidente ejecutivo (Executive Vicepresident).
ex lib De la Biblioteca de (Ex Libris).
Exma Excelentísima.
Exmo Excelentísimo.
exp Explotar || Exponencial.
Exp Expediente || Exploración.
Exp RC Expediente del Registro Civil.
EXP Expansor.
EXP/EM Exploración electromagnética.
expte Expediente.
ext Externo || Extracto.
extn Extracción (Extraction).
EZAPAC Escuadrilla de Zapadores Paracaidistas.
EZLN Ejército Zapatista de Liberación Nacional, México.

F

f Factor de corrección || Femenino || Fluido || Folio || Fórmula || Fragmento, referido a citogenética || Frecuencia || Fuerza || Función || Guilder, referido a la unidad monetaria de Holanda.

f Aceleración || Coeficiente de actividad para una concentración molar || Coeficiente de fricción || Frecuencia || humedad relativa.

F Carga total || Energía libre de Gibbs || Energía por unidad de peso || Faraday || Faradio || (grados) Fahrenheit || Felipe || Femenino || Fetal || Filamento || Flúor || Francia, referido a la matrícula internacional de automóvil || Frecuencia || Frecuencímetro || Frío || Fuerza || Furstenan || Fusible || Gas de espacio muerto, referido al pulmón || Indicador (Flag) || Padre (Father) || Pérdida de fricción.

F Constante de Faraday || Constante Gravitacional || Energía Libre || Factor (nivel) de ruido || Fuerza.

F/A Fuego de apoyo.

F/AC Fuego de acompañamiento.

F/C/AA Fuego contraantiaéreo.

F/D Fuego de destrucción, referido a acción de ataque por parte de un ejército.

F/DT Fuego de detención.

F/H Fuego de hostigamiento.

F VIII:C Actividad coagulante del factor VIII.

f(x) Función de X, referido a matemáticas.

f'(x) Derivada de X con respecto a X.

F-1-P Fructosa-1-fosfato.

F-6-P Fructosa-6-fosfato.

F1 Fórmula 1, referido a la competición de automóviles.

fA Femtoamperio.

Fa Factura.

FA Ácido fólico (Folic Acid) || Ácidos grasos (Fatty Acids) || Agente filtrable (Filterable Agent) || Alcohol furfurílico (Furfuryl Alcohol) || Alveolitis fibrosa (Fibrosing Alveolitis) || Anticuerpo fluorescente (Fluorescent Antibody) || Asociación de fútbol (Football Association) || Fibrilación auricular || Filtro antiparasitario || Fluorouracilo, adriamicina || Fosfatasa alcalina || Fracción de acortamiento, referido al ventrículo izquierdo || Fuerza Aérea || Fuerza Anfibia || Fuerzas Armadas || Sumador Completo (Full Adder).

FAA Administración Federal de Aviación (Federal Aviation Administration, EE.UU.) || Agencia Federal de Aviación (Federal Aviation Agency, EE.UU.) || Libre de toda avería (Free of All Average).

FAB Bombardeo rápido de átomos (Fast Atom Bombardment) || Factor activador de las células B || Fluorouracilo, adriamicina, carmustina || Francesa-americana-británica, referido a la dosificación en la leucemia aguda.

fac Facsímil.

Fac Facultad.
FAc Fosfatasa ácida.
FAC Fármacos anticomiciales || Fluorouracilo, adriamicina, ciclofosfamida || Frente de Liberación Catalán (Front d'Alliberament Català).
FAC-S Fluorouracilo, adriamicina, ciclofosfamida, streptozocin.
FACA Futuro Avión de Combate y Ataque.
FACH Fuerza Aérea de Chile.
FACMpa Fluorouracilo, adriamicina, ciclofosfamida, medroxiprogesterona acetato.
FACP Fluorouracilo, adriamicina, ciclofosfamida, cisplatino.
fact Factura.
FACT Test de clasificación aptitudinal de Flanagan (Flanagan Aptitude Classification Test).
FACV Fluorouracilo, adriamicina, ciclofosfamida, vincristina.
FAD Factor acelerador de la descomposición, referido a las proteínas de membrana || Flavín adenina dinucleótido (Flavin Adenine Dinucleotide) || Fomento de las Artes Decorativas (Foment de les Arts Decoratives, Cataluña) || Fosfato amónico dibásico || Fuerza Árabe de Disuasión || Fundación de Ayuda contra la Drogadicción.
FADH Flavín adenina dinucleótido reducido.
FADINT Fuerza Anfibia de Intervención.
FADN Flavín adenina dinucleótido.
FADSE Fondo Árabe para el Desarrollo Social y Económico.
FAE Factor activador de los eosinófilos || Fuerza Aérea Española || Fuerza Aérea Estratégica.
FAF Factor activador de los fibroblastos.
FAGC Frente de Liberación Gay de Cataluña (Front d'Alliberament Gay de Catalunya).
FAh Fenilalanina hidroxilasa.
FAH Factor antihemofílico.
FAI Federación Aeronáutica Internacional || Federación Anarquista Ibérica || Federación Anarquista Internacional.
FAIA Frente Árabe Islámico del Azaouad, Mali.
FAINE Fármaco antiinflamatorio no esteroideo.
FAL Factor activador de los linfocitos || Fosfatasa alcalina Leucocitaria || Frente Andaluz de Liberación || Fuerzas Armadas de Liberia.
fam Familia.
FAM Factor activador de los macrófagos || Flavín adenina mononucleótido || Fluorouracilo, adriamicina, mitomicina.
FAM-S Fluorouracilo, adriamicina, mitomicina, streptozocin.
FAMA Anticuerpos fluorescentes contra el antígeno de membrana (Fluorescent Antibody against Membrane Antigen).
FAMB Fluorouracilo, adriamicina, mitomicina, carmustina.
FAMET Fuerzas Aeromóviles del Ejército de Tierra.
FAMHOC Federación de Asociaciones de Médicos de Hospitales de Cataluña.
FAMP Fluoro-AMP.
Fan Francisca (Frances).
FAN Factor antinuclear, referido a bioquímica || Factor atrial natriurético || Fuerzas Armadas del Norte (Forces Armées du Nord, Chad.
FANA Anticuerpo antinuclear fluorescente (Fluorescent Antinuclear Antibody).
FANDOM Reino del Aficionado (Fan Kingdom).
Fanny Francisca (Frances).
FANT Fuerzas Armadas Nacionales del Tchad (Forces Armées Nationals du Tchad).
FANV Fibrilación auricular no valvular.

FANZINE Revista de aficionados (Fan Magazine).

FAO Factores activadores de los osteoclastos || Fuerza Anfibia Operativa || Organización (de las Naciones Unidas) para la Agricultura y la Alimentación (Food and Agriculture Organization).

FAP Factor activador de las Plaquetas || Factor de agregación plaquetario || Federación antipiratería || Fluoroapatita || Fluorouracilo, adriamicina, cisplatino || Fosfatasa ácida prostática || Poliposis adenomatosa familiar.

FAPE Federación de Asociaciones de Prensa de España.

FAPIR Frente de los Artistas Populares y Revolucionarios, Portugal.

FAPLA Fuerzas Armadas Populares de Liberación de Angola.

FAQ Calidad media razonable (Fair Average Quality).

Far Faraday || Farmacia.

FAR Foro de Acción para la Renovación (Forum d'Action pour la Rénovation, Gabón) || Frente de Asociaciones para la Renovación (Front d'Associations pour la Rénovation, Togo) || Fuerza de Acción Rápida || Fuerzas Armadas Revolucionarias, Guatemala || Fuerzas Armadas de Ruanda (Forces Armées de Ruande).

FARC Fuerzas Armadas Revolucionarias Colombianas.

FARL Fuerzas Armadas Revolucionarias Libanesas.

Farm Farmacia.

FART Fosfatasa ácida resistente al tartrato.

FAS Fuerzas Armadas || Libre al costado del buque (Free Alongside the Ship) || Servicio de asistencia de vuelo (Flight Assistance Service) || Síndrome alcohólico fetal (Foetal Alcohol Syndrome).

FASA Fabricación de Automóviles Sociedad Anónima.

fasc Fascículo.

FASE Fundación AntiSIDA de España.

FASEE Federación de Asociaciones de Sociología del Estado Español.

FAST Examen funcional (Functional Assessment).

FATBLE Fuerza Aerotransportable.

FATO Fuerza Aérea del Teatro de Operaciones.

FATRA Fuerza Aérea de Transporte.

FAV Fístula arteriovenosa.

FAW Radar de aproximación (Forward Area Warning).

Fax Facsímil.

FAX Facsímil.

FAZ Fuerzas Armadas del Zaire (Forces Armées du Zaire).

FB Fenobarbital.

FBC Formación bruta de capital.

FBCF Formación Bruta de capital fijo.

FBD Fenilbifeniloxadiazol.

FBE Federación Bancaria (de la Unión) Europea.

FBI Oficina Federal de Investigación (Federal Bureau of Investigation, EE.UU.).

FBM Fiebre botonosa mediterránea.

FBN Oficina Federal de Narcóticos (Federal Bureau of Narcotics, EE.UU.).

FBO Factor de beneficio del oxígeno.

FBR Reactor autogenerador rápido (Fast Breeder Reactor).

fbro Febrero.

FBS Fibrobroncoscopia.

FBu Franco de Burundi, referido a la unidad monetaria.

FBZ Fenilbutazona.

f_c Frecuencia de reloj (Clock Frequency).

fc Ferrocarril || Pie bujía (Foot Candle).

FC Conexión frontal (Front Connected) || Factor de catástrofe || Factor citrovorum || Factor de conversión ||

Factor de crecimiento || Ferrocarril || Fijación del complemento || Fracción de crecimiento || Frecuencia cardíaca || Fútbol Club.

FCC Catalizador de Cracking Fluido (Fluid Cracking Catalyst) || Comisión Federal de Comunicaciones (Federal Communications Commission, EE.UU.) || Facultad de Ciencias de la Comunicación || Fondo Catalán de Cooperación (Fons Català de Cooperació).

FCCB Factor de crecimiento de las células B.

FCCE Factor de crecimiento de células endoteliales || Fondos de Cohesión de las Comunidades Europeas.

FCCH Factor de crecimiento celular hematopoyético.

FCCt Factor de crecimiento de las células T.

FCD Fenciclidina.

FCDN Factor citotóxico destructor natural.

FCE Factor de crecimiento epidérmico || Fluorouracilo, lomustina, epirubicin || Fondo de cultura económica.

FCF Factor de crecimiento de los fibroblastos || Frecuencia cardíaca fetal.

FCFA Franco de la Comunidad Francófona Africana.

FCG Fonocardiografía || Fonocardiograma.

FCHP Factor de crecimiento del hibridoma y plasmocitoma.

FCI Factor de crecimiento insulinoide || Fenilcarbamato de isopropilo || Fondo de Compensación Interterritorial || Fondo Común de Inversión || Frecuencia cardíaca intrínseca.

FCIR Fuerzas Combinadas de Intervención Rápida.

FCM Factor de células madres || Federación Catalana de Municipios (Federació Catalana de Municipis) || Fragilidad corpuscular media || Fuerza cimomotriz.

FCMc Factor de crecimiento de los macrófagos.

FCN Factor de crecimiento nervioso || Fenilcetonuria.

Fco Francisco.

FCOP Factores de crecimiento de origen plaquetario.

FCP Fenilcicloexil-piperidina o fenciclidina.

FCR Fundación Catalana para la Investigación (Fundació Catalana per a la Recerca).

FCRD Frente Congoleño para la Restauración de la Democracia.

FCT Factor de crecimiento transformador || Fosfocloridotiotato || Reloj de Frecuencia de tiempo (Frequency Clock Time).

FD Defensor de la Fe (Fidei Defensor) || Densidad de flujo (Flux Density) || Distancia focal (Focal Distance) || División de frecuencia (Frequency Division) || Forum Democrático, Hungría || Fuerza de Desembarco || Parto mediante fórceps (Forceps Delivery).

FDA Administración (del gobierno) para los Alimentos y los Medicamentos (Food and Drugs Administration, EE.UU.) || Foto detector de avalancha (Fotodiodo).

FDB Enfermedad familiar de la apo B.

FDC Controlador de disco flexible (Flopy Disk Controller) || Fluorouracilo, adriamicina, ciclofosfamida || Fluorouracilo, doxorrubicina, cisplatino.

FDCB Factor de diferenciación de las células B.

FDCH Ftalato de diciclohexilo.

FDCP Factor de crecimiento de plaquetas.

FDD Ftalato de didecilo || Frente para la Democracia y el Desarrollo, Surinam.

FDDC Dimetil ditiocarbonato férrico (Ferric Dimethyl Dithiocarbonate).

FDE Factor de diferenciación de los eosinófilos || Ftalato de dietilo || Fosfodiesterasa.

FDEm Factor de diferenciación de los eosinófilos murinos.

FDES Fondo de Desarrollo Económico y Social.

Fdez Fernández.

FDF Fructosa difosfato.

FDG Fluorodesoxiglucosa.

FDH Foro Democrático Húngaro.

FDI Federación Dental Internacional (Fédération Dentaire Internationale).

FDID Ftalato de diisodecilo.

FDIO Ftalato de diisooctilo.

FDIU Muerte intrauterina del feto (Fetal Death in Utero).

FDM Multiplaje por Reparto de Frecuencias (Frequency Division Multiplex).

FDMi Fluorouracilo, adriamicina, mitomicina.

FDN Ftalato de dinonilo || Frente Democrático Nacional, México || Frente Democrático Nacional, Yemen || Fuerza Democrática Nicaraguense.

FDNB Fluorodinitrobenceno.

FDNOD Ftalato de Di(n-Octilo, n-Decilo).

Fdo Fernando || Firmado.

FDO Ftalato de dioctilo || Fumarato de dioctilo.

FDOS Sistema operativo de disco funcional (Functional Disk Operating System).

FDP Fructosa difosfato (Fructose Diphosphate) || Partido Demócrata Liberal (Freie Demokratische Partei, Alemania) || Procesamiento de datos de vuelo (Fligh Data Processing) || Productos de degradación de la fibrina (Fibrin Degradation Product).

FDR Frente Democrático Revolucionario, El Salvador || Franklin Delano Roosevelt.

FDRPE Frente Democrático Revolucionario Popular Etíope.

FDS Fosfato dibásico sódico || Frente Democrático Social, Guinea Bissau.

FDSS Frente Democrático de Salvación Somalí.

FDTD Ftalato de ditridecilo.

FDU Frente Democrático Unificado, Malawi.

FdUMP Fluorodesoxiuridina monofosfato.

FdUTP Fluorodesoxiuridina trifosfato.

Fe Hierro (Ferrum).

FE Eritroblastosis fetal (Fetal Erythroblastosis) || Falange Española || Farmacopea Española || Faringoesofágico || Ferritina eritrocitaria || Fluorouracilo, epirubicin || Fracción de eyección.

FEA Federación Española de Automovilismo || Feniletilamina || Federación Internacional para la Educación Artística (Fédération Internationale pour l'Éducation Artistique).

FEANI Federación Europea de Asociaciones Nacionales de Ingenieros (Fédération Européenne d'Associations Nationales d'Ingenieurs).

FEB Factor estimulante de las células B.

FEBM Federación Española de Balonmano.

feb° Febrero.

FEC Corrección de error directo (Forward Error Correcting) || Factor estimulante de colonias || Federación Española de Ciclismo || Fluorouracilo, epirubicin, ciclofosfamida || Fotoquimioterapia extracorpórea || Fundación Española del corazón || Fundación Europea de la Cultura (Fondation Européenne de la Culture).

FEC-G Factor estimulante de colonias de granulocitos.

FEC-GM Factor estimulante de colonias de granulocitos y macrófagos.

FEC-M Factor estimulante de colonias de macrófagos.

FECAC Federación de Entidades Culturales Andaluzas en Cataluña.

FECAICA Federación de Cámaras y Asociaciones Industriales Centroamericanas.

FECG Electrocardiografía fetal (Fetal Electrocardiography) || Electrocardiograma fetal (Fetal Electrocardiogram).

FECMpa Fluorouracilo, epirubicin, ciclofosfamida, medroxiprogesterona acetato.

FECOM Fondo Europeo de Cooperación Monetaria.

FECSA Fuerzas Eléctricas de Cataluña Sociedad Anónima.

FED Fondo Europeo de Desarrollo.

FEDATRANS Federación Estatal de Asociaciones de Transportistas.

FEDEA Fundación de Estudios de Economía Aplicada.

FEDENATUR Federación Europea de Espacios Naturales y Rurales.

FEDER Fondo Europeo de Desarrollo Regional.

FEEG Farmacoelectroencefalografía.

FEF Factor estabilizador de la fibrina || Federación Española de Fútbol || Flujo espiratorio forzado.

FEF 25-75 Flujo espiratorio forzado entre el 25 y el 75% de la capacidad total.

FEF_{50} Flujo espiratorio forzado al 50% de la capacidad vital.

FEFAC Federación Europea de Fabricantes de Alimentos Compuestos.

FEFIC Federación de Ferias de Cataluña (Federació de Fires de Catalunya).

FEG Genitales externos femeninos (Female External Genitalia).

FEH Factor estimulante de los Hepatocitos.

FEI Federación Ecuestre Internacional (Fédération Équestre Internationale).

FEIM Fuerza Expedicionaria de Infantería de Marina.

FEIQUE Federación Empresarial de la Industria Química Española.

FEIT Federación Española de Innovación Tecnológica.

FEL Láser de electrones libres (Free Electron Laser).

FeLV Virus de la leucemia felina (Feline Leukaemia Virus).

fem Femenino.

FEM Flujo espiratorio máximo || Flujo espiratorio medio || Fluorouracilo, epirubicin, mitomicina || Fuerza electromotriz || Fundación Esclerosis Múltiple.

FEMP Federación Española de Municipios y Provincias.

FEMRPA Federación de Movimientos de Renovación Pedagógica en Andalucía.

FEN Formación del Espíritu Nacional.

FeNa Fracción excretada de sodio.

FENACO Federación (de Asociaciones Profesionales) de Naturópatas y Acupuntores.

FENASTRAS Federación Nacional de Sindicatos de Trabajadores de El Salvador.

FENDA Federación de Entidades en Defensa de la Adopción.

FENOSA Fuerzas Eléctricas del Norte Sociedad Anónima.

FEO Fracción de extracción de oxígeno.

FEOGA Fondo Europeo de Orientación y de Garantía Agrícola (Fond Européenne d'Orientation et de Garantie Agriculturel).

FEP Federación Española de Patinaje.

FEPACI Federación Panafricana de Cinematografía.

FEPS Federación Española de Padres Separados.

FER Federación Española de Restaurantes.

FERE Federación Española de Religiosos de Enseñanza.

Ferede Federación de Entidades Religiosas Evangélicas de España.

FES Federación Española de Sociología.

FESEC Fundación de Estudios Sociales y Económicos de Cataluña (Fundació d'Estudis Socials i Economics de Catalunya).

FESF Federación Española de Sociedades Filatélicas.

FESI Federación Española de Sociedades de Informática.

FET Factor estimulante de la trombocitopoyesis || Falange Española Tradicionalista || Transistor de efecto de campo (Field Effect Transistor).

FETIG Transistor de efecto de campo con puerta aislada (Field Effect Transistor Isolated Gate).

FETIGMOS Transistor de efecto de campo de Metal Óxido Semiconductor con Puerta Aislada (Field Effect Transistor Isolated Gate Metal Oxide Semiconductor).

FETMOS Transistor de efecto de campo metal óxido semiconductor (Field Effect Transistor Metal Oxide Semiconductor).

FETMOSN Transistor de efecto de campo metal óxido semiconductor de canal N (Field Effect Transistor Metal Oxide Semiconductor channel).

FETMOSP Transistor de efecto de campo metal óxido semiconductor de canal P (Field Effect Transistor Metal Oxide Semiconductor channel P).

FETN Transistor de efecto de campo de canal N (Field Effect Transistor channel N).

FETP Transistor de efecto de campo de canal P (Field Effect Transistor channel P).

FEV Flujo extravascular || Volumen espiratorio forzado.

FEV_1 Volumen espiratorio forzado en 1 segundo (Forced Expiratory Volume in 1 Second).

FEVD Fracción de eyección del ventrículo derecho.

FEVE Ferrocarriles Españoles de Vía Estrecha.

FEVI Fracción de eyección ventricular izquierda.

FEX Fuerza expedicionaria.

ff Folios.

FF Fenol formaldehído || Flip-Flop o circuito biestable || Fracción de filtración, referido al glomérulo || Fragata o corbeta || Soldados del Destino (Fianna Fáil, partido republicano de Irlanda).

FFA Ácidos grasos libres (Free Fatty Acids) || Instituto de Fomento Cinematográfico, Alemania.

FFAA Fuerzas Armadas.

FFC Fosfofructocinasa.

FFCC Ferrocarril (es).

FFG Fragata lanzamisiles.

FFH Fragata portahelicópteros.

FFI Libre de infección (Free From Infection).

FFMLN Frente Farabundo Martí de Liberación Nacional, El Salvador.

FFNN Fuerzas Navales.

FFP Plasma fresco congelado (Fresh Frozen Plasma).

FFPA Libre de ácido prúsico (Free From Prussic Acid).

FFS Espectroscopia de fluorescencia por fragmentación || Frente de Fuerzas Socialistas (Front de Forces Socialistes, Argelia).

FFT Transformada rápida de Fourier (Fast Fourier Transform).

Fg Fuerza gravitacional.

FG Filtrado glomerular || Fusilero granadero.

FGAN Nitrato amónico de calidad fertilizante (Fertilizer Grade Ammonium Nitrate).

FGC Ferrocarriles de la Generalidad de Cataluña (Ferrocarrils de la Generalitat de Catalunya) || Fosfoglicerato cinasa.

FGD Fondo de Garantía de Depósitos.

FGF Factor de crecimiento fibroblástico (Fibroblastic Growth Factor) || Flujo de gas fresco, referido a anestesia).

FGI Fosfoglucoisomerasa.

FGM Fosfogliceromutasa.

FGO Órganos genitales femeninos (Female Genital Organs).

FGS Fondo de garantía salarial.

FGSN Filtrado glomerular de una sola nefrona.

FGTB Federación General del Trabajo de Bélgica (Fédération Générale du Travail de Belgique).

FH Anamnesis familiar (Family History) || Corazón fetal (Foetal Heart).

FH_2 Dihidrofolato.

FH_4 Tetrahidrofolato.

fha Fecha.

FHA Fitohemaglutinina.

FHC Flujo hemático cerebral.

FHCRC Centro de Investigación Cancerológica Fred Hutchinson (Fred Hutchinson Cancerologic Research Center).

FHG Factor hiperglicémico.

FHH Hipercalcemia hipocalciúrica familiar (Familial Hypocalciuric Hypercalcemia).

FHI Federación Internacional de Halterofilia (Fédération Haltérophile Internationale).

FHP Fracción de caballo de vapor (Fractional Horse Power) || Potencia de frenada expresada en caballos de vapor (Friction Horse Power).

FHR Frecuencia cardíaca fetal (Fetal Heart Rate).

FI Factor intrínseco || Forza Italia || Fosfoinositido || Frecuencia intermedia || Intervalo fijo (Fixed Interval).

FIA Federación de Industrias Afines || Federación Internacional de Astronáutica || Federación Internacional del Automóvil (Fédération Internationale de l'Automobile) || Fluoroinmunoensayo || Fosfatasa inmunoalcalina.

FIAA Federación Internacional de Atletismo Amateur (Fédération Internationale Athlétique d'Amateur).

FIAC Feria Internacional de Arte Contemporáneo (Férie International d'Art Contemporain, París).

FIAF Federación Internacional de Archivos de Film.

FIAJ Federación Internacional de Albergues de la Juventud (Fédération Internationale des Auberges de la Jeunesse).

FIAMMM Fondos de Inversión en Activos del Mercado Monetario.

FIAP Federación Internacional del Arte Fotográfico (Fédération Internationale de l'Art Photographique).

FIAPA Fundación para la Investigación Agraria en la Provincia de Almería.

FIAPF Federación Internacional de Asociaciones de Productores de Cine (Fédération Internationale des Associations de Producteurs de Films).

FIAPP Federación Internacional de Asociaciones de Productores de Películas.

FIAT Fábrica Italiana de Automóviles de Turín (Fabbrica Italiana Automobili Torino) || Federación Internacional de Archivos de Televisión.

FIAWOL El Fandom es una forma de vida (Fandom is a Way of Life).

FIBA Federación Internacional de Baloncesto Amateur (Fédération Internationale de Basketball Amateur) || Federación Internacional de Boxeo Amateur.

FIBANC Banco de Finanzas e Inversiones.

FIC Centro de Información de Vuelo (Flight Information Center).

FICC Federación Internacional de Cámping y de Caravaning (Fédération Internationale de Camping et de Caravanning).

FICE Federación del Calzado Español.

FICE-M Factor intensificador de la citotoxicidad de los eosinófilos (derivado) de los monocitos.
FID Federación Internacional de la Diabetes (Fédération Internationale du Diabète) || Federación Internacional de Documentación (Fédération Internationale de Documentation) || Fosa Ilíaca Derecha.
FIDA Fondo Internacional para el Desarrollo Agrícola.
FIDE Federación Internacional de Ajedrez (Federation International d'Echec).
FIDES Agencia Internacional de Noticias FIDES, Estado Vaticano.
FIDO Organización para la Defensa de la Industria del Cine (Film Industry Defence Organization).
FIE Factor inhibidor de la emigración || Federación Internacional de Esgrima (Fédération Internationale d'Escrime).
FIEE Federación de Industrias Eléctricas y Electrónicas (Fédération des Industries Electriques et Electroniques de France).
FIEHS Fundación Internacional de Estudios Históricos y Sociales.
FIEJ Federación Internacional de Editores de Periódicos (Fédération Internationale des Éditeurs de Journaux).
FIEP Federación Internacional de Editores de Periódicos.
FIET Federación Internacional de Empleados, Técnicos y Cuadros (Fédération Internationale des Employés, Techniciens et Cadres).
FIF Flujo inspiratorio forzado.
FIFA Federación Internacional de Fútbol Asociación.
FIFO El primero en entrar es el primero en salir (First In- First Out).
FIG Federación Internacional de Gimnasia (Fédération Internationale de Gymnastique).
FIGC Federación Italiana de Fútbol (Federazione Italiana Gioco Calcio).
FIGlu Ácido formiminoglutámico.
FIGO Federación Internacional de Ginecología y Obstetricia (Fédération Internationale de Gynécology et d'Obstetrique).
FIH Federación Internacional de Hockey (Fédération Internationale de Hockey) || Federación Internacional de Hospitales (Fédération Internationale des Hôpitaux) || Hiperglucemia Inducida por Grasas (Fat Induced Hyperglycemia).
FII Fosa ilíaca izquierda || Fuerzas de Intervención Inmediata.
FIJ Federación Internacional de Judo (Fédération Internationale de Judo) || Federación Internacional de Periodistas (Fédération Internationale des Journalistes).
FIJAGH El Fandom no es más que un condenado hobby (Fandom is Just a Goddamned Hobby).
FIJC Fundación Internacional José Carreras, referido a la lucha contra la leucemia.
FIJL Federación Ibérica de Juventudes Libertarias.
fil Filamento.
Fil Filosofía.
FIL Factor inductor de la leucocitosis || Factor inhibidor de la leucemia || Filamento.
FILS Factor inhibidor de liberación de somatotropa.
FIM Factor inhibidor de la migración, referido a macrófagos || Federación Internacional de Músicos (Fédération Internationale des Musiciens) || Fondos de Inversión Mobiliaria.
FIMINT Fuerzas de Infantería de Marina de Intervención.
FIMP Federación Internacional de Medicina Física (Fédération Internationale de Médecine Physique).
FIMS Federación Internacional de Medicina Deportiva (Fédération Internationale de Médecine Sportive).

Fin Finlandia.

FIN Finlandia, referido a la matrícula internacional de automóvil || Frente Islámico Nacional, Sudán.

FINA Federación Internacional de Natación Amateur (Féderation Internationale de Natation Amateur).

FINNAIR Líneas Aéreas Finlandesas (Finnland Airways).

FIO_2 Fracción inspiratoria de oxígeno, es decir concentración de oxígeno inspirado.

FIP Factor inductor de la proteolisis || Federación Internacional Farmacéutica (Fédération Internationale Pharmaceutique) || Federación Internacional de Filatelia (Fédération Internationale de Philatélie) || Fibrosis pulmonar idiopática (Idiopathic Pulmonary Fibrosis).

FIPO Federación Internacional de Filatelia Olímpica (Federation Internationale de Philatélie Olimpique).

FIPRO Federación Internacional de (futbolistas) Profesionales.

FIR Farmacéutico interno residente || Fuerza de Intervención Rápida || Región de Información de Vuelo (Flight Information Region).

FIRA Federación Internacional de Rugby Amateur (Fédération Internationale de Rugby Amateur).

FIRDA Actividad Rítmica Intermitente Frontal (Frontal Intermittent Rhytmic Activity).

FIRP Factor de impacto relativo de las publicaciones.

FIRS Federación Internacional de Patinaje sobre Ruedas (Fédération Internationale de Patinage à Roulettes).

Fis Física.

FIS Federación Internacional de Esquí (Fédération Internationale de Ski) || Festival Internacional de Santander || Frente Islámico de Salvación (Front Islamic de Salvation, Argelia || Servicio de Información de Vuelo (Flight Information Service).

FISA Federación Internacional del Deporte del Automóvil (Fédération Internationale de Sport Automobile).

FISITA Federación Internacional de Sociedades de Ingenieros y Técnicos del Automóvil.

FISL Federación Internacional de Sindicatos Libres.

FISU Federación Internacional del Deporte Universitario (Fédération Internationale du Sport Universitaire).

FIT Federación Internacional de Tenis || Federación Internacional de Traductores (Fédération Internationale des Traducteurs) || Federación Internacional del Transporte (Fédération International du Transport).

FITA Federación Internacional de Tiro con Arco (Fédération Internationale de Tir à l'Arc).

FITC Fluoresceína isotiocianato.

FITCE Federación Internacional de Ingenieros de Telecomunicaciones de la Comunidad Europea (Fédération Internationale des Ingénieurs des Télécommunications de la Communnauté Européenne).

FITEI Festival Internacional de Teatro de Expresión Ibérica.

FITT Federación Internacional de Tenis de Mesa (Fédération Internationale de Tennis de table).

FITUR Feria Internacional del Turismo.

FIV Fecundación in vitro || Fondo de Inversiones de Venezuela.

FIV_1 Volumen inspiratorio forzado en 1 segundo (Forced Inspiratory Volume in 1 Second).

FIV-TE Fecundación in vitro y transferencia embrionaria.

FIVA Fichero informático de vehículos asegurados.

FIVB Federación Internacional de

Voleybol (Fédération Internationale de Volley-Ball).

FJD Federación de Jóvenes Demócratas, Hungría.

FJI Fiji, referido a la matrícula internacional de automóvil.

fl Femtolitro || Filtro (Filter) || Pie Lambert (Foot Lambert) || Piso (Floor).

Fl Flexión || Flexor || Fluido, referido a líquido.

FL Filtro (Filter) || Forma lógica || Liechtenstein, referido a la matrícula internacional de automóvil.

FLA Fosfolipasa.

FLAA Frente de Liberación del Air y el Azaouad, Niger.

FLAM Fuerzas de Liberación Africanas de Mauritania (Forces de Libération Africaines de Mauritanie).

FLAR Fondo Latinoamericano de Reserva.

FLB Factor (de crecimiento) del *Lactobacillus bulgaricus*.

FLBE Filtro eliminador de banda (Filter Band Elimination).

FLBP Filtro de paso de banda (Filter Band Pass).

FLC Factor liberador de la corticotropina.

FLCL Linfoma folicular de células grandes (Follicular Large Cell Lymphoma).

FLCS Frente de Liberación de la Costa de Somalia.

FLD Flujómetro láser con (efecto) Doppler.

FLE Frente de Liberación de Eritrea, Etiopía.

FLEA Factores de ligadura endotelial alta.

FLEC Frente de Liberación del Enclave de Cabinda.

FLH Factor liberador de histamina.

FLHC Factor liberador de la hormona del Crecimiento.

FLHP Filtro de paso alto (Filter High Pass).

FLING Frente de la Lucha para la Liberación de Guinea, Guinea Bissau.

FLKS Frente de Liberación Kanako Socialista (Front de Libération Kanako Socialiste, Nueva Caledonia).

FLL Factor Laki-Lorand.

Flla Flotilla.

FLLP Filtro de paso bajo (Filter Low Pass).

FLN Frente de Liberación Nacional (Front de Libération Nationale, Argelia).

FLNC Frente de Liberación Nacional de Córcega (Front de Libération Nationale de Corse).

FLNKS Frente de Liberación Nacional Kanako Socialista (Front de Libération Nationale Kanako Socialiste, Nueva Caledonia).

FLNM Frente de Liberación Nacional Moro, Filipinas.

FLNU Frente de Liberación Nacional de Uganda.

FLO Frente de Liberación Oromo, Etiopía.

Flor Florencia || Florida.

FLP Frente de Liberación Popular.

FLPE Frente de Liberación Popular de Eritrea, Etiopía.

FLPT Frente de Liberación Popular de Tigré, Etiopía.

FLQ Frente de Liberación del Québec (Front de Libération du Québec).

flr Florín, referido a la unidad monetaria.

FLR Fiessinger-Leroy-Reiter, referido al síndrome.

FLRN Frente Lao para la Reconstrucción Nacional, Laos.

FLS Señal de línea libre (Free Line Signal).

FLT Filtro (Filter).

FLTR Filtro (Filter).

flu Influenza.

FLUT Frente de Liberación Unido Tamil, Sri Lanka.

Fm Fermio.

FM Fórmula magistral || Malnutrición fetal (Fetal Malnutrition) || Modulación de frecuencia (Frequency Modulation).

FMA Factor de Motilidad Autocrino || Fondo Monetario Árabe.

FMANU Federación Mundial de Asociaciones para las Naciones Unidas (Fédération Mondiale des Associations pour les Nations Unies).

FMC Federación de Municipios de Cataluña (Federació de Municipis de Catalunya) || Federación de Mujeres Cubanas || Ford Motor Company.

FMCP Financión a muy corto plazo.

FME Frecuencia muy elevada.

FMEM Flujo medio espiratorio máximo.

FMF Fiebre mediterránea familiar.

FMG Franco de Madagascar, referido a la unidad monetaria.

FMH Radiofaro (y radiobaliza) de abanico (Fan Marker).

FMI Fondo Monetario Internacional || Hijos de María Inmaculada (Filii Mariae Immaculatae).

Fmk Finnmark o Marco Finlandés, referido a la unidad monetaria de Finlandia.

FMK Fosfato monobásico potásico.

FML Linfoma folicular mixto (Follicular Mixed Lymphoma).

FMLN Farabundo Martí de Liberación Nacional (frente), El Salvador.

FMLP Formil-metionil-leucil-fenilalanina.

FMM Fuerza magnetomotriz.

FMME Flujo máximo a media espiración.

FMMR Fiebre manchada de las Montañas Rocosas.

FMN Flavina mononucleótido || Fondo Mundial para la Naturaleza.

fmol Femtomol.

FMP Fuerza Multinacional de Protección || Primer Período Menstrual (First Menstrual Period).

FMPA Federación Mundial para la Protección de los Animales (Fédération Mondiale pour la Protection des Animaux).

FMS Federación Mundial de Sindicatos || Federación Mundial de Sordos (Fédération Mondiales des Sourds) || Fluorouracilo, mitomicina, streptozocin || Foro Multisectorial Social, Guatemala.

FN Fibronectina || Frente Nacional (Front Nationale, Francia) || Fuerza Naval || Fuerza Nueva.

FNA Aspiración con aguja fina (Fine Needle Aspiration) || Factor Natriurético Atrial.

FNABC Biopsia y Citología de Aspiración con Aguja Fina (Fine Needle Aspiration Biopsy and Cytology).

FNAC Fondo Nacional de Arte Contemporáneo.

FNB Frente Nacional de Botswana.

FNCD Frente Nacional para el Cambio y la Democracia (Front Nationale pour le Changement et la Démocratie, Haití).

FNDR Frente Nacional para la Defensa de la Revolución (Front Nationale pour la Défense de la Révolution, Madagascar).

FNEC Federación Nacional de Estudiantes de Cataluña (Federació Nacional d'Estudiants de Catalunya).

FNEP Federación Nacional de Empresas de Publicidad.

FNG Fundación Nacional de Gerontología (Fondation National de Gerontologie, Francia).

FNI Federación Naturista Internacional (Fédération Naturiste Internationale).

FNIE Federación Nacional de Industrias Electrónicas (Fédération National des Industries Electroniques, Francia).

FNIF Fundación Internacional Florence Nightingale (Florence NIghtingale International Foundation).

FNLA Frente Nacional de Liberación de Angola (Frente Nacional de Libertaçao de Angola).

FNLG Frente Nacional para la Liberación de la Guayana.

FNM Movimiento Libre Nacional (Free National Movement, Bahamas).

FNMC Federación Navarra de Municipios y Concejales.

FNMT Fábrica Nacional de Moneda y Timbre.

FNS Frente Nacional Somalí.

FNT Factor de necrosis tumoral || Fuerza nuclear táctica.

FNTC Factor neurotrófico ciliar.

FNU Fondo de las Naciones Unidas (Fond des Nations Unies, dirigido a los refugiados) || Fuerzas de las Naciones unidas (Forces des Nations Unies).

FNUR Frente Nacional Unido Revolucionario, Xinjiang-China.

FO Fibra óptica || Fondo del ojo || Foramen oval || Fuerza Obrera (Force Ouvrier, Francia) || Ministerio de Asuntos Exteriores (Foreing Office, Reino Unido).

FOAM Fluorouracilo, vincristina, adriamicina, mitomicina.

FOB Broncoscopio de fibra óptica (Fiberoptic Bronchoscope) || Entregado a bordo (Free On Board) || Sangre oculta en heces (Fecal Occult Blood).

FOC Frente Obrero de Cataluña (Front Obrer de Catalunya, ya desaparecido y antecesor del PSC) || Fuerza Operativa Conjunta || Libre de gastos (Free of Charge).

FOCA Asociación de Constructores de Fórmula Uno (Formula One Constructing Association).

FOCI Fuerza Operativa Conjunta de Intervención.

FOD Fiebre de origen desconocido.

FOE Endoscopia Fibroóptica (Fiberoptic Endoscopy) || Fondo de Operaciones Especiales.

FOFA Plan para el Ataque a las Fuerzas de Reserva (Follow On Forces Attack).

FOGASA Fondo de garantía salarial.

fol Folio.

fols Folios.

FOMi Fluorouracilo, vincristina, mitomicina.

Fon Fonética.

Fonol Fonología.

foo Folio.

FORATOM Forum Atómico (Forum Atomique, referido a Europa).

FORD Foro para la Restauración de la Democracia (Forum for the Restoration of Democracy, Kenya).

FORPPA Fondo de Ordenación y Regulación de Precios y Productos Agrarios.

FORPRONU Fuerzas de Protección de las Naciones Unidas.

Fort Fortificación.

FORTA Federación de Organismos de Radio y Televisiones Autonómicas.

FORTRAN Traducción de fórmulas (Formula Translation).

FOS Libre a bordo del buque (Free on Steamer).

FOT Frecuencia óptima de trabajo (Optimum Working Frequency) || Libre a bordo de camiones (Free on Trucks).

fp Punto de Congelación (Freezing Point).

FP Agencia Francesa de Prensa (France Press) || Factor plaquetario || Flavoproteína || Formación profesional || Frente Polisario || Frente Popular || Planificación familiar (Family Planning) || Plasma congelado (Frozen Plasma) || Punto de congelación (Freezing Point).

Fp-25 Fuerzas Populares del 25 de Abril, Portugal.

FPA Factor potenciador del amiloide || Frente Popular de Azerbaiyán || Libre de avería particular (Free from Particular Average).

FPAC Fuerza Paracaidista.

FPB Frente Popular Bielorruso.
FPC Concentrado de proteínas de pescado (Fish Protein Concentrate) || Poliposis familiar del colon (Familial Polyposis Coli).
FPDC Frente Popular Demócrata Cristiano, Moldavia.
FPE Frente Popular Estoniano.
FPF Federación Potuguesa de Fútbol (Federaçao Portuguesa de Futbol).
FPFE Federación de Planificación Familiar de España.
FPGA Red de puertas programables por el usuario (Field Programmable Gate Array).
FPI Fibrosis pulmonar idiopática.
FPL Lógica programable por el usuario (Field Programble Logic).
FPLA Red lógica programable por el usuario (Field Programmable Logic Array).
FPLE Frente Popular de Liberación de Eritrea.
FPLO Frente Popular para la Liberación de Omán.
FPLP Frente Popular para la Liberación de Palestina.
FPLS Secuenciador lógico programable por el usuario (Field Programmable Logic Sequencer).
fpm Destellos por minuto (Flashes Per Minute) || Pies por minuto (Feet Per Minute).
FPM Frente Popular Marfileño, Costa de Marfil.
FPMR Frente Patriótico Manuel Rodriguez, Chile.
FPN Flujo plasmático renal.
FPNL Frente Patriótico Nacional de Liberia.
FPNLI Frente Patriótico Nacional de Liberia-Independiente.
FPÖ Partido Austríaco de la Libertad también conocido como Partido Nacional Liberal (Freiheitliche Partei Österreichs).
FPP Fracción proteica del plasma || Frente Patriótico para el Progreso, República Centroafricana || Fuerzas Públicas Panameñas.
FPPB Frente Progresista Popular de Botswana.
FPPS Frente Progresista Popular de Seychelles.
FPR Flujo Plasmático Renal || Frente Patriótico de Ruanda (Front Patriotique de Ruande).
FPRE Flujo plasmático renal efectivo.
FPRMP Corrección de memoria solamente de lectura programable por el usuario (Field Programmable Read only Memory Patch).
fps Imágenes por segundo (Frames Per Second) || Pie Libra Segundo (Foot Pound Second, referido al sistema de unidades) || Pies por segundo (Feet Per Second).
FPS Factor de protección solar || Fórum del Pacífico Sur.
fpse Pie libra segundo (sistema) electrostático (Foot Pound Second Electrostatic system).
fpsm Pie libra segundo (sistema) electromagnético (Foot Pound Second Electromagnetic system).
FQ Fibrosis quística || Fluoroquinolonas || Frecuencia (Frequency).
FQCY Frecuencia (Frequency).
FQEA Factor quimiotáctico eosinofílico de anafilaxia.
FQP Fibrosis quística del páncreas.
fr Francés || Frase.
Fr Francia || Francio || Fray || Hermano (Frater).
FR Factor reumatoide || Factores de riesgo || Federación Rusa || Fiebre reumática || Frecuencia respiratoria || Fusil de repetición || Reacción de floculación (Floculation Reaction) || Relación fija (Fixed Ratio).
fra Factura || Fractura || Punto frágil, referido a citogenética.
FRA Factor receptor accesorio || Fiebre reumática aguda || Frente Radical Alfarista, Ecuador.
frag Fragmento.

Franc Franciscano.
FRAP Dolor abdominal recurrente funcional (Functional Recurrent Abdominal Pain) || Frente de Acción Popular, Chile || Frente Revolucionario Antifascista Patriótico.
FRAPH Frente para el Avance y el Progreso de Haití (Front pour l'Avancement et le Progrès d'Haiti).
FRB Frente de la Revolución Boliviana.
FRC Capacidad residual funcional (Functional Residual Capacity) || Glóbulos rojos congelados (Frozen Red Cells).
FRDE Factor de relajación derivado del endotelio.
Frec Frecuencia.
Fred Federico (Frederick).
FREDEMO Frente Democrático, Perú.
FRELIMO Frente de Liberación de Mozambique (Frente de Libertaçao de Moçambique).
FREQ Frecuencia (Frequency).
FRETILIN Frente Revolucionario para la Independencia de Timor Oriental.
FRF Factor liberador del folículo (Follicle Releasing Factor).
FRGP Formación reticular gigantocelular pontina.
FRH Factor de restricción homólogo || Hormona liberadora del folículo (Follicle Realeasing Hormone).
FRN Frente de Reconstrucción Nacional, Ecuador.
FRNZ Fernández.
FROC Frente Revolucionario de Obreros y Campesinos, Nicaragua.
FRODEBU Frente para la Democracia en Burundi.
FROLINAT Frente de Liberación Nacional del Tchad (Front de Libération National du Tchad).
FRP Flujo renal plasmático || Plástico reforzado con fibra de vidrio (Fiber Glass Reinforced Plastic).
FRPE Flujo renal plasmático efectivo.
FRR Fuerzas de Reacción Rápida, referido a la OTAN.
FRS Frente Republicano Socialista, Portugal || Sistema de la Reserva Federal (Federal Reserve System, EE.UU.).
FRT Factor reemplazante de las células T.
Fru Fructosa.
FRUD Frente para la Restauración de la Unidad y la Democracia (Front pour la Restauration de la Unité et la Démocratie, Djibuti).
FRUIDEM Frente de Resistencia para la Unidad, Independencia y Democracia en Mauritania (Front de Résistance pour la Unité, Independence et Démocratie dans Mauritanie).
frust En pequeñas porciones (Frustillatum).
fs Facsimile.
FS Ferrocarriles del Estado (Ferrovie Stato, Italia) || Franco suizo || Frecuencia de los sucesos || Fuego simultáneo, referido a armas || Variación de frecuencia (Frequency Shift).
FSB Comisión Federal de Normalización (Federal Specifications Board, EE.UU.).
FSC Consejo de Seguridad para los Alimentos (Food Safety Council, EE.UU.) || Flujo sanguíneo cerebral.
FSCL Flujo sanguíneo cerebral local || Linfoma folicular de células pequeñas hendidas (Follicular Small Cleaved Cell Lymphoma).
FSCr Flujo sanguíneo cerebral regional.
FSCR Flujo sanguíneo cerebral regional.
FSD Desviación hasta el límite de la escala (Full Scale Deflection).
FSE Fondo Social Europeo || Fuerzas de Seguridad del Estado.
FSF Factor estabilizante de la fibrina

(Fibrin Stabilizing Factor) || Fenolsulfonftaleína.

FSH Hormona estimulante del folículo (Follicle Stimulating Hormone).

FSHRF Factor liberador de la hormona estimulante del folículo (Follicle Stimulating Hormone Releasing Factor).

FSHRH Hormona liberadora de la hormona folículo estimulante (Follicle Stimulating Hormone Releasing Hormone).

FSI Frecuencia sinusal intrínseca.

FSIp Frecuencia sinusal intrínseca predicha.

FSK Modulación por desplazamiento de frecuencia (Frequency Shift Modulation).

FSL Pérdida en el espacio libre (Free Space Loss).

FSLN Frente Sandinista de Liberación Nacional, Nicaragua.

FSM Federación Sindical Mundial (Fédération Syndicale Mondiale) || Federación Socialista Madrileña.

FSN Frente de Salvación Nacional, Rumanía.

FSND Frente de Salvación Nacional Democrático, Rumanía.

FSP Flujo sanguíneo pulmonar.

FSR Flujo sanguíneo renal.

FSRC Flujo sanguíneo regional cerebral.

FSS Formaldehído sulfoxilato sódico.

FSVI Fin de la sístole del ventrículo izquierdo.

ft Pie (Foot).

FT Fisioterapeuta || Fracaso total (referido a un tratamiento médico).

ft-c Bujía pie (foot Candle).

FT_4 Tiroxina libre (Free Tiroxine).

FT_4I Índice de tiroxina libre (Free Tiroxine Index).

ft-Ib Libra pie (foot Pound).

ft-L Lambert pie (Foot Lambert).

FT_3 Triyodotironina libre (Free Triiodotironine).

FT_3I Índice de triyodotironina libre (Free Triiodotironina Index).

ft/s Pies por segundo (Feet per Second).

FTA Anticuerpo treponémico fluorescente (Fluorescent Treponemal Antibody) || Acuerdo de Libre Comercio (Free Trade Agreement).

FTA-ABS Prueba de absorción de anticuerpos treponémicos fluorescentes (Fluorescent Treponemal Antibody Absortion).

FtAB Ftorafur, adriamicina, carmustina.

FTE Flavoproteína que transfiere electrones || Fosfato de Trietilo.

FTI Índice de tiroxina libre (Free Thyroxine Index).

FTND Parto normal a término (Full Term Normal Delivery).

FTP Fluorotriptófano || Protocolo para transferir ficheros (File Transfer Protocol).

FTS Factor tímico sérico || Fosfato tribásico sódico.

FTZ Zona de libre comercio (Free Trade Zone).

FU Examen fraccionado de la orina (Fractional Urinalysis) || Fluorouracilo || Fuerza Unificada, Guyana || Fusible (Fuse) || Urobilinógeno fecal (Fecal Urobilinogen).

FUACE Federación Universal de Asociaciones Cristianas de Estudiantes (Fédération Universelle des Associations Chrétiennes d'Étudiants).

FUB Hemorragia uterina funcional (Functional Uterine Bleeding).

FUCV Fracción utilizable de la capacidad vital, referido al índice de Tiffenau.

FUDM Frente Unido para la Democracia Multipartidista, Malawi.

FUDR Fluorodesoxiuridina o floxuridina.

FUE Frecuencia ultra elevada.

FUEN Unión Federal de Nacionalidades Europeas (Federal Union of European Nationalities).

FULK Frente Unido de Liberación Kanako (Front Uni de Libération Kanako, Nueva Caledonia).

FULNPL Frente Unido para la Liberación Nacional del Pueblo Lao, Laos.

FULRO Frente Unificado de Liberación de las Razas Oprimidas, Vietnam.

FULT Frente Unido de Liberación Tamil, Sri Lanka.

FUMP Fluorouridina Monofosfato.

FUNCINPEC Frente Unido Nacional para una Camboya Independiente, Neutral, Pacífica y Cooperativa.

fund Fundación || Fundador.

FUND Frente Unido Nacional Democrático, Sri Lanka.

FUNDESCO Fundación para el Desarrollo de las Comunicaciones.

FUNSK Frente Unido de Salvación Nacional de Kampuchea.

FUO Fiebre de origen desconocido (Fever of Unknown Origin).

FUP Subir o aumentar la frecuencia (Frequency Up).

FURAM Frente Unificado para la Resistencia Armada Mauritana (Front Unifie pour la Résistance Armée Mauritanie).

Fus Fusil.

FUSA Fusil de asalto.

fut Futuro.

FUT Frente Unitario de Trabajadores, Ecuador.

FUTP Fluorouridina Trifosfato.

fV Femtovoltio.

FV Fibrilación ventricular || Frecuencia ventilatoria.

FVAP Ftorafur, vindesina, adriamicina, cisplatino.

FVC Capacidad vital forzada (Forced Vital Capacity).

FVW Factor de Von Willebrand.

FVWag Antígeno del factor de Von Willebrand.

FW Bobinado rápido (Fast Wind) || Focke Wulff.

fwd Cuatro ruedas motrices (Four Wheel Drive).

FWD Directo (Forward).

FWHM Anchura de banda a media altura (Full Width at Half Maximum).

FWR Rectificador de onda completa (Full Wave Rectifier).

FWS Sueño con ondas rápidas (Fast Wave Sleep).

FWWMR Resistente al fuego, agua, intemperie y moho (Fire, Water, Weather, Mildew Resistant).

Fx Fractura.

FXC Ferroxcube.

FY Año fiscal (Fiscal Year).

Fz Fernández.

G

g Aceleración debida a la gravedad Terrestre || Coeficiente osmótico || Conductancia específica || Constante gravitacional || Galón, referido a unidad de volumen || Gaseoso || Grado || Gramo || Gravedad, referido a física.

G Conducción eléctrica || Conductancia de las vías aéreas, referido al pulmón || Constante de la gravedad de Newton || Gabriel || Ganancia || Gastrina || Gauss || Generador || Giga || Globulina || Glucosa || Gonzalo || Gourde, referido a la unidad monetaria de Haití || Gracia || Granulocitos || Greenwich || Guanina || Guaraní, referido a la unidad monetaria de Paraguay || Guatemala, referido a la matrícula internacional de automóvil || Guillermo || Puerta (Gate).

G Ganancia || Conductancia || Constante gravitacional || Gigaohmio || Potencial termodinámico.

G/ Giro.

G/A Tierra-aire (Ground-Air, referido a misil).

g/l Gramos por litro.

g/mL Gramos por mililitro.

G/p Giro postal.

G-1-PUT Galactosa-1-fosfato uridiltransferasa (Galactose-1-Phosphate Uridyltransferase).

G-3 Colombia, México y Venezuela, referido al pacto de libre comercio suscrito por los países citados a mediados de 1994.

G-3-P Gliceraldehído-3-fosfato (Glycerladehyde-3-Phosphate).

G-6-P Glucosa-6-fosfato (Glucose-6-Phosphate).

G-6-PD Glucosa-6-fosfato dehidrogenasa (Glucose-6-Phosphate Dehydrogenase).

G-6-PDH Glucosa-6-fosfato deshidrogenasa (Glucose-6-Phosphate Dehydrogenase).

G-7 Grupo de los 7, referido a los países más industrializados del mundo.

G-24 Grupo de los 24, referido a países pobres en vías de desarrollo.

G-CSF Factor estimulante de colonias de granulocitos (Granulocyte Colony Stimulating Factor).

g_{45} Aceleración de la gravedad en Latitud 45°.

Ga Galio.

GA Ácido glucurónico (Glucuronic Acid) || Anestesia general (General Anesthesia) || Gingivoaxial || Glaucoma agudo || Glucemia en ayunas || Grupo de artillería || Jugadores anónimos (Gamblers Anonymus).

Gª García.

GAAA Grupo de Artillería Antiaérea.

GAAAL Grupo de Artillería Antiaérea Ligera.

GAAAM Grupo de Artillería Antiaérea Misiles.

Gab Gabón.

GABA Acido gamma aminobutírico (Gamma Aminobutyric Acid).

GABA-T GABA alfa cetoglutarato transaminasa.
gac Gaceta.
GAC Grupo Acorazado.
GACA Grupo de Artillería de Campaña.
GACTA Grupo de Artillería de Costa.
GAD Glutamato descarboxilasa || Gran Alianza para la Democracia, Filipinas || Trastorno de ansiedad generalizado (Generalized Anxiety Disorder).
GAE Grupo Aéreo Embarcado.
GAG Glucosaaminoglucanos.
GAH Globulina antihemofílica.
GAIA Generación asistida de imágenes animadas.
gal Galón (Gallon).
Gal Galactosa || Galicia.
GAL Galinin || Globulina antilinfocitaria || Grupos Antiterroristas de Liberación.
Gal-1-P Galactosa-1-fosfato.
GALCA Grupo de Lanzacohetes de Campaña.
gall Gallego.
GALT Tejido linfoide asociado al intestino (Gut Associated Lymphoid Tissue).
Galv Galvánico || Galvanómetro (Galvanometer).
Gam Gambia.
GAM Glucoproteína asociada a la mielina || Grupo Aeromóvil || Grupos de Apoyo Mútuo, Guatemala || Misil aéreo guiado (Guided Aircraft Missile).
GAN Grupo Aeronaval.
GANUPT Grupo de Asistencia de las Naciones Unidas para el Período de Transición, Namibia.
GAP Grupo para el Progreso de la Psiquiatría (Group for the Advancement of Psychiatry).
GAPD Gliceraldehído fosfato deshidrogenasa.
GARI Grupo de Acción Revolucionaria Internacional, Francia.
GAS Arteriosclerosis generalizada (Generalized Arteriosclerosis) || Síndrome general de adaptación (General Adaptation Syndrome).
GASEDAM Gabinete de la Secretaría de Estado de la Administración Militar.
GASL Asociación Alemana para el Estudio del Hígado.
GAT Globulina antitimocítica || Hora aparente de Greenwich (Greenwich Apparent Time) || Transistor de puerta asociada (Gate Associated Transistor).
GATCPAC Grupo de Arquitectos y Técnicos Catalanes para el Progreso de la Arquitectura Contemporánea.
GATEPAC Grupo de Arquitectos y Técnicos Españoles para el Progreso de la Arquitectura Contemporánea.
GATI Grupo de Análisis y Tratamiento Informatizado.
GATMIDEF Gabinete Técnico del Ministro.
GATSEDAM Gabinete Técnico de la Secretaría de Estado de la Administración Militar.
GATT Acuerdo General Sobre Aranceles Aduaneros y Comerciales (General Agreement on Tariffs and Trade).
Gb Gigabyte.
GB General de brigada || Glóbulo blanco || Gran Bretaña || Guillain-Barré, referido al síndrome || Reino Unido, referido a la matrícula internacional de automóvil || Vesícula Biliar (Gall Bladder).
GBI Guerra biológica.
GBM Glioblastoma multiforme || Membrana basal glomerular (Glomerular Basal Membrane).
GBS George Bernard Shaw || Streptococo del grupo B (Group B Streptococcus).
GBZ Gibraltar, referido a la matrícula internacional de automóvil.
Gc Gigaciclo.

GC Gasto cardíaco || Glucocorticoide || Gonococia || Cromatografía de gases (Gas Chromatography) || Gramática categorial || Gran Canaria, referido a la matrícula nacional de automóvil || Granulocitos circulantes || Grupo de caballería || Grupo de Centro, Nicaragua || Guardacostas || Guardia Civil.

GC/s Gigaciclo por segundo.

GCA Aproximación controlada desde tierra (Ground Controlled Approach) || Arteritis de células gigantes (Giant Cells Arteritis).

GCAC Grupo de Caballería Acorazado.

GCAS Sistema de aproximación controlada desde tierra (Ground Controlled Approach System).

GCFT Test de fijación del complemento para el gonococo (Gonococcal Complement Fixation Test).

GCh Gonadotropina coriónica humana.

GCH Granada de carga hueca.

GCI Intercepción controlada desde tierra (Ground Controlled Interception).

GCKD Gobierno de Coalición de Kampuchea Democrática.

GCLAC Grupo de Caballería Ligero Acorazado.

GCMZ Grupo de Caballería Mecanizado.

GCNUB Gobierno de Coalición Nacional de la Unión de Birmania.

GCR Registro por Código de Grupo (Group Code Recording).

GCS Escala de Glasgow para el coma (Glasgow Coma Escale) || Glutamil cisteína sintetasa.

GCT Hora civil de Greenwich (Greenwich Civil Time).

Gd Gadolinio.

GD Dador general (General Donor, referido a sangre) || General de División || Gran Duque || Grupo de desembarco.

Gd-DTPA Gadolinio dietilentriaminopentaacético ácido.

GDA Guanina deaminasa.

GDE Ecuación de Gibbs-Duhem (Gibbs-Duhem Equation).

GDF Gas de Francia || Repartidor de grupo primario (Group Distribution Frame).

GDH Glutámico deshidrogenasa.

GDME Dimetil éter del glicol (Glycol Dimethyl Ether).

GDO Oscilador de caída de rejilla (Grid Dip Oscillator).

GDP Guanosina difosfato (Guanosine Diphosphate).

GDS Global deterioration scale.

Ge Germanio.

GE Buenas tardes-noches (Good Evening) || Gastroenterología || Gastroenterostomía || General Electric || Gerona, referido a la matrícula nacional de automóvil || Guerra electrónica.

GEA Gastroenteritis aguda.

GEAS Grupo Especial de Actividades Subacuáticas, referido a la unidad de la Guardia Civil Española.

GEB Gasto energético basal.

GEC General Electric Company.

GECA Gabinete de Estudios de la Comunicación Audiovisual.

GED Gestión Electrónica de Documentos.

GEF Genitales externos femeninos.

GEIE Grupo Europeo de Interés Económico.

GEIP Grupo Europeo Independiente de Programas.

gel Gelatina.

GEL Grupo de Estudios Latinoamericanos.

GELAC Guerra electrónica acústica.

GEM Genitales externos masculinos.

GEMM Granulocitos, elementos eritroides, macrófagos y megacariocitos.

gen General || Generador.

gén Género.

GEN Generador || General || Génesis.

GEO Grupo Especial de Operaciones, referido a la policía Española || Órbita terrestre geoestacionaria (Geostationary Earth Orbit) || Órbita Terrestre Geosincrónica (Geosynchronous Earth Orbit).
Geog Geografía.
Geol Geología.
Geom Geometría.
GEOREF Referencia geográfica (sistema mundial de) (Geographic Reference).
GEP Gastroenteropancreático.
GEPPS Grupo Europeo de Prevención y Promoción de la Salud.
GER Gasto energético en reposo || Gran Enciclopedia Rialp || Grupo de exploraciones subterráneas || Reflujo gastroesofágico (Gastroesophageal Reflux).
GERS Grupo de Estudios e Investigaciones Submarinas (Groupe d'Études et Recherches Sousmarines, Francia).
GESG Gramática de estructura sintagmática generalizada.
GESN Gramática de estructura sintagmática (orientada hacia el) núcleo.
GETEAR General jefe del tercio de Armada.
GEU Gestación extrauterina.
GeV Gigaelectrón voltio.
GF Fibra de vidrio (Glass Fibre) || Filtrado glomerular (Glomerular Filtrate) || Gramática funcional || Granada de fusil.
GFAP Proteína ácida gliofibrilar (Gliofibrillare Acid Protein).
GFC Globulina fijadora del cortisol.
GFCC Granada de fusil contracarro.
GFCL Linfoma folicular de células gigantes (Giant Folicullar Cell Lymphoma).
GFCS Sistema de control de arma de fuego (Gunfire Control System).
GFD Dieta libre de gluten (Gluten Free Diet).
GFES Globulina fijadora de los esteroides sexuales.
GFH George Frederick Haendel.
GFHS Globulina fijadora de la hormona sexual.
GFP Proteína fluorescente verde (Green Fluorescent Protein).
GFR Tasa de filtrado glomerular (Glomerular Filtration Rate).
GFT Globulina fijadora de tiroxina.
GFTe Globulina fijadora de testosterona.
GFTU Federación General de Sindicatos (General Federation of Trade Unions, EE.UU.).
GFU Granada fumígena.
GFUF Granada fumígena de fusil.
GFUI Granada fumígena incendiaria.
GFV Velocidad de filtrado glomerular (Glomerular Filtration Velocity).
GG Gamma globulina (Gamma Globulin) || Gramática generativa.
GGM Misil tierra-tierra (Ground to Ground Missile).
GGT Gamma glutamil Transferasa || Secciones geocientíficas Globales (Global Geoscience Transects).
GGTP Gamma Glutamil Transpeptidasa.
GH Hormona del crecimiento (Growth Hormone) || Hospital general (General Hospital).
GHb Hemoglobina glucosilada.
GHB Gamma hidroxi butirato.
GHQ Cuartel general (General Headquarter).
GHRF Factor liberador de la hormona del crecimiento (Growth Hormone Releasing Factor).
GHRH Hormona liberadora de la hormona del crecimiento (Growth Hormone Releasing Hormone).
GHRIF Factor inhibidor de liberación de la hormona del crecimiento (Growth Hormone Release Inhibiting Factor).
GHRIH Hormona inhibidora de la liberación de la hormona del creci-

miento (Growth Hormone Release Inhibiting Hormone).
GHRP Péptido liberador de la hormona del crecimiento (Growth Hormone Releasing Peptide).
GHz Gigahertzio.
gi Hierro galvanizado (Galvanized Iron).
GI Examen general (General Inquiry) || Gastrointestinal || Gerona, referido a la matrícula nacional de automóvil y expresado en catalán || Gran invalidez.
GIA Grupo Islámico Armado (Groupe Islamique Armée, Argelia).
Gib Gibraltar.
GIB Hemorragia Gastrointestinal (Gastrointestinal Bleeding).
GIDDINESS Grandiosity, Increased activity, Decreased judgment, Distractibility, Irritability, Need for sleep decreased, Elevated mood, Speedy thoughts, Speedy talk.
GIF Factor inhibidor del crecimiento (Growth Inhibiting Factor) || Formato de intercambio de gráficos (Graphics Interchange Format) || Gestor de infraestructuras ferroviarias.
GIH Hormona gastrointestinal (Gastrointestinal Hormone).
GII Infección gastrointestinal (Gastrointestinal Infection).
GIL Grupo Independiente Liberal.
GINT Grupo de intendencia.
GIP Polipéptido inhibidor gástrico (Gastric Inhibitor Polypeptide).
GIS Sistema de información geográfico (Geographical Information System) || Sistema de información geológico (Geological Information System).
GISMER Grupo de Intervención Submarina (Groupe d'Intervention Sous la Mer, Francia).
GIT Toxicidad gastrointestinal (Gastrointestinal Toxicity) || Tracto gastrointestinal (Gastrointestinal Tract).
GIU Gestación intrauterina.
GJ General jefe || Uniones Gap (Gap Junctions).
GJMACAN General Jefe del Mando Aéreo de Canarias.
GJMACEN General Jefe del Mando Aéreo del Centro.
GJMAEST General Jefe del Mando Aéreo del Estrecho.
GJMALEV General Jefe del Mando Aéreo de Levante.
GJMALOG General Jefe del Mando de Apoyo Logístico.
GJMOA General Jefe del Mando Operativo Aéreo.
GK Galactoquinasa (Galactokinase) || Glicerol quinasa.
GKC Gilbert Keith Chesterton.
gL Gramos por litro.
Gl Gloria (Gloria).
GL Grupo logístico.
4GL Lenguaje de Cuarta Generación, referido a ordenadores (4ª Generation Language).
GLA Gammalinolénico, ácido || Gingivolinguoaxial || Grupo de Liberación Armado (Groupe de Liberation Armée).
GLAp Glaproteína.
GLBR Grupo logístico de brigada.
GLC Cromatografía de gas-líquido (Gas-Liquid Chromatografy).
GLCM Misil crucero lanzado desde tierra (Ground Launched Cruise Missile).
GLcNAc N-acetilglucosamina.
GLDH Glutamico deshidrogenasa.
Glez González.
GLF Gramática léxico funcional.
GLLH Globulina de los lípidos de la leche humana.
Gln Glutamina.
glo Glosa.
GLO Glioxilasa.
GLOMEX Experimento meteorológico y oceanográfico global (Global Oceanographic and Meteorological Experiment).
GLP Buenas prácticas de laboratorio

(Good Laboratory Practices) || Gliceril lactopalmitato || Péptido de tipo glucagon (Glucagon-Like Peptide).
GLR Ganglios linfáticos regionales.
Glu Ácido glutámico.
Gly Glicina.
GLY-1-P Glicerol-1-fosfato (Glycerol-1-Phosphate).
gm Gramo.
Gm Conductancia mutua.
GM Geiger Muller || General Motors || Gran mal, referido a la epilepsia || Granada de mano || Granulocito macrófago || Guardiamarina || Medicina General (General Medicine) || Misil guiado (Guided Missile).
GM-CSF Factor estimulante de colonias de granulocitos macrófagos (Granulocyte Macrophage Colony Stimulating Factor).
gm² Gramos por metro cuadrado, referido a la resistencia del papel.
GMB Gammapatía monoclonal nenigna.
GMCM Medidas contra misiles guiados (Guided Missile Countermeasure).
GMFc Guanosina monofosfato cíclico.
GMh Gonadotropina menopáusica humana.
GML Granada de mortero ligero.
GMM Granada de mortero medio.
GMO Gliceril monooleato || Granada de mortero || Organismo modificado genéticamente (Genetically Modified Organism).
GMP Buenas prácticas de fabricación (Good Manufacturing Practices) || Granada de mortero pesado || Monofosfato de guanosina (Guanosine Monophosphate).
GMPc Monofosfato de guanosina cíclico (Cyclic Guanosine Monophosphate).
GMS Glutamato monosódico || Monoestearato de glicerina (Glycerol Monostearate).
GMSD Gammapatía monoclonal de significado desconocido.
GMSI Gammapatía monoclonal de significado incierto.
GMT Hora media de greenwich (Greenwich Mean Time).
GMV Grupo de Mecánica de Vuelo.
GMZ Grupo mecanizado.
g_n Aceleración (normal) de la gravedad.
Gn Gonadotropina.
GN Gas natural || Glomerulonefritis || Gram negativo || Guerra nuclear.
GNA Agencia Guineana de Prensa (Agence Guinéenne de Press) || Agencia de Noticias de Ghana (Ghana News Agency) || Glomerulonefritis aguda.
GNAPS Glomerulonefritis aguda postestreptocócica.
GNC Glomerulonefritis crónica.
GND Tierra (Ground).
GNL Gas natural licuado.
GNP Glomerulonefritis postestreptocócica.
GNPE Glomerulonefritis postestreptocócica.
GNR Guardia Nacional Republicana, Portugal.
GnRF Factor liberador de gonadotropina (Gonadotropin Releasing Factor).
GnRH Hormona liberadora de gonadotropina (Gonadotrophin Releasing Hormone).
GNRP Glomerulonefritis rápidamente progresiva.
GNS Gas natural sintético.
g_o Aceleración debida a la gravedad.
Gº Gonzalo.
GO Glucosa oxidada || Grandes ondas || Órganos genitales (Genital Organs).
Gob Gobernación.
GOBMIL Gobierno militar.
gobº Gobierno.
gobr Gobernador.
GOE Gas, oxígeno, éter, referido a anestesia || Grupo de Operaciones

Especiales, referido a la policía Española.
GOH Invitado de honor (Guest Of Honor).
GOM Grupo de observadores militares.
Gonz González.
GORTR Gray Oral Reading Test Revised.
gót Gótico.
GOT Transaminasa glutámico oxalacética (Glutamic Oxaloacetic Transaminase).
gou Gourde, referido a la unidad monetaria de Haití.
gox Oxígeno gaseoso (Gaseous Oxygen).
gp Giro postal.
G_p Ganancia de potencia (Power Gain).
GP Glucoproteínas || Glucociaminfosfato || Gram positivo || Gran Premio, referido a competición de automóviles o motocicletas || Parálisis General (General Paralysis) || Paz Verde (Green Peace).
GP-3-DH Gliceraldehído-3-fosfato deshidrogenasa (Glyceraldehyde-3-Phosphate Dehydrogenase).
GPC Glicerilfosforilcolina || Glucoproteína del cartílago.
gpd Galones por día (Gallons Per Day).
GPD Glutation peroxidasa (Glutathione Peroxidase).
gpg Gramos por galón (Grams Per Gallon).
gph Galones por hora (Gallons Per Hour).
GPI Demencia paralítica (General Paresis of the Insane) || Glucosa fosfato isomerasa (Glucose Phosphate Isomerase) || Indicador de posición sobre tierra (Ground Position Indicator).
gpm Galones por minuto (Gallons Per Minute).
GPMC Grupo Pierre y Marie Curie.
gps Galones por segundo (Gallons Per Second).
GPS Resolvente general de problemas || Sistema de posicionamiento global (Global Positioning System).
GPT Transaminasa glutámico pirúvica (Glutamic Pyruvic Transaminase) || Granulocitos periféricos totales.
GQ Guerra química.
gr Grano, referido a unidad de medida || Griego.
Gr Grecia.
GR Glóbulo rojo || Glutation reductasa || Granada, referido a la matrícula nacional de automóvil || Granada rompedora || Grecia, referido a la matrícula internacional de automóvil || Grupo de Reflexión, Santo Tomé y Príncipe || Rayos gamma (Gamma Ray) || Relatividad general (General Relativity, referido a la física) || Resección gástrica (Gastric Resection).
Gr Br Gran Bretaña (Great Britain).
Gr-L Greco-latino.
Gra Guerrilla.
GRA Aldosteronismo remediable con glucocorticoides || Gris (Gray).
grab Grabados.
Grac Gracia.
grad Gradiente.
gral General.
Gral General.
Gram Gramática.
GRAPO Grupos Revolucionarios Antifascistas Primero de Octubre.
GRAR Guerrilla rural.
GRAS Generalmente reconocido como seguro (Generally Recognized As Safe).
GRAU Grupo Romano de Arquitectura y Urbanismo || Guerrilla urbana.
GRD Gánglios de las raíces dorsales || Tierra (Ground).
GREC Grupos de reactividad cruzada.
Greg° Gregorio.

GREL Golgi retículo endoplásmico liso.

GRESI Grupo de Investigación en Epidemiología y Salud Internacional (Group de Recherche dans l'Epidemiologie et la Sante Internationale).

GRF Factor liberador (de la hormona del) Crecimiento (Growth Releasing Factor).

GRH Hormona liberadora (de la hormona del) Crecimiento (Growth Releasing Hormone).

GRIF Factor inhibidor de la liberación (de la hormona del) crecimiento (Growth Releasing Inhibiting Factor).

GRIH Hormona inhibidora de la liberación (de la hormona del) crecimiento (Growth Release Inhibiting Hormone).

grm Gramo.

GRN Glóbulos rojos nucleados || Verde (Green).

GRS Guerrilleros.

GRU Administración de la Inteligencia Militar (Glavnoye Razedvyatelnoye Upralevnie, URSS).

GRUME Grupo de Menores, referido a la sección de la policía Española.

GRUN Grupo para la Reconciliización y la Unidad Nacional, Islas Salomon.

Gs Gauss.

GS Cirugía general (General Surgery) || G (proteína) estimuladora (de la adenilil ciclasa) || Exploración general, mediante radar (General Search) || Gasometría Sanguínea || Glucosa sérica || Gramáticas sintagmáticas || Grupo sanguíneo || Grupo de sanidad, referido al ejército.

GSA Glucosa sanguínea en ayunas.

GSC Cromatografía en gas-sólido (Gas-Solid Chromatography).

GSD Enfermedad por acúmulo de glucógeno (Glycogen Storage Disease).

GSE Equipo de apoyo terrestre (Ground Support Equipment).

GSH Glutation reducido.

GSH-Px Glutation peroxidasa.

GSH-ST Glutation-S-transferasa.

GSI Globulina sérica inmune.

GSM Sistema global (para las comunicaciones) móviles.

GSO Órbita geoestacionaria.

GSP Generador de sonidos programable.

GSR Respuesta galvánica cutánea (Galvanic Skin Response).

GSS Gerstmann-Sträussler-Scheinker (síndrome de) || Satélite geoestacionario (Geostationery Satellite).

GSSG Glutation oxidado o disulfuro.

GSSGR Glutation reductasa.

GST Glutation-S-transferasa.

GSW Herida por arma de fuego (Gunshot Wound).

gt Gota (Gutta).

GT Galactosil transferasa || Gigatonelada || Grupo Táctico || Terapia de grupo (Group Therapy).

GTAC Grupo Táctico Acorazado.

GTE Equipo de Traslación de Grupo (Group Translating Equipment) || Grupo de Tareas Exteriores, Argentina || Transpositor de Grupo (Group Translating Equipment).

GTF Factor de tolerancia a la glucosa || Glucosiltransferasa (Glucosyltransferase).

GTH Hormona gonadotrópica (Gonadotropic Hormone).

GTHR Resistencia generalizada a la hormona tiroidea.

GTI Gastrointestinal || Gran turismo inyección (Gran Turismo Injection, referido a automóviles).

GTL Lógica transistor oro (Gold Transistor Logic).

GTM Grupo de transmisiones.

GTMZ Grupo táctico mecanizado.

GTN Global Television Network, Canadá || Glomérulo-tubulonefritis || Lonja Textil Virtual (Global Textile

Network) || Neoplasia trofoblástica gestacional (Gestational Trophoblastic Neoplasia).

GTO Bloqueable por puerta (Gate Turn-Off).

gtos Gastos.

GTP Trifosfato de guanosina (Guanosine Triphosphate).

GTP-CH Trifosfato de guanosinaciclohidrolasa.

G_{tr} Ganancia de transducción (Transducer Gain).

GTR Gran teoría de la relatividad (Grand Theory of Relativity) || Tasa del recambio granulocítico (Granulocyte Turnover Rate).

gtt Gotas (Guttae) || Gota a gota (Guttatim).

GTT Test de tolerancia a la glucosa (Glucose Tolerance Test) || Tumor trofoblástico gestacional (Gestational Trophoblastic Tumor).

Gu Guinea.

GU Genitourinario (Genitourinary) || Gramática universal || Guadalajara, referido a la matrícula nacional de automóvil || Ulcera gástrica (Gastric Ulcer).

Guat Guatemala.

GUATEL Guatemalteca de Telecomunicaciones (empresa).

GUI Interfaces Gráficas de Usuario (Graphic User Interfaces).

Guil Guilder, referido a la unidad monetaria de Holanda.

Guill° Guillermo.

GULAG Dirección General de Campos de Concentración (Glavnoye Upravleniye Lagerei, URSS).

g unit Unidad Gravitacional (Gravitational Unit).

GUNT Gobierno de Unión Nacional de Transición (Gouvernement d'Union National de Transition, Chad).

GUTs Teorías de gran unificación.

GUY Guyana, referido a la matrícula internacional de automóvil.

G_v Ganancia de tensión (Voltage Gain).

GV Violeta de genciana (Gentian Violet).

GVH Injerto contra huésped (Graft Versus Host).

GVHD Enfermedad injerto contra huésped (Graft Versus Host Disease).

GVHR Reacción injerto contra huésped (Graft Versus Host Reaction).

GW George Washington || Gigavatio (Gigawatt).

GWS Glashow-Weinberg-Salam, referido a la física.

Gy Gray.

GY Gris (Gray).

GYN Ginecología (Gynecology).

H

h Calor total || Constricción secundaria, referido a citogenética || Entalpía || Grado de hidrólisis || Habitantes || Hecto || Hora || Horizontal.

h Constante de acción de Planck || Hora.

H Alto (High) || Fuerza magnética || (era de la) Hégira || Henrio || Heptodo, referido a una válvula termoiónica || Hermano, referido a orden religiosa || Heroína, referido a la diacetilmorfina || Hexodo, referido a una válvula termoiónica || Hidroavión || Hidrógeno || Hidroxidaunomicina (Hydroxydaunomicin) || Hipermetropía || Homosexual || Hora || Horizontal || Hormona || Hospital || Huelva, referido a la matrícula nacional de automóvil || Hungría, referido a la matrícula internacional de automóvil || Unidad Holzknecht.

H Calor total || Campo de fuerza magnético || Constante de la ley de Henry || Entalpía || Hidrógeno || Intensidad de un campo magnético.

H/S Alta velocidad (High Speed).

H&E Hematoxilina y eosina.

H_1-H_2 Histamina tipo 1-histamina tipo 2.

ha Hectárea.

hA Hectoamperio.

Ha Hafnio || Haití || Hawai || Hectárea.

HA Anemia hemolítica (Hemolytic Anemia) || Antígeno de histocompatibilidad (Histocompatibility Antigen) || Helicóptero armado || Hemoaglutinación || Hepatitis A || Hidroxiapatita || Hipoalergénica, referido a leche para bebés || Histamina.

HA/S Helicóptero antisubmarino.

HAA Antígeno de la anemia hemolítica (Hemolytic Anemia Antigen) || Antígeno asociado a la hepatitis (Hepatitis Associated Antigen).

HAAg Antígeno de la hepatitis A (Hepatitis A Antigen).

hab Habitantes.

HAC Hiperplasia adrenal congénita.

HACP Policitemia crónica por gran altura.

HACT Hormona adrenocorticotropa.

HAD Hexametilmelamina, adriamicina, cisplatino || Hipertrofia auricular derecha || Hormona antidiurética.

HAE Angioedema hereditario (Hereditary Angioedema).

HAF Factor antihemofílico.

HAH Hepatitis asociada al halotano.

HAI Hipertrofia auricular izquierda || Infección adquirida en el hospital (Hospital Acquired Infection) || Inhibición de la hemaglutinación (Hemagglutination Inhibition) || Perfusión de arteria hepática (Hepatic Artery Infusion).

HAIg Inmunoglobulina de la hepatitis A (Hepatitis A Immunoglobulin).

Hal Enrique (Henry).

HAM Hexametilmelamina, adriamicina, metotrexato || Hidroxiurea, actinomicina D, metotrexato.

HAMA Anticuerpos humanos antirratón.
HAPE Edema pulmonar por gran altura.
Har Homoarginina.
HAR Histiocitosis atípica en regresión.
Harry Enrique (Henry).
Harv Universidad de Harvard.
HAS Cabestrillo de Extremidad Superior (High Arm Sling).
HATI Inmunoglobulina Antitetánica Humana (Human Anti-Tetanus Inmunoglobulin).
Hatty Enriqueta (Henrietta).
HAV Virus de la hepatitis A (Hepatitis A Virus).
Hb Hemoglobina.
HB Haz de His (His Branch) || Hemoglobina || Hepatitis B || Unidad Popular (Herri Batasuna).
Hb tot Hemoglobina total.
HB&K Humboldt, Bonpland y Kunth, referido a la botánica.
HbA Hemoglobina normal del adulto.
HBA Hipertrofia biauricular.
HbA_2 Hemoglobina anormal.
HBAg Antígeno de la hepatitis B (Hepatitis B Antigen).
HBAI Hemibloqueo anterior izquierdo, referido a cardiopatía.
HbB_2 Hemoglobina anormal.
HbC Hemoglobina C.
HBcAb Anticuerpo contra el núcleo de la hepatitis B (Hepatitis B Core Antibodie).
HBcAg Antígeno del núcleo de la hepatitis B (Hepatitis B Core Antigen).
HbCo Carboxihemoglobina.
HbCS Hemoglobina Constant-Spring.
HbD Hemoglobina anormal.
HBd Haz de his distal (His Branch Distal).
HBD Hidroxibutirato deshidrogenasa.
HBDH Hidroxibutirato deshidrogenasa.
HbE Hemoglobina anormal.
HBE Edema cerebral por gran altura || Electrograma del haz de his (His Branch Electrogram).
HBeAb Anticuerpo contra el antígeno «e» de la hepatitis B (Hepatitis B e-Antibodie).
HBeAg Antígeno «e» de la hepatitis B (Hepatitis B e-Antigen).
HbF Hemoglobina fetal.
HBF Flujo sanguíneo hepático (Hepatic Blood Flow).
HbF Poole Hemoglobina inestable.
$HbFe^{+++}$ Metahemoglobina.
HbG Hemoglobina anormal.
HBG Hemoglobina glucosilada.
HbH Hemoglobina anormal.
HbI Hemoglobina anormal.
HBIg Inmunoglobulina de la hepatitis B (Hepatitis B Immunoglobulin).
HbJ Hemoglobina anormal.
HbK Hemoglobina anormal.
HbL Hemoglobina anormal.
HBL Hipobetalipoproteinemia.
HBLV Virus linfotrópico de células-B humanas (Human B Lymphotropic Virus).
HbM Hemoglobina anormal, referido a la metahemoglobina.
HbN Hemoglobina anormal.
HbO Hemoglobina anormal.
HBO Oxigenoterapia hiperbárica (Hyperbaric Oxygenotherapy).
HbO_2 Oxihemoglobina.
HbP Hemoglobina anormal.
HBp Haz de His proximal (His Branch Proximal).
HBP Presión sanguínea alta (High Blood Pressure).
HBPA Bisfenol A hidrogenado.
HBPM Heparina de bajo peso molecular.
HbQ Hemoglobina anormal.
HbS Hemoglobina anormal, referida a eritrocitos falciformes.
HBsAb Anticuerpo (contra el antí-

geno) de superficie de la hepatitis B (Hepatitis B Surface Antibodie).

HBsAg Antígeno de superficie de la hepatitis B (Hepatitis B Surface Antigen).

HbT Hemoglobina anormal.

HBV Hipertrofia biventricular || Virus de la hepatitis B (Hepatitis B Virus).

HBxAg Antígeno «x» de la hepatitis B (Hepatitis B x-Antigen).

hc Honoris causa.

HC Alta conductividad (High Conductivity) || Carcinoma hepatocelular (Hepatocellular Carcinoma) || Coma hepático (Hepatic Coma) || Hemorragia cerebral || Hidrocarburo || Hidrocortisona || Hidroeléctrica del Cantábrico || Hipercolesterolemia || Hormona del crecimiento || Hospital de Campaña.

HCA Antígeno de histocompatibilidad (Histocompatibility Antigen) || Antidepresivo heterocíclico (Heterocyclic Antidepressant) || Hepatitis Crónica Agresiva || Hexacloroacetona.

HCAN Hipercalcemia asociada a neoplasia.

HCAP Hexametilmelamina, ciclofosfamida, adriamicina, cisplatino.

HCAs Antidepresivos heterocíclicos (Heterocyclic Antidepressants).

HCB Hexacloruro de benceno || Hidroxicloro benzofenona.

HCC Carcinoma hepatocelular (Hepatocellular Carcinoma) || Helicóptero contracarro || Hidroxicolecalciferol (Hydroxycholecalciferol).

HCCH Hexaclorociclohexano.

HCD Enfermedad de las cadenas pesadas (Heary Chain Disease).

HCF Hiperlipidemia combinada familiar.

HCFC Hidroclorofluorocarbono.

hCG Gonadotropina coriónica humana (Human Chorionic Gonadotrophin).

HCG Gonadotropina coriónica humana (Human Chorionic Gonadotrophin) || Hipertricosis congénita generalizada || Hora civil de Greenwich.

HCH Hexaclorociclohexano. (Hexachlorocyclohexane).

HCh Hormona del crecimiento humana.

HCH Hexaclorociclohexano (Hexachlorocyclohexane).

Hci Homocitrulina.

HCL Hematocitología || Histiocitosis de células de Langerhans || Leucemia de células peludas o tricoleucemia (Hairy Cell Leukemia).

HCM Hemoglobina corpuscular media.

HCMV Citomegalovirus humano (Human Cytomegalovirus).

HCP Coproporfiria hereditaria (Hereditary Coproporphyria).

HCS Hipoplasia congénita de suprarrenales || Holocarboxilato sintetasa || Somatomamotropina coriónica humana (Human Chorionic Somatomammotropin).

Hct Hematocrito (Hematocrit).

HCT Tirotropina coriónica humana (Human Chorionic Thyrotropin).

HCV Virus de la hepatitis C.

HCVD Enfermedad cardiovascular hipertensiva (Hypertensive Cardiovascular Disease).

Hcy Homocistina.

HD Diagramas de descomposición y jerarquía de funciones (Hierarchical Diagram) || Disco duro (Hard Disc) || Disco herniado (Herniated Disc) || Enfermedad del corazón o cardiopatía (Heart Disease) || Enfermedad hipertensiva (Hypertensive Disease) || Enfermedad de Hodgkin (Hodgkin's Disease) || Hemodiálisis || Hidrógeno-deuterio.

HD (LP) Enfermedad de Hodgkin de linfocito predominante (Hodgkin's Disease Lymphocyte Predominant).

HD (MC) Enfermedad de Hodgkin de células mixtas (Hodgkin's Disease Mixed Cellularity).

HDA Hidrodealquilación.

hdatz Zona de tráfico aéreo de alta densidad (High Density Air Traffic Zone).

HDAVC Hemodiálisis arteriovenosa continua.

HDBC Códigos bipolares de alta densidad (High Density Bipolar Codes).

HDBK Manual (Handbook).

HDC Histidina decarboxilasa (Histidine Decarboxylase) || Quimioterapia en alta dosis (High Dose Chemotherapy).

Hdez Hernández.

HDF Hipertiroxinemia disalbuminémica familiar || Radiogoniómetro de alta frecuencia (High Frequency Direction Finder).

HDL Lipoproteína de alta densidad (High Density Lipoprotein).

HDL-C Colesterol de las lipoproteínas de alta densidad.

HDLC Control de enlace de datos de alto nivel (High Level Data Link Control).

HDMTX Metotrexato a dosis altas (High Dose Methotrexate).

HDN Enfermedad hemolítica del recién nacido (Hemolytic Disease of the Newborn).

HDO Agua en la que uno de los hidrógenos ha sido marcado con deuterio.

HDP Hexosa difosfato (Hexose Diphosphate).

HDPE Polietileno de alta densidad (High Density Polyethylene).

HDR Resistencia dependiente de la humedad (Humidity Dependent Resistor).

HDRS Escala de Hamilton para la determinación de la depresión (Hamilton Depression Rating Scale).

HDS Escala de depresión de Hamilton (Hamilton Depression Scale) || Hidrodesulfurización.

HDTV Televisión de alta definición (High Definition Television).

HDW Hardware.

HDZ Unión Democrática Croata.

He Hebreo || Helio.

HE Alto explosivo (High Explosive) || Helicóptero de entrenamiento || Hematoxilina-eosina.

HEA Acrilato de hidroxietilo (Hydroxyethyl Acrylate) || Hematopoyesis engendrada al azar.

HEAO Observatorio astronómico de alta energía (High Energy Astronomical Observatory).

HEAPB Hemólisis (síndrome de), enzimas (hepáticas) altas y plaquetas bajas.

HEAT Hidroxifenilo etilaminometil tetralona || Test de aglutinación con eritrocitos humanos (Human Erythrocyte Agglutination Test).

hebr Hebreo.

hec Hidroeléctrica de Cataluña.

HECSA Hidroeléctrica de Cataluña Sociedad Anónima.

hect Hectárea.

HEDTA Hidroxietiletilenodiaminotriacético.

HEEDTA Hidroxietiletilenodiaminotriacético.

HEF Combustible de alta energía (High Energy Fuel) || Hormona Estimulante de los Folículos.

Hel Helicóptero.

HEL Láser de alta energía (High Energy Laser).

HEM Hidroxietil metacrilato || Onda electromagnética híbrida (Hybrid Electromagnetic Wave).

HEMA Metacrilato de hidroxietilo (Hydroxyethyl Methacrylate).

HEP Probabilidad de error humano (Human Error Probability, referido a estadística).

HEPA Filtro para partículas de elevado rendimiento (High Efficiency Particulate Arrestor).

HETE Ácido hidroxieicosatetraenoico (Hydroxyeicosatetraenoic).

HETP Altura equivalente de un plato teórico (Height Equivalent to a Theoretical Plate) || Hexaetil tetrafosfato (Hexaethyltetraphosphate).

Hetty Enriqueta (Henrietta).

HEU Uranio altamente enriquecido (Highly Enriched Uranium).

HEV Virus de la hepatitis E (Hepatitis E Virus).

HEW Salud, Educación y Bienestar (Health, Education and Welfare, referido al departamento de EE.UU.).

hex Hexágono.

HEXFET Transistor de efecto de campo hexagonal (Hexagonal Field Effect Transistor).

Hf Hafnio.

HF Alta frecuencia (High Frequency) || Factor de Hageman (Hageman Factor) || Fiebre del heno (Hay Fever) || Fluoruro de hidrógeno (Hydrogen Fluoride) || Hipercolesterolemia familiar || Insuficiencia cardíaca (Heart Failure).

HFC Hidrofluorocarbono.

HFDF Radiogoniómetro de alta frecuencia (High Frequency Direction Finder).

HFIS Hibridación fluorescente in situ.

HFM Histiocitoma fibroso maligno.

HFO Oscilador de alta frecuencia (High Frequency Oscillator).

HFPO Epóxido de Hexafluoropropileno (Hexafluoropropylene Epoxide).

HFRDF Repartidor de alta frecuencia (High Frequency Repeater Distribution Frame).

hg Hectogramo.

Hg Hectogramo || Hemoglobina || Mercurio (Hydrargyrum).

HG Gonadotropina humana (Human Gonadotropin) || Hiperglicemia.

HGA Ácido homogentísico (Homogentisic Acid).

Hgb Hemoglobina.

HGF Factor hiperglucémico-glucogenolítico.

HGG Gamma globulina humana (Human Gamma Globulin).

HGH Hormona del crecimiento humana (Human Growth Hormone).

HGPO Hiperglucemia provocada por vía oral.

HGPRT Hipoxantina guanina fosforribosil transferasa (Hypoxanthine Guanine Phosphoribosyl Transferase).

HGPRTasa Hipoxantina Guanina Fosforribosil Transferasa (Hypoxanthine Guanine Phosphoribosyl Transferase).

HGV Hepatitis por virus G.

HGW Herbert George Wells.

HH Haz de His || Hidrógeno pesado (Heavy Hydrogen).

HHA Agencia de Noticias Turca (Hurriyet Haber Ajasi).

HHD Cardiopatía hipertensiva (Hypertensive Heart Disease) || Haz de His distal.

HHDN Hexaclorohexahidrodimetanonaftaleno.

HHG Gonadotropina hipofisaria humana (Human Hypophyseal Gonadotropin).

HHP Haz de His proximal.

HHS (eje) Hipotálamo hipófiso suprarrenal.

HHT Hipotalámico hipofisario tiroideo || Telangiectasia hemorrágica hereditaria (Hereditary Hemorrhagic Telangiectasia).

HHV Virus del herpes humano (Human Herpesvirus).

HI Aquí yace (Hic Iacet) || Hemocromatosis idiopática || Hipercalciuria idiopática || Hirsutismo idiopático || Inhibición de la hemaglutinación (Hemagglutination Inhibition).

HIA Hidroxiindolacético (Hydroxyindolacetic) || Hipercalciuria idiopática absortiva.

HIAA Ácido hidroxiindolacético (Hydroxyindolacetic Acid).

HIB Haemophilus influenzae B.

HIC Hemorragia intracraneal || Hipertensión intracraneal.

HID (Síndrome con) Cefalea, insomnio, depresión (Headache, Insomnia, Depression) || Hiperostosis idiopática difusa.

HID_{50} Dosis infectiva media (Mean Infective Dose).

HIDD Hipercalciuria idiopática dependiente de la dieta.

HIFI Alta fidelidad (High Fidelity).

HIg Inmunoglobulina humana (Human Immunoglobulin).

HIID Hipercalciuria idiopática independiente de la dieta.

Hip Hidroxiprolina.

HIPOT Alto potencial (High Potential).

HIQ Alta calidad (High Quality).

HIR Hipercalciuria idiopática renal.

His Histidina || Historia.

HIS Aquí yace sepultado (Hic Iacet Sepultus).

HISF Hibridación in situ con fluorescencia.

hisp Hispánico.

hist Histología.

Hist Historia.

HIT Holtzman Inkblot Technique || Test de inhibición de la hemaglutinación (Hemagglutination Inhibition Test).

HIUS Instituto Hispánico de los Estados Unidos (Hispanic Institute of the United States).

HIV Hemorragia intraventricular cerebral || Virus de la inmunodeficiencia humana (Human Immunodeficiency Virus).

HIV-P Virus de la inmunodeficiencia humana positivo (Human Immunodeficiency Virus Positive).

HJ Aquí yace (Hic Jacet) || Juventudes Hitlerianas (Hitler Jugend).

HJR Reflujo hepatoyugular (Hepatojugular Reflux).

HJS Aquí yace sepultado (Hic Jacet Sepultus).

HK Hexoquinasa.

HKDV Unión Cristiano Demócrata de Croacia.

HKJ Jordania, referido a la matrícula internacional de automóvil.

Hl Hectolitro || Hipermetropía latente.

HL Hemocianina de Lapa || Hora local || Interfono (Home Line) || Linfoma de Hodgkin (Hodgkin Lymphoma) || Vida media (Half Life).

HL-HC Hormona (hipotalámica) liberadora de la hormona del crecimiento.

HL-HL Hormona liberadora de la hormona luteinizante.

HLA Antígeno leucocitario de histocompatibilidad (Histocompatibility Leucocyte Antigen) || Antígeno leucocitario humano (Human Leukocyte Antigen).

HLAb Anticuerpo leucocitario homólogo (Homologous Leucocytic Antibodie).

HLB Balance hidrófilo-lipófilo (Hydrophile-Lipophile Balance).

HLC Hormona liberadora de corticotropina.

HLCT Hormona liberadora de corticotropina.

HLG Hormona liberadora de gonadotropina.

HLGn Hormona liberadora de gonadotropina.

HLI Interferón leucocitario humano (Human Leucoyte Interferon).

HLM Hematíes Leucocitos Minuto.

HLNW Residuo nuclear de alto nivel (High Level Nuclear Waste).

HLP Hiperlipoproteinemia.

HLR Reanimación cardio-pulmonar (Heart-Lung Resuscitation).

HLT Hormona liberadora de tirotropina || Hormona luteotropa.

HLW Residuo de alto nivel (High Level Waste, referido a radioactividad).

Hm Hectómetro || Hipermetropía manifiesta.

HM Helicóptero medicalizado || Hipertermia maligna || Histiocitosis maligna || Mola hidatiforme (Hydatiform Mole).

HMB Hidroximetilbilano || Melanoma humano negro (Human Melanoma Black) || Metilbromuro de homatropina (Homatropine Methyl Bromide).

HMC (calcita de) Alto contenido en magnesio (High Magnesium Content) || Heroína, morfina, cocaína.

HMD Enfermedad de la membrana hialina (Hyaline Membrane Disease).

HMDS Hexametildisilozano.

HMFA Hexametilfosfamida.

HMG Gonadotropina menopáusica humana (Human Menopausal Gonadotropin) || Hidroximetilglutaril || Hora media de Greenwich.

HMGCoA Hidroximetilglutaril coenzima A (Hydroxymethylglutaryl Coenzyme A).

HMM Hexametilmelamina (Hexamethylmelamine).

HMMA Ácido hidroximetoximandélico (Hydroxymethoxymandelic Acid).

HMOS Metal óxido semiconductor de alta densidad (High Density Metal Oxide Semiconductor).

HMP Hexosa monofosfato (Hexose Monophosphate).

HMPA Hexametilfosforamida (Hexamethylphosphoramide).

HMR Reticulosis medular histiocítica (Histiocytic Medullary Reticulosis).

hms Horas, minutos, segundos.

HMS Barco de su majestad (His Majesty's Ship, Reino Unido).

HMTA Hexametilentetramina.

hn Esta noche (Hac Nocte).

HN_2 Mostaza nitrogenada.

HNC Complejo hipotalámico-neurohipofisario (Hypothalamic-Neurohypophyseal Complex).

HNF Heparina no fraccionada.

HNIL Lógica de elevada inmunidad al ruido (High Noise Immunity Logic).

HNL Láser de neón-helio (Helium-Neon Laser).

HNM Hexanitrato de manitol.

Hno Hermano.

Hnos Hermanos.

HNP Núcleo pulposo herniado (Herniated Nucleus Pulposus).

HNTB Batería de test neuropsicológicos Halstead (Halstead Neuropsychological Test Battery).

HNY Feliz año nuevo (Happy New Year).

Ho Holmio.

HO Helicóptero de observación.

HOAC Hermandad Obrera de Acción Católica.

HOB Hospital base.

HOCM Miocardiopatía obstructiva hipertrófica.

HODE Ácido hidroxioctadecadienoico.

HOEST Hospital de estacionamiento.

HOEV Hospital de evacuación.

HOG Hospital general.

hol Holandés || Holandesa, referido a tamaño de hoja de papel.

HOL Hipercalcemia osteolítica local || Holoceno.

homeo Homeopatía.

Hond Honduras.

HOP Presión de oxígeno elevada (High Oxygen Pressure).

HOS Osteosarcoma humano (Human Osteosarcoma).

Hosp Hospital.

HOTOL Aterrizaje y despegue horizontal (Horizontal Take-off and Landing).

Hp Haptoglobina.
HP Alta calidad (High Performance) || Altavoz (Haut Parleurs) || Caballo de fuerza (Horse Power) || Hewlett-Packard || Hidroxipiridinio || Hormona (ligada a las) proteínas || Partido Populista (Halkçi Partisi, Turquía) || Pasaaltos (High Pass) || Presión hidrostática (Hydrostatic Pressure).
HPA Ácido hidroxifenilpirúvico (Hydroxyphenilpiruvic Acid) || Acrilato de hidroxipropilo (Hydroxypropyl Acrylate) || Hidrocarburos policíclicos aromáticos || Hipotálamo pituitario adrenal (Hypothalamic Pituitary Adrenal).
HPD Humedad de producto desengrasado.
HPDEA Humedad de producto desengrasado y exento de almidón.
HPETE Ácido hidroxiperoxieicosatetraenoico (Hydroxyperoxyeicosatetraenoic acid).
HPF Filtro pasaaltos (High Pass Filter) || Frecuencia más alta posible (Highest Probable Frequency) || Hemoglobinuria paroxística por frío || Hipotálamo perifornical.
HPFH Persistencia hereditaria de la hemoglobina fetal (Hereditary Persistence of Fetal Hemoglobin).
HPG Gonadotropina hipofisaria humana (Human Pituitary Gonadotropin) || Tierra de Gran Potencia (radar de) (High Power Ground).
HPGI Índice de gonadotropina hipofisaria humana (Human Pituitary Gonadotropin Index).
HpHb (complejo) Haptoglobina-Hemoglobina.
hPL Lactógeno placentario humano.
HPL Lactógeno placentario humano (Human Placental Lactogen) || Lisozima parotídea humana (Human Parotid Lisozyme).
HPLC Cromatografía líquida de alta resolución (High Performance Liquid Chromatography).
HPM Hidroxipropil metacrilato.
HPN Hemoglobinuria paroxística nocturna || Hidrocefalia con presión normal.
HPP Hiperparatiroidismo primario || Hipertensión pulmonar primaria || Polipéptido pancreático humano (Human Pancreatic Polypeptide) || Proyecto de programación heurística (Heuristic Programming Project).
HPR Prolactina humana (Human Prolactin).
HPRS Escala de determinación psiquiátrica Hopkins (Hopkins Psychiatric Rating Scale).
HPRT Hipoxantina fosforribosil transferasa (Hypoxanthine Phosphoribosil Transferase).
HPT Hipotalámico pituitario tiroideo (Hypothalamic Pituitary Thyroid) || Tirotropina placentaria humana (Human Placental Thyrotropin) || Turbina de alta presión (High Pressure Turbine).
HPTE Ácido hidroxiperoxieicosatetraenoico (Hydroxyperoxyeicosatetraenoic acid).
HPTH Hormona paratiroidea humana (Human Parathyroid Hormone).
HPTP Hiperparatiroidismo primario.
HPV Hiperventilación || Virus del papiloma humano (Human Papilloma Virus).
HQ Alta calidad (High Quality) || Cuartel general (Headquarters).
HQA Arsenilato de hidroxiquinoleína (Hydroxyquinoleine Arsenilate).
HQC Cacodilato de hidroxiquinoleína (Hydroxyquinoleine Cacodilate).
HQMA Metaarsonato de hidroxiquinoleína (Hydroxyquinoleine Metaarsenite).
HQTRS Cuartel general (Headquarters).

hr Hora || Humedad relativa.
hr Hora.
HR Frecuencia cardíaca (Heart Rate) || Halstead Reitan, referido a la batería neuropsicológica || Helicóptero de reconocimiento || Hipersensibilidad retardada || (complejo) Hormona-receptor.
HRA Helicóptero de reconocimiento armado.
HRB Batería (neuropsicológica) de Halstead Reitan (Halstead Reitan Battery) || Hiperreactividad bronquial.
HRCT Tomografía computarizada de alta resolución (High Resolution Computed Tomography).
HREM Microscopio electrónico de alta resolución (High Resolution Electron Microscope).
HRMS Espectrometría de masa de alta resolución (High Resolution Mass Spectrometry).
hrs Horas (Hours).
HRS Escala de valoración de Hamilton (Hamilton Rating Scale, referido a psicometría).
HRSD Escala de Hamilton para la valoración de la depresión (Hamilton Rating Scale for Depression).
HRV Alta resolución visible (Haute Resolution Visible) || Hipertensión renovascular.
HS Aquí está sepultado (Hic Sepultus) || Hem sintetasa || Herpes simple || Microteléfono (Handset) || Sulfato de hidroxilamina (Hydroxylamine Sulfate) || Teléfono portátil (Handset).
HSA Albúmina sérica humana (Human Seric Albumin) || Hágase según arte, referido a formulación magistral || Hemorragia subaracnoidea.
HSAM Histiocitosis sinusal con adenopatías masivas.
HSBC Corporación bancaria de Hong-Kong y Shanghai (Hong-Kong and Shanghai Bank Corporation).
HSC Hand-Schüller-Christian, referido a la enfermedad || Hematoma subdural crónico || Hiperplasia suprarrenal congénita.
HSCD Enfermedad de Han-Schüller-Christian (Hand-Schüller-Christian Disease).
HSCoA Coenzima A reducido.
HSD Hematoma subdural || Hidroxiesteroide deshidrogenasa.
HSE Aquí está sepultado (Hic Sepultus Est).
HSG Herpes simple genital || Histerosalpingografía.
HSI Indicador de posición horizontal (Horizontal Situation Indicator) || Índice del calor (Heat Stress Index).
HSL Herpes simple del labio.
HSN Neuropatía sensitiva hereditaria.
HSOR Hidroxiesteroide oxidorreductasa.
HSP Impresora de alta velocidad (High Speed Printer).
HSPQ High School Personality Questionnaire.
HSR Hipersensibilidad Retardada (reacciones de).
HST Harry S Truman || Hormona estimulante del tiroides || Telescopio espacial Hubble (Hubble Space Telescope).
HSTH Hormona somatotrópica humana.
HSV Herpes simiae virus || Virus del herpes simple (Herpes Simplex Virus).
Ht Hipermetropía total.
HT Alta tensión (High Tension) || Helicóptero de transporte || Hematocrito total || Hepatitis transfusional || Hidroterapia || Hidroxitriptamina o Serotonina (Hydroxitryptamine) || Hipertensión.
HT/HV (comparación del) Hematocrito total y el hematocrito venoso.
HTA Hipertensión arterial || Histerectomía total abdominal.

HTG Hipertrigliceridemia.
HTIC Hipertensión intracraneal.
HTL Lógica de alto umbral (High Thr‹shold Logic).
HTLV Virus linfotrópico de las células T humanas (Human T-Cell Lymphotropic Virus).
HTML Marca del lenguaje de hipertexto (Hypertext Markup Language).
Hto Hematocrito.
HTO Agua en la que uno de los hidrógenos ha sido marcado con tritio.
HTP Hidroxitriptófano (Hydroxytryptophan) || Hipertensión pulmonar || Test de la figura humana (Human Test Picture).
HTP-DC Hidroxitriptófano descarboxilasa.
HTR Calefactor (Heater).
HTS Superconductor de alta temperatura (High Temperature Superconductor).
HTTP Protocolo de transferencia de hipertexto (Hypertext Transfer Protocol).
HTU Altura de una unidad de transferencia (Height of Transfer Unit).
HU Hidroxiurea (Hydroxyurea) || Hora universal || Huesca, referido a la matrícula nacional de automóvil || Universidad de Harvard (Harvard University).
HUGO Organización del genoma humano (Human Genome Organization).
Hung Hungría.
HUNOSA Hulleras del Norte, sociedad anónima.
HUP Harvard University Press.
HUS Síndrome hemolítico urémico (Haemolytic Uraemic Syndrome).
HV Alto voltaje (High Voltage) || Hematocrito venoso || Hiperventilación || Hisiano-ventricular || Humanae vitae, referido a la encíclica.
HVA Ácido homovanílico (Homovanillic Acid).
HVD Enfermedad vascular hipertensiva (Hypertensive Vascular Disease) || Hipertrofia ventricular derecha.
HVGR Respuesta del huésped contra el injerto (Host Versus Graft Response).
HVH Herpes virus humano.
HVI Hipertrofia ventricular izquierda.
HVL Capa de semiatenuación (Half Value Layer).
HVY Pesado (Heavy).
hW Hectovatio.
HW Hardware.
hWh Hectovatio hora.
HWR Reactor de agua pesada (Heavy Water Reactor).
hx Hexagonal.
Hx Hipoxantina (Hypoxanthine).
HXM Hexametilmelamina (Hexamethylmelamine).
Hy Hipermetropía (Hypermetropia).
HYB Híbrido (Hybrid).
HYD Hidroxiurea.
Hyp Hidroxiprolina.
HYPAC Hypothalamic Pituitary Adrenal Cortex.
Hys Histidina.
Hz Hertzio.
HZ Herpes zoster.

I

i Coeficiente de Van't Hoff || Insoluble (1 en más de 10.000) || Intensidad luminosa || Isocromosoma de dos brazos largos de X, referido a citogenética.

i Calor total || Corriente instantánea || Entalpía || Factor de Van't Hoff || Presión de vapor constante,.

I Constante de integración de la ecuación de energía libre || Corriente eléctrica || India || Inés || Internacional || Irlanda || Italia, referido a la matrícula internacional de automóvil || Izquierdo || Jesús (Iesus) || Yodo || 1, referido a numeración romana.

I Fuerza iónica || Intensidad de corriente eléctrica || Intensidad de luz || Momento de inercia.

I de M Instituto de la Mujer.

I/O Entrada/salida (Input/Output).

I+D Investigación y desarrollo.

I_a Intensidad de corriente de ánodo.

IA Autismo infantil (Infantile Autism) || Idarrubicina, arabinósido de citosina || Impulso apical || Índice de apnea || Índice aterogénico || Indolacético || Ingeniero aeronáutico || Inseminación artificial || Insuficiencia aórtica || Inteligencia artificial || Intraarterial || Línea aérea de Irak (Iraqi Airways).

IAA Academia internacional de astronáutica (International Academy of Astronautics) || Ácido indolacético (Indolacetic Acid) || Asociación Internacional de Publicidad (International Advertising Association).

IAACI Asociación Internacional de Alergología e Inmunología Clínica (International Association of Allergology and Clinical Immunology).

IAAF Federación Internacional de Atletismo Amateur (International Amateur Athletic Federation).

IAAP Asociación Internacional de Psicología Aplicada (International Association of Applied Psychology).

IAB Banco Interamericano (Inter-American Bank).

IABA Asociación Interamericana de Radiodifusión (Interamerican Broadcasting Association).

IAC Conducto auditivo interno (Internal Auditory Canal) || Infantería acorazada || Ingeniero de Armamento y Construcción || Instituto de Astrofísica de Canarias.

IACCP Consejo Interamericano de Comercio y Producción (Inter-American Council of Commerce and Production).

IACP Asociación Internacional de Jefes de Policía (International Association of Chiefs of Police).

IADB Banco de Desarrollo Interamericano (Inter-American Development Bank).

IADE Instituto de Administración de Empresas.

IAE Impuesto sobre actividades económicas || Institución de Ingenieros de Automóviles (Institution of automobile Engineers) || Instituto de

Análisis Económico (Institut d'Anàlisi Econòmica, Cataluña) || Instituto de Ingenieros de Aeronáutica (Institute of Aeronautical Engineers).

IAEA Agencia Internacional de la Energía Atómica (International Atomic Energy Agency).

IAECOSOC Consejo Económico y Social Interamericano (Inter-American Economic and Social Council).

IAEPA Índice de actividad de la enfermedad perianal.

IAF Federación Astronáutica Internacional (International Astronautical Federation) || Federación Internacional del Automóvil (International Automobile Federation) || Idiocia amaurótica familiar.

IAFI Idiocia amaurótica familiar infantil.

IAG Asociación Internacional de Geología (International Association of Geology) || Asociación Internacional de Gerontología (International Association of Gerontology).

IAGC Control Automático de Ganancia Instantánea (Instantaneous Automatic Gain Control).

IAH Índice de Apnea-Hipopnea.

IAHA Hemaglutinación de inmunoadherencia (Immune Adherence Hemaglutination).

IAJ Idiocia amaurótica juvenil.

IAJD Impuesto sobre actos jurídicos documentados.

IAL Inhibidor asociado a la leucemia || Lenguaje algebraico internacional (International Algebraic Language).

IAM Asociación Internacional de Meteorología (International Association of Meteorology) || Asociación Internacional de Microbiólogos (International Association of Microbiologists) || Infarto agudo de miocardio.

IAMFS Asociación Internacional de Cirugía Máxilo-Facial (International Association of Maxillo-Facial Surgery).

IANEC Comisión Interamericana de Energía Nuclear (Inter-American Nuclear Energy Commission).

IAO Oclusión Aórtica Intermitente (Intermitent Aortic Occlusion).

IAP Academia Internacional de Patología (International Academy of Pathology) || Inhibidores de los activadores del plasminógeno || Porfiria aguda intermitente (Intermitent Acute Porphyria).

IAPA Asociación de Prensa Interamericana (Inter-American Press Association).

IAPB Asociación Internacional para la Prevención de la Ceguera (International Association for the Prevention of Blindness).

IAPG Asociación Internacional de Geografía Física (International Association of Physical Geography).

IAPO Asociación Internacional de Oceanografía Física (International Association of Physical Oceanography).

IARA Instituto Andaluz de Reforma Agraria.

IARC Agencia Internacional para la Investigación sobre el Cáncer (International Agency for Research on Cancer).

IARD Asociación Internacional para el Desarrollo Rural (International Association for Rural Development).

IARU Unión Internacional de Radioaficionados (International Amateur Radio Union).

IAS Instituto de Ciencias Aeronáuticas (Institute of Aeronautical Sciences) || Septum interatrial (Interatrial Septum).

IASA Asociación Internacional de Seguridad Aérea (International Air Safety Association).

IASD Defecto del septum interatrial (Interatrial Septum Defect).

IASI Instituto Interamericano de Estadística (Inter-American Statistical Institute).

IASLC Asociación Internacional para el Estudio del Cáncer del Pulmón.

IASP Asociación Internacional para el Estudio del Dolor (International Association for the Study of Pain).

IAT Hora atómica internacional (International Atomic Time) || Índice de Alteración Térmica.

IATA Asociación Internacional de Transporte Aéreo (International Air Transport Association).

IATN Red Interamericana de Telecomunicaciones (Interamerican Telecommunications Network).

IAU Asociación Internacional de Universidades (International Association of Universities) || Unión Internacional de Astronomía (International Astronomical Union).

IAV Asociación Internacional de Vulcanología (International Association of Vulcanology) || Instituto de las Artes Audiovisuales.

IAWPRC Asociación Internacional sobre Investigación y Control de la Contaminación de las Aguas (International Association on Water Pollution Research and control).

IB Bilirrubina indirecta (Indirect Bilirubin) || Bronquitis infecciosa (Infectious Bronchitis) || Iberia, referido a las líneas aéreas de España || Índice bacteriológico || Manual de Instrucciones (Instruction Book).

IBA Asociación Internacional de Boxeo (International Boxing Association).

IBAC Injerto de derivación (bypass) de arteria coronaria.

IBBP Isobutileno bisfenol (Isobutylene Bisphenol).

IBC Cáncer de mama inflamatorio (Inflammatory Breast Cancer) || Comunicación integrada de banda (Integrated Band Communication).

IBD Enfermedad intestinal inflamatoria (Inflammatory Bowel Disease).

Ibdu Isobutilideno diurea.

IBE Oficina Internacional de Educación (International Bureau of Education, dependiente de la UNESCO).

IBEC Banco Internacional de Cooperación Económica (International Bank of Economic Cooperation).

ibér Ibérico.

IBEU Instituto Brasil-Estados Unidos.

IBF Federación Internacional de Badminton (International Badminton Federation) || Federación Internacional de Boxeo (International Boxing Federation).

IBI Impuesto sobre Bienes Inmuebles || Inventario de Conducta Interpersonal (Interpersonal Behavior Inventory).

IBIB Isobutirato de isobutilo.

ibid En el mismo lugar (ibidem).

IBJ Banco Industrial del Japón (Industrial Bank of Japan).

IBL Linfoma inmunoblástico (Immunoblastic Lymphoma).

IBM International Business Machines || Misil Balístico Intercontinental (Intercontinental Ballistic Missile).

IBP Índice braquial peneano || Inhibidor de la bomba de Protones || Punto de ebullición inicial (Initial Boiling Point).

IBRD Banco Internacional para la Reconstrucción y el Desarrollo (International Bank for Reconstruction and Development).

IBRO Organización Internacional para la Investigación Cerebral (International Brain Research Organization).

IBS Síndrome del intestino irritable (Irritable Bowel Syndrome).

IBW Peso corporal ideal (Ideal Body Weight).

IBWM Oficina Internacional de Pesos y Medidas (International Bureau of Weights and Measures).

Ic Inmunocomplejo.

IC Cámara de ionización (Ionization Chamber) || Capacidad inspiratoria (Inspiratory Capacity) || Carótida interna (Internal Carotid) || Circuito integrado (Integrated Circuit) || Claudicación intermitente (Intermittent Claudication) || Conexión interna (Internal Connection) || Combustión interna (Internal Combustion) || Incremento corregido, referido a plaquetas || Índice cardíaco || Índice de color, referido al eritrocito || Inductancia-capacitancia || Infarto cerebral || Inforpress Centroamericana, agencia de noticias de Guatemala || Iniciativa Canaria || Iniciativa por Cataluña (Iniciative per Catalunya) || Inmunidad celular || Insuficiencia cardíaca || Insuficiencia coronaria || Jesucristo (Iesus Christus) || Quimioterapia intravesical (Intravesical Chemotherapy).

ICA Acuerdo Internacional del Café (International Coffee Agreement) || Anticuerpos contra las células de los islotes (Islet Cell Antibodies, referido al páncreas) || Arteria carótida interna (Internal Carotid Arteria) || Asociación Cartográfica Internacional (International Cartographic Association) || Asociación Ciclista Internacional (International Cyclist Association) || Congreso Internacional sobre Acústica (International Congress on Acoustic) || Instituto de Arte Contemporáneo (Institute of Contemporary Art, Londres) || Insuficiencia coronaria aguda || Tribunal internacional de Arbitraje (International Court of Arbitration).

ICAA Instituto de Cinematografía y Artes Audiovisuales.

ICAC Instituto de Contabilidad y Auditoría de Cuentas.

ICADE Instituto Católico de Artes y de Empresas.

ICAE Comisión Internacional sobre Ingeniería Agrícola (International Commisssion on Agricultural Engineering) || Instituto Catalán de la Energía (Institut Català de l'Energia).

Icaen Instituto Catalán de Energía (Institut Català de Energia).

ICAI Instituto Católico de Artes e Industrias.

ICAIC Instituto Cubano para el Arte y la Cinematografía.

ICAM Moléculas de adhesión intercelular.

ICAN Comisión Internacional para la Navegación Aérea (International Commission for Air Navigation).

ICAO Organización Internacional de Aviación Civil (International Civil Aviation Organization).

ICAS Consejo Internacional de Ciencias Aeroespaciales (International Council of Aerospace Sciences) || Consejo Internacional de Ciencias Aeronáuticas (International Council of Aeronautics Sciences).

ICB Infarto Cerebeloso || Información y Comunicación de Barcelona.

ICBM Misil Balístico Intercontinental (Intercontinental Ballistic Missile).

ICBN Código Internacional de Nomenclatura Botánica (International Code of Botanical Nomenclature).

ICBP Consejo Internacional Para la Protección de las Aves (International Council for Bird Protection).

ICC Cámara de Comercio Internacional (International Commerce of Chamber) || Centro Internacional de Congresos (International Congress Center, Berlín) || Compuesto para el Control del Encendido (Ignition Control Compound) || Inmunocomplejos circulantes || Instituto Cartográfico de Cataluña (Institut Cartografic de Catalunya) || Insuficiencia cardíaca congestiva || Insuficiencia coronaria crónica.

ICCA Acuerdo Internacional del Cacao (International Cocoa Agreement).

ICCAT Comisión Internacional para la Conservación del Atún Atlántico (International Commission for the Conservation Atlantic Tunny).

ICCDP Procesador de Datos de Circuitos Integrados (Integrated Circuit Communications Data Processor).

ICCE Instituto Calasanz de Ciencias de la Educación.

ICCS Centro Internacional de Estudios Criminológicos (International Centre of Criminological Studies) || Sistema de Control de Catapulta Integrado (Integrated Catapult Control System).

ICD Clasificación Internacional de Enfermedades (International Classification of Diseases) || Dispositivo contraceptivo intrauterino (Intrauterine Contraceptive Device) || Instituto Catalán de la Mujer (Institut Català de la Dona) || Insuficiencia cardíaca derecha.

ICDE Consejo Internacional para la Enseñanza a Distancia (International Council for Distance Education).

ICDH Isocitrato deshidrogenasa.

Ice Islandia.

ICE Inmovilización, compresión, elevación || Instituto de Ciencias de la Educación || Líquido Intracelular (Intracellular Fluid) || Motor de Combustión Interna (Internal Combustion Engine).

ICED Consejo Internacional para el Desarrollo de la Educación (International Council for Educational Development).

ICEM Instituto Catalán de Estudios Mediterráneos (Institut Català d'Estudis Mediterranis).

ICES Consejo Internacional para la Exploración del Mar (International Council for the Exploration of the Sea).

ICESB Instituto Católico de Estudios Sociales de Barcelona.

ICEX Instituto (Español) de Comercio Exterior.

ICF Instituto Catalán de Farmacología (Institut Català de Farmacologia) || Instituto Catalán de Finanzas (Institut Català de Finances).

ICFE Instituto Catalán de Formación Empresarial (Institut Català de Formació Empresarial).

ICFs Área de cuidados intensivos (Intermediate Care Facilities).

ICFTU Confederación Internacional de Sindicatos Libres.

ICG Impresión clínica global.

ICGI Impuesto de Compensación de Gravámenes Interiores.

ICH Hipertensión intracraneal (Intracraneal Hypertension) || Intercambio entre cromátides humanas.

ICHPER Consejo Internacional para la Salud, la Educación Física y el Esparcimiento (International Council for Health, Physical Education and Recreation).

ICI Comisión Internacional sobre Iluminación (International Commission on Illumination) || Informaciones Católicas Internacionales (Informations Catholiques Internationales) || Instituto de Cooperación Iberoamericano || Instituto de Cooperación Internacional || Insuficiencia cardíaca izquierda.

ICIDH Clasificación Internacional de Deterioros, Incapacidades y Hándicaps (International Classification of Impairments, Disabilities and Handicaps).

ICIL Instituto Catalán de Investigación de la Logística (Institut Català d'Investigació de la Logística).

ICIO Impuesto sobrre Construcciones, Instalaciones y Obras.

ICJ Comisión Internacional de Juristas (International Commission of Jurists) || Tribunal Internacional de Justicia (International Court of Justice).

ICM Comité Intergubernamental para las Migraciones (Intergovernamental Committee for Migrations) || Instituto Catalán del Mediterráneo (Institut Català del Mediterrani) || Instituto de Ciencias de los Materiales (Institut de Ciencies dels Materials, Cataluña).

ICMS Centro Internacional para las Ciencias Matemáticas (International Centre for Mathematical Sciences).

ICN En el nombre de Cristo (In Christi Nomine) || Consejo Internacional de Enfermeras (International Council of Nurses) || Índice de Contorno Nuclear.

ICNAF Comisión Internacional para las Pesquerías del Atlántico (International Commission for North Atlantic Fisheries).

ICNB Código Internacional de Nomenclatura de las Bacterias (International Code of Nomenclature of Bacteria).

ICNV Código Internacional de Nomenclatura de Virus (International Code of Nomenclature of Virus).

ICO Instituto Catalán de Oncología (Institut Català d'Oncologia) || Instituto de Crédito Oficial || Organización de la Conferencia Islámica (Islamic Conference Organization) || Organización Internacional del Café (International Coffee Organization).

ICOM Consejo Internacional de Museos (International Council of Museum).

ICONA Instituto (nacional) para la Conservación de la Naturaleza.

ICP Presión intracraneal (Intracranial Pressure).

ICPA Comisión Internacional para la Prevención del Alcoholismo (International Commission for the Prevention of Alcoholism).

ICPO Organización Internacional de Policía Criminal (International Criminal Police Organization).

ICR Inductancia-capacitancia-resistencia.

ICRC Comité Internacional de la Cruz Roja (International Committee of the Red Cross).

ICRP Comisión Internacional sobre Protección Radiológica (International Commission on Radiological Protection).

ICRU Comisión Internacional sobre Radiación, Unidades y Mediciones (International Comision on Radiation Units and Measurements).

ICs Sistema inconsciente.

ICS Espacio Intercostal (Intercostal Space) || Instituto Catalán de la Salud (Institut Català de la Salut) || Síndrome del colon irritable (Irritable Colon Syndrome) || Sistema inmunocompetente (Immunocompetent System) || Sistemas de Computadores Integrados (Integrated Computer Systems).

ICSAb Anticuerpos contra la superficie de las células de los islotes (Islet Cell Surface Antibody, referido al páncreas).

ICSAg Antígeno de Superficie de las Células de los Islotes (Islet Cell Surface Antigen, referido al páncreas).

ICSEAF Comisión Internacional de las Pesquerías del Atlántico Sudoriental (International Commission of South East Atlantic Fisheries).

ICSH Comité Internacional de Estándares en Hematología || Hormona estimulante de las células del intersticio (Interstitial Cell Stimulating Hormone, referido al testículo).

ICSID Consejo Internacional de Sociedades de Diseño Industrial (International Council of Societies of Industrial Design).

ICSPE Consejo Internacional del Deporte y la Educación Física (International Council of Sport and Physical Education).

ICSS Autoestimulación intracraneal (Intracranial Self Stimulation).

ICSU Consejo Internacional de Uniónes Científicas (International

Council of Scientific Unions, dependiente de la UNESCO).

ICSV Instituto Catalán de Seguridad Vial (Institut Català de Seguretat Viaria).

ICT Calcitonina Inmunorreactiva (Immunoreactive Calcitonin) || Índice cardiotorácico || Inflamación del tejido conectivo (Inflammation of Connective Tissue) || Instituto Catalán de Tecnología (Institut Català de Tecnologia) || Irradiación corporal total || Isquemia cerebral transitoria || Prueba del cáncer intradérmico (Intradermal Cancer Test).

ICTHE Isocianurato de trishidroxietilo.

ICTP Centro Internacional para la Física Teórica (International Centre for Theoretical Physics).

ICTV Comité Internacional sobre Taxonomía de los Virus (International Committee on Taxonomy of Viruses).

ICU Unidad de cuidados intensivos (Intensive Care Unit).

ICUB Instituto de Cultura de Barcelona.

ICV Instituto Catalán del Voluntariado (Institut Català del Voluntariat).

ICW Agua intracelular (Intracellular Water) || Congreso Internacional de la Mujer (International Congress of Women) || Ondas continuas interrumpidas (Interrupted Continuous Waves).

ICYF Federación Internacional de la Juventud Católica (International Catholic Youth Federation).

ICZN Código Internacional de Nomenclatura Zoológica (International Code of Zoological Nomenclature).

id Lo mismo (idem).

ID Diámetro interno (Inside Diameter) || Enfermedad Infecciosa (Infectious Disease) || Inmunodeficiencia || Intradérmico || Izquierda Democrática, Ecuador.

ID_{50} Dosis infecciosa media.

IDA Alianza Democrática Islámica (Islamic Democratic Alliance, Pakistán) || Anemia por Deficiencia de Hierro (Iron Deficiency Anaemia) || Asociación Internacional para el Desarrollo (International Development Association).

IDAC Injerto de derivación en una arteria coronaria.

IDAE Instituto para la Diversificación y Ahorro de la Energía.

IDB Banco Interamericano de Desarrollo (Inter-American Development Bank) || Banco Islámico de Desarrollo (Islamic Development Bank).

IDCG Inmunodeficiencia combinada grave.

IDCV Inmunodeficiencia común variable.

IDD Diabetes insulino dependiente (Insulin Dependent Diabetes).

IDDM Diabetes mellitus insulinodependiente (Insulin Dependent Diabetes Mellitus).

IDEB Instituto de Estudios de las Baleares (Institut d'Estudis Balearics).

IDEC Decodificador de infrarrojos (Infrared Decoder).

IDECE Instituto para el Desarrollo de las Comarcas del Ebro.

IDER Instituto para el Desarrollo de la Enfermería.

IDF Federación Dental Internacional (International Dental Federation) || Federación Internacional de la Diabetes (International Diabetes Federation) || Instituto para la Defensa de la Fe (Institutio Defensae Fidei) || Repartidor Intermediario (Intermediate Distribution Frame).

IDH Índice de desarrollo Humano.

IDI Instituto de Derecho Internacional (Institut de Droit International) || Insulina Detectable Inmunológicamente.

IDIB Instituto del Diseño Industrial de Barcelona.

IDK Subluxación interna de la rodilla (Internal Derangement of the Knee).
IDL Intervalo de duplicación linfocitaria || Laringoscopia Indirecta (Indirect Laryngoscopy) || Lipoproteína de Densidad Intermedia (Intermediate Density Lipoprotein).
IDN En nombre de Dios (In Dei Nomine) || Iniciativa Democrática Nacional, Andorra || Red Digital Integrada (Integrated Digital Network).
IDP Inosina difosfato (Inosine Diphosphate) || Procesamiento integral de datos (Integrated Data Processing).
IDR Ingesta diaria recomendada || Inmunodifusión radial || Intradermorreacción || Registro de entrada de datos (Input Data Register).
IDRC Centro de Investigación para el Desarrollo Internacional (International Development Research Centre).
IDS Grafos de diseño de diálogos (Invocation Dialog Structure) || Síndrome de Inmunodeficiencia (Immune Deficiency Syndrome).
IDU Iodo desoxiuridina o idoxuridina.
IDVC Inmunodeficiencia variable común.
ie Esto es (id est).
IE Impuestos Especiales || Indoeuropeo || Inmunoelectroforesis || Instituto de Empresa || Oído interno (Internal Ear).
IEA Agencia Internacional de la Energía (International Energy Agency) || Agregación eritrocitaria intravascular (Intravascular Erythrocyte Aggregation) || Asociación Económica Internacional (International Economic Association).
IEC Carcinoma intraepitelial (Intraepithelial Carcinoma) || Comisión Electrotécnica Internacional (International Electrotechnical Commission) || Componentes integrados de equipos (Integrated Equipment Components) || Inhibidor del enzima de conversión, referido a la angiotensina || Instituto de Estudios Catalanes (Institut d'Estudis Catalans).
IECA Asociación Internacional para el Control de la Erosión (International Erosion Control Association) || Inhibidor del enzima convertidor de la angiotensina.
IECAR Índice de Eficiencia Cardiorespiratoria.
IED Identidad Europea de Defensa || Inmunoelectrodifusión.
IEE Inmunoensayo enzimático || Instituto Español de Emigración || Instituto de Estudios Económicos.
IEEC Instituto de Estudios Espaciales de Cataluña (Institut d'Estudis del Espai de Catalunya).
IEEE Instituto de Ingenieros Electricistas y Electrónicos (Institute of Electrical and Electronics Engineers, EE.UU.) || Instituto Español de Estudios Estratégicos.
I_{ef} Intensidad de corriente eficaz.
IEF Inmunoelectroforesis || Instituto de la Empresa familiar || Instituto de Estudios Financieros (Institut d'Estudis Financers, Cataluña) || Instituto de Estudios Fiscales.
IEFC Inventario Ecológico y Forestal de Cataluña (Inventari Ecologic i Forestal de Catalunya).
IEM Error congénito del metabolismo (Inborn Error of Metabolism) || Instituto de Enseñanza Media || Instituto de Estudios Manchegos.
IEMA Ensayo inmunoenzimométrico.
IEMB Instituto de Estudios Metropolitanos de Barcelona.
IEME Instituto Español de Moneda Extranjera.
IEN Instituto Español de la Nutrición.
IEOP Inmunoelectrosmoforesis.
IEP Inmunoelectroforesis (Immunoelectrophoresis).

IEPALA Instituto de Estudios Políticos para América Latina y África.
IEPs Planes de educación individualizados (Individual Education Plans).
IES Instituto de Enseñanza Secundaria.
IESA Instituto de Estudios Sociales Avanzados.
IESE Instituto de Estudios Superiores de la Empresa.
IET Instituto Español de Turismo || Intubación Endotraqueal.
IEU Unidades efectivas de intensidad (Intensity Effective Units).
I_f Intensidad de corriente de filamento.
IF Factor de intensificación (Intensification Factor) || Factor intrínseco (Intrinsic Factor, referido a Castle) || Frecuencia intermedia (Intermediate Frequency) || Inhibidores de la fosfodiesterasa || Inmunofluorescencia || Interferón || Interpretación fotográfica || Líquido intersticial (Interstitial Fluid).
IFA Anticuerpo inmunofluorescente (Immunofluorescent Antibody) || Anticuerpos contra el factor intrínseco (Intrinsic Factor Antibodies) || Asociación Internacional de Fertilidad (International Fertility Association) || Federación Internacional de Actores (International Federation of Actors) || Federación Internacional de Astronáutica (International Federation of Astronautical).
IFAC Federación Internacional de Control Automático (International Federation of Automatic Control).
IFAD Fondo Internacional para el Desarrollo Agrícola (International Fund for Agricultural Development).
IFALPA Federación Internacional de Asociaciones de Pilotos de Líneas Aéreas (International Federation of Air Line Pilots' Associations).
IFAN Instituto Francés del África Negra (Institut Français d'Afrique Noire).
IFATCA Federación Internacional de Asociaciones de Controladores de Tráfico Aéreo (International Federation of Air Traffic Controllers' Associations).
IFAW Fondo Internacional para la Protección de los Animales (International Fund for Animal Welfare).
IFC Corporación Financiera Internacional (International Finantial Corporation).
IFCC Federación Internacional del Camping y del Caravanning (International Federation of Camping and Caravanning).
IFCTU Federación Internacional de Sindicatos Cristianos (International Federation of Christian Trade Unions).
IFD Inmunofluorescencia directa || Interfalángicas distales.
IFDF Isoftalato de difenilo.
IFDL Diisocianato de isoforona (Isophorone Diisocyanate).
IFEMA Institución Ferial de Madrid.
IFES Instituto de Formación y Estudios Sociales.
IFEX Ifosfamida.
IFF Identificación de amigo o enemigo (Identification of Friend or Foe, referido a naves propias).
IFGO Federación Internacional de Ginecología y Obstetricia (International Federation of Gynaecology and Obstetrics).
IFI Inmunofluorescencia indirecta.
IFIP Federación Internacional para el Proceso de la Información (International Federation for the Information Process).
IFIPS Federación Internacional de Sociedades de Procesos de Información (International Federation of Information Processing Societies).
IFJ Federación Internacional de Pe-

riodistas (International Federation of Journalists).

IFL Lógica de fusibles integrada (Integrated Fuse Logic).

IFM Insomnio familiar mortal.

IFMC Consejo Internacional de Música Popular (International Folk Music Council).

IFN Interferón.

IFNalpha-2b Interferón recombinante Alfa-2b (Recombinant Interferon Alpha-2b).

IFOR Fuerza (militar) de interposición (Interposition Force).

IFP Instituto Francés del Petróleo (Institute Français du Pétrole) || Interfalángicas Proximales || Procesador de Interface (Interface Processor).

IFR Federación Internacional de Robótica (International Federation of Robotic) || Reglas de vuelo por instrumentos (Instrument Flight Rules).

IFRB Junta Internacional de Registro de Frecuencias (International Frequency Registration Board).

IFREMER Instituto Francés de Investigación y Explotación del Mar (Institute Francaise de la Recherche et la Exploitation de la Mer).

IFSE Federación Internacional de Editores Científicos (International Federation of Scientific Editors).

IFT Transformador de frecuencia intermedia (Intermediate Frequency Transformer).

IFTA Federación Internacional de Agencias de Viajes (International Federation of Travel Agencies) || Federación Internacional de Archivos de Televisión (International Federation of Television Archives) || Federación Internacional de Asociaciones de Profesores (International Federation of Teachers' Associations).

IFTC Consejo Internacional del Cine y de la Televisión (International Film and Television Council).

IFTU Federación Internacional de Sindicatos (International Federation of Trade Unions).

IFX Ifosfamida.

Ig Ignacio || Inmunoglobulina.

IG Indo-germánico || Inspector general || Instrucción general.

IgA Inmunoglobulina A.

IGA Asociación Geográfica Internacional (International Geographical Association) || Asociación Internacional de Golf (International Golf Association).

IGADD Autoridad Intergubernamental contra la Sequía y para el Desarrollo (Intergovernmental Authority Against the Dryness and for the Development).

IGAE Intervención General de la Administracion del Estado.

IgAs Inmunoglobulina A Secretora.

IgD Inmunoglobulina D.

IgE Inmunoglobulina E.

IGE Isopropil glicidil éter.

IGF Factor de crecimiento de tipo insulínico || Federación Internacional de Gimnasia (International Gymnastic Federation).

IGF-I Factor I de crecimiento insulinoide.

IGFET Transistor de efecto de campo con compuerta aislada (Isolated Gate Field Effect Transistor).

IGFR Receptor del factor de crecimiento de tipo insulínico.

IgG Inmunoglobulina G.

IgGAP Inmunoglobulina G associada a plaquetas.

IgH Cadena pesada de las inmunoglobulinas.

IGHB Inmunoglobulina de hepatitis B.

IGIV Inmunoglobulina intravenosa.

IgK Cadena Ligera Kappa de las inmunoglobulinas.

IgL Cadena ligera lambda de las inmunoglobulinas.

igl^{a} Iglesia.

Igm Inmunoglobulina adherida a la membrana celular.
IgM Inmunoglobulina M.
IgmD Inmunoglobulina D vinculada con la membrana celular.
IGME Instituto Geológico y Minero de España.
IgmM Inmunoglobulina M vinculada con la membrana celular.
IgMs Inmunoglobulina M secretora.
ign Desconocido (Ignotus).
IGN Instituto Geográfico Nacional.
Ignº Ignacio.
IGO Órganos genitales internos (Internal Genital Organs).
IGPM Galones imperiales por minuto (Imperials Gallons Per Minute).
IGPP Instituto de Geofísica y Física Planetaria (Institute of Geophysics and Planetary Physics).
Igs Inmunoglobulina secretora.
IGS Inmunoglobulina sérica.
IgS+ Inmunoglobulina de superficie positiva.
IGT Irradiación ganglionar total.
IGTN Uña del Pie Incarnata (Ingrowing Toenail).
IGU Unión Geográfica Internacional (International Geographical Union).
IGY Año Geofísico Internacional (International Geophysical Year).
IgZ Inmunoglobulina (específica) para el zoster.
IH Hepatitis infecciosa (Infectious Hepatitis) || Índice del hierro || Infarto hemorrágico || Inhibición de la hemaglutinación.
IHA Hiperaldosteronismo idiopático (Idiopathic Hyperaldosteronism) || Inhibición de la hemaglutinación.
IHC Jesús (Iesus).
IHCA Unión Internacional Hebreo Cristiana (International Hebrew Christian Alliance).
IHD Enfermedad isquémica del corazón (Ischemic Heart Disease).
IHF Federación Internacional de Hockey (International Hockey Federation) || Federación Internacional de Hospitales (International Hospitals Federation).
IHFM Instituto de Fabricantes de Aparatos de Alta Fidelidad (Institute of High Fidelity Manufacturers, EE.UU.).
IHM Jesús Salvador del Mundo (Iesus Mundi Salvator).
ihp Caballo de Potencia Indicado (Indicated Horse Power).
IHP Caballo de Potencia Indicado (Indicated Horse Power).
IHRB Comité Internacional de Hockey Sobre Ruedas (International Hockey Rules Board).
IHS Jesús Salvador de la Humanidad (Iesus Hominum Salvatori).
IHSS Estenosis subaórtica hipertrófica Idiopática (Idiopathic Hypertrophic Subaortic Stenosis).
II Dos, referido a la numeración romana.
IIA Instituto Internacional de Agricultura (International Institute of Agriculture).
IIAL Instituto Internacional de Artes y Letras (International Institute of Arts and Letters).
IIB Banco de Inversiones Internacionales (International Investements Bank) || Instituto Internacional de Patentes (Institut International des Brevets).
IID Diabetes insulino independiente (Insulin Independent Diabetes).
IIE Instituto Internacional de Embriología (International Institute of Embriology).
IIEC Instituto de Investigaciones y Experiencias Cinematográficas.
IIED Instituto Internacional Para el Entorno y el Desarrollo.
IIEE Instituto Internacional de Estudios Estratégicos.
IIEP Instituto Internacional para la Planificación Educativa (International Institute of Educational Planning).

IIF Inmunofluorescencia indirecta (Indirect Immunofluorescence).

IIHF Federación Internacional de Hockey sobre Hielo (International Ice Hockey Federation).

III Tres, referido a la numeración romana.

IIL Lógica de inyección integrada (Integrated Injection Logic).

IILE Emisión de luz inducida por iones (Ion Induced Light Emission).

IILI Instituto Internacional de Literatura Iberoamericana.

IIO Índice de intensificación por oxígeno.

IIP Instituto Internacional de Filosofía (International Institute of Philosophy) || Instituto Internacional de Prensa (Institut International de la Presse).

IIR Índice de Insuficiencia renal || Insulina inmunorreactiva.

IIS Instituto Internacional de Sociología (International Institute of Sociology).

IISS Instituto Internacional de Estudios Estratégicos (International Institute of Strategic Surveys).

IITD Instituto Internacional de Teología a Distancia.

IJP Presión de la yugular interna (Internal Jugular Presssure).

I_k Corriente de cátodo.

IK Índice de Katz.

IKE Iconoscopio (Ikonoscope).

IL Ilyushin, referido al avión || Incisolingual || Interleucina (Interleukin) || Israel, referido a la matrícula internacional de automóvil || Luz indicadora (Indicating Light) || Nivel de intensidad (Intensity Level).

IL-HP Interleucina-hibridoma plasmocitoma.

ILa Incisolabial.

ILA Actividad insulinoide (Insuline-Like Activity) || Asociación Internacional de Derecho (International Law Association).

ILAE Liga Internacional Contra la Epilepsia (International League Against Epilepsy).

ILC Institución de las Letras Catalanas (Institució de les Lletres Catalanes).

ILD Diodo de láser de inyección (Injection Laser Diode) || Instituto de Lenguaje y Desarrollo || Instituto de la Libertad y la Democracia, Perú.

Ildef° Ildefonso.

Ile Ilustre || Isoleucina.

ILE Índice de localización esplénica.

Ileu Isoleucina.

ILF Frecuencia infrabaja (Infralow Frequency).

Ilma Ilustrísima.

Ilmo Ilustrísimo.

ILO Organización Internacional del Trabajo.

ILP Incapacidad laboral permanente || Programa internacional de la litosfera.

ILPES Instituto Latinoamericano de Planificación Económica y Social (Latin American Institute for Economic and Social Planning.

ILRM Inhibidor de la lisis reactiva de la membrana, referido al eritrocito || Liga Internacional para los Derechos del Hombre (International League for the Rights of Man).

ILS Sistema de aterrizaje por instrumentos (Instrument Landing System).

ILST Irradiación linfoide subtotal.

ILT Incapacidad laboral transitoria || Irradiación linfoide total.

ILW Residuos de nivel medio (Intermediate Level Waste, referido a radiactividad).

$\mathbf{I_m}$ Corriente máxima.

$\mathbf{I_M}$ Índice mitótico.

IM Impuesto municipal || Índice de marcación || Índice metabólico || Índice mitótico || Índice morfológico || Infantería de Marina || Infarto de miocardio || Insuficiencia mitral || Intermodulación || Intramuscular || Medicina interna (Internal Medicine) || Medida imperial (Imperial Measure) || Mielofibrosis idiopática (Idiopathic Myelofribrosis) || Misil interceptor (Interceptor Missile) || Mononucleosis infecciosa (Infectious Mononucleosis) || Radiobaliza interna (Inner Marker).

IMA Asociación Internacional de Música (International Music Association) || Infarto de miocardio agudo || Infarto de miocardio anterior || Instituto del Medio Ambiente (Institut del Medi Ambient, Cataluña) || Instituto del Mundo Árabe (Institute du Monde Arab, París).

IMAC Instituto de Mediación, Arbitraje y Conciliación.

IMADE Instituto Madrileño del Desarrollo.

IMAIN Instituto Madrileño de Ayuda a la Infancia.

IMAL Infarto de miocardio anterolateral.

IMAO Inhibidor de la monoaminooxidasa.

I_{max} Corriente máxima.

ImC Intensidad en Milicuries.

IMC Comité Marítimo Internacional (International Maritime Committee) || Índice de Masa Corporal.

IMCO Organización Consultiva Marítima Internacional (International Maritime Consultative Organization).

IMD Intensidad media diaria, referido a circulación de vehículos || Instituciones para los mentalmente incapacitados (Institutions for the Mentally Disabled).

IMD_{50} Dosis inmunizante media.

IME Instituto de Ingenieros Mecánicos (Institute of Mechanical Engineers) || Instituto Monetario Europeo.

IMEB Instituto Municipal de Educación de Barcelona.

IMEC Instrucción militar escala de complemento.

IMECEA Instrucción militar escala de complemento del Ejército del Aire.

IMF Federación Internacional Motociclista (International Motorcycle Federation) || Fondo monetario internacional (International Monetary Fund).

IMG Ganglio mesentérico inferior (Inferior Mesenteric Ganglion).

IMI Insulina medida inmunoquímicamente.

IMIM Instituto Municipal de Investigación Médica.

IMO Inhibidor (de la maduración) del monocito || Investigación militar operativa || Organización Marítima Internacional (International Maritime Organization) || Organización Meteorológica Internacional (International Meteorological Organization).

IMOE Inmovilización mandíbulo-occípito-esternal.

imp Imperial || Imperio || Imprenta.

IMP Infarto de miocardio posterior || Metafosfato (de sodio) insoluble (Insoluble Metaphosphate) || Microprocesador integrado (Integrated Microprocessor) || Monofosfato de inosina (Inosine Monophosphate) || Presión Intramiocárdica (Intramiocardic Pressure).

IMPI Infarto de miocardio posteroinferior || Instituto de la Pequeña y Mediana (empresa) Industrial.

IMPSOL Instituto Metropolitano de Promoción del Suelo.

IMPU Instituto Municipal de Promoción Urbanística || Instituto Municipal de Psiquiatría de Urgencias.

IMR Tasa de mortalidad infantil (Infant Mortality Rate).

IMS Instituto Municipal de la Salud || Isquemia miocárdica silente || Sistema de Microordenador Industrial (Industrial Microcomputer System) || Sociedad Musicológica Internacional

(International Musicological Society).

IMSF Instituto Municipal de Servicios Funerarios.

IMT Índice de marcaje con timidina || Infantería motorizada || Instituto Metropolitano del Taxi || Isquemia miocárdica Transitoria || Tribunal militar internacional (International Military Tribunal).

IMU Unión de Matemática Internacional (International Mathematical Union).

IMV Ifosfamida, metotrexato, vincristina.

IMVP-16 Ifosfamida, metotrexato, etopósido.

IMZ Infantería mecanizada.

in d Diariamente (In Dies).

in loc En Lugar de (In Loco).

in loc cit En el lugar citado (In Loco Citato).

in mem A la memoria de (In Memoriam).

in s In Situ.

In India || Indio, referido al mineral || Inulina || Pulgada (Inch).

in² Pulgada cuadrada (Inch).

IN Armada india (Indian Navy) || Entrada o conexión (*input*) || Ictericia neonatal || India, referido a la matrícula internacional de automóvil || Índice nutricional || Nefritis intersticial (Interstitial Nephritis).

INA Agencia de Noticias Iraquí (Iraqi News Agency) || Instituto Nacional del Audiovisual (Institut National de l'Audiovisuel, Francia).

INAE Incursión Aérea Enemiga.

INAEM Instituto Nacional de las Artes Escénicas y de la Música.

INAM Hidracida del ácido isonicotínico (Isonicotinic Acid Hydrazyde).

INAO Instituto Nacional (francés) de Denominación de Origen (Institut National des Apellations d'Origine, referido a los vinos).

INAP Incursión Aérea Propia || Instituto Nacional de Administración Pública.

INAS Instituto Nacional de Asistencia Social.

INBA Instituto Nacional de Bellas Artes, México.

INBAD Instituto Nacional de Bachillerato a Distancia.

Inc Incorporada.

INC Congreso Nacional Indio (Indian National Congress) || En el nombre de Cristo (In Nomine Christi) || Incremento || Instancia Nacional de Consenso, Guatemala || Instituto Nacional de Consumo || Izquierda Nacionalista Canaria.

INCA Información científica automatizada (red de).

INCAEN Instituto Catalán de la Energía (Institut Català d'Energia).

INCAFE Instituto Nacional del Café, El Salvador.

INCANOP Instituto Catalán de Nuevas Profesiones (Institut Català de Noves Pofessions).

INCAVI Instituto Catalán del Vino (Institut Català del Vi).

INCAVOL Instituto Catalán del Voluntariado (Institut Català del Voluntariat).

INCB Consejo Internacional para el Control de Narcóticos (International Narcotics Control Board, dependiente de la ONU).

INCD Instituto Nacional de Combate a las Drogas, México.

INCIE Instituto Nacional de Ciencias de la Educación.

incu Incunable.

Ind Indulto.

IND En el nombre de Dios (In Nomine Dei) || India, referido a la matrícula internacional de automóvil || Indicador.

INDIME Inspección de la Disciplina en el Mercado.

INE Instituto Nacional de Estadística.

ined No publicado (Ineditus).

INED Instituto Nacional de Estudios Demográficos (Institut National d'Études Démographiques, Francia).

INEF Instituto Nacional de Educación Física.

INEFC Instituto Nacional de Educación Física de Cataluña (Institut Nacional d'Educació Física de Catalunya).

INEM Instituto Nacional de Empleo || Instituto Nacional de Enseñanza Media.

INER Instituto de Investigación de la Energía Nuclear (Institute of Nuclear Energy Research).

INESQC Inventario Europeo de Sustancias Químicas Comerciales.

inf Infusión (Infusum) || Por debajo (Infra).

Inf Infantería.

INF Federación Naturista Internacional (International Naturist Federation) || Fuerzas Nucleares de Alcance Intermedio (Intermediate Nuclear Forces) || Información.

infl Inflamable (Inflammable).

INFONAC Instituto de Fomento Nacional, Nicaragua.

inform Información.

Inform Informática.

ing Inglés.

Ing Inglaterra.

ING Ingenieros, referido al cuerpo militar.

INGABAD Instituto Gallego de Bachillerato a Distancia (Instituto Galego da Bacharalato a Distancia).

INGO Organización Internacional No Gubernamental (International Non Governmental Organization).

INH Hidrazida del ácido isonicotínico o isoniacida (Isonicotinic Hydrazide o Isoniazid) || Instituto Nacional de Hidrocarburos.

INI En el nombre de Jesús (In Nomine Iesu) || Instituto Nacional de Industria.

INIA Instituto Nacional de Investigación (y tecnología) Agraria (y alimentaria).

INJ En el nombre de Jesús (In Nomine Jesu).

INLA Ejército de Liberación Nacional de Irlanda (Irish National Liberation Army).

INLE Instituto Nacional del Libro Español.

INM Instituto Nacional de Meteorología.

Inma Inmaculada.

INMARSAT (organización) Internacional (de telecomunicaciones) Marítimas por Satélite.

INP Índice nutritivo pronóstico.

INPC N-fenilcarbamato de isopropilo (Isopropyl N-Phenylcarbamate).

INRI Jesús de Nazaret, rey de los judíos (Iesus Nazarenus Rex Iudaeorum).

INS Espectroscopia de neutralización de iones (Ion Neutralization Spectroscopy) || Instituto Nacional de la Salud || Servicio Internacional de Noticias (International News Service) || Servicios de inmigración (Inmigration Services, EE.UU.).

INSAG Grupo Consultivo Internacional sobre Seguridad Nuclear (International Nuclear Safety Advisory Group).

INSALUD Instituto Nacional de la Salud.

insc Inscripción.

INSER Inhibidores de Serina.

INSERM Instituto Nacional de la Salud y de la Investigación Médica (Institut National de la Sante et de la Recherche Medicale, Francia).

INSERSO Instituto Nacional de Servicios Sociales.

INSS Instituto Nacional de la Seguridad Social || Sistema Internacional de Estadiaje (International Staging System).

Inst Institución || Instituto.

INST En el nombre de la Santísima

Trinidad (In Nomine Sanctae Trinitatis).

INSU Instituto Nacional de Ciencias del Universo (Institut National des Sciences de l'Universe, Francia).

INSUL Aislamiento (Insulation).

int Internacional || Interno.

Int Interior.

INT Intendencia, referido al cuerpo militar.

int al Entre otras cosas (Inter Alia).

INTA Instituto Nacional de Técnica Aeroespacial.

INTELSAT (organización) Internacional de Telecomunicaciones por Satélite (International Telecommunication Satellite).

INTEMAC Instituto Técnico de Materiales y Construcciones.

Interpol Comisión Internacional de Policía Criminal (International Criminal Police Commission).

INTRESS Instituto de Trabajo Social y Servicios Sociales.

ints Intereses.

inv Inversión de origen pericéntrico, referido a citogenética.

INV Índice de náusea y vómito (Index of Nausea and Vomiting).

inv ins Inserción inversa, referido a citogenética.

INVESCIT Instituto de Investigaciones sobre Ciencia y Tecnología.

INVIFAS Instituto de la Vivienda de las Fuerzas Armadas.

I_o Intensidad luminosa inicial || Radiactividad.

I_o Corriente de salida.

IO Índice opsónico || Intraocular || Oclusión Intestinal (Intestinal Occlusion) || Orticon de imagen u ortinoscopio (Image Orthicon).

IOAU Unidad de Acceso de Entrada-Salida (Input-Output Access Unit).

IOC Comité Olímpico Internacional (International Olympic Committee).

IOCM Inventario obsesivo compulsivo de Maudsley.

IOCS Programa de control de entrada-salida (Input-Output Control Program).

IOCU Organización Internacional de Uniones de Consumidores (International Organization of Consumers' Unions).

IOF Fundación Oceanográfica Internacional (International Oceanographic Foundation).

IOH Instituto de Orígenes Humanos, California.

IOJ Organización Internacional de Periodistas (International Organization of Journalists).

IOL Inventario Obsesivo de Leyton || Lente intraocular (Intraocular Lens).

IOM Organización Internacional de Migraciones.

IOP Instituto de la Opinión Pública || Presión Intraocular (Intraocular Pressure).

IOR Instituto para las Obras de la Religión.

IORTV Instituto Oficial de Radio y Televisión.

IOS Impuesto sobre Operaciones Societarias.

I_p Pico de Corriente.

Ip Invalidez Permanente.

IP Ictus progresivo || Impuesto sobre el patrimonio || Incapacidad parcial || Indulgencia plenaria || Inositol Monofosfato (Inositol Monophosphate) || Insulina protamina || Intraperitoneal || Izquierda de los Pueblos || Período de incubación (Incubation Period) || Protocolo de Internet (Internet Protocol).

IP_2 Inositol difosfato (Inositol bisphosphate).

IP_3 Inositol trifosfato (Inositol Triphosphate).

IPA Academia Fonética Internacional (International Phonetic Academy) || Ácido isoftálico (Isophtalic Acid) || Alcohol isopropílico (Isopropyl Alcohol) || Alfabeto fonético internacional (International Phonetic Alphabet) || Amplificador de potencia intermedia (Intermediate Power Amplifier) || Asociación Internacional de Editores (International Publishers' Association) || Incapacidad permanente absoluta || Individual Practice Association || Informática programador de aplicaciones || Isopropanol.

IPAE Isopropilaminoetanol.

IPAM Isopropilacrilamida.

IPBM Misil balístico interplanetario (Interplanetary Ballistic Missile).

IPC Índice de precios al consumo || Isopropilcarbamato.

IPCC Panel intergubernamental sobre el cambio climático (Intergovernmental Panel on Climate Change).

IPCA Índice de Precios de Consumo Armonizados.

IPD Diálisis peritoneal intermitente (Intermittent Peritoneal Dialysis).

IPE Infiltrados pulmonares con eosinofilia || Isopropoxietanol.

Ipf Imposición a plazo fijo.

IPF Fibrosis pulmonar idiopática (Idiopathic Pulmonary Fibrosis).

iph Impresiones por hora.

IPH Hemosiderosis pulmonar idiopática (Idiopathic Pulmonary Hemosiderosis).

IPI Índice de producción industrial || Instituto Internacional de Prensa (International Press Institute).

IPLO Organización de Liberación del Pueblo de Irlanda (Irish People's Liberation Organization).

IPLV Intolerancia a las proteínas de la leche de vaca.

IPM Pulgadas por minuto (Inches Per Minute).

IPNPV Ventilación con presión positiva-negativa intermitente (Intermittent Positive-Negative Pressure Ventilation).

IPO Orquesta Filarmónica de Israel (Israel Philarmonic Orchestra).

IPP Incapacidad permanente parcial || Isopropilo peroxidicarbonato.

IPPA Inspección, palpación, percusión, auscultación.

IPPB Respiración con presión positiva intermitente (Intermittent Positive Pressure Breathing).

IPPV Instituto de Promoción Pública de la Vivienda || Ventilación con presión positiva intermitente (Intermittent Positive Pressure Ventilation).

IPR Índice de presión residual || Índice de producción reticulocitaria.

IPRA Asociación Internacional de Relaciones Públicas (International Public Relations Association).

ips Instrucciones por segundo, referido a la informática || Pulgadas por segundo (Inches Per Second).

IPS Índice de suicidio potencial (Index of Potential Suicide) || Informática programador de sistemas || Inter Press Service, referido a la agencia de noticias italiana.

IPSA Asociación Internacional de Ciencia Política (International Political Science Association).

IPSE Entorno integrado de soporte de proyectos (Integrated Project Support Environment).

IPSID Enfermedad inmunoproliferativa del intestino delgado (Immunoproliferative Small Intestinal Disease).

IPSP Potencial postsináptico inhibitorio (Inhibitory Postsynaptic Potential).

IPSPs Potenciales inhibitorios postsinápticos (Inhibitory Postsynaptic Potentials).

IPSS Estudio piloto internacional de esquizofrenia (International Pilot Study of Schizophrenia).

IPT Incapacidad permanente total || Psicoterapia interpersonal (Interpersonal Psychotherapy).

IPTPA Asociación Internacional de

Jugadores Profesionales de Tenis (International Professional Tennis Players' Association).

IPZ Insulina protamina zinc.

IQ Cociente de inteligencia (Intelligence Quotient).

IQS Instituto Químico de Sarriá.

IQSY Año del Sol Tranquilo (International Quiet Sun Year).

Ir Iridio || Irlanda.

IR Índice de refracción || Índice de resistencia (de Pourcelot) || Infrarrojo || Insuficiencia renal || Insuficiencia respiratoria || Intrarraquídeo || Irán, referido a la matrícula internacional de automóvil || Registro de instrucción (Instruction Register) || Resistencia interna (Internal Resistance, referido a un circuito) || Tasa de incidencia (Incidence Rates).

IRA Ejército Republicano Irlandés (Irish Republican Army) || Infección respiratoria aguda || Insuficiencia renal aguda || Insuficiencia respiratoria aguda.

IRALF Niveles de acción internacionales de los radionucleidos sobre los alimentos.

IRAM Instituto (Europeo) de Radioastronomía Milimétrico.

IRANOR Instituto de Racionalización y Normalización.

IRAS Satélite astronómico infrarrojo (Infrared Astronomical Satellite).

IRASER Maser de infrarrojos (Infrared Maser).

IRBM Misil balístico de alcance intermedio (Intermediate Range Ballistic Missile).

IRC Capacidad de reserva inspiratoria (Inspiratory Reserve Capacity) || Conversación transmitida por Internet (Internet Relay Chat) || Cruz Roja Internacional (International Red Cross) || Incremento del recuento corregido, referido a plaquetas || Insuficiencia renal crónica.

IRCI Índice de rendimiento del capital invertido.

IRE Instituto de Ingenieros de Radio (Institute of Radio Engineers).

IRED Diodo emisor de infrarrojos (Infrared Emitting Diode).

IRELA Instituto de Relaciones Europeo-Latinoamericanas.

IRESCO Instituto de Reforma de las Estructuras Comerciales.

IRF Federación Internacional de Remo (International Rowing Federation) || Interferencia de radiofrecuencia.

IRI Institución de la Química del Caucho (Institution of Rubber Chemistry) || Instituto de Reconstrucción Industrial, Italia || Insulina Inmunorreactiva.

IRK Irak, referido a la matrícula internacional de automóvil.

IRL Irlanda, referido a la matrícula Internacional de automóvil.

IRM Imagen por resonancia magnética || Mecanismo de liberación innato (Innate Releasing Mechanism).

IRMA Ensayo inmunoradiométrico (Inmunoradiometric Assay).

IRMS Sistema de gestión y búsqueda de la información (Information Retrieval and Management System).

IRN Irán, referido a la matrícula internacional de automóvil || Volumen de reserva inspiratoria (Inspiratory Reserve Volume).

IRNA Agencia de Noticias de la República Islámica (Islamic Republic News Agency, referido a Irán).

IRO Instituto de Investigación Oncológica (Institut de Recerca Oncològica, Cataluña) || Organización Internacional para los Refugiados (International Refugee Organization).

IRP Partido Islámico Republicano (Islamic Republican Party, Pakistán) || Polipéptido liberador de insulina (Insulin Releasing Polypeptide).

IRPA Asociación Internacional para la Protección contra las Radiaciones (International Radiation Protection Association).

IRPF Impuesto sobre la renta de las personas físicas.

IRR Radiación infrarroja (Infrared Radiation).

IRRP Insuficiencia renal rápidamente progresiva.

IRS Inhibidores de la recaptación de serotonina.

IRT Insuficiencia renal terminal.

IRTA Instituto de Investigación y Tecnología Agroalimentarias (Institut de Recerca i Tecnologia Agroalimentàries, Cataluña).

IRV Volumen de reserva inspiratorio (Inspiratory Reserve Volume).

IRVIN Índice de Reserva Vital Nerviosa.

I_s Corriente de Saturación || Saturación Total de un Electrón.

Is Islam || Islámico || Israel.

IS Blindaje interno (Internal Shield) || Espacio intercostal (Intercostal Space) || Impuesto sobre las Sucesiones || Índice de saturación || Internacional Socialista || Islandia, referido a la matrícula internacional de automóvil.

ISA Actividad simpaticomimética intrínseca (Intrinsic Sympathomimetic Activity) || Asociación Internacional de Normalización (International Standardization Association) || Asociación Sociológica Internacional (International Sociological Association).

ISADH Secreción inadecuada de hormona antidiurética (Innappropriate Secretion of Antidiuretic Hormone).

ISAM Método de acceso por índice secuencial (Index Sequential Acces Method).

ISAS Instituto de la Ciencia Astronáutica y del Espacio (Institute of Space and Astronautical Science, Japón).

ISB Banda lateral independiente (Independent Sideband).

ISBA Oficina Internacional de Recursos Marítimos.

ISBN Número Internacional normalizado para los libros (International Standard Book Number).

ISBNA Agencia (encargada) del Número Normalizado para los Libros (International Standard Book Number).

ISC Centro Sismológico Internacional (International Seismological Centre) || Clasificación Estadística Internacional (International Statistical Classification) || Consejo Internacional del Azúcar (International Sugar Council) || Indice de supresión del cortisol.

ISCD Clasificación estadística internacional de enfermedades (International Statistical Classification of Diseases).

ISCI Inyección subcutánea continua de insulina.

ISCM Sociedad Internacional para la Música Contemporánea (International Society for Contemporary Music).

ISDE Instituto Superior de Derecho y Economía.

ISDN Red Digital de Servicios Integrados (Integrated Services Digital Network).

ISE Instituto Sindical de Estudios.

ISEA Simposio Internacional de Arte Electrónico (International Simposium of Electronic Art).

ISF Líquido (o fluido) intersticial (Interstitial Fluid).

ISFAS Instituto Social de las Fuerzas Armadas.

ISFET Transistor de efecto de campo sensible a los iones (Ion Sensitive Field Effect Transistor).

ISG Globulina sérica inmune (Immune Serum Globulin).

ISGE Sociedad Internacional de Endoscopia Ginecológica || Sociedad Internacional de Gastroenterología (International Society of Gastroenterology).

ISH Sociedad Internacional de Hematología (International Society of Haematology).

ISI Instituto para la Información Científica (Institute for Scientific Information).

ISM Instituto Social de la Marina || Inyecciones subcutáneas múltiples || Jesús Salvador del Mundo (Jesus Salvator Mundi).

ISMN Mononitrato de Isosorbide (Isosorbide Mononitrate).

ISO Organización Internacional del Azúcar (International Sugar Organization) || Organización Internacional de Normalización (International Standardization Organization).

Isot Isotermo.

ISPA Asociación Internacional de Prensa Deportiva (International Sporting Press Association) || Sociedad Internacional para la Prote- cción de los Animales (International Society for the Protection of Animals).

ISR Sociedad Internacional para la Radiología (International Society for Radiology).

ISRD Sociedad Internacional para la Rehabilitación de los Discapacitados (International Society for Rehabilitation of the Disabled).

ISRO Organización India de Investigación Espacial (Indian Space Research Organization).

ISS Impuesto sobre sociedades.

ISSA Asociación Internacional de Seguridad Social (International Social Security Association).

ISSX Sociedad Internacional para el Estudio de la Xenobiótica (International Society for the Study of Xenobiotic).

IST Terapia mediante shock insulínico (Insulin Shock Therapy).

ISU Unión Internacional de Caza (International Shooting Union) || Unión Internacional de Patinaje (International Skating Union).

ISY Intrasinovial (Intrasynovial).

it Italiano.

It Italia.

I_T Corriente continua de trabajo.

IT Incapacidad total || Índice termográfico || Índice (de marcación) con timidina (tritiada) || Ingeniería Técnica || Instrucción técnica || Insuficiencia tricuspídea || Intratecal || Intratorácico.

Ita Italia.

ITA Ingeniero Técnico Aeronáutico.

ITB Índice tobillo-arteria braquial.

ITCF Isotiocianato de fluoresceína.

ITE Impuesto sobre el tráfico de empresas || Instituto de Técnicas Educativas.

ITEC Instituto de Tecnología de la Construcción (Institut de Tecnologia de la Construcció, Cataluña).

ITF Federación Internacional de Tenis (International Tennis Federation) || Federación Internacional del Transporte (International Transport Federation).

ITFS Servicio fijo de televisión instructiva (Instructional Television Fixed Service).

ITGE Instituto Tecnológico Geominero de España.

ITGV Volumen de gas intratorácico (Intrathoracic Gas Volume).

ITh Intratecal (Intrathecal).

ITL Índice de tiroxina libre || Lógica de transistor y transformador acoplado (Transformer Coupled Transistor Logic).

ITM Instituto Tecnológico de Massachussets.

ITP Impuesto sobre Transmisiones Patrimoniales || Púrpura trombocitopénica idiopática (Idiopathic Thrombocytopenic Purpura) || Trifosfato de inosina (Inosine Triphosphate).

ITPA Illinois test of psycholinguistic ability.

ITPAJD Impuesto sobre Transmisiones Patrimoniales y Actos Jurídicos Documentados.

ITR Intratraqueal (Intratracheal).

I_{TRM} Corriente de trabajo máxima repetitiva (Repetitive Maximum On-State Current).

ITS Escala internacional de temperatura (International Temperature Scale).

I_{TSM} Corriente máxima de trabajo no repetitiva (Non Repetitive Maximum On-State Current).

ITT Incapacidad total temporal || International Telephone and Telegraph || Test de tolerancia a la insulina (Insulin Tolerance Test).

ITTF Federación Internacional de Tenis de Mesa (International Table Tennis Federation).

ITU Infecciones del tracto urinario || Unidad de terapia Intensiva (Intensive Therapy Unit) || Unión Internacional de Telecomunicaciones (International Telecommunications Union).

ITV Inspección técnica de vehículos || Televisión independiente (Independent Television, Reino Unido) || Televisión industrial (Industrial Television) || Televisión instructiva (Instructive Television).

ITVA Asociación Internacional de Televisión (International Television Association) || Instituto Turístico Valenciano.

IU Infección urinaria || Intrauterino || Izquierda Unida || Unidad inmunizante (Immunizing Unit) || Unidad Internacional (International Unit).

IUA Instituto Universitario del Audiovisual, referido a la Universidad Pompeu Fabra de Barcelona || Unión Internacional (contra el) alcoholismo (International Union Against Alcoholism) || Unión Internacional de Arquitectos (International Union of Architects).

IUAES Unión Internacional de Ciencias Antropológicas y Etnológicas (International Union of Anthropological and Ethnological Sciences).

IUAPF Instituto Universitario Audiovisual Pompeu Fabra.

IUB Unión Internacional de Bioquímica (International Union of Biochemistry).

IUBS Unión Internacional de Ciencias Biológicas (International Union of Biological Sciences).

IUC Colitis ulcerosa idiopática (Idiopathic Ulcerative Colitis).

IUCD Dispositivo contraceptivo intrauterino (Intrauterine Contraceptive Device).

IUCN Unión Internacional para la Conservación de la Naturaleza y los Recursos Naturales (International Union for the Conservation of Nature and Natural Resources).

IUD Dispositivo intrauterino (Intrauterine Device, referido a contracepción) || Muerte intrauterina (Intrauterine Death).

IUFB Cuerpo extraño intrauterino (Intrauterine Foreign Body).

IUGG Unión Internacional de Geodesia y Geofísica (International Union of Geodesy and Geophysics).

IUGR Retardo del crecimiento intrauterino (Intrauterine Growth Retardation, referido al feto).

IUGS Unión Internacional de Ciencias Geofísicas (International Union of Geophysical Sciences) || Unión Internacional de Ciencias Geológicas (International Union of Geological Sciences).

IUHPS Unión Internacional de Historia y Filosofía de la Ciencia (International Union of History and Philosophy of Science).

IULA Unión Internacional de Autoridades Locales (International Union of Local Authorities).

IUP Gestación intrauterina (Intrauterine Pregnancy).

IUPAB Unión Internacional de Biofísica Pura y Aplicada (International Union of Pure and Applied Biophysics).

IUPAC Unión Internacional de Química Pura y Aplicada (International Union of Pure and Applied Chemistry).

IUPAP Unión Internacional de Física Pura y Aplicada (International Union of Pure and Applied Physics).

IUPS Unión Internacional de Ciencias Fisiológicas (International Union of Physiological Sciences).

IUSP Unión Internacional de Psicología Científica (International Union of Scientific Psychology).

IUSY Unión Internacional de la Juventud Socialista (International Union of Socialist Youth).

IUT Transfusión intrauterina (Intrauterine Transfusion).

IUTAM Unión Internacional de Mecánica Teórica y Aplicada (International Union of Theoretical and Applied Mechanics).

IV Cuatro, referido a la numeración romana || Impuesto sobre Vehículos || Índice ventilatorio || Intravenoso (Intravenous) || Intraventricular.

IVA Impuesto sobre el valor añadido.

IVAJ Instituto Valenciano de la Juventud.

IVAM Instituto Valenciano de Arte Moderno.

IVAP Instituto Vasco de Administración Pública || Producción de anticuerpos in vitro, referido al virus de la inmunodeficiencia humana.

IVB Insuficiencia vertebrobasilar.

IVBF Federación Internacional de Voleibol (International Volleyball Federation).

IVC Capacidad vital inspiratoria (Inspiratory Vital Capacity) || Insuficiencia venosa crónica || Vena cava inferior (Inferior Vena Cava).

IVD Disco intervertebral (Intervertebral Disc) || Insuficiencia ventricular derecha.

IVE Índice de ventilación eficaz || Interrupción voluntaria del embarazo || Isobutil vinil éter.

IVF Fertilización in vitro (In Vitro Fertilization) || Instituto Valenciano de Finanzas || Líquido (o fluido) intravascular (Intravascular Fluid).

IVGTT Test de tolerancia a la glucosa intravenosa (Intravenous Glucose Tolerance Test).

IVH Intraventricular hemorrhage of brain.

IVI Infarto del ventrículo izquierdo || Instituto Valenciano de Infertilidad.

IVIMA Instituto de la Vivienda de Madrid.

IVL Índice de volumen latido.

IVLA Unión Internacional de Asociaciones Locales (International Union of Local Associations).

IVP Pielografía intravenosa (Intravenous Pyelography).

IVS Septum Interventricular (Interventricular Septum).

IVSD Defecto del septum interventricular (Interventricular Septum Defect).

IVT Transfusión intravenosa (Intravenous Transfusión).

IVTD Índice del volumen telediastólico.

IVTM Impuesto de vehículos de tracción mecánica.

IVU Infección de las vías urinarias || Unión Vegetariana Internacional (International Vegetarian Union) || Urografía Intravenosa (Intravenous Urography).

I WATCH DEATH Infectious, Withdrawal, Acute Metabolic, Trauma, CNS pathology (psychopathology), Hypoxia, Deficiencies,

Endocrinopathies, Acute Vascular Disease, Toxins, Heavy Metals.
IWC Comisión Internacional para la Pesca de la Ballena (International Whalling Commission) || Consejo Internacional del Trigo (International Wheat Council).
IX Jesucristo (Iesus Christus).
I_{xy} Producto de inercia.
IY Ingurgitación yugular.
I_Z Corriente zener.
IZ Cinc Inorgánico (Inorganic Zinc).
I_{ZM} Corriente zener máxima.
izq Izquierda.
izq[a] Izquierda.
izqda Izquierda.
izqdo Izquierdo.
izq[o] Izquierdo.
I_{ZRM} Corriente zener máxima repetitiva.
I_{ZS} Corriente zener no repetitiva.
IZS Suspensión de Zinc-Insulina (Insulin-Zinc Suspension).

J

J Articulación (Joint) || Jaén, referido a la matrícula nacional de automóvil || Jaime || Japón, referido a la matrícula internacional de automóvil || Javier || Jefatura || Jefe || Jesús || Jorge || José || Juan || Judaico || Judaismo || Juez || Jugo (Juice, referido a líquidos orgánicos) || Julio, referido a la unidad de energía || Julio, referido a nombre de persona || Jurásico || Justicia.

J Densidad de corriente eléctrica || Juez (Judex) || Momento Angular || Polarización dieléctrica.

Jª Josefina || Juana.

JA Jamaica, referido a la matrícula internacional de automóvil || Jefe de artillería || Jugadores Anónimos.

JAAT Jefe de Agrupación Aérea Táctica.

JABR Jefe de Artillería de Brigada.

JAC Jóvenes de Acción Católica || Jugueteros Agrupados de Cataluña (Joguiners Agrupats de Catalunya).

JACE Jefe de Artillería de Cuerpo de Ejército.

Jack Juan (John).

JACOTEAR Jefe de Agrupación de Apoyo de Combate del Tercio de la Armada.

Jactº Jacinto.

JAD Jefe de Artillería de División.

JAE Jefe de Artillería del Ejército.

JAI Idiocia amaurótica juvenil (Juvenile Amaurotic Idiocia).

JAL Líneas Aéreas Japonesas (Japan Air Lines).

Jam Jamaica.

JAMA Jefatura de Armamento y Material de Artillería || Diario de la Asociación Médica Americana (Journal of the American Medical Association).

JAMPRESS Agencia de Noticias de Jamaica.

JANA Agencia de Noticias Libia (Jamahiriya News Agency).

JANAP Publicación Colectiva del Ejército, Marina y Fuerza Aérea (Joint Army, Navy, Air Force Publication, EE.UU.).

jap Japonés.

Jap Japón.

JARC Juventud Agrícola y Rural Cristiana.

JAST Jefatura de Asistencia Sanitaria.

Jav Java.

JAV Junta de Adiestramiento y Valoración.

JBAA Diario de la Asociación Británica de Arqueología (Journal of the British Archeological Association).

JBC Asociación de Radiodifusión de Jamaica (Jamaica Broadcasting Association) || Asociación de Radiodifusión del Japón (Japan Broadcasting Association).

JBE Encefalitis B japonesa (Japanese B Encephalitis).

JC Jesucristo || Julio César.

JCA Jurisdicción contencioso administrativa.

JCC Jornadas Cinematográficas de Cártago.
JCL Lenguaje de órdenes de control (Job Control Language).
JDB Banco de Desarrollo del Japón (Japan Development Bank).
JDFI Fundación Internacional de la Diabetes Juvenil.
JECI Juventudes Estudiantes Católicas Internacionales (Jeunesses Étudiante Catholique Internationale).
JECOM Jefe de Comunicaciones.
JEEC Juegos Deportivos Escolares de Cataluña (Jocs Esportius Escolars de Catalunya).
Jeff Geoffrey o Jefferson, referido a nombre.
JEIDA Asociación para el Desarrollo de la Industria Electrónica del Japón (Japan Electronic Industry Development Association).
Jem Jaime (James).
JEM Jefe de Estado Mayor.
JEMA Jefe de Estado Mayor del (Ejército del) Aire.
JEMACON Jefe del Estado Mayor Conjunto.
JEMAD Jefe del Estado Mayor de la Defensa.
JEME Jefe del Estado Mayor del Ejército (de Tierra).
JEN Junta de Energía Nuclear.
Jennie Juana (Jane).
Jenny Juana (Jane).
Jer Jerusalén.
JERC Juventudes de Izquierda Republicana de Cataluña (Juventuts d'Esquerra Republicana de Catalunya).
Jerry (Jeremías (Jeremiah).
Jes Jesús.
JESEN Jefe de Sector Naval.
JETEC Consejo Mixto de Ingeniería de Tubos Electrónicos (Joint Electron Tube Engineering Council, EE.UU.).
JETERLEV Jefe del Tercio de Levante, referido a la Infantería de Marina.
JETERNOR Jefe del Tercio Norte, referido a la Infantería de Marina.
JETERSUR Jefe del Tercio Sur, referido a la Infantería de Marina.
JETP Diario de Física Experimental y Teórica (Journal of Experimental and Theoretical Physics).
JFAO Jefe de la Fuerza Anfibia Operativa.
JFAR Jefe de Farmacia.
JFET Transistor de Unión de efecto de campo (Junction Field Effect Transistor).
JFK John Fitzgerald Kennedy.
JFM Juventudes Federalistas Mundiales (Jeunesses Fédéralistes Mondiales).
JG Junta General.
JGT Jefatura General de Tráfico.
Jhs Jesús.
JHS Jesús Salvador de los Hombres (Jesus Hominum Salvator).
JHU Universidad John Hopkins (John Hopkins University).
JI Partido del Islam (Pakistán).
JICA Agencia Japonesa de Cooperación Internacional.
JIJI Agencia de Noticias del Japón (Jiji Tsushin-Sha).
JIS Norma industrial japonesa (Japanese Industrial Standard).
JISC Comité de normalización de la industria japonesa (Japanese Industrial Standards Committee).
JJ Juventudes Socialistas || Reflejo Mandibular (Jaw Jerk).
JJOO Juegos Olímpicos.
JLP Partido Laborista de Jamaica (Jamaica Labour Party).
JMJ Jesús, María y José.
JMP Salto, referido a las operaciones de un programa informático (Jump).
JMS Salto a subrutina (Jump Subroutine).
JMSDF Fuerza de Autodefensa Marítima del Japón (Japan Maritime Self Defense Force).
Jn Juan.

JNA Agencia de Noticias de Jordania (Jordan News Agency).
JNC Juventud Nacionalista de Cataluña (Juventut Nacionalista de Catalunya).
JNF Fondo Nacional Judío (Jewish National Fund).
JO Junta ordinaria || Orden de trabajo (Job Order).
JOC Juventud Obrera Cristiana (Jeunesse Ouvrière Chrétienne).
Joe José (Joseph).
JONDE Joven Orquesta Nacional de España.
JONS Juntas de Ofensiva Nacional Sindicalistas.
Josie Josefina (Josephine).
Josy José (Joseph).
JpD Jueces por la democracia.
JPDI Juntas de Personal Docente e Investigador.
JPI Inventario de Personalidad de Jackson (Jackson Personality Inventory).
Jpn Japón.
JRA Artritis reumatoide juvenil (Juvenile Rheumatoid Arthritis).
JRAI Diario del Real Instituto Antropológico (Journal of the Royal Anthropological Institute, Reino Unido).
Js Jesús || Julio por segundo.
JSA Jefe del Sector Aéreo.
JSAN Jefe de Sanidad.
JSART Jefe del Servicio de Artillería.
JSC Juventud Socialista de Cataluña (Juventut Socialista de Catalunya).
JSE Juventudes Socialistas de España.
JSING Jefe del Servicio de Ingenieros.
jt Articulación (Joint).
JT Jefatura de Tropas || Jefe de Transmisiones.
JTA Agencia de Noticias de Israel (Jewish Telegraphic Agency).
Ju Junker, referido al avión alemán.
Jud Judaísmo || Judea.
juev Jueves.
JUJEM Junta Unificada de Jefes de Estado Mayor.
jul Julio, referido al mes.
Jul Julio, referido a la unidad de energía.
JUL Izquierda Unida Yugoslava.
Juln Julián.
Jun Junta.
Jurisp Jurisprudencia.
Just Justicia.
Jv Java.
JVC Japan Victor Company.
JVP Frente de Liberación Popular (Janatha Vimukti Peramuna, Sri Lanka) || Presión Venosa Yugular (Jugular Venous Pressure).
JWIAO Academia Internacional John Vernham de Osteopatía.
JX Jesucristo.

K

k Constante.

K Camboya, referido a la matrícula internacional de automóvil || Cátodo (katode) || Coeficiente de permeabilidad || Constante de Boltzmann || Constante de ionización || Constante matemática || Dilución Korsakoviana, referido a homeopatía || Kelvin, referido a la escala termométrica || Kienböck, referido a la unidad de radiación roentgen || Kilo || Kilohmio || Kina, referido a la unidad monetaria de Nueva Guinea || Kopeck, referido a la unidad monetaria de Rusia || Krona, referido a la unidad monetaria de Suecia || Krone, referido a la unidad monetaria de Dinamarca y Noruega || Kwacha, referido a la unidad monetaria de Zambia || Kyat, referido a la unidad monetaria de Birmania || Potasio (Kalium) || Unidad informática equivalente a 1024 palabras.

K Conductividad térmica.

$k_{(i)}$ Entrada de cátodo (Input Katode).

$k_{(o)}$ Salida de cátodo (Output Katode).

K-2 Karakorum.

K-Nite Nitrato de potasio (Potassium Nitrate).

K&b Cocina y cuarto de baño (Kitchen and Bathroom).

ka Constante de disociación iónica de un ácido.

KA Ácido kinurénico (Kynurenic Acid) || Cetoacidosis (Ketoacidosis) || Kala azar.

KADU Unión Democrática Africana de Kenya (Kenya African Democratic Union).

KAK Real Automóvil Club (Kungl Automobil Klubben, Suecia).

Kal Calenda (Kalendae).

KANU Unión Nacional Africana de Kenya (Kenya African National Union).

kao Kaolín.

KAO Observatorio Aerotransportado Kuiper (Kuiper Airborne Observatory).

KAS Koordinadora Abertzale Socialista, País Vasco.

Kat Katal.

Kate Catalina (Catharine).

Kb Kilobases.

KB Cuerpo cetónico (Ketone Body) || Kilobyte.

Kbar Kilobara.

Kbl Kabul.

KBL Movimiento para la Nueva Sociedad (Kilusan Bagong Lipunan, Filipinas).

KBS Kay Behrensmeyer Site, referido a un yacimiento arqueológico en Kenia.

kc Kilociclo.

Kc/s Kilociclo por segundo.

kcal Kilocaloría.

KCi Kilocurie.

KCNA Agencia de Noticias Central Coreana (Korean Central News Agency).

kcs Kilociclos por segundo.

Kcs Koruna, referido a la unidad monetaria de Chequia y Eslovaquia.
KCT Tiempo de coagulación con caolín (Kaolin Clotting Time).
kD Kilodalton.
Kd Constante de disociación || Kilodalton.
KD Reino de Dinamarca (Kongeriget Danmark).
KDP Fosfato de dihidrógeno potásico.
KE Energía cinética (Kinetic Energy).
Ken Kenya.
KES Klebsiella, Enterobacter, Serratia.
keV Kiloelectrón voltio.
kg Kilogramo.
kg cal Kilogramo caloría.
KG Kilogauss.
KGB Comité de Seguridad del Estado (Komitet Gosudarstvennoy Bezopasnosti, URSS).
kgf Kilogramo fuerza.
Kgn Kingston.
KGS Esteroides cetogénicos (Ketogenic Steroids).
kH Kilohenrio.
kHz Kilohertzio.
kH_z Kilohertzio.
KI Índice de Katz (Katz Index).
KIA Agencia de Inversiones de Kuwait (Kuwait Investment Agency).
KIAS Velocidad del aire expresada en nudos (Knots Indicated Airspeed).
KIC Compañía de Inversión de Kuwait (Kuwait Investment Company).
KIO Oficina de Inversión de Kuwait (Kuwait Investment Office) || Organización de la Independencia Kachin (Kachin Independence Organization, Myanwar).
Kit Catalina (Catharine) || Cristobal (Christopher).
Kitty Catalina (Catharine).
kJ Kilojulio.
KJ Reflejo de la rodilla (Knee Jerk).
KKE Partido Comunista de Grecia.
KKK Ku-Klux-Klan, EE.UU.
kl Kilolitro.
KL Kuala Lumpur.
Klebs Klebsiella.
KLM Líneas Aéreas de los países Bajos (Koninkilijke Luchtvaart Maatschappij, Holanda).
km Kilómetro.
kM Kilomega.
KM Kanamicina.
km^2 Kilómetro cuadrado.
kMc Kilomegaciclo.
kMc/s Kilomegaciclos por segundo.
kmph Kilómetros por hora.
kmps Kilómetros por segundo.
KMT Partido Nacionalista Chino (Kuomintang, Taiwan).
kmw Kilomegavatio.
kmwhr Kilomegavatio hora.
kMx KiloMaxwell.
kn Nudo (Knot, referido a milla náutica) || Krona, referido a la unidad monetaria de Suecia || Krone, referido a la unidad monetaria de Dinamarca y Noruega.
kN Kilonewton.
KN Reino de Noruega (Kongeriket Norge).
KNA Agencia de Noticias de Kenya (Kenya News Agency) || Real Automóvil Club Noruego (Kongelig Norsk Automobil Klubb).
KNSB Confederación de Sindicatos Independientes de Bulgaria.
KO Fuera de combate (Knock Out).
kohm Kilohmio.
KOLJOS Hacienda colectiva (Kollektivnoye Joziaistvo, URSS).
KOMINTERN Internacional Comunista (Kommunisticheski Internatsional, URSS).
KOMSOMOL Unión de las Juventudes Comunistas (Kommunisticheski Soyuz Molodezki, URSS).
kop Kopeck, referido a la unidad monetaria de Rusia.
Kor Korea.
KOT Fuera de combate técnico (Knock Out Technical).

KP Depósitos corneales (Keratic Precipitates).

kpc Kiloparsec.

KPD Partido Comunista de Alemania (Kommunistische Partei Deutschlans).

kph Kilómetros por hora.

KPOE Partido Comunista de Austria.

KPU Unión del Pueblo de Kenya (Kenya People's Union).

kr Krona, referido a la unidad monetaria de Suecia || Krone, referido a la unidad monetaria de Dinamarca y Noruega.

Kr Kriptón.

ks Kilosegundo.

KS Cetosteroides (Ketosteroids) || Reino de Suecia (Konungariket Sverige) || Sarcoma de Kaposi (Kaposis's Sarcoma).

KSC Centro espacial Kennedy (Kennedy Space Center).

KSR Teclado de envío y recepción.

kt Kilotón.

KT Kilotón.

KTPP Tripolifosfato de potasio (Potassium Tripolyphosphate).

KTU Confederación Coreana de Sindicatos (Korean Trade Union).

Ku Kurchatovio.

KUB Riñón, uréter, vegiga (Kidney, Ureter, Bladder).

KUNA Agencia de Noticias de Kuwait (Kuwait News Agency).

Kuw Kuwait.

kV Kilovoltio.

KV Craurosis vulvar (Kraurosis Vulvae).

KV5 Valle de los Reyes número 5 (King's Valley 5).

kVA Kilovoltamperio.

kVAr Kilovario || Kilovoltamperio reactivo.

kVArh Kilovario hora.

KVG Cineventriculografía (Kineventriculography).

kW Kilovatio (Kilowatt).

K_w Constante de ionización del agua.

KW Kilovatio.

kWh Kilovatio-hora (Kilowatt-hour).

kWhr Kilovatio-hora.

KWT Kuwait, referido a la matrícula internacional de automóvil.

ky Kyat, referido a la unidad monetaria de Birmania.

KY Índice de Karnofsky (Karnofsky's Index).

KYODO Agencia de Noticias del Japón (Kyodo Tsushini).

L

l Coeficiente de inducción || Largo || Latitud || Libro || Línea || Líquido || Lira. referido a la unidad monetaria de Italia || Litro || Longitud || Lugar || Lumen.

l Calor latente por gramo || Levorotatorio || Longitud.

L Bajo (Low) || Calor latente || Coeficiente de inducción || Esfuerzo de torsión || Lactobacilo || Lambert o lambertio || Lámpara || Latín || Lempira, referido a la unidad monetaria de Honduras || Lérida, referido a la matrícula nacional de automóvil || Letra de cambio || Lewisita || Ley || Liberal || Libra, referido a la unidad monetaria || Licenciado || Lira, referido a la unidad monetaria || Londres || Longitud || Luís || Lumbar || Luminancia || Luxemburgo, referido a la matrícula internacional de automóvil || Nivel (Level) || 50, referido a numeración romana.

L Calor de fusión o vaporización por mol || Calor latente por mol || Coeficiente de autoinducción || Constante de Avogadro || Intensidad de sonido || Longitud || Luminosidad || Momento angular.

L/C Carta de crédito (Letter of Credit).

L/D Larga distancia (Long Distance).

L/E Proporción lecitina-esfingomielina.

L/MOR Radiofaro omnidireccional de frecuencias bajas y medias (Low/Medium Frequency Omnidirectional Range).

L/P Cociente lactato-piruvato.

L/S Cociente lecitina-esfingomielina (Lecitin- Sphingomyelin Ratio).

L/T Hora local (Local Time).

L-ASP L-asparaginasa.

L-CAM CAM hepáticos (Liver-CAM).

L-DOPA Levo-dihidroxifenilalanina.

l-hr Lumen-hora.

L-PAM Melfalán (L-Phenylalanine Mustard).

La Lantano.

LA Anestesia local (Local Anesthesia) || Anticoagulante lúpico (Lupic Anticoagulant) || Brazo izquierdo (Left Arm) || Leche adaptada (para bebés) || Legislación arancelaria || Leucemia aguda || Liberación Andaluza || Liga Awami, Bangladesh || Linfadenopatías || Linguoaxial || Líquido amniótico.

LAA Línea axilar anterior || Líneas Aéreas Árabes de Libia (Libyan Arab Airlines).

LAAM L-alfa acetil metadol.

Lab Laboratorio.

LAB Bacteria del ácido láctico (Lactic Acid Bacteria).

LABC Cáncer de mama localmente avanzado (Locally Advanced Breast Cancer).

lac Lugar antes citado.

LaC Labiocervical.

LAC Ley de auditoría de cuentas.

LACG Leucemia anaplásica de células grandes.

Lacma Museo de Arte del Condado de Los Ángeles (Los Angeles County Museum Art, EE.UU.).

LACSA Líneas Aéreas Costarricenses Sociedad Anónima.

LAD Deshidrogenasa del ácido láctico (Lactic Acid Dehydrogenase) || Deuterio de litio y aluminio (Lithium Aluminum Deuteride) || Lipoproteínas de alta densidad.

LADAR Detección y localización por medio de láser (Laser Detecting and Ranging).

LADCA Arteria coronaria descendente anterior izquierda (Left Anterior Descending Coronary Artery).

LAF Factor activador de linfocitos (Lymphocyte Activating Factor).

LAFC Comisión Forestal Latinoamericana (Latin American Forestry Commission).

LAFR Sala de flujo laminar (Laminar Air Floow Room).

LAFTA Asociación Latinoamericana de Libre Comercio (Latin American Free Trade Association).

LaG Labiogingival.

LAG Linfoangiografía (Lymphangiography) || Linfoangiograma (Lymphangiogram).

LAH Hemibloqueo anterior izquierdo (Left Anterior Hemiblock) || Hidruro de aluminio y litio (Lithium Aluminum Hydride).

LaI Labioincisal.

LAI Leucemia aguda indiferenciada || Líneas Aéreas Italianas || Logos Agencia de Información.

LAIA Asociación Latinoamericana de Integración (Latin American Integration Association) || Partido de los Trabajadores Revolucionarios Patriotas, País Vasco.

LAK Activador de linfocitos asesinos (Lymphokine Activated Killer).

LaL Labiolingual.

LAL Laboratorio del acelerador lineal (Laboratoire de l'Accélérateur Linéaire) || Leucemia aguda linfoblástica.

Lam Laminectomía.

LAM Leucemia Aguda Mieloide || Línea axilar media || Líneas Aéreas de Mozambique (Linhas Aereas de Moçambique).

LAN Redes de área local (Local Area Net).

LAN-Chile Líneas Aéreas Nacionales de Chile.

LANAC Navegación laminar anticolisión (Laminar Navigation Anticollision).

LANH Linfadenitis necrotizante histiocítica.

LANICA Líneas Aéreas de Nicaragua.

LANL Laboratorio Nacional Los Álamos (Los Alamos National Laboratory, EE.UU.).

LANSA Líneas Aéreas Nacionales, Perú.

LAO Laos, referido a la matrícula internacional de automóvil.

Lap Laparotomía.

LAP Fosfatasa alcalina leucocitaria (Leukocyte Alkaline Phosphatase) || Leucinaminopeptidasa || Línea axilar posterior || Líneas Aéreas Paraguayas.

LAPO Orquesta Filarmónica de los Ángeles (Los Ángeles Philharmonic Orchestra).

LAR Ley de arrendamientos rústicos || Libia, referido a la matrícula internacional de automóvil.

LARGOS Satélite óptico geodésico reflectante por excitación de láser (Laser Activated Reflecting Geodesic Optical Satellite).

LARO Oficina Regional para Latinoamérica (Latin American Regional Office, dependiente de la FAO).

Larry Lorenzo (Lawrence).

LAS Alquilsulfonato lineal (Linear Alkyl Sulfonate) || Liga de Estados

Árabes (League of Arab States) || Lucha antisubmarina || Síndrome de adaptación local (Local Adaptation Syndrome).

LASA Lípido asociado al ácido siálico (Lipid Associated Sialic Acid).

LASCR Rectificador controlado de silicio activado por la luz (Light Activated Silicon Controlled Rectifier).

LASCS Interruptor controlado de silicio activado por la luz (Light Activated Silicon Controlled Switch).

LASER Luz amplificada por la emisión estimulada de radiación (Light Amplification by Stimulated Emission Radiation).

LASH Gabarra a bordo de buque (Lighter Aboard Ship).

LASL Laboratorio Científico Los Álamos (Los Alamos Scientific Laboratory, EE.UU.).

lat Ancho (Latus) || Latino || Latitud.

Lat Lateral || Latitud.

LAT *Los Angeles Times* || Test de aglutinación (por fijación sobre el) látex (Latex Agglutination Test).

LATB Tributoxihidruro de litio y aluminio (Lithium Aluminum Tri Tert Butoxyhidryde).

LATS Estimulador tiroideo de acción larga (Long Action Tiroid Stimulator).

LAU Ley de arrendamientos urbanos || Ley de autonomía universitaria.

Laurie Lorenzo (Lawrence).

LAV Líneas Aéreas Venezolanas || Vehículo blindado Ligero (Light Armoured Vehicle) || Virus asociado a linfadenopatía (Linphadenopaty Associated Virus).

LAW Liga de Escritores Americanos (League of American Writers) || Vías aéreas (respiratorias) inferiores (Lower Airways).

lb Libra (Pound).

LB Intestino grueso (Large Bowel) || Linfoma de Burkitt.

lb t Libra Troy (Troy Pound).

LBA Lavado broncoalveolar.

LBB Rama izquierda del fascículo de His (Left Bundle Branch).

LBBB Bloqueo de la rama izquierda del fascículo de His (Left Bundle Branch Block).

LBD Lipoproteínas de baja densidad.

LBE Ley básica de empleo.

LBF Factor *Lactobacillus bulgaricus* (Lactobacillus Bulgaricus Factor, referido al crecimiento).

LBIR Reproducción de imágenes por haz de láser (Laser Beam Image Reproducer).

LBP Dolor lumbar (Low Back Pain) || Hipotensión arterial (Low Blood Pressure).

lbs Libras.

LBS Servicio de Radiodifusión Libio (Libyan Broadcasting Service).

LBW Bajo peso al nacimiento (Low Birth Ewight).

lc Lugar citado (Loco Citato).

LC Células de Langerhans (Langerhans Cells) || Coriomeningitis linfocitaria (Lymphocytic Choriomeningitis) || Inductancia-capacitancia || Lancha cañonera o lanzamisiles || Linguocervical || Locus Coeruleus.

LC_{50} Concentración letal para el 50% de los animales testados.

LCA Antígeno común leucocitario (Leukocyte Common Antigen) || Arteria coronaria izquierda (Left Coronary Artery) || Listas de Control de Acceso.

LCAEt Lomustina, ciclofosfamida, adriamicina, etopósido.

LCAT Lecitina, colesterol, aciltransferasa (Lecithin Cholesterol Acyltransferase).

LCBRCT Linfoma de células B rico en células T.

LCCH Ley cambiaria y del cheque.

LCD Mínimo común denominador (Lowest Common Denominator) || Representación en cristal líquido (Liquid Crystal Display).

LCE Ley de contratos del estado.

LCF Insuficiencia cardíaca izquierda (Left Cardiac Failure).

LCFA Ácidos grasos de cadena larga (Long Chain Fatty Acids) || Limitación crónica al flujo aéreo.

LCFP Liga de Clubs de Fútbol Profesional.

LCG Linfoma (difuso) de células grandes.

LCH Histiocitosis de células de Langerhans (Langerhans'Cell Histiocytosis).

LCIE Laboratorio Central de Industrias Eléctricas (Laboratoire Central de Industries Electriques de France).

LCIS Carcinoma lobular in situ (Lobular Carcinoma In Situ).

lcm Mínimo común múltiplo (Lowest Common Multiple).

LCM Coriomeningitis linfocitaria (Lymphocytic Choriomeningitis).

LCMV Virus de la coriomeningitis linfocitaria.

LCP Ley de construcción de programas || Polisaturados de Cadena Larga (Long Chain Polysaturated, referido a los ácidos grasos).

LCPUFAs Ácidos grasos poliinsaturados de cadena larga (Long Chain Poliunsaturated Fatty Acids).

LCR Inductancia-capacidad-resistencia || Liga Comunista Revolucionaria || Líquido cefalorraquídeo || Localización por Radar.

LCS Ley de contrato de seguro || Localización por el sonido.

LCT Leucotrieno || Ley de contrato de trabajo || Tomografía completa del pulmón (Lung Complete Tomography) || Triglicéridos de cadena larga (Long Chain Triglycerides).

LCTC Linfoma de células T cutáneo.

LCTP Linfoma de células T periférico.

LCV Leucemia de células vellosas.

LCY Liga de los Comunistas de Yugoslavia.

LD Carta dominical (Litera Dominicalis) || Decúbito lateral (Lateral Decubitus) || Diodo láser (Laser Diode) || Diodo luminiscente (Luminiscent Diode) || Dosis letal (Lethal Dose) || Enfermedad limitada (Limited Disease) || Láctico Deshidrogenasa || Linguodistal.

LD_{50} Dosis letal media (Lethal Dose of 50%).

Lda Licenciada.

LDA Anticuerpos linfodependientes (Limphocyte Dependent Antibodies).

LDAI Linfadenopatía angioinmunoblástica.

LDBD Linfoma (linfocítico) difuso bien diferenciado.

LDCG Linfoma difuso de células grandes.

LDCT Teatro de Danza Contemporánea de Londres (London Contemporary Dance Theatre).

LDDI Linfoma (linfocítico) difuso con diferenciación Intermedia.

LDH Láctico deshidrogenasa (Lactic Dehydrogenase).

LDL Lipoproteína de baja densidad (Low Density Lipoprotein).

LDL-C Colesterol de las lipoproteínas de baja densidad (Low Density Lipoprotein-Cholesterol).

LDLR Receptor de las lipoproteínas de baja densidad (Low Density Lipoprotein Receptor).

LDM Leucodistrofia metacromática || Linfoma difuso mixto.

Ldn Londres (London).

Ldo Leonardo || Licenciado.

LDPC Linfoma difuso de células pequeñas clivadas.

LDPE Polietileno de baja densidad (Low Density Polyethylene).

LDR Liberal, demócrata y reformista (grupo europeo) || Resistencia dependiente de la luz o fotosensible (Light Dependent Resistor).

LDS Loci definidos por serología.

Le Leone, referido a la unidad monetaria de Sierra Leona.

LE Extremidad inferior (Lower Extremity) || León, referido a la matrícula nacional de automóvil || Liberación extendida, referido a un fármaco || Libra egipcia, referido a la unidad monetaria || Lupus Eritematoso || Ojo izquierdo (Left Eye).
LE prep Preparados Celulares de Lupus Eritematoso.
LEAR Anillo de antiprotones de baja energía (Low Energy Antiprotons Ring).
LEB Liga Española de Baloncesto.
LEC Ley de enjuiciamiento civil || Líquido extracelular.
Leclo Cloruro de plomo (Lead Chloride).
LECrim Ley de enjuiciamiento criminal.
LECS Lupus eritematoso cutáneo subagudo.
LED Diodo emisor de luz (Light Emitting Diode) || Lupus eritematoso discoide || Lupus eritematoso diseminado.
Ledac Acetato de plomo (Lead Acetate).
Ledca Carbonato de plomo (Lead Carbonate).
Ledni Nitrato de plomo (Lead Nitrate).
LEED Difracción de electrones de baja energía (Low Energy Electron Diffraction).
LEF Ley de expropiación forzosa.
LEg Lupus eritematoso generalizado.
LEG Lupus eritematoso generalizado.
LEH Linfohistiocitosis eritrofagocítica familiar.
LEL Laser de electrones libres || Límite explosivo más bajo (Lower Explosive Limit).
LEM Módulo de excursión lunar (Lunar Excursion Module).
LEMP Leucoencefalopatía multifocal progresiva.
LEMS Síndrome miasténico de Lambert-Eaton.
Len Leonardo (Leonard).
LEO Órbita terrestre baja.
LEP Electroforesis lipoproteica (Lipoprotein Electrophoresis) || Libres de especificidad patógena.
Lepro Peróxido de plomo (Lead Peroxide).
LES Esfínter esofágico inferior (Lower Esophageal Sphincter) || Lupus eritematoso sistémico.
LESB Leche (humana) estimulada por las sales biliares.
LET Transferencia de energía lineal (Linear Energy Transfer) || Leucocito esterasa.
Lethi Tiosulfato de plomo (Lead Thiosulfate).
Letty Leticia (Letitia).
Leu Leucina.
lev Vehículo de excursión lunar (Lunar Excursion Vehicle).
LF Baja frecuencia (Low Frequency) || Pie izquierdo (Left Foot).
LFD Dieta baja en grasas (Low Fat Diet) || Dosis mínima mortal (Least Fatal Dose).
LFDF Radiogoniómetro de baja frecuencia (Low Frequency Direction Finder).
LFE Leyes fundamentales del Estado.
LFG Gramática léxica funcional.
LFM Linfoma folicular mixto.
LFO Oscilador de baja frecuencia (Low Frequency Oscillator).
LFP Laringofaringectomía parcial || Liga de Fútbol Profesional.
LFPC Linfoma folicular de células pequeñas clivadas.
LFPPV Ventilación con presión positiva de baja frecuencia (Low Frequency Positive Pressure Ventilation).
LFS Sociedad Libertaria Futurista (Libertarian Futurist Society).
LFT Laringectomía y faringectomía total || Pruebas de función hepática (Liver Function Test) || Test de fijación sobre el látex (Latex Fixation Test).

LFTs Pruebas de función hepática (Liver Function Tests).

Lg Lanzagranadas.

LG Linfografía || Linguogingival || *London Gazette.*

LGA Grande para la edad gestacional (Large for Gestational Age, referido al feto) || Leucemia granulocítica aguda.

LGAI Laboratorio General de Ensayos e Investigaciones (Laboratori General d'Assaigs i Investigacions).

LGC Leucemia granulocítica crónica.

LGCC Lanzagranadas contracarro.

LGG Linfocitos granulares grandes.

LGH Hormona lactogénica (Lactogenic Hormone).

LGL Leucemia linfocítica granular (Lymphocite Granular Leukemia).

LGM Linfogranuloma maligno.

LGP Ley general presupuestaria.

lgs Ligeramente soluble (1 en de 100 a 1.000).

LGSS Ley general de la Seguridad Social.

LGT Ley general de telecomunicaciones.

LGV Linfogranuloma venéreo.

LH Hormona luteinizante (Luteinizing Hormone) || Lateral hypothalamic || Ley hipotecaria || Lipasa hepática || Mano izquierda (Left Hand).

LHA Buque de asalto anfibio || Leucoencefalitis hemorrágiga aguda.

LHC Hipocondrio izquierdo (Left Hypochondrium).

LHF Insuficiencia cardíaca izquierda (Left Heart Failure) || Linfohistiocitosis hemofagocítica familiar.

lhr Lumen por hora.

LHRF Factor liberador de la hormona luteinizante (Luteinizing Hormone Releasing Factor).

LHRH Hormona liberadora de hormona luteinizante (Luteinizing Hormone Releasing Hormone).

li Lira, referido a la unidad monetaria.

Li Litio.

LI Internacional liberal (Liberal International) || Linguoincisal.

LIA Líneas Aéreas Internacionales Libanesas (Lebanese International Airways).

lib Libro (Liber).

Lib Elizabeth.

LIBA Asociación de Banca de Inversiones de Londres (London Invstments Bank Association).

Libby Elizabeth.

Lic Licenciado(a) || Licenciatura.

LIC Circuito lineal integrado (Linear Integrated Circuit) || Linfocitopenia idiopática de células (T CD4+) || Líquido intracelular.

LICS Espacio intercostal izquierdo (Left Intercostal Space).

LIDAR Radar infrarrojo láser (Laser Infrared Radar).

LIF Factor inhibidor de leucemia (Leukemia Inhibitor Factor) || Fosa ilíaca izquierda (Left Iliac Fossa).

Lig Ligamento.

LIH Hernia inguinal izquierda (Left Inguinal Hernia).

lim Límite (Limit).

LIM Laboratorio Internacional de Música || Laboratorio de Interpretación Musical || Limitador || Lotus Intel Microsoft.

LIMS Interruptor limitador (Limited Switch) || Sistema de Gestión Informática de Laboratorios (Laboratories Informatic Management System).

lin Línea || Lineal (Linear) || Linimento.

lin ft Pie lineal (Linear Foot).

LINAC Acelerador lineal (Linear Accelerator).

Ling Lingüística.

LIP Ley del impuesto extraordinario.

liq Líquido (Liquid).

LIRPF Ley del impuesto sobre la renta de las personas físicas.

Lis Lisina.

LIS Lenguaje inglés de los signos || Ley del impuesto sobre las sucesiones.

LISMI Ley de integración social de

los minusválidos (Lley D'Integració Social dels Minusvàlids, Cataluña).
LISP Procesamiento de listas (List Processing).
Lit Literatura.
LIT Linfocitos que infiltran tumores.
Liz Elizabeth.
Lizzie Elizabeth.
LK Enlace o Circuito (Link).
LKI Liga Comunista de Euzkadi.
LKM Microsomas de hígado y riñón (Liver and Kidney Microsomes).
LKS Liberación Kanaka Socialista (Libération Kanaka Socialiste, Nueva Caledonia).
LL Liberación lenta, referido a un fármaco || Linfoma linfoblástico (Lymphoblastic Lymphoma) || Pierna izquierda (Left Leg).
LLA Leucemia linfoblástica aguda.
LLAc Leucemia linfoblástica aguda (fenotipo) común.
LLAT Leucemia linfoblástica aguda (de células) T.
LLBD Linfoma linfocítico bien diferenciado.
LLC Leucemia linfocítica crónica.
LLCB Leucemia linfocítica crónica B.
LLCP Linfoma linfocítico de células pequeñas.
LLCT Leucemia linfocítica crónica (de células) T.
LLD Decúbito lateral izquierdo (Left Lateral Decubitus).
LLDDI Linfoma linfocítico difuso con diferenciación intermedia.
Llds Lloyd's, referido a la entidad de seguros londinense.
LLe Exposición de bajo nivel (Low Level Exposure, referido a radioactividad).
LLE Extremidad inferior izquierda (Left Lower Extremity).
LLF Factor de Laki-Lorand (Laki-Lorand Factor) || Flujo linfático pulmonar (Lung Lymph Flow).
LLi Linfoma linfocítico de células intermedias.
Lll Lanzallamas.
LLL Bajo nivel de luz (Low Light Level) || Lóbulo inferior Izquierdo (Left Lower Lobe, referido al pulmón).
LLNW Residuo nuclear de bajo nivel (Low Level Nuclear Waste).
LLO Listeriolisina O.
LLP Lipasa lipoproteica.
LLPDD Trastorno disfórico de la fase lútea tardía.
LLQ Cuadrante inferior izquierdo (Left Lower Quadrant, referido al abdomen).
LLRW Residuo radiactivo de bajo nivel (Low Level Radioactive Waste).
LLS Buque anfibio logístico.
LLTA Leucemia linfocítica de células T del adulto.
LLW Residuo de bajo nivel (Low Level Waste, referido a radiactividad).
lm Lumen.
lm^2 Lumen-metro cuadrdo.
lm-h Lumen hora.
lm/m^2 Lumen por metro cuadrado.
lm-s Lumen segundo.
lm/V Lumen por vatio.
lm-W Lumen por vatio.
Lm Lira maltesa, referido a la unidad monetaria.
LM Dilución cincuentamilesimal, referido a homeopatía || Leche materna || Liberación mantenida, referido a un fármaco || Linfoma maligno || Medicina legal (Legal Medicine) || Membrana lisosomal (Lysosomal Membrane) || Museo de Londres (London Museum).
LMA Leucemia mieloblástica aguda.
LMBD Lipoproteínas de muy baja densidad.
LMC Calcita de bajo contenido en magnesio (Low Magnesium Calcite) || Leucemia mielocítica crónica.
LMCA Arteria coronaria principal izquierda (Left Main Coronary Artery) || Leucemia mielocítica crónica atípica.

LMCPh1+ Leucemia mielocítica crónica (cromosoma) Ph1 presente.
LMCPh1- Leucemia mielocítica crónica (cromosoma)Ph1 ausente.
LMegA Leucemia megacarioblástica aguda.
LMF Clorambucil, metotrexato, fluorouracilo || Factor que estimula la mitosis del leucocito (Leukocyte Mitogenic Factor).
LMH Hormona que moviliza los lípidos (Lipid Mobilizing Hormone).
LMLP Linfoma maligno linfocítico plasmocitoide.
LMM Lentigo maligno melanocítico.
LMMA Leucemia mielomonocítica aguda.
LMMC Leucemia mielomonocítica crónica.
LMMoA Leucemia mielomonoblástica aguda.
LMoA Leucemia monoblástica aguda.
LMP Leucoencefalopatía multifocal progresiva || Último período menstrual (Last Menstrual Period).
LMS Síndrome de pérdida de memoria (Loss of Memory Syndrome).
LMT Hora media local (Local Mean Time).
LMTD Diferencia logarítmica de las temperaturas (Logarithmic Mean Temperature Difference).
LMTR Limitador (Limiter).
LMV Larva Migrans visceral || Lesión de múltiples vasos || Ley del mercado de valores.
ln Logaritmo natural o neperiano.
LN Liga Norte (Lega Nord, Italia) || Luria Nebraska.
LNA Ley de navegación aérea.
LND Liga Nacional para la Democracia (Myanwar).
lnF Logaritmo natural de las concentraciones de ferritina.
LNG Gas natural licuado (Liquefied Natural Gas).
LNH Linfoma no Hodgkin.
LNK Enlace o circuito (Link).
LNL Ley de normalización linguística.
LNLA Leucemia no linfoblástica aguda.
LNLAS Leucemia no linfoblástica aguda secundaria.
LNLAt Leucemia no linfoblástica aguda relacionada con el tratamiento.
LNM Linfoma nodular mixto.
LNMP Última menstruación normal (Last Normal Menstrual Period).
LNPD Linfoma nodular poco diferenciado.
lnT Logaritmo natural de las concentraciones de transferrina.
LO Logroño, referido a la matrícula nacional de automóvil || Ley orgánica || Oscilador local (Local Oscillator).
LOAPA Ley orgánica de armonización del proceso autonómico.
loc Carta de comentario (Letter Of Comment).
LOC Ley de objección de conciencia || Localizador (Localizer).
loc cit En el lugar citado (Loco Citato).
LODE Ley orgánica del derecho a la educación.
LOFAGE Ley de organización y funcionamiento de la administración general del estado.
LOFCA Ley orgánica de financiación de las comunidades autónomas.
log Logaritmo decimal.
Lóg Lógica.
$\mathbf{log_{10}}$ Logaritmo en base 10 || Logaritmo común.
$\mathbf{log_e}$ Logaritmo en base e || Logaritmo natural o neperiano.
LOGSE Ley de ordenación general del sistema educativo.
LOLS Ley orgánica de libertad sindical.
LOM Otitis media izquierda (Left Otitis Media).
long Longitud.

Long Longitud.

LORAC Sistema de radar de largo alcance y precisión (Long Range Accuracy Radar System).

LORAN Navegación de largo alcance (Long Range Navigation).

LORCS Liga de Sociedades de la Cruz Roja y del Creciente Rojo (League of Red Cross and Red Crescent Societies).

LOSC Ley de ordenación sanitaria en Cataluña (Lley d'Ordenació Sanitaria a Catalunya).

LOSEN Ley de ordenación del sector eléctrico nacional.

Lot Líneas Aéreas Polacas (Polskie Linie Lotnicze).

LOT Ley de ordenación de las telecomunicaciones || Ley de ordenación del territorio.

LOTC Ley orgánica del Tribunal Constitucional.

LOTCu Ley orgánica del Tribunal de Cuentas.

LOX Oxígeno líquido (Liquid Oxygen).

LP Baja potencia (Low Power) || Baja presión (Low Pressure) || Larga duración (Long Play) || Ley del patrimonio || Linfocito predominante (Lymphocyte Predominant) || Linguopulpal || Lipoproteína || Lisilpiridinolina || Partido Laborista (Labour Party) || Pasabajos (Low Pass) || Período de latencia (Latent Period) || Propano líquido (Liquid Propane) || Punción lumbar (Lumbar Puncture).

Lp(a) Lipoproteína (a).

LPA Ácido lisofosfatídico || Leucemia promielocítica aguda || Ley de proceso administrativo.

LPAD Dispositivo de evaluación del potencial de aprendizaje (Learning Potential Assessment Device).

LPC Lipoproteína (anormal) de colestasis.

LPD Ley de protección por desempleo || Linfoma poco diferenciado.

LPDTL Lógica diodo transistor de baja potencia (Low Power Diode Transistor Logic).

LPF Factor estimulante de los leucocitos (Leukocytosis Promoting Factor) || Filtro pasabajos (Low Pass Filter) || Loro Parque Fundación.

LPG Gas de petróleo licuado (Liquefied Petroleum Gas).

LPGE Ley de presupuestos generales del Estado.

LPH Hemibloqueo posterior izquierdo (Left Posterior Hemiblock || Hormona lipotropina (Lipotropin Hormone).

lpi Líneas por pulgada (Lines Per Inch).

LPL Leucemia prolinfocítica || Ley de procedimiento laboral || Lipasa Lipoproteica (Lipoprotein Lipase).

LPM Latidos por minuto.

LPMA Leucemia promielocítica aguda.

LPO-LH Lateral preoptic-lateral hypothalamic.

LPS Linfocitos periféricos sanguíneos || Lipopolisacárido || Sociedad Filarmónica de Londres (London Philharmonic Society).

LPSNC Linfoma primario del sistema nervioso central.

LPTTL Lógica transistor-transistor para baja potencia (Low Power Transistor-Transistor Logic).

Lpw Lumens por vatio.

LPX Lipoproteína (anormal) de colestasis || (síndrome) Linfoproliferativo (ligado al cromosoma) X.

Lr Laurencio || Lira, referido a la unidad monetaria de Italia.

LR Inductancia-resistencia || Lactato Ringer || Línea de retardo || Registro de Lloyds (Lloyd's Register).

LRBRL Ley reguladora de bases de régimen local.

LRC Ley del registro civil.

LRCS Liga de Sociedades de la Cruz Roja (League of Red Cross Societies).

LRF Factor liberador de la hormona luteinizante (Luteinizing Releasing Factor).

LRH Hormona liberadora de la hormona luteinizante (Luteinizing Releasing Factor).

LRJAE Ley de régimen jurídico de la administración del Estado.

LRPMP Ley reguladora del personal militar profesional.

LRT Tracto respiratorio inferior (Lower Respiratory Tract).

LRTI Infección del tracto respiratorio inferior (Lower Respiratory Tract Infection).

LRTNF Fuerzas nucleares de largo alcance para teatro de operaciones (Long Range Theatre Nuclear Forces).

LRU Ley de reforma universitaria.

ls Libremente Soluble (1 en de 1 a 10, referido a química) || Litros por segundo.

LS Altavoz (Loudspeaker) || Interruptor limitador (Limit Switch) || Lesotho, referido a la matrícula internacional de automóvil || Ley del suelo || Linfosarcoma (Lymphosarcoma) || Liposoluble || Lumbosacro || Sistema Locomotor (Locomotor System).

LSA Ley de las Sociedades Anónimas || Línea de seguridad atómica || Sociedad de la leucemia de américa (Leukemia Society of America).

LSB Banda lateral inferior (Lower Sideband) || Bit menos significativo (Least Significant Bit) || Margen esternal izquierdo (Left Sternal Border).

LSd Libra sudanesa, referido a la unidad monetaria.

LSD Buque dique de desembarco || Dietilamida del ácido lisérgico (Lysergic Acid Diethylamide) || Enfermedad de Letterer-Siwe (Letterer-Siwe Disease).

LSDM Límites de significancia de diferencia entre medias (Limits of Significance of Difference Between Means).

LSH Hormona estimulante de los linfocitos (Lymphocyte Stimulating Hormone).

LSI Integración a gran escala (Large Scale Integration) || Internacional Laborista y Socialista (Labour and Socialist International).

LSIIC Circuito integrado con integración a gran escala (Large Scale Integration Integrated Circuit).

LSM Límites de significancia de la media (Limits of Significance of the Mean).

LSO Orquesta Sinfónica de Londres (London Symphony Orchestra).

LSRL Ley de las sociedades de responsabilidad limitada.

LST Buque de desembarco de carros || Hora local normal (Local Standard Time).

LSV Legislación social vigente.

LT Carta-telegrama (Letter Telegram) || Leucotrieno || Línea de Tiro || Linfotoxina || Lípidos totales || Lituania, referido a la matrícula internacional de automóvil.

LTA Leucemia (de células) T aguda || Leucotrieno A.

LTB Leucotrieno B.

LTB_4 Leucotrieno B_4.

LTC Leucotrieno C || Linfocitos T citotóxicos.

Ltd Limitada.

LTD Leucotrieno D.

Ltda Limitada, referido a sociedad.

LTDH Liga tunecina para los Derechos Humanos.

LTE Leucotrieno E.

LTF Factor lipotrópico (Lipotropic Factor).

LTGH Lipasa triglicérido-hepática.

LTI Linfocitos T infiltrantes.

LTM Memoria remota (Long Term Memory).

LTPP Ley de tasas y precios públicos.

LTS Long Term Storage.

LTTE Tigres para la Liberacción de Eelam Tamil (Liberation Tigers of Tamil Eelam).

Lu Lutecio.

LU Lugo, referido a la matrícula nacional de automóvil.

Lub Lubricantes.

LUCC Cambios sobre el uso y cobertura del suelo (Land Use and Cover Change).

LUE Extremidad superior izquierda (Left Upper Extremity).

LUF La más baja de las frecuencias altas utilizables (Lowest Useful High Frequency).

LUG Liposomas unilaminares grandes.

Luhr Lumen-hora.

LUL Lóbulo superior izquierdo (Left Upper Lobe, referido al pulmón).

Lulu Lucía o Luisa (Lucy or Louisa).

LUMO Orbital molecular desocupado más bajo (Lowest Unoccupied Molecular Orbital).

lun Lunes.

LUQ Cuadrante superior izquierdo (Left Upper Quadrant, referido al abdomen).

Lux Luxemburgo.

lv Lev, referido a la unidad monetaria de Bulgaria.

Lv Leucovorín.

L_v Calor latente de vaporización.

LV Bajo voltaje (Low Voltage) || Láser visión || Ventrículo izquierdo (Left Ventricle) || Ventrículo lateral cerebral (Lateral Ventricle).

LVB Lomustina, vindesina, bleomicina.

LVDP Presión diastólica ventricular Izquierda (Left Ventricular Disatolic Pressure).

LVEF Fracción de eyección del ventrículo izquierdo (Left Ventricular Ejection Fraction).

LVET Tiempo de eyección del ventrículo izquierdo (Left Ventricular Ejection Time).

LVF Insuficiencia ventricular izquierda (Left Ventricular Failure).

LVH Hipertrofia ventricular izquierda (Left Ventricular Hypertrophy).

LVO Leucodisplasia vellosa oral.

LVP Lisina vasopresina || Presión en el ventrículo izquierdo (Left Ventricular Pressure).

LVR Grabador de vídeo longitudinal (Longitudinal Video Recording).

Lw Lawrencio.

LW Onda larga (Long Wave).

LWR Reactor de agua ligera (Light Water Reactor).

lx Lux, referido al símbolo de intensidad lumínica.

LX Ligado a X.

Lx-s Lux-segundo.

Lys Lisina.

LY Línes Aéreas de Israel (EL AL).

LZM Lisozima.

LZT Zirconato titanato de plomo (Lead Zirconate Titanate).

M

m Mano || Mañana || Marco, referido a unidad monetaria || Masa || Masculino || Mediodía (Meridies) || Memorandum || Meridiano || Meridional || Meta || Metro || Mili, referido a milésimo || Milimicrón || Minuto || Miscible (en todas las proporciones) || Molal || Molar, referido al diente || Moneda || Unidad magnética del polo de fuerza.

m Factor de modulación || Magnitud aparente, referido a astronomía || Masa || Minuto || Molalidad || Momento magnético || Número de fases.

M Efecto mesomérico || Intensidad de magnetización || Mach, referido a aeronáutica || Madre, referido a orden religiosa || Madrid, referido a la matrícula nacional de automóvil || Maestro (Magister) || Magistrado || Magnetización || Majestad || Maligno, referido a medicina || Malta, referido a la matrícula internacional de automóvil || Marco, referido a la unidad monetaria de Alemania || Marruecos, referido a la matrícula internacional de automóvil || Marqués || Marta || Masa || Masculino || Mecloretamina || Media, referido a aritmética || Medieval || Mega || Megaohmio || Merced || Metal || Metamielocitos || Metropolitano || Micrococo || Miguel || Millas || Ministerio || Miopía || Misil || Molaridad || Momento magnético || Morfina || Mortero, referido al armamento || Motor || Muscular || Radiobaliza marcadora || Señor (Mesieur, Francia) || 1000, referido a numeración romana.

M Coeficiente de inducción mutua || Magnitud absoluta, referido a astronomía || Momento de una fuerza || Peso molecular.

m/cgo mi cargo.

m/cta mi cuenta.

M/D Meses depués de la fecha.

M/E Cociente (o razón) mieloide-eritroide, referido a sus precursores.

M/IO Memoria entrada-salida.

m/n Moneda nacional.

m/ref Mi referencia.

M de AAEE Ministerio de Asuntos Exteriores.

M de AAPP Ministerio de las Administraciones Públicas.

M de AASS Ministerio de Asuntos Sociales.

M:E (relación) Mieloide a eritroide.

m et n Mañana y noche (Mane et Nocte).

M Hon Muy honorable (Most Honourable).

M+Am Astigmatismo miópico.

M-19 Movimiento 19 de Abril, Colombia.

M-BACOD Metotrexato (con rescate mediante Leucovorin), bleomicina, adriamicina, ciclofosfamida, vincristina, dexametasona.

M-CSF Factor estimulador de colonias de macrófagos (Macrophage Colony Stimulating Factor).

m-e Masa del electrón.

m-p Masa del protón.
M-VEC Metotrexato, vinblastina, epirubicin, cisplatino.
M&K Magnusson y Kligman, referido a la prueba de maximización.
M&M Madre y maestra (Mater et Magistra).
m² Metro cuadrado.
m³ Metro cúbico.
Mª María.
mA Miliamperio || Miliamperímetro.
mA/V Miliamperios por voltio.
Ma Madre (Mater) || Masurio || Millones de años.
MA Edad mental (Mental Age) || Macrófagos alveolares || Málaga, referido a la matrícula nacional de automóvil || Mando aéreo || Marruecos, referido a la matrícula internacional de automóvil || Megaamperio || Ministerio de Agricultura || Modulación de amplitud.
MAAA Mando de artillería antiaérea.
MAAS Escala de alcoholismo de Mac Andrew (Mac Andrew Alcoholism Scale).
MABOP Mecloretamina, adriamicina, bleomicina, vincristina, prednisona.
MABP Presión arterial media (Mean Arterial Blood Pressure).
mAbs Anticuerpos monoclonales (Monoclonal Antibodies).
MAC Cloruro de metilalilo (Methylallyl Chloride) || Complejo de *Mycobacterium avium* (Mycobacterium Avium Complex) || Concentración máxima permitida (Maximum Allowable Concentration) || Concentración mínima de un anestésico (Minimum Anesthetic Concentration) || Macintosh, referido a los ordenadores de Apple || Metotrexato, adriamicina, ciclofosfamida || Metotrexato, actinomicina, ciclofosfamida || Moléculas de adhesión celular || Movimiento de Acción Católica || Museo de Arqueología de Cataluña (Museo d'Arqueologia de Catalunya).
MACA Mando de artillería de campaña.
MACAN Mando aéreo de Canarias.
MACBA Museo de Arte Contemporáneo de Barcelona.
MACC Metotrexato, adriamicina, ciclofosfamida, lomustina.
MACEN Mando aéreo del centro.
MACN Molécula de adhesión a las células neurales.
MACOP-B Metotrexato (con rescate mediante leucovorin), adriamicina, ciclofosfamida, vincristina, prednisona, Bleomicina.
MACTAE Mando de artillería de costa del Estrecho.
MAD Destrucción mutua asegurada (Mutual Assured Destruction) || Detector magnético aerotransportado (Magnetic Airborne Detector) || Dosis máxima permitida (Maximum Allowable Dose) || MeCCNU (Semustina), Adriamicina, dacarbacina || Metilarsonato disódico || Trastorno afectivo mayor (Major Affective Disorder).
Madag Madagascar.
Madge Margarita (Margery).
MADRE Equipo receptor de tambor magnético (Magnetic Drum Receiving Equipment).
MADRS Escala de valoración de la depresión de Montgomery Asberg (Montgomery Asberg Depression Rating Scale).
MADT Transistor de difusión microaleado (Microalloy Difused Transistor).
MAE Meato acústico externo || Ministerio de Asuntos Exteriores.
MAEC Mapeo de la actividad eléctrica cerebral.
MAEST Mando Aéreo del Estrecho.
MAF Factor activador de macrófagos (Macrophage Activating Factor) || Miocardiopatía amiloide familiar ||

Mitomicina, adriamicina, fluorouracilo || Muy alta frecuencia.

mag Magnesio || Magnético || Magnitud.

MAG Imán (Magnet) || Magnético || Magnetismo, referido al terrestre.

MAGAMP Amplificador magnético (Magnetic Amplifier).

MAGMOD Modulador magnético (Magnetic Modulator). .

MAGN Magnetrón.

MAH Mielopatía asociada al HTLV-1.

MAHE Metacrilato de hidroxietilo.

MAI *Mycobacterium avium* intracellulare.

MAIC Molécula de adhesión intracelular.

Mal Malasia || Malta.

MAL Línea axilar media (Middle Axillary Line) || Malasia, referido a la matrícula internacional de automóvil.

MALE Molécula de adhesión de los leucocitos al endotelio.

MALEG Mando de la Legión.

MALEV Mando aéreo de Levante.

MALT Tejido linfoide asociado a mucosas (Mucosa Associated Lymphoid Tissue).

MAM Museo de Arte Moderno, integrado en el Museo Nacional de Arte de Cataluña (Museu d'Art Modern, integrat dins el Museu Nacional d'Art de Catalunya).

MAMA Metil arsenato de monoamonio (Monoammonium Methylarsenate).

MAMBO Asociación Mediterránea para la Biología Marina y la Oceanografía (Mediterranean Association for Marine Biology and Oceanography).

MAMC Circunferencia muscular a la mitad del brazo (Midarm Muscle Circumference).

MAMP Amplificador de micrófono (Microphone Amplifier).

Man Manila || Manosa.

MAN Manosa || Metaacrilonitrilo || Movimiento Antillano Nuevo, Antillas Holandesas.

Manac Acetato de manganeso (Manganese Acetate).

MANE Valoración cotidiana de náusea y vómitos (Morrow Assessment of Nausea and Emesis).

MANOVA Análisis de la variancia multivariable (Multivariate Analysis of Variance).

man pr En la madrugada (Mane Primo).

Mansu Sulfato de manganeso (Manganese Sulfate).

MAO Monoaminooxidasa (Monoamineoxidase) || Secreción ácida máxima (Maxim Acid Output).

MAO-B Monoaminooxidasa (Monoamineoxidase B).

MAOI Inhibidor de la monoaminooxidasa (Monoamineoxidase Inhibitor).

MAOIs Inhibidores de la monoaminooxidasa (Monoamineoxidase Inhibitors).

MAOS Metal aluminio óxido semiconductor.

MAP Melfalán, adriamicina, prednisona || metilacetoxiprogesterona (Methylacetoxyprogesterone) || Metotrexato, adriamicina, cisplatino || Ministerio de Administraciones Públicas || Movimiento de Acción Popular, Nicaragua || Movimiento de la Acción Popular, San Cristobal y Nevis || Potencial de acción del músculo (Muscle Action Potential) || Prensa Árabe del Magreb (Magreb Arab Presse, Marruecos) || Presión arterial media (Mean Arterial Pressure) || Programa de actuación para el Mediterráneo (Mediterranean Actuation Program).

MAPA Ministerio de Agricultura, Pesca y Alimentación.

Mapp Metilacetileno propadieno.

MAPS Medición de la contaminación atmosférica desde satélite (Measurement of Air Pollution from Satellite).

MAPTAC Metacrilamidopropiltrimetilamónico cloruro.

mar Marcador, referido a un cromosoma.

Mar Marinería.

MAR Reactivo microanalítico (Microanalytical Reagent).

MARS Sistema de radar de avión militar (Military Airborne Radar System).

mart Martes.

márts Mártires.

mas Masculino.

mAs Miliamperio-segundo.

MAS Movimiento para Acción y Solidaridad, Guatemala || Movimiento al Socialismo, Venezuela.

MASER Amplificador de microondas por emisión estimulada de radiación (Microwave Amplification by Stimulated Emission of Radiation).

MAST Prueba Michigan para la detección del (enfermo) alcohólico (Michigan Alcoholism Screening Test).

mat Maternal, referido al origen de una traslocación || Matrimonio.

Mat Marta o Matilda (Martha or Mathilda) || Matemáticas || Mateo (Matthew).

MAT Muy alta tensión || Taquicardia atrial multifocal (Multifocal Atrial Tachycardia) || Transistor de microaleación (Microalloy Transistor).

MATC Corrector automático de tiempo para señal monocroma (Monochrome Automatic Time Corrector).

MATESA Maquinaria Textil del Norte de España.

matr Matrimonio (Matrimonium).

Matty Marta o Matilda (Martha or Mathilda).

MATV Televisión de antena maestra (Master Antenna Television).

MAU Malformación arteriovenosa || Milicia Aérea Universitaria.

Maud Matilda (Mathilda).

Maur Mauricio, referido al Estado de.

MAX Máximo.

mb Mezclar bien (Misce Bene) || Milibar.

Mb Megabyte || Mieloblastos || Milibar.

MB Azul de metileno (Methylene Blue) || Banco de memoria (Memory Bank) || Marina Belga, referido a la armada || Meduloblastoma || Megabyte || Membrana basal || Mercedes Benz || Mesiobucal || Metabolismo basal || Metilbromuro (Methyl Bromide).

MBA Master en administración de empresas (Master Business Administration) || Meningitis bacteriana aguda.

mbar Milibar.

Mbar Megabara.

MBB Messerschmitt-Bölkow-Blohm.

MBC Concentración bactericida mínima (Minimal Bactericidal Concentration) || Máxima capacidad respiratoria (Maximal Breathing Capacity) || Metotrexato, bleomicina, cisplatino.

MBD Disfunción cerebral mínima (Minimal Brain Dysfunction).

MBF Muy baja frecuencia.

MBFF Biestable del banco de memoria (Memory Bank Flip Flop).

MBG Membrana basal glomerular.

Mbit/s Millones de impulsos por segundo.

MBL Máster en derecho financiero empresarial (Master in Business Law).

MBM Martorell, Bohigas, Mackay, referido al equipo de arquitectos seleccionados en 1991 para llevar a término la prolongación del gran eje de la Dèfense en París || Memoria de burbujas magnéticas (Magnetic Bubble Memories).

MBMC Monobutil meta cresol.

MBP Mesiobucopulpal || Presión arterial media (Mean Blood Pressure).

MBT Mercaptobenzotiazol.

MBTR Membrana basal del túbulo renal.

MBTS Disulfuro de mercaptobenzotiacilo (Mercaptobenzothiazyl Disulfide).

mc Monocatenario.

mC Milicurie.

Mc Megacurie.

Mc/s Megaciclos por segundo.

MC Código Morse (Morse Code) || Comisión marítima (Maritime Commission) || Medio de Contraste || Megaciclo || Megacurie || Membrana celular || Mercado Común, referido a Europa || Mesiocervical || Metabolismo cerebral || Metacarpo || Metilclorantreno || Método científico || Militar de carrera || Mineralcorticoide || Ministerio de Cultura || Mónaco, referido a la matrícula internacional de automóvil || Monocigoto || Montecarlo, referido a Mónaco.

MCA Ácido monocloroacético (Monochloroacetic Acid) || Analizador multicanal (Multi-Channel Analyser) || Arquitectura microcanal (Micro Channel Architecture) || Arteria cerebral media (Middle Cerebral Artery) || Megestrol, ciclofosfamida, adriamicina || Membrana corioatlantoidea || Montantes compensatorios de adhesión.

MCAD Acil coenzima A deshidrogenasa de cadena media.

MCAEC Mapas computarizados de actividad eléctrica cerebral.

McATR Mac Lean Antidepressant Treatment Record.

McB McBurney, referido al punto apendicular.

MCB Movimiento Cultural Bereber, Argelia.

MCBP Melfalán, ciclofosfamida, carmustina, prednisona.

MCC Malformación congénita del corazón || Mercado Común Centroamericano || Misil contracarro || Movimiento de los Ciudadanos Comprometidos, San Cristobal y Nevis.

MCCA Mercado Común Centroamericano.

MCCU Unidades móviles de cuidados coronarios (Movile Care Coronary Units).

mCd Milicurie destruido.

MCD Diámetro corpuscular medio (Mean Corpuscular Diameter) || Miocardiopatía dilatada || Movimiento para el Cambio Democrático, México.

MCE Masaje cardíaco externo || Meningitis cerebroespinal || Mercado Común Europeo.

MCEC Movimiento de Centros de Recreación Cristianos (Moviment de Centres d'Esplai Cristians, Cataluña).

MCF Metacarpofalángico.

MCFA Ácidos grasos de cadena media (Mean Chain Fatty Acids).

mcg Microgramo.

MCG Magnetocardiograma.

mCh Milicurie hora.

MCH Hemoglobina corpuscular media (Mean Corpuscular hemoglobin).

MCHC Concentración de hemoglobina corpuscular media (Mean Corpuscular Hemoglobin Concentration).

MCHO Miocardiopatía hipertrófica Obstructiva.

MCI Mecanismo complementario de intercambios || Miositis por cuerpos de inclusión.

MCL Línea media clavicular (Midclavicular Line) || Lógica de control de microprogramas (Microprogram Control Logic).

MCM Cazaminas || Medidas contraminas || Método Monte Carlo (Monte Carlo Method, referido a matemáticas) || Montantes compensatorios Monetarios.

MCMI Millon Clinical Multiaxial Inventory.

MCP Melfalán, Ciclofosfamida, prednisona || Memoria a corto plazo || Metacarpofalángico (Metacarpophalangeal) || Metil clorofenoxiacético (Methyl Chlorophenoxyacetic) || Metoclopramida || Miocardiopatía.

MCPA Ácido metil clorofenoxiacético (Methyl Chlorophenoxyacetic Acid).

MCPB Ácido metil clorofenoxibutírico (Methyl Chlorophenoxybutyric Acid).

MCPH Miocardiopatía hipertrófica.

MCPP Metilclorofenilpiperacina (Methyl Chlorophenylpiperazine) || Metilclorofenoxipropiónico (Methyl Chlorophenoxypropionic).

mcps Megaciclos por segundo.

MCR Capacidad respiratoria máxima (Maximal Breathing Capacity) || Registro principal de órdenes (Main Command Register).

MCRA Mercado Cárnico, Ganadero y Avícola (Mercat Carnic, Ramader i Avícola, Catalunya).

MCT Triglicéridos de cadena media (Mean Chain Tryglicerides).

MCTD Enfermedad del tejido conectivo mixto (Mixed Connective Tissue Disease).

MCU Microunidad de control (Micro Control Unit).

MCV Volumen corpuscular medio (Mean Corpuscular Volume).

MCW Onda continua modulada (Modulated Continuous Wave).

md Desviación media (Mean Deviation).

Md Factor de máxima frecuencia utilizable || Mendelevio.

MD Distrofia muscular (Muscular Distrophy) || Doctor en medicina (Medical Doctor) || Doctrina Monroe (Monroe Doctrine) || Mano derecha || Mando a distancia || Marketing directo || McDonnel-Douglas, referido a aeronáutica || Mesiodistal || Metástasis a Distancia || Ministerio de defensa || Movimiento democrático, San Marino.

MDA Desactivador de metales (Metal Deactivator) || Malonildialdehído || Metilenodianilina || Metilenedioxianfetamina || Modulación por desplazamiento de la amplitud || Movimiento para la Democracia en Argelia (Mouvement pour la Democratie dans Algérie).

MDAC Metildietilaminocumarina.

MDACC Centro cancerológico M. D. Anderson (M. D. Anderson Cancer Center).

MdB Marina del Brasil, referido a la armada.

MDB Movimiento Democrático Brasileño (Movimento Democrático Brasileiro).

MDC Movimiento Demócrata Cristiano, Eslovaquia.

MDD Dosis mínima detectable (Minimal Detectable Dose).

MDEA Metilendioxietanfetamina.

MDF Factor depresor miocárdico (Myocardial Depressant Factor) || Macrodefectos, referido al estado del cemento || Modulación por desplazamiento de frecuencia || Multiplex por división de frecuencia || Repartidor principal (Main Distribution Frame, referido a una central telefónica).

MDH Malato deshidrogenasa (Malate Dehydrogenase).

MDI Indicador magnético de dirección (Magnetic Direction Indicator) || Indicador de separación (Miss Distance Indicator) || Manía depresión Intervalo libre || Metano diisocianato || Metileno di-para-fenileno isocianato.

MDL Módulo || Movimiento para los Derechos y la Libertad, Bulgaria.

Mdlle Señorita (Mademoiselle, Francia).

Mdm Señora (Madam, Francia).

MDM Médicos del mundo || Mezcla

determinante || Movimiento para la Democracia Multipartidista, Zambia.

MDMA Metilenedioximetanfetamina.

Mdme Señora (Madame, Francia).

MDN Movimiento Democrático Nacional, República Sudafricana.

MDO Matriz decodificadora de operación.

MdP Marina de Portugal, referido a la armada.

MDP Modulación por desplazamiento de Phase || Movimiento Democrático Popular, Nueva Guinea || Movimiento Democrático Popular, Tonga || Muramil dipéptido (Muramyl Dipeptide) || Partido Democracia Nacionalista (Milliyetçi Demokrasi Partisi, Turquia) || Psicosis maníaco depresiva (Maniac Depressive Psychosis).

MDR Movimiento para la Defensa de la República (Mouvement pour la Défense de la République, Camerún) || Movimiento Democrático Republicano (Mouvement Démocratique Républicain, Ruanda) || Registro de datos de memoria (Memory Data Register).

Mds Señoras (Mesdames, Francia).

MDS Movimiento de los Demócratas Socialistas (Mouvement des Démocrates Socialistes, Tunez) || Movimiento Democrático Somalí || Período Medio de Supervivencia (Mean Duration of Survival) || Señal Mínima Detectable (Minimum Detectable Signal).

MDT Movimiento de Defensa de la Tierra (Moviment de Defensa de la Terra, Cataluña) || Multiplex por división de tiempo.

Mdyn Megadina.

m_e Masa electrónica.

M_e Máxima expansión térmica, referido a los plásticos || Metil.

Me Messerschmitt, referido al avión alemán || Metil.

ME Encefalomielitis miálgica (Myalgic Encephalomyelitis) || Energía metabolizable (Metabolizable Energy) || Mercaptoetanol || Microscopio electrónico || Militar de empleo || Moneda extranjera || Oído medio (Middle Ear).

ME-AF Mitomicina, epirubicin-adriamicina, fluorouracilo.

MEA Adenomatosis endocrina múltiple (Multiple Endocrine Adenomatosis) || Monoetanolamina || Monoetilamina.

MEAC Museo Español de Arte Contemporáneo.

MEAP Meningoencefalitis amebiana primitiva.

MEB Microscopio electrónico de barrido.

MEC Concentración mínima efectiva (Minimum Effective Concentration) || Metil etil cetona || Miniexamen cognoscitivo || Ministerio de Educación y Ciencia.

MeCbl Metilcobalamina.

MeCCNU Semustina.

Med Medicina || Médico || Mediterráneo.

MED Dosis mínima eritema (Minimum Erythema Dose) || Dosis mínima efectiva (Minimum Effective Dose) || Movimiento para una Eslovaquia Democrática.

MEF Flujo espiratorio máximo (Maximal Expiratory Flow).

MEF_{50} Flujo espiratorio máximo, referido al 50% de la capacidad vital (Maximal Expiratory Flow at 50% of Vital Capacity).

MEFF Mercado de futuros financieros.

MEFR Valor del flujo espiratorio máximo (Maximal Espiratory Flow Rate).

MEFV Flujo-volumen (curva de) espiratorio máximo (Maximal Expiratory Flow Volume).

Meg Margarita (Margery, referido a nombre) || Megestrol.

MEG Genitales externos masculinos (Male External Genitals) || Magnetoencefalografía || Magnetoencefalograma || Monoestearato de glicerina.
MeGAG Mitoguazona.
MEH Ministerio de Economía y Hacienda.
MEHSAP Multinuclearidad eritroblástica hereditaria con suero acidificado positivo.
MEL Mediador endógeno leucocitario.
MELAS Miopatía mitocondrial, encefalopatía, acidosis láctica y episodios de tipo ictal.
Melb Melbourne.
MELEC Microelectrónica.
mem Rememorar (Memento).
MEM Memoria || Movilidad electroforética de los macrófagos (Macrophage Electrophoretic Mobility).
Mema Acetato de metoxietil mercurio.
MEMA Antígeno de la membrana del epitelio mamario (Mammary Epithelial Membrane Antigen).
memo Memorandum.
MEN Neoplasia endocrina múltiple (Multiple Endocrine Neoplasia).
MEN I Síndrome de Werner.
MEN IIa Síndrome de Sipple.
MEN IIb Variación genética autosómica dominante del síndrome de Sipple.
MENA Metil éster (del ácido) naftalenacético.
MENS Síndrome de múltiple neoplasia endocrina (Multiple Endocrine Neoplasia Syndrome).
MEO Movimiento extraocular.
MEOS Sistema microsomal de oxidación.
mep Presión efectiva media (Mean Effective Pressure).
MEP Frente Unido del Pueblo (Mahajana Eskath Peramuna, Sri Lanka) || Metiletilpiridina || Miembro del Parlamento Europeo (Member of the European Parliament) || Movimiento Electoral del Pueblo, Aruba || Presión efectiva media (Mean Effective Pressure).
meq Miliequivalente.
MER Movimiento Ecologista Rumano.
merc Mercantil.
MERCAST Emisión destinada a los buques mercantes (Merchant Ship Broadcast).
MERCOSUR Mercado Común del Sur, referido a Sudamérica.
Merg Megaergio.
MERRF Epilepsia mioclónica y fibras rojas melladas.
MESAN Movimiento para la Emancipación Social del África Negra (Mouvement pour l'Ëmancipation de l'Afrique Noire).
MESFET Transistor de efecto de campo metal semiconductor (Metal Semiconductor Field Effect Transistor).
MESNA Mercaptoetano sulfonato sódico.
Messrs Caballeros (Messieurs, Francia).
met Metálico.
Met Metionina.
MET Meteorología (Meteorology) || Metropolitan, referido al teatro de la ópera de Nueva York || Tiempo medio espiratorio (Mid Expiratory Time).
METAP Programa de asistencia técnica medioambiental en el Mediterráneo (Mediterranean Environmental Technical Assistance Program).
MEtC Metotrexato, etopósido, lomustina.
MeTHF Metil tetrahidrofolato.
metsat Satélite meteorológico (Meteorological Satellite).
meV Megavoltio.
MeV Megaelectrón-voltio.
MEV Metotrexato, ciclofosfamida, vincristina.

MEW Radar de alarma temprana (Microwave Early Warning).
Méx México.
MEX México, referido a la matrícula internacional de automóvil.
Mexic Mexicano.
mf Milifaradio.
Mf Metotrexato, con rescate mediante ácido folínico.
MF Campo magnético (Magnetic Field) || Factor mitógeno (Mitogenic Factor) || Frecuencia media (Medium Frequency) || Modulación de frecuencia mando de flota || Megafaradio || Melamina formaldehído (Melamine Formaldehyde) || Micosis fungoide || Mielofibrosis || Mitomicina, fluorouracilo || Modulación de frecuencia || Movimiento Falangista.
MFA Monofosfato de adenosina || Movimiento de las Fuerzas Armadas, Portugal.
MfACOPB Metotrexato (con rescate mediante ácido folínico), adriamicina, ciclofosfamida, vincristina, prednisona, bleomicina.
MfBACOD Metotrexato (con rescate mediante ácido folínico), bleomicina, adriamicina, ciclofosfamida, vincristina, dexametasona.
MFC Monofosfato de citidina.
MFD Dosis fatal mínima (Minimum Fatal Dose).
MFDC Movimiento de las Fuerzas Democráticas de Casamance (Mouvement des Forces Démocratiques de Casamance, Senegal).
MFDF Radiogoniómetro de frecuencia media (Medium Frequency Direction Finder).
MFE Movimiento Falangista Español.
MFG Monofosfato de guanosina.
MFH Histiocitoma fibroso maligno (Malignant Fibrous Histiocytoma).
MFI Mielofibrosis idiopática.
MFM Modulación de frecuencia modificada (Modified Frequency Modulation).
MFN Nación más favorecida (Most Favoured Nation).
MFP Monofluorofosfato (Monofluorphosphate).
MFT Test de función muscular (Muscle Function Test).
MFU Máxima frecuencia utilizable || Monofosfato de uridina.
mg Miligramo.
mg/m^3 Miligramos por metro cúbico.
Mg Magnesio.
MG Mesiogingival || Miastenia grave || Monoglicéridos || Motor-generador.
Mgb Mioglobina.
mg cu m Milígramos por metro cúbico (Milligrammes per Cubic Mettre).
mgd Millones de galones por día (Million Gallons per Day).
MGG May-Grünwald-Giemsa.
mgh Miligramo hora.
MGH Hospital General de Massachusetts (Massachusetts General Hospital).
MGLS Magnesio lauril sulfato.
mgm Miligramo.
MGM Metro Goldwyn Mayer.
MGN Control de ganancia manual (Manual Gain Control).
Mgna Magdalena.
MGO Órganos genitales masculinos (Male Genital Organs).
MGR Director (Manager).
mgs Metro-gramo-segundo.
mGs Miligauss.
MGUS Gammapatía monoclonal sin significado determinado (Monoclonal Gammapathy of Undetermined Significance).
MGw Megavatios.
mGy Milésima de Gray.
mH Milihenrio.
m_H Masa de un átomo de hidrógeno.
MH Hipertermia maligna (Malignant Hyperthermia) || Hipersecreción mu-

cosa (Mucous Hypersecretion) || Hipotálamo medial (Medial Hypothalamus) || Miocardiopatía hipertrófica || Salud mental (Mental Health).

MHA Antígeno mayor de histocompatibilidad (Major Histocompatibility Antigen) || Ensayo de microhemaglutinación (Microhemaglutination Assay).

MHb Miohemoglobina.

MHC Buque cazaminas || Complejo mayor de histocompatiblidad (Major Histocompatibility Complex) || Museo de Historia de Cataluña (Museu d'Historia de Catalunya).

MHCAT Catamarán cazaminas.

MHD Magnetohidrodinámico.

MHDF Radiogoniómetro de media y alta frecuencia (Medium and High Frequency Direction Finder).

MHM Cazaminas costero.

MHO Miocardiopatía hipertrófica obstructiva.

mHP Milésimas de caballo de fuerza (Milihorse Power).

MHPG Acido 3-metoxi-4-hidroxifenilglicol (3-Methoxy-4-Hydroxyphenylglycol).

MHS Síndrome de hipertermia maligna (Malignant Hyperthermia Syndrome).

MHT Hipertensión maligna (Malignant Hypertension).

MHVDF Radiogoniómetro de media, alta y muy alta frecuencia (Medium, High and Very High Frequency Direction Finder).

MHz Megahertzio.

mi Mill, referido a la unidad monetaria de Canadá.

mi² Milla cuadrada (Square Mile).

Mi Peso molecular iónico.

MI Índice metabólico (Metabolic Index) || Infarto de miocardio (Myocardial Infarction) || Insuficiencia mitral (Mitral Insufficiency) || Mano izquierda || Memoria inmediata || Mesioincisoria || Mielocitos || Mononucleosis infecciosa || Momento de inercia || Multiplicador de interface.

MI5 Servicio de Inteligencia Británico (véase SS).

MI6 Véase SS.

MIA Muy ilustre administración.

MIAC Metil isoamil cetona.

MIAK Metil isoamil cetona (Methyl Isoamyl Ketone).

MIBC Metilisobutilcarbinol.

MIBG Metaiodobencilguanidina (Metaiodobenzylguanidine).

Miblet Índice medio telemático.

MIBOR Interés Interbancario en la Bolsa de Madrid (Madrid Interbanking Offered Rate).

MIC Concentración inhibidora mínima (Minim Inhibitory Concentration) || Margen intercostal || Micrófono (Microphone) || Modulación por impulsos codificados.

MICD Margen intercostal derecho.

MICI Margen intercostal izquierdo.

Micro Micronesia.

MID División de inspección de la carne (Meat Inspection Division) || dosis mínima infecciosa (Minimum Infective Dose) || Mesoincisodistal.

MIDOT Determinación de trayectorias múltiples mediante interferómetro (Multiple Interferometer Determination Of Trajectories).

MIE Ministerio de Industria y Energía.

miérc Miércoles.

MIF Factor inhibidor de melanocitos (Melanocyte Inhibitory Factor) || Factor inhibidor de la migración (Migration Inhibitory Factor, referido a macrófagos) || Mertiolate-iodoformol.

MIF_{50} Flujo inspiratorio máximo, referido al 50% de la capacidad vital (Maximal Inspiratory Flow at 50% of vital capacity).

MIFR Valor del flujo inspiratorio máximo (Maximal Inspiratory Flow Rate).

MIGA Agencia Multilateral de Inversiones Garantizadas (Multilateral Investment Guaranted Agency).

MIH Medio inductor hematopoyético.

MIID Miopatías inflamatorias idiopáticas difusas.

Mike Miguel (Michael).

mil² Milipulgada cuadrada.

MIL Militar (Military).

MIME Metilguazona, ifosfamida, metotrexato, etopósido.

MIMO Orticón de imagen miniatura (Miniature Image Orthicon).

min Mineral || Mínimo || Minuta || Minuto.

Min Mineralogía.

MIN Mínimo.

MING Mando de Ingenieros.

MINISDEF Ministerio de Defensa.

minº Ministro.

Min Plen Ministro plenipotenciario.

MINURSO Misión de las Naciones Unidas para el Referendum en el Sáhara Occidental.

Mio Mioceno.

MIO Olor identificable mínimo (Minimal Identifiable Odour).

MIP Microscopio de inmunofluorescencia || Póliza de seguro marítimo (Maritime Insurance Policy).

MIPA Monoisopropanolamina.

MIPS Millones de instrucciones por segundo.

MIR Médico interno residente || Movimiento de la Izquierda Revolucionaria, referido a países como Bolivia, Chile y Venezuela.

MIRA Movimiento Independiente para una República Auténtica, Ecuador.

MIRAN Alcance de proyectiles.

MIRC Lectura de caracteres en tinta magnética (Magnetic Ink Character Reader) || Material inmunológico de reacción cruzada.

MIRT Seguimiento molecular infrarrojo (Molecular Infrared Tracking).

MIS Monitorización de ión seleccionado || Sistema de información meteorológico (Meteorological Information System) || Substancia inhibidora de las estructuras müllerianas (Mülleriane Inhibitor Substance).

misc Miscelánea.

MISr Muy ilustre señor.

mist Mezcla (Mistura).

Mit Mitología.

MIT Instituto de Tecnología de Massachusetts (Massachusetts Institute of Technology) || Mitomicina || Monoiodotirosina.

MIU Muerte intrauterina.

MIUF Muerte intrauterina del feto.

MJ Marihuana (Marijuana).

MJI Ministerio de Justicia e Interior.

mk Marco, referido a la unidad monetaria de Alemania.

mkN Kilonewton-metro.

MKO Observatorio Mauna Kea (Mauna Kea Observatory, Hawai-EE.UU.).

MKP Fosfato potásico monobásico (Monobasic Potassium Phosphate).

MKS Metro, kilogramo, segundo.

MKSA Metro, kilogramo, segundo, amperio.

m_l Masa longitudinal.

ml Mililambert o mililambertio || Mililitro.

mL Mililambert o mililambertio.

ML Marxista leninista || Medicina legal || Melilla, referido a la matrícula nacional de automóvil || Mesiolingual || Mortero ligero || Mucolipidosis || Probabilidad máxima (Maximum Likelihood, referido a estadística).

MLa Mesiolabial.

MLA Alquilos mixtos de plomo (Mixed Lead Alkyls).

MLAC Movimiento para la Liberación del Aborto y los Contraceptivos.

MLaI Mesiolabioincisoria.

MLB Binario de nivel múltiple (Multiple Level Binary).

MLC Concentración letal mínima (Minimal Lethal Concentration) || Cultivo mixto de linfocitos (Mixed Lymphocyte Culture).
MLD Leucodistrofia metacromática (Metachromatic Leukodystrophy) || Dosis letal media (Medium Lethal Dose) || Dosis letal mínima (Minimum Lethal Dose).
MLF Movimiento de Liberación de la Mujer.
mlgs Nuy ligeramente soluble (1 en de 1.000 a 10.000).
MLI Mesiolinguoincisoria.
MLJ Movimiento para la Libertad y la Justicia, Ghana.
Mlle Señorita (Mademoiselle, Francia).
mlm Mililumen.
Mlm Megalumen.
MLN Movimiento de Liberación Nacional (Mouvement de Libération National, Francia).
MLNT Movimiento de Liberación Nacional Tupamaro, Uruguay.
MLNV Movimiento de Liberación Nacional Vasco.
MLO Mesiolingualoclusoria.
MLP Melamina formaldehído (Melamine Formaldehyde) || Memoria a largo plazo || Mesiolinguopulpal.
MLPC Movimiento para la Liberación del Pueblo Centroafricano, República Centroafricana.
MLPS Movimiento de Liberación Popular de Sudán.
MLR Movimiento Liberal Rodista, Honduras || Movimiento Lituano para la Reconstrucción || Reacción linfocitaria mixta (Mixed Lymphocyte Reaction) || Regresión lineal múltiple (Multiple Linear Regression, referido a estadística).
MLS Liga Mayor de Fútbol (Major League Soccer, EE.UU.) || Sistema de aterrizaje por microondas (Microwave Landing System).
MLSTP Movimiento de Liberación de Santo Tomé y Príncipe.
MLT Tiempo letal medio (Mean Lethal Time).
MLU Marxista leninista unificado.
MLV Virus vivo modificado (Modified Live Virus).
mlx Mililux.
mm Con los cambios necesarios (Mutatis Mutandis) || Milímetro || Milimol.
mM Milimaxwell || Milimol.
Mm Megametro || Miriámetro.
MM Madre, referido a orden religiosa || Medicus Mundi || Melanoma maligno (Malignant Melanoma) || Membrana mucosa || Menometrorragia || Metaplasia mieloide || Metil metacrilato || Metrónomo de Maelzel (Maelzel's Metronome) || Mieloma múltiple (Multiple Myeloma) || Mononeuropatía múltiple || Mortero medio || Museo Marítimo (Museu Maritim, Barcelona) || Radiobaliza intermedia (Middle Marker).
mm² Milímetro cuadrado.
mm³ Milímetro cúbico.
MMA Mareo (o mal) de montaña agudo || Mecánico de mantenimiento de avión || Metaplasia mieloide agnogénica.
MMAE Máster en microinformática aplicada a la empresa.
MMc Megamegaciclo.
MMc/s Megamegaciclos por segundo.
MMC Mareo (o mal) de montaña crónico.
Mme Señora (Madame, Francia).
MME Mecánico de máquinas y equipos.
Mmes Señoras (Mesdames, Francia).
mmf Micromicrofaradio.
MMF Fuerza magnetomotriz (Magnetomotive Force).
mmfd Micromicrofaradio.
MMH Mecánico de máquinas y herramientas || Monometilhidracina.
mmHg Milímetro de mercurio.

MMI Inhibición de la migración de macrófagos (Macrophage Migration Inhibition) || Marina Militar italiana (Marine Militare Italiana).
MMII Miembros inferiores.
MML Meromiosinas ligeras.
MMM Movimiento Militante Mauriciano, Estado de Mauricio.
MMO Oficina Meteorológica Principal (Main Meteorological Office).
mmol/l Milimoles por litro.
mmol Milimol.
MMP Meromiosinas pesadas.
MMPI Inventario multifásico de personalidad de (la universidad de) Minnesota (Minnesota Multiphasic Personality Inventory).
MMPR Metil mercaptopurina ribósido.
MMQ Mecánico de máquinas.
MMR Sarampión, parotiditis, rubéola.
Mms Manuscritos.
MMS Metilmetansulfonato (Methyl Methansulfonate) || Mini Mental Status.
MMSE Miniexamen del estado mental (Mini Mental State Examination).
MMSM Movimiento Militante para el Socialismo Malgache (Mouvement Militant pour le Socialisme, Madagascar).
MMSS Miembros superiores.
MMT Telescopio de espejos múltiples (Multiple Mirrors Telescope) || Tratamiento de mantenimiento con metadona (Methadone Maintenance Treatment).
MMU Unidad de Memoria Masiva (Mass Memory Unit).
mMx Milimaxwell.
MMx Megamaxwell.
mn Minuto.
mN Newton-metro.
Mn Manganeso || Monseñor.
MN Medicina nuclear || Metanefrina (Metanephrine) || Moneda nacional || Mononuclear, referido al leucocito || Motonave.
MNA Metilnonilacetaldehído.
MNac Moneda nacional.
MNAC Museo Nacional de Arte de Cataluña (Museu Nacional d'Art de Catalunya).
MNATEC Museo Nacional de la Ciencia y de la Técnica de Cataluña (Museu Nacional de la Ciencia i de la Tècnica de Catalunya).
MNC Compañía multinacional (Multi-National Company).
MNCARS Museo Nacional Centro de Arte Reina Sofía.
MNDID Movimiento Nacional Djibutiano para la Instalación de la Democracia (Mouvement National de Djibuti pour la Installation de la Democratie, Djibuti).
MNF Marina Nacional Francesa (Marine National Française).
MNI Mononucleosis infecciosa.
Mnl Manila.
MNL Movimiento Nacional Liberal, Bahamas.
MNLG Mesa por la Normalización Lingüística de Galicia.
MNP Movimiento Nacional Popular, Trinidad y Tobago.
MNR Movimiento Nacional de Resistencia, Uganda || Movimiento Nacionalista Revolucionario, Bolivia.
MNS Movimiento Nacional Somalí.
MNSD Movimiento Nacional para una Sociedad en Desarrollo, Niger.
MNUSO Misión de las Naciones Unidas en el Sáhara Occidental.
MNV Memoria no volátil.
m_0 Masa de un electrón en baja velocidad.
mo Modus operandi || Pedido postal (Mail Order).
Mo Molibdeno || Monocito.
MO Médula ósea || Mesiooclusoria || Microscopio óptico || Modus operandi || Orbital molecular (Molecular Orbital) || Oscilador maestro (Master Oscillator) || Pedido postal (Mail Order).

MOA Mando operativo aéreo.
MoAbs Anticuerpos monoclonales (Monoclonal Antibodies).
MOB Mitomicina, vincristina, bleomicina.
MOBIDIC Computador digital móvil (Mobile Digital Computer).
MOCA Metileno ortocloroanilina.
mod Moderno || Modificación || Modulación || Modular || Módulo.
MOD Mesiooclusodistal || Modulador.
MODE Metoxi-O-desmetil encainida.
MODEM Modulador-demodulador.
MODOR Radar Doppler molecular (Molecularized Doppler Radar).
MOET Ovulación múltiple y transferencia de embriones (Multiple Ovulation and Embryon Transfer).
MOF-STREP Semustina, vincristina, fluorouracilo, streptozocin.
MOH Metotrexato, oncovin, hidroxiurea.
MOJA-G Movimiento para la Justicia en África, Gambia.
mol Mol || Molécula || Molecular.
MOL Laboratorio orbital con personal (Manned Orbiting Laboratory) || Nivel máximo de salida (Maximum Output Level).
MOLC Mejores obras de la literatura catalana (Millors Obres de la Literatura Catalana).
MOLINACO Movimiento de Liberación Nacional de las Comores.
MOLIRENA Movimiento Liberal Republicano Nacionalista, Panamá.
Mol wt Peso Molecular (Molecular Weight).
Moll María (Mary).
Molly María (Mary).
MOM Leche de magnesia (Milk Of Magnesia).
MOMA Museo de Arte Moderno (Museum Of Modern Art, Nueva York).
Mon Mónaco.
MON Monitor || Mando operativo naval || Número de Octano para Motor (Motor Octane Number).
monast° Monasterio.
Mong Mongolia.
MONIMA Movimiento Nacional para la Independencia de Madagascar (Mouvement National pour la Indépendance de Madagascar).
MONOBACTAM Monocyclic Bacterially produced beta-Lactamases.
Mons Monseñor.
Montr Montreal.
MOP Mecloretamina, vincristina, prednisona || Metoxipsoraleno.
MOP-BAP Mecloretamina, vincristina, procarbacina, bleomicina, adriamicina, prednisona.
MOPA Oscilador maestro con amplificador de potencia (Master Oscillator Power Amplifier).
MOPD Máximo diferencial de presión de trabajo (Maximum Operating Pressure Differential).
MOPEG 3-metoxi 4-hidroxifeniletilenoglicol.
MOPP Mecloretamina, vincristina, procarbacina, prednisona.
MOPP(CFP) Mecloretamina, vincristina, procarbacina, prednisona (en pacientes con compromiso de la función pulmonar).
MOPP-ABV Mecloretamina, vincristina, procarbacina, prednisona, adriamicina, bleomicina, vinblastina.
MOPP-C-MOPP Mecloretamina, vincristina, procarbacina, prednisona, ciclofosfamida, mecloretamina, vincristina, procarbacina, prednisona.
MOPPM Mecloretamina, vincristina, procarbacina, prednisona, metotrexato (con rescate mediante ácido folínico).
MOPr Mecloretamina, vincristina, procarbacina.
MOPT Ministerio de Obras Públicas y Transportes.

MOPTMA Ministerio de Obras Públicas, Transportes y Medio Ambiente.

MOPU Ministerio de Obras Públicas y Urbanismo.

MOR Movimiento ocular rápido.

MORENA Movimiento de Recuperación Nacional (Mouvement de Redressement National, Gabón).

MOS Metal óxido semiconductor || Movimientos oculares sacádicos || Semiconductor de metal óxido (Metal Oxide Semiconductor).

MOSAD Organización para la Segunda Emigración (Mosas Lealiya Beth, referido a los servicios secretos de Israel).

MOSANAT Movimiento para la Salvación Nacional Tchadiana (Mouvement pour la Salut National du Tchad).

MOSFET Transistor de efecto de campo metal óxido semiconductor (Metal Oxide Semiconductor Field Effect Transistor).

MOSIC Circuito integrado metal óxido semiconductor (Metal Oxide Semiconductor Integrated Circuit).

MOSLSI Integración a gran escala metal óxido semiconductor (Metal Oxide Semiconductor Large Scale Integration).

mOsm Miliosmol.

MOST Transistor metal óxido semiconductor (Metal Oxide Semiconductor Transistor).

MOT Mando operativo terrestre || Motor.

MOU Memorándum de reconocimiento (Memorandum Of Understanding).

MOUNCORE Movimiento Nigeriano de Comités Revolucionarios (Mouvement Nigerin des Comités Revolutionnaires, Niger).

Moz Mozambique.

mp Punto de fusión (Melting Point).

MP Melfalán, prednisona || Mercaptopurina || Mesiopulpal || Ministro plenipotenciario || Modelos potenciales || Monofosfato (monophosphate) || Mortero pesado || Mucopolisacárido || Multipolo || Período Menstrual (Menstrual Period) || Policía Militar (Military Police).

MP+proc Melfalán, prednisona + procarbacina.

mpA Milipicoamperio.

MPa Megapascal.

MPA Acetato de medroxiprogesterona (Medroxyprogesterone Acetate) || Aditivo de múltiples usos (Multipurpose Additive) || Marcapaso antitaquicardia || Metoxipropilamina || Movimiento Pan-Nacional Armenio || Movimiento Para la Autodeterminación, referido al brazo legal del FLNC || Movimiento Popular del Azaouad, Mali.

MPAIAC Movimiento para la Autodeterminación y la Independencia del Archipiélago Canario.

MPAP Presión arterial pulmonar media (Mean Pulmonary Arterial Pressure).

MPB Movimiento Popular de Barbuda, Antigua y Barbuda.

Mpc Megaparsecs.

MPC Concentración máxima permisible (Maximum Permissible Concentration) || Mielinólisis pontina central || Metil propil cetona.

MPCC Controlador de comunicaciones multiprotocolo (Multi Protocol Communications Controller).

MPD Detector magnético de proximidad (Magnetic Proximity Detector) || Dosis máxima permisible (Maximum Permissible Dose) || Movimiento para la Democracia, Cabo Verde || Trastornos mieloproliferativos (Myeloproliferative Disorders).

MPDL Movimiento por la Paz, la Democracia y la Libertad.

MPE Exposición máxima permisible

(Maximum Permissible Exposure, referido a radioactividad).
MPF Masa parietal funcionante.
MPG Mercaptopropionil glicina (Mercaptopropionyl Glycine).
mph Millas por hora.
MPH Millas (terrestres) por hora.
mphps Millas por hora por segundo.
MPI Instituto Max Planck (Max Planck Institute) || Inventario de personalidad de Maudsley (Maudsley Personality Inventory).
MPIP Programa postinfarto multicéntrico (Multicenter post Infarction Program).
MPK Metil propil cetona (Methyl Propyl Ketone).
MPL Mesiopulpolingual || Nivel máximo permisible (Maximum Permissible Level).
MPLa Mesiopulpolabial.
MPLA Movimiento Popular de Liberación de Angola (Movimento Popular de Libertaçao de Angola).
mpm Metros por minuto.
MPM Movimiento Popular Mahoreño, Mayotte.
MPMT Metoxipropil amino metiltio triazina.
MPN Número más probable (Most Probable Number).
MPNA Movimiento de Países no Alineados.
MPO Mieloperoxidasa.
MPP Modelos parciales potenciales.
MPR Tasa de producción medular (Marrow Production Rate, referido a médula ósea) || Movimiento Popular de la Revolución (Mouvement Populaire de la Révolution, Zaire).
mps Metros por segundo.
MPS Estimulación Hipofisaria Múltiple (Multiple Pituitary Stimulation) || Metros por segundo || Movimiento Patriótico de Salvación (Mouvement Patriotique de Salut, Chad) || Movimiento Patriótico Somalí || Mucopolisacaridosis.
MPTP Metilfenil tetrahidropiridina (Methylphenyl Tetrahydropyridine).
MPU Movimiento Patriótico de Uganda || Movimiento Popular de Ucrania || Unidad Microprocesador (Microprocessor Unit).
MPX Multiplexor.
MPXT Multiplexor de tiempo (Multiplexor Time).
MQ Cociente de memoria (Memory Quotient).
Mqe Martinica.
mqués Marqués.
mr Mártir || Miliroentgen.
Mr Señor (Mister, Reino Unido).
MR Marca registrada || Mando regional || Mastectomía radical || Militar de reemplazo || Movimientos respiratorios || Músculos respiratorios || Refracción molecular (Molecular Refraction) || Regurgitación mitral (Mitral Regurgitation) || Resonancia magnética (Magnetic Resonance) || Retrasado mental (Mentally Retarded) || Rojo de metilo (Methyl Red).
mr/m Miliroentgen por minuto.
mrad Milirad.
MRB Modificador de la respuesta biológica || Movimiento Revolucionario Boliviano.
MRC Consejo de Investigación Médica (Medical Research Council, Reino Unido) || Movimiento Rural Cristiano.
MRCb Material de reacción cruzada.
MRCGP Miembro del Real Colegio de Médicos Generales (Membership of the Royal College of General Practitioners, Reino Unido).
mrd Merced.
MRD Magnetización remanente deposicional || Movimiento para la Restauración de la Democracia, Nepal.
mrem Milirem.
MRF Factor Liberador de los Melanocitos (Melanocyte Releasing Factor).

MRFIT Multiple Risk Factor Intervention Trial.

MRG Movimiento de Radicales de Izquierda (Mouvement de Radicals de la Gauche, Francia).

MRI Imagen por Resonancia Magnética (Magnetic Resonance Image).

MRL Movimiento Reformista de Lituania.

Mrn Martín.

MRN Magnetización remanente natural || Movimiento para la Reconstrucción Nacional (Mouvement pour la Reconstruction National, Haití) || Movimiento de Resistencia Nacional, Uganda.

MRND Movimiento Republicano Nacional para la Democracia (Mouvement Républicain National pour la Democratie, Ruanda) || Movimiento Revolucionario Nacional para el Desarrollo (Mouvement Révolutionnaire National pour le Développment, Ruanda).

MRNDD Movimiento Republicano Nacional para la Democracia y el Desarrollo (Mouvement Républicain National pour la Democratie et le Développment, Ruanda).

Mrnz Martínez.

Mro Maestro || Marinero.

MRQ Magnetización remanente química.

MRR Tasa de liberación medular (Marrow Release Rate, referido a la liberación celular por parte de la médula ósea).

mrs Mártires.

Mrs Señoras (Mistress, Reino Unido).

MRT Magnetización remanente térmica.

MRTA Movimiento Revolucionario Tupac Amaru, Perú.

MRU Unidad de radio móvil (Mobile Radio Unit).

ms Milisegundo || Muy Soluble (1 en menos de 1).

Ms Manuscrito || Señorita o señora (Miss or Mrs).

MS Conmutador de cinta magnética (Magnetic Tape Switch) || Consagrado a la memoria de (Memoriae Sacrum) || Esclerosis Múltiple (Multiple Sclerosis) || Espectrografía de masa (Mass Spectrography) || Estenosis mitral (Mitral Stenosis) || Fuerza muscular (Muscle Strength) || Mando subordinado || Manuscrito (Manuscript) || Mauricio, referido a la matrícula internacional de automóvil || Médula suprarrenal || Mitotane, streptozocin || Muerte súbita || Plano medio (Medium Shot, referido a cinematografía).

MS-MI Estenosis mitral-insuficiencia mitral (Mitral Stenosis-Mitral Insufficiency).

MSA Dragaminas auxiliar || Líneas Aéreas de Malasia Singapur (Malaysia Singapore Airways) || Mézclese Según Arte, referido a formulación magistral || Sociedad Mineralógica de América (Mineralogical Society of America).

MSAF Alfa fetoproteína en suero materno (Maternal Serum Alpha Fetoprotein).

MSan Ministerio de Sanidad.

ms as Muchos años.

MSB Banda lateral principal (Main Sideband).

MSC Dragaminas costero || Masaje del seno carotídeo || Milla de cable patrón (Mile of Standard Cable) || Ministerio de Sanidad y Consumo || Movimiento Socialista de Cataluña (Moviment Socialista de Catalunya).

msd Medido (Measured).

MSD Merck-Sharp & Dohme.

msec Milisegundo.

mseg Milisegundo.

MSF Médicos Sin Fronteras (Médecins Sans Frontières).

MSG Ausente o desaparecido (Missing) || Glutamato monosódico (Monosodiumm Glutamate) || Mensaje (Message).

MSGE Mensaje (Message).

MSH Hormona melanocito estimulante (Melanocyte Stimulating Hormone).

MSHIF Factor inhibidor de la hormona melanocito estimulante (Melanocyte Stimulating Hormone Inhibiting Factor).

MSHRF Factor liberador de la hormona estimulante de los melanocitos (Melanocyte Stimulating Hormone Releasing Factor).

MSI Integración a escala media (Medium Scale Integration) || Inventario de satisfacción de la vida matrimonial (Marital Satisfaction Inventory) || Movimiento Social Italiano (Movimento Sociale Italiano) || Movimiento de la Sociedad Islámica (Mouvement de la Société Islamique, Argelia).

MSKCC Centro Cancerológico Memorial Sloan-Kettering (Memorial Sloan Kettering Cancer Center).

MSL Línea medioesternal (Midsternal Line) || Nivel medio del mar (Mean Sea Level).

MSLT Prueba múltiple de latencia del sueño (Multiple Sleep Latency Test).

MSM Movimiento Socialista Mauriciano, Estado de Mauricio.

MSN Microsoft Network || Movimiento de Salvación Nacional, Colombia.

MSO Dragaminas oceánico || Sistema operativo múltiple (Multiple System Operational).

MSP Almacenamiento y procesamiento de mensajes (Message Storage and Processing) || Fosfato monosódico (Monosodium Phosphate).

MSPI Muestreo del seno petroso inferior.

MSQ Cuestionario de estado mental (Mental Status Questionnaire).

MSRS Escala de valoración del estado maníaco (Maniac State Rating Scale).

MSS Inventario de estado mental (Mental Status Schedule) || Manuscritos.

MST Tiempo medio de supervivencia (Mean Survival Time).

MsTh Mesotorio.

MSTS Servicio de Transporte Marítimo Militar (Military Sea Transport Service).

MSU Unidad de Conmutación de Mensajes (Message Switching Unit) || Unidad de Modem Compartido (Modem Sharing Unit).

mSv Milésima de Sievert.

m_t Masa Transversa.

Mt Megatonelada.

MT Mastectomía total || Mecánico de transmisiones || Meditación trascendental || Megatonelada || Membrana timpánica || Meningitis tuberculosa || Mercaptotiazolina || Metatarso || Metoxitiramina (Methoxy thyramine) || Movimiento del Trabajo, Burkina Faso || Musicoterapia (Music Therapy) || Traducción mecánica (Machine Translation).

MT+R Mastectomía total + radioterapia.

MTA Canal de Transferencia de Cinta Magnética (Magnetic Tape Transfer Channel).

MTAS Ministerio de Trabajo y Asuntos Sociales.

MTBE Metil Terc Butil Éter.

MTBF Media de los tiempos de buen funcionamiento || Tiempo medio entre averías (Mean Time Between Failures).

MTC Carcinoma medular del tiroides (Medullar Thyroid Carcinoma) || Medicina tradicional china || Mitomicina || Mujeres Trabajadoras Cristianas.

MTCC Ministerio de Transportes, Turismo y Comunicaciones.

MTD Diferencia media de temperatura (Mean Temperature Difference) || Dosis máxima tolerada (Maximum Tolerated Dose) || Meta toluenodiamina || Movimiento Togolés para la Democracia (Mouvement Togolaise pour la Democratie, Togo).

MTF Metatarsofalángica.

MTFR Metilen tetrahidrofolato reductasa.

MTG Metanol a gasolina (conversión de) (Methanol to Gasoline).

mTHF Metilen tetrahidrofolato.

MTI Indicador de blancos en movimiento (Moving Target Indicator) || Movimiento de la Tendencia Islámica (Mouvement de la Tendance Islamique, Tunez). || Teratoma maligno moderado (Malignant Teratoma Intermediate).

MTL Lógica de transistor y de núcleos magnéticos (Magnetic core Transistor Logic).

MTM Mitramicina.

MTN Mapa topográfico nacional || Negociaciones multilaterales sobre comercio (Multilateral Trade Negociation) || Títulos a medio plazo (Medium Term Notes).

MTP Metatarsofalángica (Metatarsophalangeal).

MTR Motor || Reactor de ensayo de materiales (Materials Testing Reactor).

MTS Metatarsofalángicas || Metro, tonelada, segundo || Movimiento de Transformación Social, Trinidad y Tobago.

MTSS Ministerio de Trabajo y Seguridad Social.

MTT Teratoma maligno trofoblástico (Malignant Teratoma Trophoblastic).

MTTF Tiempo medio hasta el fallo (Mean Time To Failure).

MTTFF Tiempo medio anterior a la primera avería (Mean Time To First Failure).

MTU Metiltiouracilo (Methylthiouracil) || Teratoma maligno no diferenciado (Malignant Teratoma Undifferentiated).

MTX Metotrexato.

Mtx-CHOP Metotrexato (con rescate mediante Leucovorin), ciclofosfamida, adriamicina, vincristina, prednisona.

MTXAD Metotrexato en altas dosis.

Mu Megaunidad.

MU Marina de Uruguay, referido a la armada || Millones de Unidades || Murcia, referido a la matrícula nacional de automóvil || Unidad mache (Mache Unit, referido a radioemanación) || Unidad monetaria (Monetary Unit).

MUA Manipulación bajo anestesia (Manipulation Under Anaesthetic).

MUC Concentración urinaria máxima (Maximum Urinary Concentration).

MUF Frecuencia máxima utilizable (Maximum Usable Frequency).

MUFA Ácidos grasos monoinsaturados (Monounsaturated Fatty Acids).

MUFACE Mutualidad General de Funcionarios Civiles del Estado.

MUGB Metilumbeliferilguanidinbenzoato (Methylumbelliferylguanidinebenzoate).

MUL Multiplicar.

Mun Munición.

MUN Movimiento para la Unidad Nacional, San Vicente y las Granadinas.

MUNI Mando unificado.

MUNICAN Mando Unificado de Canarias.

MUO Metástasis de origen desconocido (Metastases of Unknown Origin) || Miocardiopatía de origen desconocido (Myocardiopathy of Unknowm Origin).

MUP Movimiento de la Unidad Popular (Mouvement de la Unité Populaire, Tunez).

MUR Movimiento de Unidad Revolucionaria, Nicaragua.

Mús Música.
MUSA Antena orientable de unidad múltiple (Multi Unit Steerable Antenna).
mv/m Milivoltios por metro.
mV Milivoltio.
Mv Mendelevio.
MV Megavoltio || Meningoencefalitis || Mitomicina, vinblastina || Metotrexato, vincristina || Válvula mitral (Mitral Valve) || Ventilación mecánica (Mechanical Ventilation) || Volumen minuto (Minute Volume).
mVA Milivoltioamperio.
MVA Megavoltamperio.
MVAC Metotrexato, vinblastina, adriamicina, cisplatino.
MVAr Megavario.
MVC Control manual de volumen (Manual Volume Control) || Muestras de vellosidades coriales.
MVE Metil vinil éter.
MVH Valor medio en una hora (Mean Value in the Hour).
MVP Prolapso de la válvula mitral (Mitral Valve Prolapse).
MVPP Mecloretamina, vinblastina, procarbacina, prednisona.
MVV Ventilación voluntaria máxima (Maximal Voluntary Ventilation).
MVVPP Mecloretamina, vincristina, vinblastina, prednisona, procarbacina.
mW Milivatio (Miliwatt).
mW/cm^2 Milivatio por centímetro cuadrado.
MW Macroglobulinemia de Waldenström || Malawi, referido a la matrícula internacional de automóvil || Megavatio (Megawatt) || Microondas (Microwaves) || Onda media (Medium Wave) || Peso molecular (Molecular Weight).
MWARA Zona (de paso) de rutas aéreas mundiales principales (Major World Air Route Area).
MWd Megavatio día.
MWd/t Megavatio día por tonelada.
MWe Megavatio eléctrico.
MWh Megavatio hora (Megawatt-hour).
MWh(e) Megavatio hora eléctrico.
MWth Megavatio térmico.
MWV Tensión máxima de trabajo.
MX Multiplex.
My Miopía (Myopia).
MYMSG Mi mensaje (My Message).
MYT Monoyodotirosina.
Mz Mecanizado || Mesozoico.
MZ Metilimidazol || Monocigoto (Monozygotic).

N

n Índice de refracción || Nacido (Natus) || Nacional || Nano || Naval || Nervio || Neutro || Neutrón || Noche || Nombre || Norte || Nota || Nuestro (Our) || Número || Revoluciones por segundo.

n Índice de refracción, referido a óptica || Número indefinido, referido a matemáticas || Número de moles.

N Muestra al azar || Nacional || Naira, referido a la unidad monetaria de Nigeria || Negativo || Nervio || Neutrón || Newton || Nitrógeno || Normalidad o normal, referido al número de equivalentes gramo por litro || Norte || Noruega, referido a la matrícula internacional de automóvil || Nuclear || Nudos || Numérico || Número de Avogadro.

N Normal, referido a concentración química || Número neutrónico || Número de revoluciones en unidad de tiempo.

n et m Noche y mañana (Nocte et Mane).

N/A No disponible (Not Available).

N/C Nitrocelulosa.

N/m Newton por metro.

N/V/D/C Náusea-vómitos-diarrea/Constipación o estreñimiento.

N-A Número de avogadro.

N-CAM CAM neurales.

N-D Nuestra Señora (Notre Dame, Francia).

N-PIII-P Péptido procolágeno N-terminal tipo III.

N-S Nuestro Señor (Notre Seigneur, Francia).

N&V Náusea y vómitos.

N_0 Número de Loschmidt.

na Absorción de neutrón.

nA Nanoamperio.

Na Sodio (Natrium).

NA Ácido nicotínico (Nicotinic Acid) || Ácido nucleico (Nucleic Acid) || Antillas Holandesas, referido a la matrícula internacional de automóvil || Navarra, referido a la matrícula nacional de automóvil || Nefritis aguda || Neuraminidasa || Niebla artificial || Nomenclatura o nómina anatómica || Noradrenalina || Norte América || Noticias Argentinas, referido a la agencia de noticias || Toxicómanos Anónimos (Narcotic Anonymus).

NAA Amida del ácido nicotínico (Nicotinic Acid Amide) || Análisis de activación del neutrón (Neutron Activation Analysis) || Sin alteraciones apreciables (No Apparent Abnormalities).

NAAFA Asociación Nacional para el Desarrollo de la Aceptación de la Gordura (National Association to Advance Fat Acceptance, EE.UU.).

NAAG A-acetil aspartil glutamato.

NAB Agencia de Noticias de Birmania (News Agency of Burma) || Asociación Nacional de Emisoras de Radio (National Association of Broadcasters, EE.UU.) || Banco Nacional de Australia (National Australia Bank).

Nac N-acetil.

NAC Asociación Nacional de Productos Químicos para Agricultura (National Agricultural Chemicals Association) || N-Acetil cisteína (N-Acetyl Cysteine).

NACA Comité Consultivo Nacional para la Aeronáutica (National Advisory Committe for Aeronautics).

NACF Nitrato amónico de calidad fertilizante.

NACOTP Programa norteamericano para el estudio de secciones continente-océano (North American Continent-Ocean Transects Program).

NAD Nicotinamida adenina dinucleótido || No detectada anormalidad (No Abnormality Detected) || No se aprecia enfermedad (No Appreciable Disease).

NADH Nicotinamida adenina dinucleótido reducido.

NADP Nicotinamida adenina dinucleótido fosfato.

NADPH Nicotinamida adenina dinucleótido fosfato reducido.

Naewoe Naewoe Press, referido a la agencia de noticias de Corea del Sur.

NAFTA Acuerdo de Libre Comercio Norteamericano (North American Free Trade Agreement) || Zona de Libre Comercio del Atlántico Norte (North Atlantic Free Trade Area).

nag Ganancia neta anual (Net Annual Gain).

NAG N-Acetil-beta-glucosaminidasa.

NAI Herida no accidental (No Accidental Injury).

NAIDM Asociación Nacional de Fabricantes de Insecticidas y Desinfectantes (National Association of Insecticide and Disinfectant Manufacturers).

NAL Laboratorio Nacional Aeroespacial (National Aerospace Laboratory, EE.UU.).

NaMBT Mercaptobenzotiazol sódico.

NAMI Alianza Nacional para la Enfermedad Mental (National Alliance for the Mentally Ill).

Nan Ana (Ann).

NAN Agencia de Noticias de Nigeria (News Agency of Nigeria).

NANA N-Acetil neuramínico (N-Acetylneuraminic).

NANB (hepatitis) no A no B.

NANBH Hepatitis no A no B.

NANC No Adrenérgico y no Colinérgico.

Nancy Ana (Ann).

nanoc Nanosegundo.

Nap Napoleón.

NAP Neurolépticos de acción prolongada || Partido Nueva Aspiración (New Aspyration Party, Tailandia).

NAPA N-Acetilprocainamida (N-Acetylprocainamide).

NAPALM Naphtenic Acid and Palmetate.

NAPAP Núcleos Armados Para la Autonomía Popular, Italia.

NAPCA Administración Nacional de Control de la Contaminación Atmosférica (National Air Pollution Control Administration).

NARBA Convenio de radiodifusión regional norteamericano (North American Regional Broadcasting Agreement).

NARCOM Comunicaciones de Relevo del Atlántico Norte (North Atlantic Relay Communications).

NARSAD Alianza Nacional para la Investigación en Esquizofrenia y Depresión (National Alliance for Research in Schizophrenia and Depression).

NARTB Asociación Nacional de Empresarios de Radio y Televisión (National Association of Radio and Television Broadcasters, EE.UU.).

NAS Academia Nacional de Ciencias (National Academy of Sciences) || Nivel de alcohol en sangre.

NªSª Nuestra Señora.

NASA Administración Nacional de Aeronáutica y del Espacio (National Aeronautics and Space Administration, EE.UU.).

NASL Liga Norteamericana de Fútbol (North American Soccer League).

Nass Nassau.

nat Nativo || Natural || Naturista.

NAT Nitroazul de tetrazolio.

NATO Organización del Tratado del Atlántico Norte (North Atlantic Treaty Organization).

NAUCA Nomenclatura Arancelaria Uniforme Centroamericana.

NAV Ayuda a la navegación (Navigation Aid) || Nódulo aurículo-ventricular.

NAVAID Ayuda a la Navegación (Navigation Aid).

NAVAR Navegación y distancia (Navigation and Ranging).

Nazi Nacionalsocialista (Nationalsozialisten, referido a la alemania hitleriana).

Nb Nimbo, referido a meteorología || Niobio.

NB Banda Estrecha (Narrow Band) || Neonato (Newborn) || No Burkitt, referido al linfoma || Nótese bien (Nota Bene).

NBA Asociación Nacional de Baloncesto (National Basketball Association, EE.UU.) || N-Bromoacetamida.

NBC National Broadcasting Company (Compañía Nacional de Radiodifusión, EE.UU.) || Nuclear, biológico y químico (Nuclear, Biological and Chemical, referido a guerra o a armas).

NBCD Código decimal natural binario (Natural Binary Coded Decimal).

NBD Distribución binomial negativa (Negative Binomial Distribution, referido a estadística).

NBFM Modulación de frecuencia de banda estrecha.

NBI Sin lesiónes óseas (No Bone Injuries).

NBK Banco Nacional de Kuwait (National Bank of Kuwait).

NBR Caucho de nitrilo butadieno (Nitrile Butadiene Rubber).

nbre Noviembre.

NBS N-Bromosuccinimida || Oficina Nacional de Normalización (National Bureau of Standards, EE.UU.).

NBT Nitroblue (Nitroazul) de tetrazolio.

NBTE Endocarditis trombótica no bacteriana (Nonbacterial Thrombotic Endocarditis).

NC Control numérico (Numeric Control) || Nervio craneal || Niquel cadmio || Nitrocelulosa || Normalmente cerrado, referido a los contactos de un relé (Normally Closed) || Normocolesterolemia || Nudo de comunicaciones || Nueva Caledonia || Ordenador para trabajar en la red (Network Computer) || Sin cambios (No Change, referido a la evolución de una enfermedad) || Sin conexión (No Connection).

NCA Astenia neurocirculatoria (Neurocirculatory Asthenia).

NCAM Molécula de adhesión a la célula nerviosa (Nerve Cell Adhesion Molecule).

NCC Nuestra Casa Común, República de Benin.

NCCLS Comité Nacional de Estándares de Laboratorios Clínicos (National Committees of Clinical Laboratories Standards, EE.UU.).

NCEP Programa Nacional de Educación sobre el Colesterol (National Cholesterol Education Program).

NCET Centro Nacional para Experimentos en Televisión (National

Center for Experiments in Television).
NCF Factor quimiotáctico para los neutrófilos (Neutrophile Chemotactic Factor).
NCHS Centro Nacional de Estadísticas de la Salud (National Center of Health Statistics, EE.UU.).
NCI Instituto Nacional del Cáncer (National Cancer Institute, EE.UU.).
NCNA Agencia de Noticias Nueva China (New China News Agency).
NCS Estación de control de la red (Net Control Station) || N-Clorosuccinimida.
NCV Velocidad de conducción nerviosa (Nerve Conduction Velocity).
Nd Neodimio.
ND Enfermedad neoplásica (Neoplasic Disease) || Indicador de navegación (Navigation Display) || Muerte natural (Natural Death) || No direccional (Non Directional) || Nueva Democracia (Nova Democracia, Andorra) || Nueva Democracia, Grecia || Parto normal (Normal Delivery).
NDAC Dato no aceptado (Not Data Accepted).
NDB Radiofaro no direccional (Non Directional Beacon).
NDC Carga nuclear de profundidad (Nuclear Depth Charge).
NDE Neurotoxina derivada de los eosinófilos.
NDEG Nitrato de dietilenglicol.
NDI Diabetes insípida nefrógena.
NDL Holanda o Países Bajos (Nederland).
NDRC Consejo Nacional de Investigaciones para la Defensa (National Defense Research Council).
NDT Nederland Dans Teather.
NDV Virus de la enfermedad de Newcastle (Newcastle Disease Virus).
Ne Neón || Nepal.
NE Excitabilidad del nervio (Nerve Excitability, referido al test) || Nacionalistas de Izquierda (Nacionalistes d'Esquerra, Cataluña) || Neutrófilos y eritroides (elementos) || No especificado || Norepinefrina || Noreste || Nutrición Enteral.
neb Nebula, referido a la solución en spray.
NEC Código eléctrico nacional (National Electric Code) || Conferencia Nacional de Electrónica (National Electronics Conference, EE.UU.) || Neumonía eosinofílica crónica.
Ned Eduardo (Edward).
NED Sin evidencia de enfermedad (No Evidence of Disease).
NEDD Normas especiales para la divulgación de datos.
Neddy Eduardo (Edward).
NEEP Presión espiratoria final negativa (Negative End Expiratory Pressure).
NEFA Ácidos grasos no esterificados (Non Esterified Fatty Acids).
NEFMO-NATO Desarrollo del Avión de Combate Europeo, Organización de la Producción y Gestión Logística (NATO European Fighter Aircraft Development, Production and Logistic Management Organization).
neg Negativo || Negrita || negro.
NEG Negativo || Neumoencefalografía.
Neg° Negociado.
NEI Ruido equivalente de entrada (Noise Equivalent Input).
Nel Elena o Leonor (Ellen or Eleanor).
Nelly Elena o Leonor (Ellen or Eleanor).
NEM Neoplasia endocrina múltiple (Multiple Endocrine Neoplasia).
NEMA Asociación Nacional de Fabricantes de Material Eléctrico (National Electric Manufacturers Association, EE.UU.).
NEN Red de Emergencia Nacional (National Emergency Net, EE.UU.).

Nep Nepal || Neptuno, referido al planeta.

NEP Nueva Política Económica (New Economic Policy, Malasia || Nuevo Ejército Popular, Filipinas || Potencia de ruido equivalente (Noise Equivalent Power) || Presión espiratoria negativa (Negative Expiratory Pressure).

nEq Nanoequivalente.

NER Nivel de energía radiante.

NET Necrólisis epidérmica tóxica.

Netty Enriqueta (Henrietta).

NEUT Neutro.

NEX Nuevos exportadores.

nF Nanofaradio.

NF Factor nefrítico (Nephritic Factor) || Formulario nacional (National Formulary) || Nasofaríngeo || Neurofibromatosis || Norma francesa (Norma Française) || Nuevo Frente, Surinam.

NF1 Neurofibromatosis periférica.

NF2 Neurofibromatosis central.

NF II Neurofibromatosis central.

NFB Contrarreacción o retroalimentación negativa (Negative Feedback).

NFDD Nuevo Frente por la Democracia y el Desarrollo, Surinam.

NFL Liga Nacional de Fútbol (National Football League, EE.UU.).

NFO Naftilfeniloxazol.

NFPA Asociación Nacional de Protección contra el Fuego (National Fire Protection Association, EE.UU.).

NFTD Parto normal a término (Normal Full Term Delivery).

ng Nanogramo.

Ng Nistagmo || Noruega.

NG Neoplasia (New Growth) || Nitroglicerina || Nueva Guinea.

NGF Factor de crecimiento nervioso (Nerve Growth Factor).

NGS Sociedad Geográfica Nacional (National Geographic Society, EE.UU.).

NGTU Nuevo Grupo de Teatro Universitario (Nou Grup de Teatre Universitari, Cataluña).

NGU Uretritis no gonocócica (Non Gonococcal Urethritis.

NGV Navío de gran velocidad.

nH Nanohenrio.

NH Neurohipófisis.

NHK Corporación Japonesa de Radiodifusión (Nippon Hoso Kyokai).

NHL Linfoma no Hodgkin (Non Hodgkin's Lymphoma).

NHLBI Instituto Nacional del Corazón, Pulmón y Sangre (National Heart, Lung and Blood Institute, EE.UU.).

NHP Potencia nominal de caballos de vapor (Nominal Horsepower).

NHS Sistema Nacional de Salud (National Health System, Reino Unido) || Suero humano normal (Normal Human Serum).

Ni Niquel.

NI Inhibición de la neuraminidasa (Neuraminidase Inhibition, referido al test) || Nefritis intersticial || Nitrógeno ingerido || No identificado || Nueva Izquierda.

Nic Nicaragua.

NIC Nicaragua, referido a la matrícula internacional de automóvil.

NICATELSAT Compañía Nicaraguense de Telecomunicaciones por Satélite.

Nick Nicolás (Nicholas).

NICU Unidad de cuidados intensivos neonatales (Neonatal Intensive Care Unit).

NIDA Instituto Nacional para el Abuso de Drogas (National Institute of Drug Abuse).

NIDDM Diabetes mellitus no insulino dependiente (Non Insulin Dependent Diabetes).

NIEA Efecto de activación inotrópico negativo (Negative Inotropic Effect of Activation).

NIEHS Instituto Nacional de Ciencias de Salud Medioambiental (National Institute of Environmental Health Sciences).

NIF Número de identificación fiscal.
Nig Nigeria.
NIH Instituto Nacional de la Salud (National Institute of Health, EE.UU.).
NIL Linfoma nodular moderado (Nodular Intermediate Lymphoma) || Neumonía intersticial linfática.
NILP Partido Laborista de Irlanda del Norte (Northern Ireland Labour Party).
NIME Número de identificación del material español.
NIMH Instituto Nacional de Salud Mental (National Institute of Mental Health).
NIN Neutropenia isoinmune neonatal.
NIOSH Instituto Nacional de Seguridad y Salud en el Trabajo (National Institute for Occupational Safety and Health, EE.UU.).
NIPAM N-Isopropilacrilamida.
NIPO Entrada negativa y salida positiva (Negativo Input-Positive Output).
NIRMS Espectroscopia de masa de reflexión de iones de gases nobles (Noble Gas Ion Reflection Mass Spectroscopy).
NIS Registro Internacional de Buques en Noruega (Norwegian International Shipping) || Sistema de Identificación NATO (NATO Identification System).
NIUR Agencia Holandesa de Programas Espaciales.
NK (células) Destructoras Naturales (Natural Killers).
NKA Sin Alergias Conocidas (No Know Allergies).
NKC Células Destructoras Naturales (Natural Killer Cells).
NKVD Comisariado Popular de Asuntos Internos (Narodnyi Komissariat Vnutrennikh Del, URSS).
NL Holanda, referido a la matrícula internacional de automóvil || Nivel Límite.
NLD Necrobiosis lipoidea del diabético.
NLT Carta nocturna (Nocturnal Letter).
nm Nanometro || Noche y mañana (Nocte et Mane).
N_M Número de células en mitosis.
Nm Número de mitosis.
NM Melanoma nodular (Nodular Melanoma) || Membrana nuclear (Nuclear Membrane) || Neuromuscular || Norma militar || Normetanefrina.
NMA N-Metilolacrilamida || Normetanefrina.
NMBC Neuropatía motora con bloqueo de conducción.
NMC Norma militar conjunta.
NMDA N-Metil-D-aspártico (N-Methyl-D-Aspartate).
NMDP Programa Nacional de Donantes de Médula (National Marrow Donor Program).
NMF N-Metil formamida.
NMI Neurona Motora Inferior.
NMN Nicotinamida mononucleótido || Normetanefrina (Normetanephrine).
nmol Nanomol.
NMOR Movimiento ocular no rápido.
NMOS Metal óxido semiconductor de canal negativo (Negative Channel Metal Oxide Semiconductor).
NMR Resonancia magnética nuclear (Nuclear Magnetic Resonance).
NMS Neurona Motora Superior || Nivel máximo de salida || Síndrome neuroléptico maligno (Neuroleptic Malignant Syndrome).
NMSC Cáncer de piel no melanoma (Non Melanoma Skin Cancer).
NMSP N-Metilespiperona.
NMU Unidad neuromuscular (Neuromuscular Unit).
nn Números.
NND Muerte neonatal (Neonatal Death).
NNE Nornordeste.

NNGG Nuevas Generaciones, referido al Partido Popular de España.
NNN (medio de cultivo de) Novy, MacNeal, Nicolle.
NNO Nornoroeste.
NNp Nitrógeno no proteico.
NNP Nitrógeno no proteico || Nuevo Partido Nacional (New National Party, Estado de Granada).
NNS Sistema sin ruido (No Noise System).
NNT Tratado de no Proliferación Nuclear (Nuclear Non Proliferation Treaty).
NNUU Naciones Unidas.
nº Número.
No Nobelio || Norte || Noruega.
NO No Especificado || Normalmente abierto (Normally Open) || Noroeste.
NO-DO Noticiarios y Documentales.
NOAA Administración Nacional Oceánica y Atmosférica (National Oceanic and Atmospheric Administration).
NOB No está a bordo (Not On Board).
NOBS N-Oxidietileno benzotiazol sulfenamida.
NOC Neumopatía obstructiva crónica || Nistagmo oculocinético.
noct Noche (Nocte).
NOI Neuropatía óptica isquémica.
NOIA Neuropatía óptica isquémica anterior.
NOM N-Octilmercaptano || Nominal.
NOMEN Catálogo de nombres o nomenclator.
Nor Norte || Noruega.
NORCOC Norma civil de obligado cumplimiento en el ejército.
NORES Norwegian Regional Seismic Array.
NOS Corporación Holandesa de Radiodifusión (Nederlandse Omroep Stichting) || No especificado de otra manera (Not Otherwise Specified).
not Nota || Notarial.
NOTAM Aviso a los aviadores (Notice to Airmen).
Notimex Noticias Mexicanas, referido a la agencia de noticias.
not marg Nota marginal.
Novosti Agencia de Noticias de Rusia (Agentstvo Pechati Novosti).
NOVRAM Memoria de acceso aleatorio no volátil (Non Volatile Random Access Memory).
NOW Organización Nacional de Mujeres (National Organization Womens).
NOx Óxidos de Nitrógeno.
Np Napalm || Neperio || Neptunio.
NP Negativo-positivo || Neper || Nervio periférico || Neuropsiquiatría (Neuropsychiatry) || Nitroparafina || Nitroprusiato || Nucleocápside, referido al ácido nucleico || Potencia de Ruido (Noise Power) || Rinofaríngeo (Nasopharyngeal).
NPA Ácido naftilftalámico (Naphthylphthalamic Acid) || Asociación Nacional del Petróleo (National Petroleum Association) || Nuevo Ejército del Pueblo (New People Army, Filipinas).
NPB Nada por boca.
NPC Carcinoma rinofaríngeo (Rhinopharyngeal Carcinoma) || Neumonía por pneumocistis carinii.
NPD Enfermedad de Niemann-Pick (Niemann-Pick's Disease) || Nitrógeno progresivamente degradable || Nuevo Partido Democrático, referido a Canadá, Corea del Sur, San Vicente y las Granadinas || Partido Nacional Demócrata (Nationaldemokratische Partei Deutschlands, Alemania).
NPDL Linfoma nodular escasamente diferenciado (Nodular Poorly Differentiated Lymphoma).
NPE Nueva política económica.
NPG Neopentilglicol.
NPH Hidrocefalia a tensión normal

(Normal Pressure Hydrocephalus) || Neuralgia posherpética || Protamina Neutra de Hagedorn (Neutral Protamine Hagedorn, referido a la insulina).

NPI Nuevos Países Industrializados || Rompehielos de propulsión nuclear.

NPIN Negativo-positivo-intrínseco-negativo.

NPJ Nuevo Partido Japonés.

NPK Nitrógeno, fósforo y potasio.

NPL Laboratorio Nacional de Física (National Physical Laboratory).

NPN Negativo, positivo, negativo || Nitrato de n-propilo (n-Propylnitrate) || Nitrógeno no proteico (Non Proteic Nitrogen) || Nuevo Partido Nacional, Estado de Granada) || Partido Nacional de Nigeria (National Party of Nigeria).

NPO Nada por boca (Nihil Per Os) || Naftilfeniloxazol (Naphtylphenyloxazole) || Nucleus Pontis Oralis.

NPP Partido Popular de Nigeria (Nigeria Popular Party).

NPR Relación de Potencias de Ruido (Noise Power Ratio).

NPS Nivel de potencia sonora || Nitrofenilsulfenil || Nitroprusiato sódico || Nódulo pulmonar Solitario || Norma americana para roscas de tubería (National Pipe Size) || Nuevo Partido Socialista, Galicia || Secreciones rinofaríngeas (Nasopharyngeal Secretions).

NPT Nutrición parenteral total || Presión y temperatura normales (Normal Pressure and Temperature) || Tratado de no proliferación (Non Proliferation Treaty, referido a armas nucleares) || Tumescencia peneana nocturna (Nocturnal Penile Tumescence).

NPV Núcleo paraventricular.

NPY Neuropéptido Y.

NR Caucho natural (Natural Rubber) || Nivel de reverberación || No referido || Submarino oceanográfico || Valoración del ruido (Noise Rating).

nra Nuestra.

NRA Ejército Nacional de Resistencia (National Resistance Army, Uganda).

NRAO Observatorio Nacional de Radioastronomía (National Radioastronomy Observatory, EE.UU.).

nras Nuestras.

NRC Asociación Nacional de Investigación (National Research Council, EE.UU.) || Comisión de Regulación Nuclear (Nuclear Regulatory Commission, EE.UU.) || Curvas de valoración del ruido (Noise Rating Curves).

NRD Nitrógeno rápidamente degradable.

NRDA Nube radiactiva.

NRDC Consejo de Defensa de los Recursos Nacionales (National Resources Defense Council, EE.UU.).

NRDS Síndrome de Dificultad Respiratorio Neonatal (Neonatal Respiratory Distress Syndrome).

NRE Elemento de resistencia negativa (Negative Resistance Element).

NRecop Nueva recopilación.

NREM Movimiento ocular no rápido (Non Rapid Eye Movement).

NRFD No preparado para datos (Not Ready For Data).

NRK Compañía Noruega de Radiodifusión (Norsk Rikskringkasting).

NRL Laboratorio Naval de Investigación (Naval Research Laboratory).

NRM Movimiento Nacional de Resistencia (National Resistance Movement, Uganda).

nro Nuestro.

nros Nuestros.

NRS Consejo Nacional de Investigación (National Research Council).

NRT Radiograma nocturno (Night Radiogram).

NRV Nivel de reverberación de volumen.

ns Nanosegundo.

N_S Número de células en fase de síntesis, referido al DNA.

NS Neurocirugía (Neurosurgery) || Nimbostratos || Nivel de seguridad || No significativo || Nodo sinusal || Norte-sur || Nuestro Señor || Síndrome nefrótico (Nephrotic Syndrome) || Sistema nervioso (Nervous System) || Suero normal (Normal Serum).

NSA Agencia Nacional de Seguridad (National Security Agency) || Nodo sinoatrial || Sin alteraciones significativas (No Significant Abnormalities).

NSAID Antiinflamatorios no esteroideos (Nonsteroidal Antiinflammatory Drugs).

NSC Circuito supresor de ruido (Noise Suppression Circuit) || Consejo Nacional del Espacio (National Space Council, EE.UU.) || Consejo Nacional de Seguridad (National Security Council, EE.UU.) || Sin cambios considerables (No Significant Change).

NSCLC Cáncer de pulmón de células no pequeñas (Non Small Cell Lung Cancer).

NSD Dosis estándar nominal (Nominal Standard Dose) || Parto espontáneo normal (Normal Spontaneous Delivery) || Sin diferencias considerables (No Significant Difference).

NSDA Agencia Nacional de Desarrollo Espacial (National Space Development Agency).

NSE Enolasa neuroespecífica (Neuron Specific Enolase).

nseg Nanosegundo.

NSF Fundación Nacional de la Ciencia (National Science Foundation).

NSFNET Red de la Fundación Nacional de la Ciencia (National Science Foundation Net).

NSFTD Parto a término, espontáneo y normal (Normal Spontaneous Full Term Delivery).

NSJC Nuestro Señor Jesucristo.

NSMH Neuropatías sensitivomotoras hereditarias.

NSR Caucho de nitrilo silicona (Nitrile Silicone Rubber) || Ritmo sinusal normal (Normal Sinus Rhythm).

NSS Solución salina normal (Normal Saline Solution).

NST Equipo de soporte nutricional (Nutritional Support Team) || Tracto nigroestriado (Nigrostrial Tract).

NSU Uretritis no específica (Non Specific Urethritis).

NSV Vaginitis no específica (Non Specific Vaginitis).

NSY Nueva Scotland Yard (New Scotland Yard).

NSZZ Sindicato Profesional Independiente Autogestionario, Polonia (más conocido como SOLIDARNOSC).

nt Nit, referido a unidad de luminancia.

NT Neurotensina (Neurotensin) || Neurotransmisores || Nucleotidasa || Nueva tuberculina || Nuevo Testamento.

NTA Ácido nitrilotriacético (Nitrilotriacetic Acid) || Necrosis tubular aguda || Nitrilotriacético.

NTAN Nitrilotriacetonitrilo.

NTB Agencia de Noticias Noruega (Norks Telegrambyra).

NTC Coeficiente de temperatura negativo (Negative Temperature Coefficient).

NTD Defecto del tubo neural (Neural Tube Defect).

NTDS Sistema de datos táctico naval (Naval Tactical Data System).

NTE Normas técnicas de edificación.

NTG Nitroglicerina.

NTI Disminución de (calidad de) transmisión por (causa de) ruido (Noise Transmission Impairment) || Narcoterapia con isoflurano.

NTL Lógico sin umbral (Non Threshold Logic, referido a circuitos).

NTP Número de placas teóricas

(Number of Theoretical Plates) || Temperatura y presión normales (Normal Temperature and Pressure).

ntra Nuestra.

ntras Nuestras.

ntro Nuestro.

ntros Nuestros.

NTSC Comité del Sistema Nacional de Televisión (National Television System Committee, EE.UU.).

NTT Nippon Telegraph and Telephone || Telescopio de Nueva Tecnología (New Technology Telescope).

NTU Número de unidades de transferencia (Number of Transfer Unit).

NTV Nippon Television.

NTW Armas nucleares tácticas (Nuclear Tactical Weapons) || Armas nucleares de teatro de operaciones (Nuclear Theater Weapons).

NTWK Red (Network).

nt wt Peso Neto (Net Weight).

nu Frecuencia de radiación electromagnética || Nombre desconocido (Name Unknown).

NU Naciones Unidas || Nefrouterectomía || Nivel de utilización || Nitrosourea.

NUC Nitrógeno ureico corporal.

NUD Dispepsia no ulcerativa (Non Ulcerative Dispepsy).

NUDETS Sistema de detección nuclear (Nuclear Detection System).

NUG Gingivitis úlcero necrótica (Necrotizing Ulcerative Gingivitis).

núm Número.

NUM Unión Nacional de Mineros (National Union Miners, Reino Unido).

NUS Nitrógeno ureico sérico.

NUU Nitrógeno ureico urinario.

nV Nanovoltio.

NVC Comunicación no verbal (Non Verbal Communication).

nvECJ Nueva variante de la enfermedad de Creutzfeld-Jakob.

NVI Neoplasia vesical intraepitelial.

NVM Materia no volátil (Non Volatile Matter) || Natividad de la Virgen María.

NVP N-Vinil pirrolidona.

nW Nanovatio (Nanowatt) || Peso neto (Net Weight).

NW acid Ácido de Neville y Winters.

NWDL Linfoma nodular bien diferenciado (Nodular Well Differentiated Lymphoma).

NY New York.

NYAS Academia de Ciencias de Nueva York (New York Academy of Sciences).

NYC New York City.

NYD No diagnosticado todavía (Not Yet Diagnosed).

NYHA Asociación del Corazón de Nueva York (New York Hert Association).

NYP No publicado todavía (Not Yet Published).

NYSE Mercado Bursátil de Nueva York (New York Stock Exchange).

Nyst Nistagmo (Nystagmus).

NYT *New York Times.*

NYU New York University.

NZ New Zealand || Nueva Zelanda, referido a la matrícula internacional de automóvil.

NZB Nueza Zelanda negro, referido a las cepas de ratones híbridos negros de Nueva Zelanda con lupus murino.

NZBC Corporación de Radiodifusión de Nueva Zelanda (New Zealand Broadcasting Corporation).

NZB/W Nueva Zelanda negro-blanco, referido a las cepas de ratones híbridos negros y blancos de Nueva Zelanda con lupus murino.

NZF Primero Nueva Zelanda (New Zealand First, referido a un partido político).

NZW Nueva Zelanda blanco, referido a las cepas de ratones híbridos blancos de Nueva Zelanda con lupus murino.

O

o Obra || Orden.

O Asturias, referido a la matrícula nacional de automóvil || Océano || Oficina || Oeste || Ojo (Oculus) || Opacidad || Opio (Opium) || Orden || Orden Ministerial || Oriente || Oxígeno || Pinta (Octarius, referido a farmacología) || Vincristina.

O/. Orden.

O/D Oficina de destino.

O/O Oficina de origen.

O/p Orden de pago.

O/telegr Orden telegráfica.

O/W Aceite en agua (Oil in Water, referido a una emulsión).

o- Orto.

O-R Oxidación-reducción.

O&G Obstetricia y ginecología (Obstetrics and Gynaecology).

O_2sat Saturación de oxígeno (Oxygen Saturation).

OA Ácido oleico (Oleic Acid) || Atrofia óptica (Optic Atrophy) || Líneas Aéreas de Grecia (Olympic Airways) || Obesos Anónimos || Orden de ataque || Osteoartritis || Ovoalbúmina || Oxaloacetato || Senescencia (Old Age).

OAA Ácido oxaloacético (Oxaloacetic Acid).

oac Obra antes citada.

OACI Organización de Aviación Civil Internacional (Organisation de l'Aviation Civile Internationale).

OACR Oclusión de la arteria central de la retina.

OAD Oblicua anterior derecha.

OAF Factor activador de osteoclastos (Osteoclast Activating Factor).

OAH Osteoartropatía hipertrófica.

OAI Oblícua anterior izquierda.

OAO Observatorio Astronómico Orbitante.

OAP Presión de la arteria oftálmica (Ophthalmic Artery Pressure).

OAPH Osteoartropatía pulmonar hipertrófica.

OAS Organización del Ejército Secreto (Organisation de l'Armée Secrète, Francia) || Organización de Estados Americanos (Organization for the American States).

OAU Organización para la Unidad Africana (Organization for the African Unit).

ob Obispo || Oboe || Obsoleto || Obstétrico.

Ob Obispo || Obús.

OB Retransmisión desde exteriores (Outside Broadcast) || Transmisión Oficial (Official Broadcast).

OBB Ferrocarriles Federales de Austria (Österreichische Bundesbahnen).

OBC Orquesta de Barcelona y (Nacional) de Cataluña.

obcit Obra citada.

OBD Distancia omnidireccional (Omnibearing Distance).

OBI Indicador omnidireccional (Omnibearing Indicator).

Obj Objetivo.

OBO Buque para el Transporte Mineral, Granel y Petróleo (Ore Bulk Oil Ship).

obpo Obispo.

obs Observación || Obsoleto.

OBS Obstetricia (Obstetrics) || Selector omnidireccional (Omnibearing Selector) || Síndrome cerebral orgánico (Organic Brain Syndrome).

Obsio Observatorio.

obsp Muerto sin sucesión (Obiit Sine Prole).

oc Trabajo citado (Opere Citato).

OC Circuito abierto (Open Circuit) || Contraceptivo oral (Oral Contraceptive) || Oclusocervical || Onda continua || Onda corta || Osteocalcina || Oxígeno consumido.

OCAM Organización Común Africana y Malgache (Organisation Commune Africaine et Malgache).

OCAMM Organización Común Africana, Malgache y Mauriciana (Organisation Commune Africaine, Malgache et Mauritienne).

OCARt Vincristina, ciclofosfamida, adriamicina, radioterapia.

OCB Oficial de control de batería || Orquesta Ciudad de Barcelona.

OCC Observatorio de la Comunicación Científica (Observatori de la Comunicació Científica de la Universitat Pompeu Fabra de Barcelona || Obstáculo contracarro.

Occ Occidente.

OCCEAC Organización Común para la Colaboración Económica en África Central (Organisation Commune pour la collaboration Économique dans l'Afrique Central).

OCD Merma de colesterol ovárico (Ovarian Cholesterol Depletion) || Orden de los Carmelitas Descalzos || Oxígeno consumido por dicromato || Trastorno obsesivo compulsivo (Obsesive Compulsive Disorder).

OCDE Organización para la Cooperación y el Desarrollo Económico (Organisation de Coopération et de Développement Economique) || Mapa clorofílico de los océanos (Ocean Color Experiment).

OCED Organización para la Cooperación Económica y el Desarrollo.

OCET Oscilador para la compensación eléctrica de la temperatura.

OCEU Organización Catalana de Estudiantes Universitarios (Organització Catalana d'Estudiants Universitaris).

OCFA Obstrucción crónica al flujo aéreo.

OCI Aislador acoplado ópticamente (Optically Coupled Isolator) || Organización de la Conferencia islámica || Osteítis condensante del ilion.

OCIC Oficina Católica Internacional del Cine.

OCL Límite de Franqueamiento de Obstáculos (Obstacle Clearance Limit).

OCM Inventario obsesivo compulsivo de Maudsley (Obsesive Compulsive Maudsley) || Monitor de circuito abierto (Open Circuit Monitor) || Obra Cultural de Menorca || Organización Común del Mercado.

OCMLR Organización Comunista Marxista Leninista de Reunión (Organisation Communiste Marxiste Léniniste de la Réunion).

OCP Obstáculo contra personal.

OCR Orden Cisterciense Reformada || Reconocimiento óptico de caracteres (Optical Character Recognition).

OCRA Organización Clandestina de la Revolución Argelina.

OCS Oxicorticosteroides (Oxycorticosteroids) || Superficie de franqueamiento de obstáculos (Obstacle Clearance Surface).

OCT Ornitina carbamil transferasa (Ornithine Carbamyl transferase).

OCTC Canal de transferencia de consola de operador (Operator's Control Transfer Channel).

octe Octubre.
OCU Organización de consumidores y usuarios.
od Diámetro exterior (Outside Diameter) || Ojo derecho (Oculus Dexter).
OD Densidad óptica (Optical Density) || Diámetro exterior (Outside Diameter) || Enfermedad profesional (Occupational Disease) || Fuera de servicio (Out of Order) || Ojo derecho (Oculus Dexter) || Opus Dei || Orden de defensa || Óxido de deuterio || Oxígeno disuelto || Sobredosis (Overdose, referido a fármaco).
ODA Oficina de Difusión Artística, referido a la Diputación de Barcelona.
ODBMS Sistemas Gestores de Bases de datos Orientadas a Objetos (Object Data Base Management Systems).
ODC Ornitina decarboxilasa (Ornithine Decarboxylase).
ODD Oculodentodigital.
ODE O-Desmetilencainida.
ODECA Organización de Estados Centroamericanos.
ODESSA Organización de Miembros de las SS (Organisation der SS Angehörigen).
ODF Diámetro exterior (de la pieza) hembra (Outside Diameter Female).
ODM Diámetro exterior (de la pieza) macho (Outside Diameter Male).
ODP Organización para la Democracia Popular, Burkina Faso || Potencial de depleción de ozono (Ozone Depletion Potential).
ODPN Oxidipropionitrilo.
ODS Oficina del Defensor del Soldado || Partido Democrático Ciudadano, Chequia.
Oe Oersted u oerstedio.
OE Oído externo || Otitis externa.
OEA Organización de Estados Americanos || Otoemisiones acústicas.
OEAP Otoemisiones acústicas provocadas.
OECE Organización Europea de Cooperación Económica.
OECS Organización de Estados del Caribe Oriental (Organization of Eastern Caribbean States).
OEEC Organización de Cooperación Económica Europea (Organization of European Economic Cooperation) || Organización de los Estados del Éste del Caribe.
OEI Organización de Estados Iberoamericanos.
OEMA Organización Europea de Media Ambiente.
OEP Oficina Europea de Patentes || Oftalmoplejía externa progresiva.
OEPM Oficina Española de Patentes y Marcas.
OERS Organización de Estados Ribereños del Senegal.
OERTC Organización Europea de Investigación para el Tratamiento del Cáncer.
OES Organización de Estados Europeos (Organization of European States).
of Oficio.
Of Oficial.
OFD Orofaciodigital.
OFEN Oficial de enlace.
OFGEN Oficial general.
OFHC Cobre de alta conductividad libre de oxígeno (Oxygen Free High Conductivity Copper).
OFS Estado Libre de Orange (Orange Free State).
OFSUP Oficial superior.
OFV Oscilador de frecuencia variable.
OFX Ofloxacino.
OG Juegos Olímpicos (Olympic Games) || Obstetricia y Ginecología.
OGD Esofagogastroduodenoscopia (Oesophagogastroduodenoscopy) || Observatorio Geopolítico de las Drogas.

OGE Órganos genitales externos.
OGF Órganos genitales femeninos.
OGI Órganos genitales internos.
OGM Órganos genitales masculinos.
OGNL Original.
OGO Observatorio Geofísico Orbital (Orbiting Geophysical Observatory).
OGT Enlace de salida (Outgoing Trunk).
OGTT Test de tolerancia oral a la glucosa (Oral Glucose Tolerance Test).
OH-Urea Hidroxiurea.
OHA Osteodistrofia hereditaria de Albright.
OHCS Hidroxicorticosteroides (Hydroxycorticosteroids).
OHD Cardiopatía orgánica (Organic Heart Disease).
OHF Fiebre hemorrágica de Omsk (Omsk Hemorrhagic Fever).
OHM Ohmetro (Ohmmeter).
OHP Hidroxiprogesterona (Hydroxyprogesterone).
OI Índice opsónico (Opsonic Index) || Obstrucción intestinal || Oído interno || Osteogénesis imperfecta.
OIACA Oficial de Información de Artillería de Campaña.
OIC Organización de la Conferencia Islámica (Organization of Islamic Conference) || Organización Internacional de Comercio (Organisation Internationale du Commerce) || Organización de Izquierda Comunista.
OICA Oficina Internacional de Constructores de Automóviles.
OICV Organización Internacional de Comisiones de Valores.
OICVM Organizaciones de Inversiones Colectivas en Valores Monetarios.
OID Oficina de Información Diplomática.
OIE Oficina de Información del Episcopado.
OIEA Organismo Internacional de la Energía Atómica.
OIH Ortoiodohipurato (Orto-Iodo-hyppurate).
OIM Organización Internacional de Migraciones.
OIN Oftalmoplejía internuclear.
OIPC Organización Internacional de Policía Criminal (Organisation Internationale de Police Criminelle).
OIR Organización Internacional de Radiodifusión.
OIRT Organización Internacional de Radiodifusión y Televisión.
OISCT Transformador en baño de aceite con enfriamiento natural (Oil Immersed Self Cooled Transformer).
OIT Organización Internacional del Trabajo (Organisation International du Travail).
OJD Oficina de Justificación de la Difusión.
OKN Nistagmo óculocinético (Optokinetic Nystagmus).
ol Aceite (Oleum).
Ol Olimpiada || Olímpico.
OL Ojo izquierdo (Oculus Laevus) || On line, referido a ordenadores || Onda larga || Oscilador local.
OLA Alarma de línea abierta (Open Line Alarm).
OLAS Organización Latinoamericana de Solidaridad.
Oleo Oleoducto.
Oli Oligoceno.
OLP Organización de Liberación Palestina.
OLR Línea de recepción abierta (Open Line Receive).
OLT Línea de transmisión abierta (Open Line Transmit).
om Cada mañana (Omni Mane).
OM Medicina laboral (Occupational Medicine) || Occípitomental || Oficial de municionamiento || Oído medio || Onda media || Orden militar || Orden ministerial || Osteomielitis || Otitis media || Radiobaliza de aproximación (Outer Marker).

OMA Oficina para la Arquitectura Metropolitana (Office for Metropolitan Architecture) || Osteomielitis aguda || Otitis media aguda.
OMC Ceras microcristalinas oxidadas (Oxidiced Microcrystalline Waxes) || Organización Mundial del Comercio || Osteomielitis crónica.
OMD Otitis media derecha.
OMDs Trastornos mentales orgánicos (Organic Mental Disorders).
OME Otitis media secretora (Otitis Media Effusion).
OMG Grupo de gestión de objetos.
OMI Organización Marítima Internacional || Otitis media izquierda.
OMM Organización Meteorológica Mundial.
omn hor Cada hora (Omni Hora).
omn noct Cada noche (Omni Nocte).
OMNI Objeto marino no identificado.
OMP Orotidina monofosfato.
OMPA Octametilpirofosforamida (Octamethylpyrophosphoramide).
OMS Organización Mundial de la Salud (Organisation Mondiale de la Santé) || Otitis media secretora || Síndrome mental orgánico (Organic Mental Syndrome).
OMSs Síndromes mentales orgánicos (Organic Mental Syndromes).
OMT Organización Mundial del Turismo.
on Cada noche (Omni Nocte).
ONB Orto nitrobifenilo.
ONC Organización Nacional de Ciegos Españoles.
ONCE Organización Nacional de Ciegos de España.
ONCIC Organismo Nacional de Comercio y la Industria Cinematográfica (Organisme National de Commerce et la Industrie Cinématographique, Argelia).
ONDH Observatorio Nacional de los Derechos Humanos.
ONE Orquesta Nacional de España.
ONERA Oficina Nacional de Estudios y de Investigaciones Aeroespaciales (Office National d'Études et de Recherches Aerospatiales, Francia).
ONG Oculoneumopleismografía || Organización no Gubernamental.
ONGD Organizaciones no gubernamentales de Desarrollo.
ONGS Organizaciones no Gubernamentales.
ONH Organismo Nacional Habilitado.
ONI Oficina Nacional de Inspección (de la Agencia Tributaria).
ONMV Organización Nacional de Malayos Unidos, Malasia.
ONO Oestenoroeste.
ONT Organización Nacional de Trasplantes.
ONUC Organización de las Naciones Unidas en el Congo.
ONUCA Observadores de las Naciones Unidas en Centroamérica.
ONUDI Organización de las Naciones Unidas para el Desarrollo Industrial.
ONUMOZ Operación de las Naciones Unidas en Mozambique.
ONUSAL Observadores de las Naciones Unidas en El Salvador.
ONUSOM (Fuerzas de Pacificación de la) Organización de las Naciones Unidas en Somalia.
OO Observador oficial || Orden de operaciones || Transporte de minerales o petróleo (Ore or Oil Carriers).
OOA Análisis orientado a objetos.
OOD Diseño orientado a objetos.
OOK Manipulación todo-nada o manipulación por cierre-apertura. (On-Off Keying).
OOKM Manipulación todo-nada manual (On-Off Keying Manual).
OOMM Órdenes militares.
OOO Fuera de servicio (Out Of Order).
OOP Programación orientada a objetos.

op Obra o trabajo (Opus).
OP Obras Públicas || Oficina principal || Onda portadora || Operación || Osteopontina || Paciente ambulatorio (Outpatient) || Presión osmótica (Osmotic Pressure) || Técnica operatoria (Operative Procedure).
OPA Oferta pública de adquisición.
OPAEP Organización de Países Árabes Exportadores de Petróleo.
OPAL Vincristina, prednisona, adriamicina, asparaginasa.
OPAM Amplificador operacional (Operational Amplifier).
OPAMP Amplificador Operacional (Operational Amplifier).
OPANAL Organización para la Prohibición de las Armas Nucleares en América Latina.
OPAS Ofertas públicas de adquisición.
op cit Obra citada (Opus Citatus).
OPCOM Comunicación óptica (Optical Communication).
OPDAR Dirección y distancia óptica (Optical Direction and Ranging).
OPEC Organización de Países Exportadores de Petróleo (Organization of Petroleum Exporting Countries) || Vincristina, cisplatino, etopósido, ciclofosfamida.
OPEP Organización de Países Exportadores de Petróleo.
OPEX Expansor de salida (Output Expander).
OPG Oculopneumopletismografía || Ortopantograma || Oxipoligelatina.
OPH Oftalmología (Ophthalmology) || Osteoartropatía pulmonar hipertrófica.
OPM Movimiento de Liberación de Papúa (Organisai Papua Merdeka) || Operaciones por minuto.
OPMS Organizaciones para el Mantenimiento de la Salud.
opn Ruega por nosotros (Ora Pro Nobis).
OPP Vincristina, procarbacina, prednisona.
OPQ (Síndrome de) Ovarios poliquísticos.
OPR Organización del Pueblo Rodrigués, Estado de Mauricio.
OPRT Orotato pirofosforribosil transferasa.
OPS Estación telefónica oficial (Official Phone Station) || Organización Panamericana de la Salud.
Ópt Óptica.
OPV Oferta pública de venta || Vacuna de la polio oral (Oral Polio Vaccine).
or Origen.
Or Oriente.
OR Operador de radar || Operador de radio || Orense, referido a la matrícula nacional de automóvil || Ovario resistente, referido al síndrome || Sala de operaciones (Operating Room, referido a cirugía).
ÖR Servicio de radiodifusión austríaco (Österreichischer Rundfunk).
ORB Boya de investigación oceanográfica (Oceanographic Research Buoy).
ORC Osciloscopio de rayos catódicos.
ORCA Asociación para la Conservación de los Recursos del Océáno (Ocean Resources Conservation Association).
ORDIR Radar digital de ominidistancia (Omnirange Digital Radar).
Ord min Orden ministerial.
Ordza Ordenanza.
orig Original.
ORIT Organización Regional Interamericana de Trabajadores.
ORL Otorrinolaringología.
orn Orden.
Orn Ornitina.
ORNL Laboratorio Nacional de Oak Ridge (Oak Ridge National Laboratory).
Ort Ortografía.
ORT Organización de la Radio y Televisión (Organisation de la Radio et Télévision, Francia) || Organiza-

ción Revolucionaria de Trabajadores.

ORTA Organización de la Radio y Televisión de Andorra (Organització de la Ràdio i Televisió d'Andorra).

ORTF Organización de la Radio y Televisión Francesa (Organisation de la Radio et Télévision Française).

ORTP Ortopédico de rodilla-talón-pie (dispositivo).

ORTVE Orquesta de la Radiotelevisión Española.

Os Osmio.

OS Estación oceánica (Ocean Station) || Ojo izquierdo (Oculus Sinister) || Orden de servicios || Sarcoma osteógeno (Osteogenic Sarcoma) || Sistema operativo (Operating System) || Supervivencia añadida (Overall Survival).

OSA Orden de San Agustín.

OSAP Oficina para la Prevención del Abuso de Sustancias (Office for Substance Abuse Prevention).

OSAS Síndrome de apnea obstructiva del sueño.

OSB Orden de San Benito, referido a los Benedictinos.

OSC Orden de Santa Clara || Oscilador.

OSCE Organización para la Seguridad y Cooperación en Europa.

OSD Orden de Santo Domingo, referido a los Dominicos.

OSF Fundación para el Software Abierto (Open Software Foundation) || Orden de San Francisco, referido a los Franciscanos.

OSHA Administración de Seguridad y Salud en el Trabajo (Occupational Safety and Health Administration, EE.UU.).

OSI Interconexión de Sistemas Abiertos (Open System Interconection).

Osl Oslo.

Osm Osmol.

OSM Orden de las Siervas de María.

OSO Observatorio Solar Satelizado (Orbiting Solar Observatory) || Oestesudoeste.

osp Muerto sin descendencia (Obiit Sine Prole).

OSRD Oficina de Investigación Científica y Desarrollo (Office of Scientific Research and Development, EE.UU.).

OSU Orden de Santa Úrsula, referido a las Ursulinas.

OSV Barco Estación Oceánica (Ocean Station Vessel).

OT Orden técnica || Otología || Óxido de tritio || Remolcador oceánico || Transformador de oscilación (Oscillation Transformer) || Terapéuta ocupacional (Occupational Therapist) || Terapia ocupacional (Occupational Therapy).

OTA Amplificador operacional de transconductancia (Operational Transconductance Amplifier).

OTAN Organización del Tratado del Atlántico Norte.

OTC Ornitina transcarbamilasa (Ornithine Transcarbamylase) || Oxitetraciclina (Oxytetracycline).

OTEC Conversión de energía térmica del océano (Ocean Thermal Energy Conversion).

OTI Organización de (cadenas de) Televisión de Iberoamérica || Oxigenoterapia hiperbárica.

OTLP Punto de nivel de transmisión cero (Zero Transmission Level Point).

OTM Orden de transmisiones.

OTOF Óxido trioctil fosfínico.

OTOM Organización del Tratado de Oriente Medio.

OTP Ortopédico de talón-pie (dispositivo).

OTS Organización de Estudios Tropicales (Organization of Tropical Studies, EE.UU.).

OTT Organización del Tiempo de Trabajo.

OTU Oposición Tadjika Unificada, Tadjikistán.

OTV Patrullero de vigilancia de zona económica exclusiva.

OU Oxford University || Unidad Oxford (Oxford Unit).

OUA Organización para la Unidad Africana.

OULIPO Taller de literatura potencial (Ouvroir de Littérature Potentiel).

OUP Oxford University Press || Partido Popular austríaco (Osterreichische Volkspartei, Austria).

OUS Óculo-Uretro-Sinovial, referido al síndrome.

OVA Amplificador operacional de tensión (Operational Voltage Amplifier).

OVLD Sobrecarga (Overload).

OVLT Organum Vasculosum of the Lamina Terminalis.

OVNI Objeto volante no identificado.

ÖVP Partido Popular austríaco (Österreichische Volkspartei).

OVSI Oficina Valenciana para la Sociedad de la Información.

OVT Old Vic Theatre.

OVU Obstrucción de las vías urinarias.

OW Ventana abierta (Open Window).

OWF Frecuencia óptima de trabajo (Optimum Working Frequency).

OWIN Ofimática (de entorno) Windows.

OWS Estación Meteorológica Oceánica (Ocean Weather Station) || Estación Oficial de (contrastación de) Longitud de Onda (Official Wave Length Station).

Oxbridge Oxford y Cambridge, referido a las universidades.

OxMP Pool Metabólico de Oxalato.

oz Onza.

P

p Brazo corto de un cromosoma || Momento eléctrico de un átomo, Molécula o dipolo || Momento eléctrico total || Página || Partes, referido a formulación magistral || Partícula || Peseta, referido a la unidad monetaria de España || Peso, referido a la unidad monetaria || Población || Presión || Protón || Santo (Pius).

p Coeficiente potencial parcial || Momento eléctrico de un dipolo || Fuerza del polo magnético || Presión osmótica || Presión parcial || Presión de vapor.

P Energía || Equilibrio || Fósforo || Fuerza || Pablo || Padre, referido a orden religiosa || Palencia, referido a la matrícula nacional de automóvil || Pedro || Placa || Plasma || Pentodo || Pico || Portugal, referido a la matrícula internacional de automóvil || Positivo || Posterior || Potencial Eléctrico || Potenciómetro || Presbiopia || Presidente || Presión || Primario || Probabilidad || Progesterona || Proyectil || Pulso || Pupila || Trabajo por unidad de Tiempo || 400, referido a la numeración romana.

P Permeancia || Potencia.

P/ Pagaré.

p ae Partes iguales (Partes Equales).

P/C Por ciento.

P/E Puerto de embarque.

p/s Períodos por segundo.

P/S (cociente) Ácidos grasos poliinsaturados-ácidos grasos saturados || Paralelo-serie.

P/T (índice) Peso-talla.

P:S (relación) Ácidos grasos poliinsaturados-ácidos grasos saturados.

P+V Prednisona + vincristina.

p- Para, referido a radical químico.

P-MOB Cisplatino, mitomicina C, vincristina, bleomicina.

P&A Percusión y auscultación.

P2 Propaganda 2 (Propaganda Due, referido a la logia masónica italiana).

P^3_I Véase **PPPI**.

P^4_I Véase **PPPPI**.

P_5N Pirimidina 5 nucleotidasa.

P_a Presión parcial en sangre arterial, referido a un gas.

P_A Presión parcial alveolar, referido a un gas.

pa Peso atómico || Por ausencia || Por autorización || Principio activo, referido a formulación magistral.

pA Picoamperio.

Pa Pascal o Pascalio.

PA Acción prolongada (Prolonged Action) || Agregación plaquetaria (Platelet Aggregation) || Amplificador de Potencia (Power Amplifier) || Anemia perniciosa (Pernicious Anaemia) || Anhídrido ftálico (Phthalic Anhidride) || Arteria Pulmonar (Pulmonary Artery) || Cisplatino, adriamicina || Pakistán || Panamá, referido a la matrícula internacional de automóvil || Parálisis agitante || Partido Andalucista || Pasaaltos || Patrullero de altura || Perclorato amónico || Peso atómico || Población anual, referido al índice de población || Poliamida || Por autorización || Posteroanterior || Potencial de Acción || Prefecto apostólico || Presión arterial || Procedimiento administrativo || Protactinio || Punto de apoyo.

PAA Ácido poliacrílico || Actividad antiagregante plaquetaria (Platelet Aggregation Activity) || Líneas Aéreas Panamericanas (Pan American Airways) || Poliomielitis anterior aguda.

PAAF Punción aspiración con aguja fina, referido a biopsia médica.

PAAFA Fosfatasa alcalina antifosfatasa alcalina.

PAAU Pruebas de acceso a la universidad.

PAB Paraaminobenzoico.

PABA Ácido paraaminobenzoico (Paraaminobenzoic Acid).

PABX Central (telefónica) automática particular (Private Automatic Branch Exchange).

Pac Pacífico, referido al océano || Paracaidista.

PAC Circuito prearmado (Preassembled Circuit) || Cisplatino, adriamicina, ciclofosfamida || Congreso Panafricano (Pan African Congress) || Congreso Panamericano (Pan American Congress) || Contracción atrial prematura (Premature Atrial Contraction) || (milicias) Paramilitares de Autodefensa Civil, Guatemala || Patología de la arteria coronaria || Polioxiacilceramida || Política Agraria Común, referido a la Comunidad Europea || Potenciales de acción compuestos.

PACC Fosfatos amorfos de carbonato cálcico.

PACCO Cisplatino, adriamicina, ciclofosfamida, lomustina, vincristina.

PACH Cisplatino, adriamicina, ciclofosfamida, hexametilmelamina.

P_{ACO} Presión parcial alveolar de monóxido de carbono.

P_{aCO_2} Presión parcial arterial de anhídrido carbónico.

P_{ACO_2} Presión parcial alveolar de anhídrido carbónico.

PACOR Referencia por correlación pasiva (Passive Correlation Ranging).

PACTI Programa (nacional de fomento) de la articulación (del sistema) ciencia, tecnología e industria.

PAD Corteza prefrontal anterolateral dorsal || Partido de Acción Democrática, El Salvador || Plan de adecuación docente || Presión arterial diastólica || Presión en la aurícula derecha || Prueba antiglobulínica directa.

PADAR Detección y referencia pasiva (Passive Detection and Ranging).

PaDE Partido Demócrata Español.

PAE Proceso de atención en enfermería || Programa de Ajuste Estructural, Nigeria || Proyectil de alto explosivo.

PAES Plan de Acción Económica y Social (Plan d'Action Économique et Social, Congo 1990).

PAF Cisplatino, adriamicina, fluorouracilo || Factor activador de plaquetas (Platelet Activating Factor) || Polineuropatía amiloidótica familiar.

pag Pagaré.

pág Página.

págs Páginas.

PAH Fenilalanina hidroxilasa || Hipertensión arterial pulmonar (Pulmonary Arterial Hypertension) || Pancreatitis aguda hemorrágica || (Ácido) Paraaminohipúrico || Pico ácido horario.

PAHA Ácido para-aminohipúrico (p-Aminohippuric Acid).

PAHO Organización Panamericana de la Salud (Pan American Health Organization).

PAI Porfiria aguda intermitente || Presión en la aurícula izquierda || Programa de acciones inmediatas || Programa ampliado de Inmunización.

PAICV Partido Africano de la Independencia de Cabo Verde.
PAIGC Partido Africano de la Independencia de Guinea y Cabo Verde.
PAIN Partido Agrícola e Industrial Nacional (Parti Agricole et Industriel National, Haití).
PAIR Producción automatizada y robótica.
Pak Pakistán.
PAK Pakistán, referido a la matrícula internacional de automóvil.
PAL Alternancia de línea en cada fase (Phase Alternation Line) || Línea axilar posterior (Posterior Axillary Line) || Líneas Aéreas Filipinas (Philippine Airlines) || Matriz lógica programable (Programmable Array Logic).
PALA Fosfonoacetil-L-aspartato (Phosphonoacetyl-L-Aspartate) || Partido Laborista, Panamá.
PALIKA Partido de Liberación Kanako (Parti de Libération Kanako, Nueva Caledonia).
PALIPEHUTU Partido de Liberación del Pueblo Hutu, Burundi.
pal min Palabras por minuto.
Pam Pamela.
PAM Fosfato amónico magnésico || Melfalán (L-Phenylalanine Mustard) || Metyoduro de piridin aldoxina (Pyridine Aldoxine Methiodide) || Modulación de amplitud de impulsos (Pulse Amplitude Modulation) || Potencial de Acción (ventricular) Monofásico || Potencial de acción del músculo || Presión arterial media || Programa Alimentario Mundial.
PAMA Asociación Médica Panamericana (Pan American Medical Association).
PAMDB Patronato de Apuestas Mutuas Deportivo Benéficas.
PAMP Presión arterial media del pulmón.
Pan Panamá.
PAN Partido de Acción Nacional, México || Partido de la Acción Nacional, Salomon || Péptido atrial natriurético || Periarteritis nodosa || Plan para el Adelantamiento Nacional, Guatemala || Poliacrilonitrilo || Potencial de acción del nervio.
PANA Agencia de Noticias Panafricana (Pan African News Agency).
PANAFU Unión Panafricana (Panafrican Union).
PanAm Panamericana, referido a la compañía de aviación.
PANE Programa de Autopistas Nacionales Españolas.
P_{Ao} Presión aórtica.
PAO Pico de secreción ácida (Peak Acid Output).
P_{aO_2} Presión parcial arterial de oxígeno.
P_{AO_2} Presión parcial alveolar de oxígeno.
PAOH Partido Socialista Obrero de Hungría.
pap Papel.
Pap (Tinción de) Papanicolau || Papua.
PAP Agencia de Noticias Polaca (Polska Agencja Prasowa) || Fosfatasa ácida prostática (Prostatic Acid Phosphatase) || Papaína || Partido de Acción Popular (People's Action Party, Nueva Guinea) || Partido de Acción popular (People's Action Party, Singapur) || Partido Alianza Popular (People's Alliance Party, Salomon) || Partido Andaluz del Progreso || Pneumonía atípica primaria || Presión de la arteria pulmonar.
Pap-NG Papúa-Nueva Guinea.
PAPPS Programa de Actividades Preventivas y de Promoción de la Salud.
par Parágrafo.
pár Párrafo.
Par Paraguay.
PAR Partido Aragonés Regionalista || Piridil-azo-Resorcinol || Potencia

aparente radiada || Radar de aproximación de precisión (Precision Approach Radar).

PARAMP Amplificador paramétrico (Parametric Amplifier).

PARD Desviación periódica y aleatoria (Periodic and Random Deviation).

PARLATINO Parlamento Latinoamericano.

PARM Partido Auténtico de la Revolución Mexicana.

paroch Parroquia.

part Partícula.

PART Paridad-alimentación-recepción-transmisión. || Parque de Artillería.

PAS Ácido paraaminosalicílico (Paraaminosalicylic Acid) || Ácido periódico de Schiff (Periodic Acid Schiff) || Espectroscopia fotoacústica (Photoacustic Spectroscopy) || Partido Asturianista || Partido del Automóvil de Suiza || Pirofosfato ácido sódico || Plan de Acción Social || Polígono (de tiro) aire-superficie || Presión arterial sistólica || Satélite PAN Americano (Pan American Satellite).

PASOC Partido de Acción Socialista.

PASOK Movimiento Socialista Panhelénico.

Past Pasteurella.

pat Paternal, referido al origen de un cariotipo.

Pat Patrulla.

PAT Gestación a término (Pregnancy At Term) || Patente || Poliaminotriazol || Taquicardia auricular paroxística (Paroxysmal Atrial Tachycardia).

PATE Pérdida de agua transepidérmica.

Patty Patricia.

PAU Unión Panamericana (Pan American Union).

PAV Periférico de acceso a la vía.

PAX Central (telefónica) automática privada (Private Automatic Exchange).

Paxs Pascal por segundo.

Pb Pablo || Pasabanda || Plomo (Plumbum) || Presión barométrica.

PB Botón pulsador (Pushbutton) || Farmacopea Británica (Pharmacopoeia Britannica) || Fenobarbital (Phenobarbital) || Pasabajos || (Reacción de) Paul-Bunnell || Presión braquial, referido a la arteria.

PBA Pulpobucoaxial.

PBAA Ácido polibutadienoacrílico (Polybutadieneacrylic Acid).

PBBP Perbromuro bromuro de piridinio.

PBC Cirrosis biliar primaria (Primary Biliary Cirrhosis).

PBD Fenilbifeniloxadiazol (Phenylbiphenyloxadiazole) || (reacción de) Paul-Bunnell-Davidsohn || Prueba Broncodilatadora.

PBE Peritonitis bacteriana espontánea.

PBG Porfobilinógeno (Porphobilinogen).

PBI Polibenzimidazol || Yodo (plasmático) unido a proteína (Protein Bound Iodine).

PBM Cisplatino, bleomicina, metotrexato || Proteína básica de la mielina.

PBP Parálisis bulbar progresiva || Proteína básica principal.

PBPB Perbromuro bromuro de piridinio (Pyridinium Bromide Perbromide).

PBPN (Niño) Prematuro con bajo peso al nacer.

PBR Perímetro braquial.

pbro Presbítero.

Pbro Presbítero.

P_{bs} Presión sobre la superficie corporal, referido a presión atmosférica.

PBS Servicio Público de Radiodifusión (Public Broadcasting Service).

PBVA Cisplatino, bleomicina, vinblastina, adriamicina.

PBZ Piribenzamina.

pc Después de las comidas (Post Cibum) || Parsec || Por ciento || Punto de congelación.

pc Presión crítica.

pC Después de Cristo (Post Christo) || Picoculombio.

P_c Presión capilar.

PC Carbonato de polipropileno (Polypropylene Carbonate) || Cemento Portland (Portland Cement) || Circuito Impreso (Printed Circuit) || Cisplatino, ciclofosfamida || Contador de programa (Program Counter) || Cromatografía de papel (Paper Chromatography) || Fosfatidilcolina (Phosphatidylcholine) || Fosfocreatina (Phosphocreatine) || Ordenador personal (Personal Computer) || Partido Comunista || Partido Conservador, Ecuador || Partido Conservador, Reino Unido || Partido Conservador, República de Sudáfrica || Patrullero cañonero || Percutáneo || Peso corporal || Plasma congelado || Policarbonato || Procarbazina || Pulso carotídeo || Tarjeta postal (Postcard).

PCA Analgesia controlada por el paciente (Patient Controlled Analgesia) || Asociación Profesional de Ajedrez (Professional Chess Association) || Parque central de armamento || Partido Comunista de Andalucía || Perclorato amónico || Persistencia del conducto Arterioso.

PCAMA Parque central de armamento y material de artillería.

PCB Bifenilo policlorado (Polychlorinated Biphenyl) || Partido Comunista Brasileño || Partido Comunista Búlgaro || Partido del Congreso Basotho, Lesotho.

pcc Carbonato cálcico precipitado (Precipitated Calcium Carbonate).

PCC Feocromocitoma (Pheochromocytoma) || Partido de los Comunistas de Cataluña (Partit dels Comunistes de Catalunya) || Partido Comunista Cubano || Prueba de calibración cavernosa.

PCCh Partido Comunista Chino.

PCCH Partido Comunista Chino.

P_{cCO} Presión parcial de Monóxido de Carbono en el Capilar.

P_{cCO_2} Presión parcial de anhídrido carbónico en el capilar.

PCD Enfermedad poliquística (Polycystic Disease) || Partido Conservador Demócrata, Nicaragua || Partido de Convergencia democrática, Santo Tomé y Príncipe || Prueba del cortisol diurna.

PCDA Precursor de captación y descarboxilación amínica.

PCDL Partido Cristiano Demócrata de Lituania.

PCE Equivalente de cono pirométrico (Pyrometric Equivalent Cone) || Partido Comunista de España || Porfiria congénita eritropoyética || Proteína catiónica de los eosinófilos.

PCEi Partido Comunista de España Internacional.

PCEml Partido Comunista de España Marxista-Leninista.

PCEr Partido Comunista de España Reconstituido.

PCES Electroestimulación cardíaca permanente (Permanent Cardiac Electrostimulation).

PCEu Partido Comunista de España Unificado.

pcf Libras por pie cúbico (Pounds per Cubic Foot).

PCF Factor de conversión de la protrombina (Prothrombin Conversion Factor) || Partido Comunista Francés (Parti Communiste Français) || Pentaclorofenol.

PCFP Presión de filtración del capilar pulmonar (Pulmonary Capillary Filtration Pressure).

PCFR Partido Comunista de la Federación Rusa.

PCG Fonocardiografía (Phonocardiography) || Fonocardiograma (Phonocardiogram).

PCH Plataforma Cívica Humanista, Galicia || Proyectil de carga hueca.

pCi Picoculombio || Picocurio.

PCI Irradiación profiláctica craneal (Prophilactic Cranial Irradiation) || Parque central de intendencia || Partido Comunista Independiente, Letonia || Partido Comunista de la India || Partido Comunista Internacional || Partido Comunista Italiano (Partito Comunista Italiano) || Peso corporal ideal.

PCJ Partido Comunista Japonés.

PCK Riñón poliquístico (Polycystic Kidney).

PCL Cuerpo lúteo persistente (Persistent Corpus Luteum) || Partido Comunista Letón, Letonia || Partido Comunista Lituano, Lituania || Policoprolactona.

PCM Malnutrición proteico calórica (Proteic Caloric Malnutrition) || Modulación de impulsos codificados (Pulse Code Modulation) || Partido Comunista de México || Partido del Congreso de Malawi || Prueba de la Comida Mixta.

PCMA Parque central de material y automoción.

PCMAR Registro de la ablación y mapa cardíaco percutáneo (Percutaneous Cardiac Mapping and Ablation Registry).

PCMUN Parque central de municionamiento.

pcn Unidad libra centígrada (Pound Centigrade Unit).

PCN Partido de Coalición Nacional, El Salvador || Partido Comunista de Nicaragua || Partido del congreso Nepalí || Partido de la Convención Nacional, Gambia.

PCNB Pentacloronitrobenceno.

P_{CO} Presión parcial de monóxido de carbono.

PCO Ovario poliquístico (Polycystic Ovary) || Partido Combinado de Oposición, Pakistán || Pneumopatía crónica obstructiva.

P_{cO_2} Presión parcial de oxígeno en el capilar.

P_{CO_2} Presión parcial de anhídrido carbónico.

PCOE Partido Comunista Obrero Español.

PCP Fenilcicloexil-piperidina o Fenciclidina (Phenylcyclohexil-piperidine or Phencyclidine) || Partido Campesino Polaco || Partido Comunista Portugués || Partido Conservador Popular, Dinamarca || Partido Conservador Progresista, Canadá || Partido Cristiano Popular, Noruega || Pentaclorofenol (Pentachlorophenol) || Poliartritis crónica primaria || Presión capilar pulmonar.

PCPA Para-clorofenilalanina (Para-Chlorophenilalanine) || Partido Comunista del Pueblo Andaluz || Presión continua positiva (en la vía) aérea.

PCPE Partido Comunista del Pueblo de Euzkadi || Partido Comunista de los Pueblos de España || Presión del capilar pulmonar enclavado.

PCPP Partido Cívico Popular Progresista Guyana.

P_{cr} Concentración plasmática de creatinina.

PCr Fosfocreatina.

PCR Partido Comunista de la Reunión (Parti Communiste de la Réunion, Isla de la Réunion) || Partido Comunista de Rumanía || Partido Comunista de Rusia || Proteína C reactiva || Reacción en cadena de la polimerasa (Polimerase Chain Reaction) || Reflejo cutáneo plantar (Plantar Cutaneous Reflex).

PCRAS Prueba cuantitativa de reflejo axonal sudomotor.

PCs Ordenadores personales (Personal computers) || Sistema preconsciente (Preconscious System).

PCS Anastomosis porta-cava (Porta-

Cava Shunt) || Partido Cristiano Social, Luxemburgo || Síndrome poscommocional (Postcommotional Syndrome).

PCSA Partido Comunista de Sudáfrica.

PCSM Partido Comunista San Marinés.

pct Por ciento (Per Cent).

PCT Partido Comunista Tunecino, Tunez || Partido Congoleño del Trabajo || Pliegue Cutáneo del Tríceps || Porfiria Cutánea Tarda || Puesto Central de Tiro.

PCTFE Policlorotrifluoretileno.

PCU Partido Comunista de Ucrania.

PCUS Partido Comunista de la Unión Soviética.

PCV Partido Comunista del Vietnam || Policitemia vera (Polycythemia Vera).

PCZ Procarbacina || Zona del Canal de Panamá (Panama Canal Zone).

pd Diariamente (Per Diem) || Diferencia de potencial (Potential Difference).

Pd Paladio || Pedro.

PD Depresión psicótica (Psychotic Depression) || Diagnóstico prenatal (Prenatal Diagnostic) || Diálisis peritoneal (Peritoneal Dialysis) || Diariamente (Per Diem) || Diferencia de Potencial (Potential Difference) || Fotodiodo (Photodiode) || Dispositivo Periférico (Peripheral Device) || Enfermedad de Parkinson (Parkinson's Disease) || Enfermedad progresiva (Progressive Disease) || Invalidez parcial (Partial Disability) || Partido Demócrata, Seychelles || Partido Democrático, República Sudafricana || Parto prematuro (Premature Delivery) || Pediatría (Pediatrics) || Pieza directriz, referido a una batería de artillería || Posdata || Presión diastólica || Psicosis depresiva || Pulpodistal.

PDA Partido Democrático Agrario, Moldavia || Partido Democrático de Albania || Partido Democrático de Angola || Persistencia del *Ductus arteriosus* (Patent Ductus Arteriosus).

PDAB p-Dimetilaminobenzaldehído.

PDAP Presión diastólica de la arteria pulmonar.

PDAY Determinantes patológicos de la aterosclerosis en los jóvenes (Patologic Determinings of the Atherosclerosis in Youngs).

PDB Para-Diclorobenceno || Partido Democrático de Botswana || Proyectil radioguiado (Power Driven Bomb).

PDC Partido Demócrata Cristiano || Partido Demócrata Cristiano, Chile || Partido Demócrata Cristiano, El Salvador || Partido Demócrata Cristiano, Honduras || Partido Demócrata Cristiano, Panamá || Partido Democrático Cívico, Chequia.

PDCB Paradiclorobenceno.

PDCG Partido de la Democracia Cristiana Guatemalteca.

PDCI Partido Democrático de Costa de Marfil (Parti Démocratique de la Côte d'Ivoire, Costa de Marfil).

PDCIA Posición Defensiva de Compañía.

PDCM Partido Democrático de Costa de Marfil.

PDCS Partido Demócrata Cristiano Suizo.

PDCSM Partido Democrático Cristiano San Marinés.

PDD Demencia primaria degenerativa (Primary Degenerative Dementia) || Personal (militar) descubierto y desprevenido.

PDDP Fosfito de fenildiisodecilo (Phenyldiisodecyl Phosphite).

PDE Disnea paroxística de esfuerzo (Paroxysmal Dyspnea on Exertion) || Fosfodiesterasa || Partido Democrático de Eslovenia || Partido Democrático Español.

PDF Enfoque posterior a la desviación (Post Deflection Focus) || Productos de degradación de la fibrina.

PDG Partido Democrático Gabonés.

PDGE Partido Democrático de Guinea Ecuatorial.

PDGF Factor de Crecimiento Derivado de las Plaquetas (Platelet Derived Growth Factor).

PDH Hepatoma escasamente diferenciado (Poorly Differentiated Hepatoma) || Piruvato deshidrogenasa.

PDI Indicador de dirección de pilotos (Pilot's Direction Indicator).

PDIA Polineuropatía desmielinizante inflamatoria aguda || Proteína digestible intestinal (de origen) alimentario.

PDIC Polineuropatía desmielinizante inflamatoria crónica.

PDIM Proteína digestible intestinal (de origen) microbiano.

PDIUM Partido Democrático Italiano de Unidad Monárquica.

PDK Manipulado por retardo de fase (Phase Delay Keying) || Partido Democrático Kurdo.

PDKI Partido Democrático del Kurdistán Iraní.

PDL Linfoma escasamente diferenciado (Poorly Differentiated Lymphoma) || Partido Democrático Laborista, Brasil || Partido Democrático Liberal, Eslovenia || Partido Democrático Liberal, Rusia || Prednisolona.

PDLB Partido Democrático Liberal Budista, Camboya.

PDLR Partido Democrático Liberal Rehoboth, Namibia.

PDM Modulación de impulsos en duración (Pulse Duration Modulation) || Partido Democrático Mongol, Mongolia.

PDMS Polidimetilsiloxano.

PDN Partido Democrático Nacional, Kenia || Partido Democrático Nacional, Surinam || Política de Desarrollo Nacional, Malasia || Prednisona.

PDNI Partido Democrático de la Nueva Izquierda.

PDNM Partido Democrático Nacional Mongol.

pdo Pasado.

PDP Partido Demócrata Popular || Partido Democrático Popular, Uzbekistán || Partido Democrático Progresista, San Marino || Personal (militar) descubierto y protegido || Plasma desprovisto de plaquetas.

PDPA Partido Democrático Popular de Afganistán.

PDPN Posición Defensiva de Pelotón.

PDQ Cuestionario Diagnóstico de Personalidad (Personality Diagnostic Questionnaire).

PDR Partido por la Democracia y la Reunificación, Corea del Sur.

PDS Partido Democrático de Izquierda (Partito Democratico de la Sinistra, Italia) || Partido Democrático de Samoa || Partido Democrático Senegalés (Parti Démocratique du Senegal) || Partido Democrático y Social || Partido Democrático Social, Brasil || Partido Democrático Social, Islandia || Partido Democrático Social, Mongolia || Partido Democrático Social, Nigeria.

PDSC Posición Defensiva de Sección.

PDSJ Partido Democrático Socialista Japonés.

PDSM Partido Democrático de los Socialistas Montenegrinos.

PDSR Partido Democrático Social de Rumanía.

PDST Hora de verano en la zona del Pacífico (Pacific Daylight Saving Time).

PDT Partido Democrático del Trabajo, Lituania.

PDTB Peróxido de terc-butilo.

PDTC Plan Director Territorial de Coordinación || Plan Director Territorial del Coto, referido al Coto de Doñana.

PDTL Partido Democrático del Trabajo de Lituania.

PDU Partido de los Demócratas para la Unidad, Togo || Partido Democrático Unido, Belize.

PDVSA Petróleos de Venezuela Sociedad Anónima.

pe Por Ejemplo || Punto de Ebullición.

pE Logaritmo negativo.

Pe Padre.

PE Cisplatino, epirubicin || Codificación por fase (Phase Encoding) || Eco permanente (Permanent Echo) || Embolia pulmonar (Pulmonary Embolism) || Energía potencial (Potential Energy) || Faringoesofágico (Pharingoesophageal) || Fosfatidiletanolamina (Phosphatidylethanolamine) || Fotoeléctrico (Photoelectric) || Parlamento Europeo || Pentaeritritol || Perú, referido a la matrícula internacional de automóvil || Pirógeno Endógeno || Polietileno || Potenciales evocados || Publicidad exterior || Puesto de escucha.

PEA Feniletilamina (Phenylethylamine) || Fosfoetanolamina (Phosphoethanolamine) || Población económicamente activa || Potencial evocado auditivo.

PEAP Presión de enclavamiento de la arteria pulmonar.

PEATE Potenciales evocados auditivos del tronco encefálico.

peb Punto de ebullición.

PEB Cisplatino, etopósido, bleomicina.

PEBA Cisplatino, etopósido, bleomicina, adriamicina.

PEC Célula fotoeléctrica (Photoelectric Cell) || Circuito electrónico impreso (Printed Electronic Circuit) || Cisplatino, epirubicin, ciclofosfamida || Plan estratégico de competitividad || Plan estratégico conjunto || Porfiria eritropoyética congénita.

Ped Pediatría.

PED Países en desarrollo.

PEDE Plan de Estabilidad y Desarrollo Económico, México.

PEDIP Programa Específico de Desarrollo de la Industria Portuguesa.

PEEP Presión espiratoria final positiva (Positive End Expiratory Pressure).

PEES Panencefalitis esclerosante subaguda.

PEF Paraparesia espástica familiar || Pefloxacino || Pico de flujo espiratorio (Peak Expiratory Flow) || Polietileno foam, referido a la espuma.

PEFN Presión espiratoria final negativa.

PEFR Máximo flujo espiratorio instantáneo (Peak Expiratory Flow Rate).

PEFV (Curva de) Flujo-volumen espiratorio parcial (Partial Expiratory Flow Volume).

Peg Margarita (Margaret).

PEG Pequeños para la edad gestacional || Pneumoencefalografía (Pneumoencephalography) || Pneumoencefalograma (Pneumoencephalogram) || Polietilenglicol || Proyectil especial de gas.

Peggy Margarita (Margaret).

PEH Proyectil especial de humos.

PEI Cisplatino, etopósido, ifosfamida || Índice de excreción del fósforo (Phosphorus Excretion Index) || Polietilenoimina || Proyectil especial incendiario.

PEIN Plan Electrónico e Informático || Plan de Espacios de Interés Natural (Pla d'Espais d'Interés Natural, Cataluña).

pej Por ejemplo.

Pek Peking.

PEL Nivel de exposición permisible (Permissible Exposure Level) || Protoporfirina eritrocitaria libre.

PEM Potenciales evocados motores || Presión espiratoria máxima.

PEMA Feniletilmalonamida.

P_{Emax} Presión espiratoria máxima.
PEMEX Petróleos mexicanos.
pen Península.
Pen Penélope.
PEN Plan Energético Nacional || Poetas, ensayistas y novelistas, referido a la asociación internacional || Presión espiratoria negativa.
pens Pensamiento.
Pent Pentecostes.
PENT Pentodo.
PEP Fosfoenolpiruvato (Phosphoenolpyruvate) || Por la Europa de los Pueblos || Potencia máxima de emisión (Peak Emission Power) || Potencia de pico de la envolvente (Peak Envelope Power) || Proyectil especial de propaganda || Proyecto positrón-electrón (Positron-Electron Project).
PEPCK Fosenolpiruvato carboxiquinasa.
pEq Picoequivalente.
per A favor de (Per Procurationem).
PER Pancreatografía endoscópica retrógrada || Peroxidasa || Plan de Empleo Rural || Potencia efectiva radiada || Potencia equivalente de ruido.
per an Anualmente (Per Annum).
PerCPT Presión estática de retroceso a la capacidad pulmonar total.
perg Pergamino.
PERI Plan Especial de Reforma Interior, referido a arquitectura.
PERK Evaluación prospectiva de la queratotomía radial (Prospective Evaluation of Radial Keratotomy).
PERLA Pupila isocórica, reacciona a la luz y a la acomodación (Pupils Equal, React to Light and Accomodation).
pers Persona.
PERT Técnica de valoración y revisión de un programa (Program Evaluation and Review Technique).
P_{es} Presión esofágica, referido a endoesófago.
PES Analizador fotoeléctrico (Photoelectric Scanner) || Panencefalitis esclerosante subaguda || Partido Ecologista Suizo || Potenciales evocados somatosensitivos.
PESC Política exterior y de seguridad común.
PESS Potencial evocado somatosensorial.
pet Petróleo (Petroleum).
PEt Cisplatino, etopósido.
PET Paraparesia espástica tropical || Polietileno tereftalato || Proyectil especial trazador || Tomografía por emisión de positrones (Positron Emission Tomography) || Toxemia preeclámpsica (Preeclamptic Toxemia).
PETCO Código Peterson (Peterson Code).
PETN Tetranitrato de pentaeritritol (Pentaerythritol Tetranitrate).
PETP Tereftalato de polietileno (Polyethylene Terephthalate).
Petra Agencia de Noticias Jordana.
PETRA Anillo acelerador en tándem positrón-electrón (Positron-Electron Tandem Ring Acelerator).
PETRH Prueba de estimulación de la TRH.
PETRONOR Petróleos del Norte.
PEU Farmacopea europea (Pharmacopée Européenne).
PEV Cisplatino, epirubicin, etopósido || Potenciales evocados visuales.
PEVP Potenciales evocados visuales de patrón.
pex Por extensión.
pf Factor de potencia (Power Factor) || Pfennig, referido a la unidad monetaria de Alemania || Punto de fusión.
pF Picofaradio.
Pf Perforinas.
PF Fibras de purkinje (Purkinje Fibers) || Frente Patriótico (Patriotic Front, Zimbabwe) || Factor de potencia (Power Factor) || Fenol formaldehído (Phenol Formaldehyde) || Frecuencia de impulsos (Pulse Frequency) || Plasmodium falciparum ||

Prednisona, fluorouracilo || Psicofármacos.

PF4 Factor plaquetario 4.

PFB Comité provisional de frecuencias (Provisional Frequency Board).

PFC Parálisis facial central || Plasma fresco congelado.

PFCs Perfluorocarburos.

PFD Indicador de vuelo primario (Primary Flight Display) || Parafenilenodiamina.

PFFS Pirofosfato sódico.

pfg Pfennig, referido a la unidad monetaria de Alemania.

PFK Fosfofructoquinasa (Phosphofructokinase).

PFL Partido del Frente Liberal, Brasil || Proctitis Folicular Linfoide.

PFM Modulación de frecuencia de impulsos (Pulse Frequency Modulation).

PFP Parálisis facial periférica || Partido Federal Progresista, República Sudafricana || Proteína formadora de poros.

PFR Pruebas funcionales respiratorias.

PFSH Pirofosfato de sodio y hierro.

PFT Pirofosfato de tiamina || Prednisona, fluorouracilo, tamoxifen || Pruebas de función pancreática (Pancreas Function Tests) || Pruebas de función pulmonar (Pulmonary Function Test).

PFUNF Partido Frente Unificado Nacionalista Fijiano.

pg Picogramo.

Pg Portugal.

P_G Concentración plasmática de glucosa.

PG Fosfatidilglicerol (Phosphatidylglycerol) || Fosfoglicerato (Phosphoglycerate) || Ganglio pélvico (Pelvic Ganglion) || Partido Galleguista (Partido Galeguista) || Polipropilenglicol || Posgraduado || Prisionero de Guerra || Procurador general || Prostaglandina || Proteoglucanos.

PGA Ácido pteroilglutámico (Pteroylglutamic Acid) || Asociación Profesional de Jugadores de Golf || Matriz de puertas programable (Programmable Gate Array) || (síndrome) Poliglandular autoinmunitario.

PGB Prostaglandina B.

PGD Fosfogliceraldehído deshidrogenasa || Fosfogluconato deshidrogenasa || Prostaglandina D.

PGDH Prostaglandina deshidrogenasa.

PGE Presupuestos generales del Estado || Prostaglandina E.

PGF Prostaglandina F.

PGH Prostaglandina H.

PGI Fosfoglucosa isomerasa || Pepsinógeno I || Prostaciclina.

PGK Fosfogliceratoquinasa (Phosphoglycerokinase).

PGL Linfadenopatía Generalizada persistente (Persistent Generalised Lymphadenopathy).

PGM Fosfogliceratomutasa || Fosfoglucomutasa (Phosphoglucomutase) || Plan General Metropolitano.

PGML Propilenglicol monolaurato.

PGMS Propilenglicol monoestearato.

PGO Ponto genicular occipital.

PGOU Plan General de Ordenación Urbana.

PGP Parálisis general progresiva || Partido Gabonés del Progreso, Gabón.

PgR Receptor de progesterona (Progesterone Receptor).

PGR Respuesta psicogalvánica (Psychogalvanic Response).

PGs Prostaglandinas (Prostaglandins).

PGT Prueba de generación de tromboplastina.

PGU Uretritis postgonocócica (Postgonococcal Urethritis).

PGUS Plan General de Usos del Suelo.

PGUT Fosfogalactosa uridiltransferasa (Phosphogalactose Uridyltransferase).

PGW Armas guiadas de precisión (Precision Guided Weapon).
PGX Prostaciclina.
ph Picohenrio.
pH Concentración del ión hidrógeno || Picohenrio.
Ph (cromosoma) Filadelfia. || Fenil (Phenyl).
PH Anamnesis remota (Past, or previous, History) || Fase (Phase) || Partido humanista || Piloto de helicóptero || Proyectil de hidrógeno.
Ph^1 Cromosoma Filadelfia.
PH^{1}c Cromosoma Filafelfia.
pH$_a$ pH Arterial.
PHA Fitohemaglutinina (Phytohemaglutinin) || Hemaglutinación pasiva (Pasive Hemagglutination).
PhB Farmacopea Británica (Pharmacopoeia Britannica).
PHC Paniculitis histiocítica citofágica.
PHD Cor pulmonale (Pulmonary Heart Disease).
Phe Fenilalanina.
PHE Esterasa postheparínica (Post Heparinic Esterase) || Porfiria hepatoeritropoyética.
PHHF Persistencia hereditaria de la hemoglobina fetal.
pHi pH intramucoso gástrico.
PhI Farmacopea internacional (Pharmacopoeia Internationalis).
PHI Fosfohexosa isomerasa (Phosphohexoisomerase).
Phil Felipe (Philip).
PHLA Acitividad lipolítica postheparínica (Post Heparin Lipolytic Activity).
PHm Pseudohermafroditismo masculino.
PHM Péptido histidina-metionina.
PHN Plan Hidrológico Nacional.
PHP Fosfolipasa postheparínica (Post Heparinic Phospholipase) || Pseudohipoparatiroidismo.
PHPTL Proteína HPT Like.
PHS Servicio de Salud Pública (Public Health Service).
PHT Fenilhidantoínas || Programa de Hipertransfusión.
PHVJ Partido Húngaro Vida y Justicia.
pi Piel || Punto isoeléctico.
P_i Potencia de entrada (Input Power).
Pi Fósforo inorgánico || Inhibidor de proteasa (Protease Inhibitor).
P_i Potencia de entrada (Input Power).
PI Farmacopea internacional (Pharmacopoeia Internationalis) || Filipinas, referido a la matrícula internacional de automóvil || Fosfatidilinositol (Phosphatidylinositol) || Incapacidad parcial (Partial Incapacity) || Insuficiencia pulmonar (Pulmonary Insufficiency) || Insulina protamina (Protamine Insulin) || Partido para la Independencia (Partit per la Independencia, Cataluña) || Partido Independiente, Islandia || Peso Ideal.
PIA Aerolíneas Internacionales de Pakistán (Pakistan International Airlines) || Porfiria intermitente aguda.
PIB Producto Interior Bruto.
PIC Inventario de personalidad para niños (Personality Inventory for Children) || Presión intracraneal.
PICA Posterior inferior cerebellar artery.
PICP Propéptido carboxiterminal del procolágeno tipo I.
PICS Patterns of Individual Change Scale.
PICU Unidad de cuidados intensivos pulmonar (Pulmonary Intensive Care Unit).
PID Disco intervertebral prolapsado (Prolapsed Intervertebral Disc) || Enfermedad inflamatoria pélvica (Pelvic Inflammatoy Disease) || Partido de la Izquierda Democrática, Eslovaquia || Partido de Izquierda democrática, Turquía || Proporcional integral y derivada.
PIDA Ácido Fenilindano Dicarboxílico (Phenylindane Dicarboxylic Acid).

PIDC Programa Internacional para el Desarrollo de las Comunicaciones.
PIE Parlamento Internacional de Escritores. || Programa de Informática Educativa || Proto-Indo-Europeo, referido a lingüística.
PIEC Plan Integral de Empleo de Canarias.
PIENC Programa Integrado de Exploración Neuropsicológica Cuantificado.
PIF Factor inhibidor de (la liberación de) prolactina (Prolactin Inhibiting Factor) || Interferón purificado (Purified Interferon).
PIG Medidor de ionización Penning (Penning Ionization Gage) || Péptido inhibidor gástrico || Péptido insulinotrópico glucosa dependiente.
PIH Hormona inhibidora de (la liberación de) prolactina (Prolactin Inhibiting Hormone).
pil Píldora (Pill).
PIL Precisión en línea (Precision In Line).
PILA Progenitores inmaduros de localización anormal, referido a los blastos que se agrupan en el centro de la médula ósea en lugar de tapizar la superficie endóstica.
PIM Modulación en intervalo de impulsos (Pulse Interval Modulation) || Presión Inspiratoria máxima || Presión intramiocárdica || Programas integrados mediterráneos || Proteína integral de membrana.
P_{Imax} Presión inspiratoria máxima.
PIMEC Pequeña y mediana empresa de Cataluña (Petita i Mitjana Empresa de Catalunya).
PIMI Infarto miocárdico posteroinferior (Posterior Inferior Myocardial Infarction).
PIMM Prueba de inhibición de migración de macrófagos.
P_{in} Concentración plasmática de inulina.
PIN Indicador de posición (Position Indicator) || Número de identificación personal (Personal Identification Number, referido a telefonía móvil) || Positivo intrínseco negativo.
PINC Proyectil incendiario.
pinf Punto de inflamación.
PINO Entrada positiva-salida negativa (Positive Input-Negative Output).
PINU Partido Innovación y Unidad (Honduras).
PINV Variación negativa postimperativa (Postimperative Negative Variation).
PI_{O_2} Concentración de O_2 en el aire inspirado.
Pip (ácido) pipecólico.
PIP Fosfatidil inositol fosfato || Partido islámico Panmalayo, Malasia || Proyecto de idiomas personalizado.
PiP2 Fosfatidil inositol difosfato (Phosphatidyl Inositol Bisphosphate).
PIP_2 Fosfatidil inositol 4,5-difosfato.
PIRE Potencia isotrópica radiada equivalente.
PIREP Parte meteorológico del piloto (Pilot Weather Report).
PIRMI Programa Interdepartamental de la Renta Mínima de Inserción (Programe Interdepartamental de la Renda Minima d'Inserció, Cataluña).
Pist Pistola.
PIT Partido de la Independencia y del Trabajo (Parti de la Indépendance et du Travail, Senegal) || Plenario Intersindical de trabajadores, Uruguay.
PITR Tasa de recambio del hierro plasmático (Plasma Iron Turnover Rate).
PIU Unidad de acoplamiento programable (Programmable Interface Unit) || Unidad indicadora de piloto (Pilot Indicator Unit).
PIV Partido de las Islas Vírgenes ||

Péptido intestinal vasoactivo || Pielografía intravenosa || Tensión inversa de pico (Peak Inverse Voltage).

PJ Partido Justicialista, Argentina || Policía Judicial.

PJD Partido de la Justicia y la Democracia, Corea del Sur.

PJV Partido de la Justa Vía, Turquía.

pK Grado de disociación o fuerza de los ácidos débiles || Logaritmo negativo de la constante de equilibrio de un compuesto.

PK Piruvatoquinasa (Pyruvate Kinase) || Punto Kilométrico.

PK-L Isoenzima de PK eritrocitaria.

PK-R Isoenzima de PK eritrocitaria.

pKa pH en que el ácido está disociado a la mitad.

PKC Proteína quinasa C (Protein Kinase C).

PKK Partido de los Trabajadores Kurdos.

PKU Fenilcetonuria (Phenylketonuria).

pl Plural.

Pl Plaza.

PL Enchufe (Plug) || Fosfolípido (Phospholipid) || Lactógeno placentario (Placental Lactogen) || Leucemia prolinfocítica (Prolymphocytic Leukemia) || Línea privada (Private Line) || Llamada equivocada (Permanent Loop) || Partido Liberal, Colombia || Partido Liberal, Canadá || Partido Liberal, Honduras || Partido Laborista, Estado de Antigua y Barbuda || Partido Laborista, Irlanda || Partido Laborista, Reino Unido || Partido Laborista, Nueva Zelanda || Período de Latencia || Planificación lingüística || Polonia, referido a la matrícula internacional de automóvil || Por favor (Please) || Predominio linfocitario || Pulpolingual || Pulpolinguoaxial || Punción lumbar.

P_L Potencia de carga (Load Power).

PL/1 Lenguaje de programación 1 (Program Language 1).

PLa Pulpolabial.

P_{LA} Presión en la aurícula izquierda (Pressure Left Atrial).

PLA Partido Laborista de Australia || Red Lógica Programable (Programmable Logic Array).

PLANGENAR Plan General de la Armada.

plaq Plaquetas.

PLASEQTA Plan de Seguridad Exterior del Sector Químico de Tarragona.

PLAT Guía (para el) Aterrizaje con Ayuda de Televisión (Pilot Landing Aid Television).

PLB Partido Laborista Brasileño.

PLC Acetilcolina fosfolipasa C (Acetylcoline Phospholipase C) || Controlador lógico programable (Programmable Logic Controller) || Fosfolipasa C.

PLD Partido de Liberación Dominicana, República Dominicana || Partido Liberal Demócrata, Japón || Partido Liberal Democrático, Corea del Sur || Partido Laborista Democrático, Barbados.

Ple Pleistoceno.

PLE Protoporfirina Libre Eritrocitaria.

PLEDS Descargas epileptiformes lateralizadas pseudoperiódicas (Pseudoperiodic Laterallized Epileptiform Discharges).

Plen Plenipotenciario.

PLFR Polimorfismo de la longitud del fragmento de restricción.

PLG Piel laxa granulomatosa.

PLGG Proliferación de linfocitos granulares grandes.

PLH Partido Liberal de Honduras.

Pli Plioceno.

PLi Papulomatosis linfomatoide || Proteína ligadora.

PLI Partido Liberal Independiente, Nicaragua || Partido Liberal Italiano (Partito Liberale Italiano).

PLJ Partido Laborista de Jamaica.

PLM París-Lyon-Mediterráneo, referido a la línea francesa de ferrocarril || Partido Laborista de Mauricio, Estado de Mauricio.

PLMM Plana mayor de mando.

PLMS Plana mayor y servicios.

PLN Partido de Liberación Nacional, Costa Rica || Partido Laborista de Noruega || Procesamiento de lenguaje natural.

PLO Organización de Liberación Palestina (Palestinian Liberation Organization) || Oscilador de fase sincronizada (Phase Locked Oscillator).

PLP Partido Liberal Progresista (Progressive Liberal Party, Bahamas) || Proteínas ligadas a la penicilina.

PLR Partido Liberal Radical, Paraguay.

PLRA Partido Liberal Radical Auténtico, Paraguay.

PLRT Polaridad (Polarity).

PLS Partido Liberal Suizo.

PLSL Partido de la Libertad de Sri Lanka.

PLST Partido Laborista de Santa Lucía.

PLTR Pliegue tricipital.

PLUG Partido Laborista Unificado de Granada, Estado de Granada.

PLUNA Primeras Líneas Uruguayas de Navegación Aérea.

P_{LV} Presión en el ventrículo izquierdo (Pressure Left Ventricle).

PLV Publicidad en el lugar de venta.

PLVI Presión de llenado del ventrículo izquierdo.

PLYVA Pitiriasis liquenoide y varioliforme aguda.

pm Peso molecular || Picometro.

pM Logaritmo negativo de la molaridad de un metal || Peso molecular.

Pm Prometio.

PM Baleares (Palma de Mallorca), referido a la matrícula nacional de automóvil || Después del meridiano (Post Meridiem) || Después de muerto (Post Mortem) || Gestor de Presentación (Presentation Manager) || Imán permanente (Permanent Magnet) || Mixedema pretibial (Pretibial Myxedema) || Modulación de fase (Phase Modulation) || Modulación de impulsos (Pulse Modulation) || Peso molecular || Petit mal, referido a la epilepsia || *Plasmodium malariae* || Policía militar || Polimiositis || Pimer ministro || Primera menstruación || Programas de metadona || Proteína de la mielina || Pulpomesial.

PMA Acetato fenilmercúrico (Phenylmercuric Acetate) || Ácido fosfomolíbdico (Phosphomolibdic Acid) || Ácido piromelítico (Pyromellitic Acid) || Amplificador magnético de impulsos (con carga) en paralelo (Parallel Magnetic Pulse Amplifier) || Aptitudes mentales primarias (Primary Mentally Attitudes) || Atrofia muscular progresiva (Progressive Muscular Atrophy) || Parametoxianfetamina (Paramethoxyamphetamine) || Países menos avanzados || Precio mínimo autorizado || Programas de mantenimiento con antagonistas, referido a opiáceos.

P_{MAX} Potencia máxima de disipación (Maximum Power Dissipation).

PMB Basófilos polimorfonucleares (Polymorphonuclear Basophils) || Hemorragia postmenopáusica (Postmenopausal Bleeding).

PMBR Perímetro muscular braquial.

PMBX Central (telefónica) privada manual (Private Manual Branch Exchange).

PMD Distrofia muscular progresiva (Progressive Muscular Dystrophy) || Psicosis maníaco depresiva.

PMDA Dianhídrido piromelítico (Pyromellitic Dianhidride).

PMDB Partido del Movimiento Democrático Brasileño.

PME Eosinófilos polimorfonucleares (Polymorphonuclear Eosinophils).

PMF Prednisona, metotrexato, fluorouracilo.

PMH Historia médica anterior (Past Medical History).

PMI Infarto miocárdico posterior (Posterior Myocardial Infarction).

PML Leucocitos polimorfonucleares (Polymorphonuclear Leukocytes) || Leucoencefalopatía multifocal progresiva (Progressive Multifocal Leukoencephalopathy) || Proteína de membrana latente.

PMLS Prueba múltiple de latencia del sueño.

PMM Parque móvil ministerial || Pentametilmelamina || Programas de mantenimiento con metadona.

PMMA Asociación de Fabricantes de Materiales de Plástico (Plastic Materials Manufacturers'Association, EE.UU.) || Polimetilmetacrilato (Polymethylmethacrylate).

PMN Polimorfonuclear.

pmol Picomol.

PMOS Metal óxido semiconductor de canal positivo (Positive Channel Metal Oxide Semiconductor).

PMP Fenil metil pirazolona (Phenyl Methyl Pyrazolone) || Partido de la Madre Patria, Turquía || Período menstrual precedente || Punto de máxima potencia.

PMR Polimialgia reumática || Resonancia paramagnética (Paramagnetic Resonance).

PMS Partido Mexicano Socialista || Síndrome Premenstrual (Premenstrual Syndrome).

PMT Partido Marfileño de los Trabajadores, Costa de Marfil || Partido Mexicano de los Trabajadores || Proteína Microsomal de Transferencia, referido a triglicéridos || Tensión Premenstrual (Premenstrual Tension).

PMTA (Mezcla de) Ácidos fosfomolíbdico y fosfotúngstico (Phosphomolybdic and Phosphotungstic Acids).

PMW Onda modulada por impulsos (Pulse Modulated Wave).

PMX Central (telefónica) privada manual (Private Manual Exchange).

Pn Pelotón || Protactinio.

PN Armada Pakistanesa (Pakistanese Navy) || Partido Nacional, Estado de Granada || Partido Nacional, Honduras || Partido Nacional, Nueva Zelanda || Partido Nacional, República de Sudáfrica || Parto Normal || Patrimonio Nacional || Periarteritis nodosa || Peso al nacimiento || Peso neto || Pielonefritis || Policía naval || Positivo-negativo || Postnatal || Programas de naltrexona || Propilendiamina || Psiquiatría y Neurología (Psychiatry and neurology).

Pna Panamá.

PNA Agencia de Noticias Filipina (Philippine News Agency) || Líneas Aéreas Nacionales de Pakistán (Pakistan National Airlines) || Países no alineados || Paranitroanilina || Péptido natriurético auricular || Pielonefritis aguda.

PNB Partido Nacional Basotho, Lesotho || Partido Nacionalista de Bangladesh || Partido Popular (Partido Ng Bayan, Filipinas) || Producto nacional bruto.

PNC Cloruro fosfonitrílico (Phosphonitrilic Chloride) || Partido Nacional Campesino, Rumanía || Penicilina (Penicillin) || (linfoma de células) Pequeñas no clivadas || Pielonefritis crónica.

PNCCD Partido Nacional Campesino Cristiano Demócrata, Rumanía.

PND Depresión postnatal (Postnatal Depression) || Disnea paroxística nocturna (Paroxysmal Nocturnal Dyspnea) || Partido Nacional Democrático, Egipto.

PNE Partido Nacional de Eslovenia || Propuesta de norma española.

PNET Tumor neuroectodérmico primitivo (Primitive Neuroectodermal Tumor).

PNF Partido Nacionalista de Filipinas || Partido de la Nueva Frontera. Japón.

png Persona non grata.

PNG Papúa Nueva Guinea || Partido Nacionalista Gallego (Partido Nacionalista Galego).

PNH Hemoglobinuria nocturna paroxística (Paroxysmal Nocturnal Hemoglobinuria).

PNIP Positivo-negativo-intrínseco-positivo.

PNL Panel || Partido Nacional Liberal, Libano || Partido Nacional Liberal, Rumanía.

PNM Movimiento Nacional del Pueblo (People National Movement, Trinidad y Tobago).

PNMT Feniletanolamina-N-metiltransferasa (Phenylethanolamine-N-Methyltransferase).

PNN Profesor no numerario.

pno Pergamino.

PNO Partido Nacional Popular (People's National Party, Jamaica).

PNP Partido Nacional Popular, Jamaica || Partido Nacional del Pueblo, Antillas Holandesas || Partido Nuevo Progresista, Puerto Rico || Polineuropatía || Positivo-negativo-positivo || Purina nucleósido fosforilasa (Purine Nucleoside Phosphorylase).

PNR Partido Nacional Religioso, Israel.

PNS Espacio postnasal (Postnasal Space) || Plan Nacional del SIDA || Sistema nervioso periférico (Peripheral Nervous System).

PNT Partido de Nuestra Tierra, Vanuatu || Parto normal a término (Normal Full Term Delivery).

PNU Partido Nacional Unido, Vanuatu || Partido Nacional Unificado, Sri Lanka.

PNUD Programa de las Naciones Unidas para el Desarrollo.

PNUMA Programa de las Naciones Unidas para el Medio Ambiente.

PNV Partido Nacionalista Vasco.

Pnx Pneumotórax.

PNZ Primero Nueva Zelanda, referido a partido político.

po Por boca (Per Os) || Por orden.

p° Pero || Piso || Primero.

P_o Potencia de salida.

P° Paseo || Pedro.

Po Polonio.

PO Oficina de correos (Post Office) || Oral (Per Os) || Oscilador de potencia (Power Oscillator) || Pequeñas ondas || Polonia || Pontevedra, referido a la matrícula nacional de automóvil || Por boca (Per Os) || Por orden || Postoperatorio (Postoperative) || Preparado Oficial, referido a formulación magistral || Presión osmótica || Puesto de observación.

$\mathbf{P_{O_2}}$ Presión parcial de oxígeno.

POA Antígeno pancreático oncofetal (Pancreatic Oncophetal Antigen).

POACH Prednisona, vincristina, arabinósido de citosina, ciclofosfamida, doxorrubicina.

POC Plataforma de Oposición Conjunta, Guinea Ecuatorial || Procarbacina, vincristina, lomustina.

POD Plan de Ordenación Docente.

POE Peroxidasa de los eosinófilos || polioxietileno.

POE-SMO Polioxietilado sorbitan monooleato.

POE-SMP Polioxietilado sorbitan monopalmitato.

POE-SMS Polioxietilado sorbitan monoestearato.

POE-STS Polioxietilado sorbitan triestearato.

POEC Plan de Ordenación para Equipamientos Comerciales.

POEMP (síndrome de) Polineuropatía, organomegalia, endocrinopatía, proteína M y lesiones en piel.

POEMS Monoestearato de polioxietileno (Polyoxyethylene Monostearate).

POEOP Polioxietilenoxipropileno.

POG Grupo de oncología pediátrica (Pediatric Oncology Group).

pOH Medida de la concentración de iones OH- o expresión del grado de alcalinidad.

Pol Policía || Política || Polonia.

POLA Primavera Política, referido a un partido político griego.

POLISARIO (frente) Político de Liberación del Sahara y Rio de Oro.

POMB Cisplatino, vincristina, metotrexato (con rescate mediante Leucovorin), bleomicina.

POMC Pro-opiomelanocortina (Pro Opiomelanocortin).

POMP Prednisona, vincristina, metotrexato, mercaptopurina.

Pont Pontoneros, referido al cuerpo militar.

POP Polioxipropileno || Presión osmótica del plasma.

POPDA Polioxipropilendiamina.

POPOP Fenil-oxazolil-fenil-oxazolil-fenil (Phenyl-Oxazolyl-Phenyl-Oxazolyl-Phenyl).

P_{opt} Potencia de salida óptima (Optimum Output Power).

PORE Partido Obrero Revolucionario Español.

port Portugués.

Port Portugal.

POS Positivo || Potencial || Potenciómetro.

POSL Partido Obrero Socialista de Luxemburgo.

$\mathbf{P_{osm}}$ Osmolalidad del Plasma.

post Posterior.

pot Potencial || Potenciómetro.

POT Puesto de observación y tiro.

Pot-Nite Nitrato potásico (Potassium Nitrate).

POUM Partido Obrero de Unificación Marxista.

POUP Partido Obrero Unificado Polaco.

POW Prisionero de guerra (Prisoner Of War).

POx Concentración plasmática de oxalato.

pp Después de las comidas (Post Prandium) || Páginas || Pico a Pico (Peak to Peak) || Por poder (Per Procurationem).

Pp Popa || Porte Pagado.

PP Contrafase (Push Pull) || Padres, referido a orden religiosa || Papa, referido a Su Santidad || Partido Popular || Partido Popular, Chequia || Partido Progresista, Dinamarca || Partido Progresista, Islandia || Partido Progresista, Noruega || Partido del Progreso, Guinea Ecuatorial || Partido de la Prosperidad, Turquía || Parto Prematuro || Pirofosfato (Pyrophosphate) || Placa del Pacífico, referido a geología || Placenta previa || Poder Proletario, Madagascar || Polipéptido Pancreático || Polipropileno (Polypropylene) || Populorum Progressio, referido a la encíclica || Porte pagado || Presión parcial || (Teoría de) Principios y parámetros, referido a lingüística || Protoporfiria || Proyectil perforante.

$\mathbf{P_{PA}}$ Presión en la arteria pulmonar.

PPA Agente de la neumonía de Pittsburg (Pittsburg Pneumonia Agent) || Asociación de Prensa de Pakistán (Pakistan Press Association) || Neumonía atípica primaria (Primary Atypical Pneumonia) || Partido Panameñista Auténtico, Panamá || Partido Peronista Auténtico, Argentina || Partido Popular Argelino (Parti Populaire Algérian) || Peste porcina africana || Polipéptido amiloide || Proteína precursora de la amiloide || Pseudoaldosteronismo primario (Pseudo Primary Aldosteronism).

$\mathbf{P_{PAH}}$ Concentración plasmática de ácido paraaminohipúrico.

PPAI Polipéptido amiloidótico del insulinoma.

ppb Partes por billón.

PPB Respiración a presión positiva (Positive Pressure Breathing).

PPC Ordenador personal programable (Programmable Personal Computer) || Partido Popular de Camboya || Partido Progresista de los Ciudadanos, Liechtenstein || Presión de perfusión cerebral.

PPCD Partido Popular Cristiano Demócrata, Hungría || Pirofosfato cálcico dihidratado.

PPCH Proyectil perforante de carga hueca.

PPCVR Presión positiva continua en las vías respiratorias.

PPD Coalición de Partidos Musulmanes, Indonesia || Derivado proteico purificado, referido a la tuberculina (Purified Protein Derivative) || Detector de presencia del pasajero (Passenger Presence Detector) || Incapacidad parcial permanente (Permanent Partial Disability) || Partido por la Democracia, Chile || Partido por la Paz y la Democracia, Corea del Sur || Partido Popular Democrático, Puerto Rico || Partido Progresista Democrático, Taiwan || Partido para la Prosperidad Democrática, Macedonia || Piperidina pentametileno ditiocarbonato || Trastorno paranoide de la personalidad (Paranoid Personality Disorder).

PPDH Partido de Protección de los Derechos Humanos, Samoa.

ppdo Próximo pasado.

PPE Partido Popular Europeo || Protoporfiria eritropoyética.

PPF Fracción proteica del plasma (Plasma Protein Fraction) || Parálisis periódicas familiares || Partido Político Fijiano, Fiji.

PPFE Presión positiva al final de la espiración.

PPG Parapsoriasis en placas grandes || Partido Popular Gallego || Polipropilenglicol.

PPGE Partido del Progreso de Guinea Ecuatorial.

PPH Hemorragia postparto (Post Partum Hemorrhage) || Piropoiquilocitosis hereditaria.

PPHP Pseudopseudohipoparatiroidismo.

PPI Acoplador periférico programable (Programmable Peripheral Interface) || Incapacidad parcial permanente (Permanent Partial Incapacity) || Indicador de posición en el plano (Plan Position Indicator) || Partido del Pueblo de Irán || Partido Popular Indio || Partido Popular Italiano.

P_{pl} Presión parcial en el plasma || Presión pleural, referido a intrapleural.

PPL Proteína proteolipídica de la mielina.

ppm Páginas por minuto || Partes por millón || Pulsaciones por minuto.

PPM Imán periódico permanente (Periodic Permanent Magnet) || Modulación de impulsos en fase (Pulse Phase Modulation) || Modulación de impulsos en posición (Pulse Position Modulation) || Partido Progresiste Martiniqués (Parti Progressiste Martiniquais, Isla de la Reunión) || Partido Progresista Melanesio, Vanuatu.

ppm/°C Partes por millón por Grado Centígrado.

PPN Nutrición parenteral periférica (Peripheral Parenteral Nutrition) || Partido Progresista Nacional, Mongolia.

PPO Óxido de polifenileno (Polyphenylene Oxide).

P_{PO_4} Concentración plasmática de fosfato.

ppp Puntos por pulgada.

PPP Partido Popular de Pakistán (Pakistan's People's Party) || Partido Progresista Popular, Gambia || Partido Progresista Popular, Guyana || Partido Progresista Popular, Nueva Guinea || Plan Personal de Pensiones || Plasma pobre en plaquetas || Punción percutánea pulmonar.

PPPI Indicador de posición en el plano y de precisión (Precission Plan Position Indicator) || Partido de los

Pequeños Propietarios Independientes, Hungría.

PPPPI Indicador de posición en el plano con proyección fotográfica (Photographic Projection Plan Position Indicator).

PPRR Partido Popular Republicano de Rusia.

pps Impulsos por segundo (Pulses Per Second).

PPS Partido Popular Salvadoreño, El Salvador || Partido Popular Socialista, México.

PPSC Partido Popular Social Cristiano, Nicaragua.

PPSD Partido Popular Socialdemócrata, Turquía.

PPSE Potencial postsináptico excitatorio.

PPSI Potencial postsináptico inhibitorio.

PPT Precursores postímicos || Púrpura postransfusional || Tiempo de protrombina parcial (Partial Prothrombin Time).

PPU Partido Popular Unido, Belize || Partido Popular Unificado, San Cristóbal y Nevis || Partido Progresista Unificado, Estado de Antigua y Barbuda.

PPV Valor predictivo positivo (Positive Predictive Value) || Ventilación a presión positiva (Positive Pressure Ventilation, referido al pulmón).

PQ Cociente de Permeabilidad (Permeability Quotient) || Partido Quebequés (Parti Québecois, Canadá) || Puesto Quirúrgico.

PQA Puesto quirúrgico avanzado.

PQC Proteinquinasa C.

pr Por || Por el recto (Per Rectum).

Pr Praseodimio || Presbiopia || Proa.

Pr Presión reducida.

PR Escaso riesgo (Poor Risk) || Frecuencia del pulso (Pulse Rate) || Inversión periódica (Periodic Reverse) || Parálisis recurrente || Partido Radical, Chile || Partido Republicano || Partido Riojano || Período refractario, referido a un estímulo || Pielografía retrógrada || Proyectil rompedor || Pulso radial || Receptor de progesterona (Progesterone Receptor) || Reflejo patelar (Patellar Reflex) || Remisión parcial (Partial Remission, referido a enfermedad) || Puerto Rico.

P_{RA} Presión en la aurícula derecha (Pressure of Rigth Atrial).

PRA Actividad de la renina plasmática (Plasma Renin Activity) || Fosforribosilamina || Partido Republicano de Albania || Período refractario absoluto, referido a un estímulo || Primera Región Aérea.

PRAD Poliquistosis renal autosómica dominante.

pral Principal.

PRAPV Período refractario auricular postventricular.

prbro Presbítero.

PRBS Secuencia binaria pseudoaleatoria (Pseudo Random Binary Sequence).

PRC Concentración de la renina plasmática (Plasma Renin Concentration) || Partido de la Refundación Comunista, Italia || Partido Regionalista Cántabro.

PRD Partido Reformista Democrático || Partido de Renovación Democrática (Parti de la Rénovation Démocratique, Djibuti) || Partido de Renovación y Desarrollo, Guinea Bissau || Partido Renovador Democrático, Portugal || Partido de la Revolución Democrática (México) || Partido Revolucionario Democrático, Panamá || Partido Revolucionario Dominicano, República Dominicana || Programas de Reducción de Daños (Programes de Reducció de Danys, referido a drogodependencias en Cataluña).

PRDS Partido Radical Democrático Suizo (Parti Radical Démocratique Suisse) || Partido Republicano Democrático y Social (Parti Républicain Démocratique et Social, Mauritania).

PRE Partido Roldosista Ecuatoriano || Período refractario efectivo, referido a un estímulo.

pre-K Precalicreína.

PREAMP Preamplificador.

Pred Prednisona.

pref Prefijo.

Prela Prensa Latina, referido a la agencia de noticias de Cuba.

Pres Presente || Presidencia || Presidente.

PRF Factor liberador de prolactina (Prolactin Releasing Factor) || Frecuencia de repetición de impulsos (Pulse Repetition Frequency) || Partido Revolucionario Febrerista, Paraguay || Período refractario funcional || Proteína reguladora del folículo.

PRGC Péptido relacionado con el gen de la calcitonina.

PRH Hormona liberadora de prolactina (Prolactin Releasing Hormone).

PRHPT Proteína relacionada con la HPT.

PRI Fosforribosa isomerasa || Países de reciente industrialización || Partido Republicano Italiano (Partito Repubblicano Italiano) || Partido Revolucionario Independiente, República Dominicana || Partido Revolucionario Institucional, México || Proteínas de la reacción inflamatoria.

PRIF Factor inhibidor de la liberación de prolactina (Prolactin Releasing Inhibitory Factor).

PRIM Primario, referido a un transformador.

PRIND Déficits neurológicos prolongados reversibles de origen isquémico (Prolonged Reversible Ischaemic Neurological Deficits).

PRIST Test de radioinmunoabsorción sobre papel (Paper Radioimmunosorbent Test).

priv Privilegio.

PRL Paralelo || Prolactina (Prolactin).

PRM Potencial relacionado con el Movimiento || Puromicina.

PRN Partido de la Reconstrucción Nacional, Brasil || Partido de la Reforma de Nevis, San Cristobal y Nevis || Poliradiculoneuritis.

Pro Prolina || Promielocitos.

proc Procesión.

Proc Procarbacina.

PRODENI (asociación) Proderechos del niño.

prof Profesor || Profeta.

Prof Profesor.

Profª Profesora.

prog Prognosis.

pról Prólogo.

PROLOG Programación lógica, referido a informática.

PROM Memoria programable de lectura solamente (Programmable Read Only Memory) || Ruptura prematura de las membranas (Premature Rupture Of Membranes, referido a ginecología).

PRONASOL Programa Nacional de Solidaridad, México.

pror Procurador.

Prosac Profesionales Sanitarios Cristianos.

prot Protocolo.

PROTO Protoporfirinógeno.

prov Provincia || Provisional.

prox Próximo.

PRP Partido Riojano Progresista || Plasma rico en plaquetas || Polirribosil ribitol fosfato || Prostatectomía Retropúbica || Proyectil rompedor a percusión.

PRPE Partido Revolucionario Popular de Etiopía.

PRPK Partido Revolucionario Popular de Kampuchea, Camboya.

PRPL Partido Revolucionario Popular de Laos.

PRPM Partido Revolucionario Popular de Mongolia.

PRPP Fosforribosil pirofosfato (Phosphoribosyl Pyrophosphate).

PrPTH Proteína relacionada con la parathormona.

PRQ Potenciometría de resolución química.

PRR Frecuencia de repetición de impulsos (Pulse Repetition Rate) || Período refractario relativo, referido a un estímulo.

PRS Partido Radical Serbio || Partido para la Renovación Social, Guinea Bissau.

PRSA Sociedad de Relaciones Públicas de América (Public Relations Society of America, EE.UU.).

PRSC Partido Reformista Social Cristiano, República Dominicana.

PRSG Partido Revolucionario Socialista Gambiano, Gambia.

PRT Fosforribosiltransferasa (Phosphoribosyltransferase) || Imprimir (Print) || Partido Revolucionario de Tanzania || Período Refractario total, referido a un estímulo || Proyectil rompedor a tiempos.

PRTRAZ Proyectil rompedor trazador.

PRU Porcentaje de reducción de la urea.

Prue Prudencia (Prudence).

P_{RV} Presión en el ventrículo derecho (Pressure of Rigth Ventricle).

PRVE Período refractario ventricular efectivo.

PRZ Pirazinamida.

ps Pesos || Picosegundo || Poco Soluble (1 en de 30 a 100) || Por segundo || Posdata (Post Scriptum) || Pseudónimo.

Ps Positronio || Pseudomonas.

P_S Potencia de la Fuente (Source Power).

P_s Polarización de superficie.

PS Alimentación de potencia (Power Supply) || Cirugía plástica (Plastic Surgery) || Después de lo escrito (Post Scriptum) || Estenosis pulmonar (Pulmonary Stenosis) || Fosfatidilserina (Phosphatidyl Serine) || Partido Socialista || Parto espontáneo (Spontaneous Delivery) || Pérdida por suceso || Posdata (Post Scriptum) || Posteroseptal || Presión de la sangre || Presión sistólica || Presenilina || Puesto de socorro || Sueño paradójico (Paradoxical Sleep).

PS de C Partido Socialista de Chile.

PS:VTS (relación) Presión sistólica-volumen telesistólico.

PSA Antígeno prostático específico (Prostatic Specific Antigen) || Partido Socialista de Albania || Partido Socialista de Andalucía || Sociedad Fotográfica de América (Photographic Society of America, EE.UU.).

PSAGN Glomerulonefritis aguda postestreptocócica (Post-Streptococcal Acute Glomerulonephritis).

PSAN Partido Socialista de Liberación Nacional (Partit Socialista d'Alliberament Nacional, Cataluña).

PSB Partido Socialista de Bulgaria || Producto Social Bruto || Pulsador Selector de Banda.

P_{sc} Presión en el seno carotídeo.

PSC Partido Social Conservador, Colombia || Partido Social Cristiano, Ecuador || Partido Social Cristiano (Parti Social Chrétien, de los Valones de Bélgica || Partido de los Socialistas de Cataluña (Partit dels Socialistes de Catalunya) || Presión del seno carotídeo.

PSCLA Puesto de socorro y clasificación.

PSCN Partido Social Cristiano de Nicaragua.

PSD Enanismo psicosocial (Psychosocial Dwarfism) || Partido Social Demócrata, Nicaragua || Partido Social Demócrata, Portugal || Partido Social Democrático, Albania || Partido Social Democrático, Dinamarca || Partido Social Democrático, Santo Tomé y Príncipe || Partido Socialista Democrático, Chequia || Partido Socialista Democrático, Guatemala || Partido Socialista Democrático, Japón || Prueba de la supresión de la dexametasona.

PSDB Partido Social Democrático Brasileño.

PSDG Partido Socialista de Galicia.

PSDI Partido Socialista Democrático Italiano (Partito Socialista Democratico Italiano).

PSDJ Partido socialista Japonés.

PSDL Partido Social Democrático de Lituania.

PSDM Partido Social Demócrata de Mauricio, Estado de Mauricio.

PSDR Partido de la Social Democracia de Rumanía.

PSE Encefalopatía porto-sistémica (Portal-Systemic Encephalopathy) || Pacto de Solidaridad Económica, México || Partido Socialista Europeo || Partido Socialista de Euzkadi.

psec Picosegundo.

pseg Picosegundo.

psf Libras por pie cuadrado (Pounds per Square Foot).

PSF Partido Socialista Francés.

PSG Partido Socialista de Galicia || Partido Socialista de la Guayana || Polisomnografía || Polisomnograma.

PSG-EG Partido Socialista Gallego-Izquierda Gallega (Partido Socialista Galego-Esquerda Galega).

PSGN Glomerulonefritis postestreptocócica (Post-Streptococcal Glomerulonephritis).

PSH Partido Socialista Húngaro.

psi Libras por pulgada cuadrada (Pounds per Square Inch).

PSI Inventario de tamizaje psicológico (Psychological Screening Inventory) || Partido Socialista Italiano (Partito Socialista Ialiano) || Partido Socialista de Izquierda, Noruega || Pura sangre inglés, referido a caballos.

psia Libras por pulgada cuadrada absoluta (Pounds per Square Inch Absolute).

psid Libras por pulgada cuadrada sobre la presión diferencial (Pounds per Square Inch Differential).

psig Libras por pulgada cuadrada sobre la presión atmosférica (Pounds per Square Inch Gauge).

PSIUP Partido Socialista Italiano de Unidad Proletaria.

PSK Manipulación por desplazamiento de fase (Phase Shift Keying) || Partido Socialista de Kazajstan.

PSL Partido Socialista Liberal, Egipto.

PSLC Partido Social Liberal Croata.

PSM Modulación por pendiente de impulso (Pulse Slope Modulation) || Partido Socialista de Mallorca || Por su mandato.

PSN Partido Socialista de Navarra || Partido Socialista Nicaraguense.

PSNA Polisacáridos que no son almidón.

PSNS Sistema nervioso parasimpático (Parasympatic Nervous System).

pso Psofómetro o psofométrico.

PSOE Partido Socialista Obrero Español.

PSP Fenolsulfonftaleína (Phenolsulfonphtalein) || Parálisis supranuclear progresiva || Partido Socialista Popular || Partido Socialista Popular, Dinamarca || Prostatectomía suprapúbica.

PSPV Partido Socialista del País Valenciano.

PSRS Partido Socialista Revolucionario Somalí, Somalia.

PSS Esclerosis sistémica progresiva (Progressive Systemic Sclerosis) || Partido Socialista Serbio || Partido Socialista San Marinés || Partido Socialista Suizo (Parti Socialiste Suisse) || Prestación social sustitutoria || Pruebas serológicas (reactivas) de la sífilis || Síndrome del estrés porcino (Porcine Stress Syndrome) || Solución salina fisiológica (Physiological Saline Solution).

PST Hora normal del pacífico (Pacific Standard Time) || Porcentaje de saturación de la transferrina || Partido Socialista del Trabajo, Egipto || Partido Socialista del Trabajo, Rumanía || Partido Socialista de los Trabajadores.

PSTH Partido Socialista de los Trabajadores de Hungría.

PSTR Prótesis sujeta por el tendón rotuliano.

PSU Partido Socialista Unitario (Partito Socialista Unitario, San Marino).

PSUC Partido Socialista Unificado de Cataluña (Partit Socialista Unificat de Catalunya).

PSUM Partido Socialista Unificado de México.

PSV Promotora social de viviendas.

PSVD Presión sistólica del ventrículo derecho.

PSVI Presión sistólica del ventrículo izquierdo.

PSY Partido socialista del Yemen.

pt Parte (Part) || Pinta o Cuartillo (Pint) || Punto (Point).

Pt Platino.

PT Fisioterapia (Physiotherapy) || Pacem in Terris, referido a la encíclica || Paratiroides || Partido del Trabajo, Corea del Norte || Partido de los Trabajadores, Brasil || Partido de los Trabajadores, Singapur || Prednisona, tamoxifen || Punto (Point) || Tiempo de protrombina (Prothrombin Time) || Tuberculosis pulmonar (Pulmonary Tuberculosis).

pta Pasta || Peseta (as) || Puerta.

PTA Ácido fosfotúngstico (Phosphotungstic Acid) || Antecedente de la tromboplastina plasmática || Amnesia postraumática (Posttraumatic Amnesia) || Partido del Trabajo de Albania || Unidad de almacenamiento de programa (Program Storage Unit) || Unidad de puerta compartida (Port Sharing Unit).

PTAI Púrpura trombocitopénica autoinmunitaria.

ptas Pesetas.

PTB Partido del Trabajo Brasileño || Partido del Trabajo de Burkina, Burkina Faso.

PTBF (Resina de) Para-terciario-butil-fenolformaldehído.

PTC Coeficiente de temperatura positivo (Positive Temperature Coefficient) || Colangiografía transhepática percutánea (Percutaneous Transhepatic Cholangiography) || Componente de la tromboplastina plasmática || Partido de los trabajadores coreanos, Corea del Norte.

PTCIV Prueba de tolerancia de la glucosa intravenosa.

PTCL Linfoma de células T periféricas (Peripheral T-cell Lymphoma).

PTD Incapacidad permanente total (Permanent Total Disability) || Prevención y tratamiento de las depresiones || Presión telediastólica.

PTDQ Polímero de trimetildihidroquinoleína.

PTDVD Presión telediastólica del ventrículo derecho.

PTDVI Presión telediastólica del ventrículo izquierdo.

pte Porte || Presente.

PTE Partido de los Trabajadores de España || Partido de los Trabajadores de Etiopía || Prueba de tolerancia al esfuerzo || Tromboembolismo pulmonar (Pulmonary Thromboembolism).

PTEC Proteína transferidora de ésteres de colesterol.

PTFE Politetrafluoroetileno (Polytetrafluoroethylene).

PTG Prueba de tolerancia a la glucosa.

PTGMF Planes técnicos de gestión y mejora forestal.

PTGO Prueba de tolerancia a la glucosa oral.

PTH Hepatitis postransfusional (Post-

Transfusion Hepatitis) || Hormona paratiroidea (Parathyroid Hormone).

PTH$_i$ Concentración de hormona paratiroidea inmunorreactiva.

PTHrP Péptido relacionado con la hormona paratiroidea.

PTI Incapacidad permanente total (Permanent Total Incapacity) || Pensión Temporal Inmediata || Púrpura trombocitopénica idiopática.

pTIA Ataque isquémico cerebral transitorio prolongado (prolonged Transient Ischemic Attack).

PTir Fosfotirosina.

PTK Partido de los Trabajadores Kurdos.

PTL Línea (telefónica o telegráfica) local particular (Private Tieline) || Prueba de transformación linfoblástica.

PTM Modulación de impulsos en tiempo (Pulse Time Modulation).

PTMA Mezcla de ácidos fosfotúngstico y Fosfomolíbdico (Phosphotungstic and Phosphomolybdic Acid Mixed Acids).

PTMB Plan Territorial Metropolitano de Barcelona.

PTMEG Politetrametileno éter glicol.

PTMS Para-toluidina-meta-sulfónico.

PTN Proyectil termonuclear.

PTOG Prueba de tolerancia oral a la glucosa.

P_{tot} Potencia total de disipación (Total Power Dissipation).

PTR Impresora (Printer).

PTRP Presión telerrespiratoria positiva.

pts Pesetas.

PTS Servicio de transmisión de programas (Program Transmission Service).

PTSA Para-toluenosulfonamida.

PTSD Trastorno por estrés postraumático (Posttraumatic Stress Disorder).

PTT Apretar para hablar (Push To Talk) || Correos, Teléfonos y Telégrafos (Posts, Telephone and Telegraph) || Púrpura trombótica trombocitopénica || Tiempo de tromboplastina parcial (Partial Thromboplastin Time).

PTTA Punción transtraqueal aspirativa.

PTU Países y territorios de ultramar || Propiltiouracilo (Propylthiouracil).

PTV Parque tecnológico del Vallés (Parc Tecnològic del Vallès, Cataluña).

Pu Plutonio.

PU Captador, fonográfico (Pick-Up) || Poliuretano (Polyurethane) || Úlcera péptica (Peptic Ulcer) || Unidad de potencia.

PUC Contracciones Uterinas Prematuras (Premature Uterine Contractions).

PUD Partido Unionista Democrático, Sudán.

PUDE Partido de Unidad Democrática de Etiopía.

PUDEMO Movimiento Democrático Unificado Popular, Swazilandia.

PUF Preses Universitaires de France.

PUFA Ácidos grasos poliinsaturados (Polyunsaturated Fatty Acids).

PUG Partido Unión Generaleña, Costa Rica.

PUN Partido de la Unidad Nacional (Parti de la Unité National, Haití) || Partido Unitario Nacional, Myanmar.

PUNK Partido de la Unidad Nacional de Kampuchea, Camboya.

PUNR Partido de la Unidad Nacional Rumano.

PUO Fiebre (pirexia) de origen desconocido (Pyrexia of Unknown Origin).

PUP Partido de la Unidad de Papúa-Nueva Guinea || Partido de Unidad Popular, Kazajstan || Partido Unido del Pueblo, Islas de Turcos y Caicos ||

Partido Unionista Progresista, Irlanda del Norte || Potencia de cresta de modulación (Peak Unvelope Power) || Princeton University Press.

PUR Partido de Unidad Republicano, Ecuador.

PUSC Partido de Unidad Social Cristiana, Costa Rica.

PUSD Partido Unido Social Democrático, Guinea Bissau.

PUT Partido Unificado de los Trabajadores, Santa Lucía || Presión, volumen, temperatura || Transistor Uniunión Programable (Programmable Unijunction Transistor).

PUTP Partido Unido de los Trabajadores Polacos.

PUU Partido de los Liberales Flamencos, Bélgica.

PUVA Psoralenos más luz ultravioleta A, referido a onda larga.

pv Por vagina (Per Vaginam).

pV Picovoltio.

Pv Polvorín.

PV Cisplatino, tenipósido || Partido Vanuoaku, Vanuatu || Pitiriasis versicolor || Plasmodium vivax || Policitemia vera (Polycythemia Vera) || Porfiria variegata || Precio de venta || Presión venosa || Vena porta (Portal Vein) || Volumen plasmático (Plasma Volume).

PVA Alcohol polivinílico (Polyvinyl Alcohol).

PVAc Acetato de polivinilo (Polyvinyl Acetate).

PVB Cisplatino, vinblastina, bleomicina || Polivinilbutiral.

PVB+A Cisplatino, vinblastina, bleomicina + Adriamicina.

PVC Cloruro de polivinilo (Polyvinyl Chloride) || Concentración de volumen de pigmento (Pigment Volume Concentration) || Contracción ventricular prematura (Premature Ventricular Contraction) || Presión venosa central || Proporción ventriculocraneal.

PVCH Polivinilciclohexano (Polyvinylcyclohexane).

P_{vCO_2} Presión parcial de anhídrido carbónico en sangre venosa.

PVD Enfermedad vascular periférica (Peripheral Vascular Disease) || Países en vías de desarrollo || Presión en ventrículo derecho.

PvdA Partido Socialista (Partij van de Arbeid, Holanda).

PVDC Dicloruro de polivinilo (Polyvinyl Dichloride).

PVE Poliviniletiléter || Potenciales visuales evocados.

PVeBV Cisplatino, vinblastina, bleomicina, etopósido.

PVF Fluoruro de polivinilo (Polyvinyl Fluoride).

PVI Acoplador programable para vídeo (Programable Video Interface) || Polivinilisobutiléter || Presión en ventrículo izquierdo.

PVM Polivinilmetil || Prolapso de la válvula mitral.

PVM/AM Polivinilmetiléter-anhídrido maleico.

P_{vO_2} Presión parcial de oxígeno en sangre venosa.

PVOH Alcohol polivinílico.

PVP Polivinilpirrolidona (Polyvinyl Pyrrolidone) || Precio de venta al público || Presión venosa periférica (Peripheral Venous Pressure).

PVS Estado vegetativo persistente (Persistent Vegetative State).

PVSG Grupo de Estudio de la Policitemia Vera.

PVT Poliviniltolueno || Potenciales ventriculares tardíos || Presión, volumen y temperatura.

PVTC Controlador del tiempo de vídeo programable (Programmable Video Time Controller).

PVTCA Tricloroacetato de polivinilo (Polyvinyltrichloroacetate).

PVTE Privado (Private).

pvz Pulverización, referido a las fracturas múltiples de una cromátide o cromosoma.

PVZ Patrullero de vigilancia de zona.

pW Picovatio (Picowatt).

PW Circuito impreso (Printed Wiring) || Línea particular (Private Wire) || Prisionero de guerra (Prisoner of War).

PWL Nivel de potencia (Power Level).

PWM Modulación de anchura de impulsos (Pulse Width Modulation).

pWp Picovatios con ponderación psofométrica.

PWR Potencia (Power) || Reactor de agua pesada (Power Water Reactor).

PWRSPLY Fuente de potencia (Power Supply).

Px Prognosis.

PX Central (telefónica) privada (Private Exchange).

PXE Proteína X de los Eosinófilos || Pseudoxantoma elástico.

py Piridina.

PY Paraguay, referido a la matrícula internacional de automóvil || Pulso Yugular.

PYA Psicoanálisis (Psychoanalysis).

PYME Pequeña y mediana empresa.

Pyo Piocinasa (Pyocynase).

pyr Piridina (Pyridine).

PYY Péptido YY.

Pz Paleozoico || Pieza, referido a obús o cañón de artillería.

PZ Pancreocimina.

Pza Plaza.

PZA Pirazinamida.

PZI Protamina zinc insulina.

Q

q Averiguar (Quaere) || Brazo largo de un cromosoma || Cada (Quaque) || Cantidad de electricidad || Casi (Quasi) || Quintal.

q Carga eléctrica || Humedad específica.

Q Cantidad de Luz || Carga eléctrica || Coeficiente de actividad solar || Fiebre Q || Quintal métrico || Transistor || Volumen minuto cardíaco.

Q Calidad (Quality) || Cantidad, referido a calor, electricidad o luz || Cuarta parte (Quadrans).

QA Amonio cuaternario (Quaternary Ammonium) || Queratosis actínica.

QAGC Control automático de ganancia con silenciador (Quiet Automatic Gain Control).

QAN Químico analista.

QAR Químico artificiero.

QAS Sulfanilamida de amonio cuaternario (Quaternary Ammonium Sulphanilamide).

QAVC Control automático de volumen silencioso (Quiet Automatic Volume Control).

qbsm Que besa su mano.

QBSM Que besa su mano.

qbsp Que besa sus pies.

QBSP Que besa sus pies.

QC Quinta columna.

qd Cada día (Quaque Die).

qDg Que Dios guarde.

QDG Que Dios guarde.

QDISC Desconexión rápida (Quick Disconnet).

qds Para ser tomado cuatro veces al día (Quater in Die Sumendus).

qege Que en gloria esté.

qepd Que en paz descanse.

qesm Que estrecha su mano.

QFE Transistor de efecto de campo (Transistor Field Effect).

QFR Queratectomía fotorrefractiva.

qgDma Que guarde Dios muchos años.

qgg Que gloria goce.

qh Cada hora (Quaque Hora).

qid Cuatro veces al día (Quater In Die).

QIP Descanse en paz (Quiescat In Pace).

QLS Escala de calidad de vida (Quality of Life Scale).

qm Cada mañana (Quaque Mane).

qn Cada noche (Quaque Nocte).

QO_2 Aporte de oxígeno.

QOA Quiste óseo aneurismático.

QP Químicamente puro.

QPL Lista de productos cualificados (Qualified Products List).

QR Reflejo del cuádriceps (Quadriceps Reflex).

QS Cuadrafónico estereofónico (Quadraphonic Stereophonic).

QSB Transistor de barrera superficial (Transistor Surface Barrier).

qsgh Que santa gloria haya.

QSO Objeto casi estelar (Quasi Stellar Object).

qt Cuarto (quart).

Q_T Volumen minuto cardíaco total.

QT Tiempo de Quick (Quick's Time) || Transistor tetrodo.
QU Transistor uniunión.
qual Cualitativo (Qualitative).
QUAM Modulación de amplitud en cuadratura (Quadrature Amplitude Modulation).
quant Cuantitativo (Quantitative).
quasar Casi estelar (Quasi Stellar).
quat Cuaternario (Quaternary).
quatam Amonio cuaternario (Quaternary Ammonium).
Quí Química.
quotid Diariamente (Quotidie).
QVR Varistor.
QZG Quimiorreceptores de la zona gatillo.

R

r Cociente de relación, referido a estadística || Constante específica de un gas || Cromosoma en anillo || Rublo, referido a la unidad monetaria de Rusia || Rupia, referido a la unidad monetaria || Unidad roentgen.

r Radio || Resistencia específica.

R Alternar (Rotate) || Constante de Rydberg || Constante molar de los gases || Densidad de flujo radiante || Emisión radiante || Inverso (Reverse) || Número de Wolf || Radar || Radical orgánico, referido al símbolo usado en formulación química || Radiología || Rafael || Ramón || Rand, referido a la unidad monetaria de la República de Sudáfrica || Rankine, referido a la escala de temperatura || Raúl || Real || (grados) Reaumur || Rectificador || Rector || Redactor || Regimiento || Registro || Reglamento || Remolque || República || Republicano || Resistencia || Resistencia Central de las vías aéreas, referido al pulmón || Resistencia eléctrica || Respiración || Reverendo || Rey (Rex) || Rickettsia || Roberto || Roentgen || Rojo || Rosa || Rúbrica || Rumanía, referido a la matrícula internacional de automóvil || Tomar (Recipe, referido a un medicamento) || Volumen de un gas perfecto.

R Constante molar, referido a un gas.

R/C Cociente de resistencia por capacitancia || Control remoto (Remote Control).

R/CM Radar contra morteros.

r/m Revoluciones por minuto.

r/min Revoluciones por minuto.

R/P Registro y reproducción.

r/s Revoluciones por segundo.

R/T Radioteléfono o radiotelefonía || Radiotelegrafía || Radiotelégrafo || Receptor-transmisor.

R/W Lectura-escritura (Read-Write).

R' Radio en minutos de arco.

R" Radio en segundos de arco.

R+ (Prueba de) Rinne positiva.

R- (Prueba de) Rinne negativa.

R-C Resistencia-capacitancia.

R&D Investigación y desarrollo (Research and Development).

R&R Frecuencia y ritmo (Rate and Rhythm, referido al pulso) || Rock and roll.

R_a Resistencia exterior de ánodo.

Ra Radio, referido al mineral.

RA Argentina, referido a la matrícula Internacional de automóvil || Artritis reumatoide (Rheumatoid Arthritis) || Brazo derecho (Right Arm) || Radioactivo || Reacción alérgica || Receptor adrenérgico || Reflejo aquíleo || Regimiento de artillería || Remolcador de altura || República argentina || Respiración artificial || Reticuloide actínico.

RAA (Calculador de la) Altitud de los aviones mediante radar (Radar Aircraft Altitude) || Real Academia de Artes (Royal Academy of Arts, Reino Unido) || Renina-angiotensina-aldosterona || Residuos (radiactivos) de alta actividad || Reumatismo articular agudo.

RAAA Regimiento de Artillería Antiaérea.

RAAAL Regimiento de Artillería Antiaérea Ligera.

Rab Rabat.

RABAL Globo radiosonda (Radiosonde Ballon).

rac Racémico.

RAC Corriente alterna rectificada (Rectified Alternating Current) || Real Automóvil Club || Red automática conmutada || Regulador de la activación del complemento || Retinopatía asociada al cáncer.

RACA Regimiento de Artillería de Campaña.

RACER Seguridad funcional, disponibilidad, compatibilidad, economía, reproductibilidad (Reliability, Availability, Compatibility, Economy, Reproductibility).

RACES Servicio de Emergencia Civil de Radioaficionados (Radio Amateur Civil Emergency Service).

RACMP Real Academia de Ciencias Morales y Políticas.

RACT Reacción alérgica cutánea tardía.

RACTA Regimiento de Artillería de Costa.

rad Dosis de radiación absorbida (Radiation Absorbed Dose) || Radar || Radiactivo || Radiador || Radián || Radio || Radiología || Radiólogo || Radioterapia.

RAD Constante solar || Radio || Radar || Real Academia de Danza (Royal Academy of Dancing, Reino Unido).

RADA Real Academia de Arte Dramático (Royal Academy of Dramatic Art, Reino Unido).

RADAC Conmutación automática digital rápida.

RADAN Navegación automática mediante radar Doppler (Radar Doppler Automatic Navigator).

RADAR Detección y referencia por radio (Radio Detecting And Ranging).

RADCM Radar contramedidas (Radar Countermeasures).

RADIF Radiodifusión.

rad/s Radián por segundo.

RAE Real Academia Española || República Árabe de Egipto.

RAEB Anemia refractaria con exceso de blastos (Refractary Anemia With Excess Blasts).

RAEC Relación de la actividad con la estructura cualitativa.

RAEK Región Administrativa Especial de Hong-Kong.

RaEm Emanación de radium (Radium Emanation).

RAF Fracción del Ejército Rojo (Rote Armee Fraktion, Alemania) || Real Fuerza Aérea (Royal Air Force, Reino Unido).

Rafl Rafael.

RAH Royal Albert Hall, Londres.

RAI Iniciativa regional aeroespacial (Regional Aerospatial Initiative) || Radiotelevisión Italiana (Radio Audizioni Italia) || Real Instituto Antropológico (Royal Anthropological Institute, Reino Unido) || Registro de aceptos impagados || Yodo radiactivo (Radioactive Iodide).

RAIL Regimiento de Artillería de Información y Localización.

RAIU Captación de yodo radiactivo (Radiactive Iodine Uptake, referido al tiroides).

RAL Rotación a la izquierda del acumulador (Rotate Accumulator Left).

RALCA Regimiento de Artillería Lanzacohetes de Campaña.

ram Masa atómica relativa (Relative Atomic Mass).

RAM Memoria de aceso aleatorio (Random Acces Memory) || Real Academia de Música (Royal Academy of Music) || Reales Líneas Aéreas de Marruecos (Royal Air Maroc).

RAMARK Radar marcador (Radar Marker).

RAMCP Registro de la ablación y mapa cardíaco percutáneo.

RAME Radar meteorológico.

RAMIX Regimiento de Artillería Mixto.

RAMMOS Memoria de aceso aleatorio metal óxido semiconductor (Random Acces Memory Metal Oxide Semiconductor).

RAN Armada Real Australiana (Royal Australian Navy) || Recuento Absoluto de Neutrófilos.

RANA Antígeno nuclear de la artritis reumatoide (Rheumatoid Arthritis Nuclear Antigen).

RAP Dolor abdominal recurrente (Recurrent Abdominal Pain) || Respuesta asmática precoz.

RAPCON Control de aproximación por radar (Radar Approach Control).

RAR Receptor de ácido retinoico || Rotación a la derecha del acumulador (Rotate Accumulator Right).

RAS Sistema renina angiotensina (Renin Angiotensin System).

RASD República Árabe Saharaui Democrática.

RAST Test de radioalergoabsorción (Radioallergosorbent Test).

RAT Respuesta asmática tardía.

RATAN Radar y televisión de ayuda a la navegación (Radar and Television Aid to Navegation).

RATRAN Radar de triangulación (Radar Triangle).

RATT Radioteletipo.

RAU República Árabe Unida, referido a Egipto.

RAV Radar de vigilancia.

Raw Resistencia de las vías respiratorias (Airway Resistance, referido al flujo de aire).

Rb Rubidio.

$\boldsymbol{R_B}$ Resistencia de base, referido a un transistor (Base Resistance).

RB Ballet Real (Reino Unido) || Banco de registro (Register Bank) || Botswana, referido a la matrícula internacional de automóvil || Reflejo bicipital || República de Bolivia.

RBA Residuos (radiactivos) de baja actividad.

RBB Rama derecha del fascículo, referido a His (Right Bundle Branch).

RBBB Bloqueo de la rama derecha del fascículo, referido a His (Right Bundle Branch Block).

RBC Eritrocito o glóbulo rojo (Red Blood Cell) || Reglamento de Bolsas de Comercio.

RBE Efectividad biológica relativa (Relative Biological Effectiveness).

RBF Flujo sanguíneo renal (Renal Blood Flow).

rbí Recibí.

Rbí Recibí.

rbl Rublo, referido a la unidad monetaria de Rusia.

Rbla Rambla.

RBN Radiofaro (Radio Beacon).

RBNA Real Asociación de Enfermeras Británicas (Royal British Nurses' Association).

RBS Estación de radiofaro (Radio Beacon Station).

RC China, referido a la matrícula internacional de automóvil || Cruz Roja (Red Cross) || Glóbulo rojo (Red Cell) || Reacción de Complemento || Refundación comunista, San Marino || Reflejo del cuádriceps || Reflejo Cubital || Regimiento de caballería || Registro Civil || Remisión completa || Resistencia-capacitancia || Respuesta condicionada || Riesgo catastrófico || Taiwan, referido a la matrícula internacional de automóvil.

RCA Arteria coronaria derecha (Right Coronary Artery) || Radio Corporation of America || Recalentamiento central activo || República Centroafricana, referido a la matrícula internacional de automóvil.

RCAC Regimiento de Caballería Acorazado.

RCAF Real Fuerza Aérea Canadiense (Royal Canadian Air Force).

RCAS Lectura de casete (Read Cassette).

RCB Congo, referido a la matrícula internacional de automóvil.

rCBF Flujo sanguíneo cerebral regional (Regional Cerebral Blood Flow).

RCC Remisión completa continua || Repeticiones de consenso cortas.

RCD Diámetro globular (Red Cell Diameter, referido a eritrocito) || Reagrupamiento Constitucional Democrático (Rassemblement Constitutionnel Démocratique, Túnez) || Reagrupamiento para la Cultura y la Democracia, Argelia || Real Club Deportivo.

RCDR Registrador o grabador, referido a una cinta magnética.

RCE Radio Cadena Española.

rcf Fuerza centrífuga relativa (Relative Centrifugal Force).

RCF Insuficiencia cardíaca derecha (Right Cardiac Failure).

RCFT Reacciones cutáneas de la fase tardía, referido a la reacción alérgica.

RCG Ganancia controlada de reverberación (Reverberation Controlled Gain) || Radiocardiografía || Radiocardiograma.

RCI Rendimiento del capital invertido.

rclac Regimiento de Caballería Ligero Acorazado.

RCM Contramedidas de radar (Radar Countermeasures) || Mina (explosiva) controlada por radio (Radio Controlled Mine).

RCMP Real Policía Montada del Canadá (Royal Canadian Mounted Police).

RCN Real Armada Canadiense (Royal Canadian Navy).

RCP Reacción en cadena de la polimerasa || Reanimación o resucitación Cardiopulmonar || Reflejo cutáneo plantar.

RCR Resucitación cardiorrespiratoria.

RCS Sarcoma de células reticulares o reticulosarcoma (Reticulum Cell Sarcoma) || Sistema de control remoto (Remote Control System).

RCT Experimentación clínica randomizada (Randomized Clinical Trial) || Radiación corporal total || Real Club de Tenis || Resistencia controlada por tensión || Telegrama de la Cruz Roja (Red Cross Telegrams) || Tiristor de conducción inversa (Reverse Conduction Thyristor).

RCT40 Reducción de crecimiento a la temperatura de 40 °C, referido a experimentación en laboratorio.

RCTG Retrocontrol tubuloglomerular.

RCTL Lógica de resistencia condensador y transistor (Resistor Capacitor Transistor Logic).

RCVR Receptor (Receiver).

RCZAM Regimiento de Cazadores de Alta Montaña.

RCZM Regimiento de Cazadores de Montaña.

RCH Chile, referido a la matrícula internacional de automóvil.

RCHN Armada de la República China (Republican Chinese Navy).

rd Rutherford.

Rd Radio.

RD Enfermedad respiratoria (Respiratory Disease) || Leer (Read) || Radar de distancia || Reacción degenerativa || Real decreto || República Dominicana || Retinopatía diabética.

rda Redonda, referido al tipo de letra.

RDA Dieta diaria recomendada (Recommended Dietary Allowances) || Reagrupamiento Democrático Africano, Burkina Faso || República Democrática Alemana || Requerimientos diarios aconsejados, referido a alimentos || Resistencia a la desnaturalización alcalina, referido a la hemoglobina F.

RdAc Radioactinio.

RdaM Reverenda Madre, referido a orden religiosa.

RDARA Zona de Rutas Aéreas Regionales y Nacionales (Regional and Domestic Air Route Area).

RDBC Ordenador de base de datos relacionados (Relational Data Base Computer).

RDC Reagrupamiento Democrático Centroafricano, República Centroafricana || Red digital de conmutación || Regiones determinantes complementarias, referido a las cadenas de Inmunoglobulinas de los RCT || Registro de desplazamiento cíclico.

RDE (Grupo) Reformista (y de alianza) Democrática Europea.

RDF Radiocompás, radiobrújula o radiogoniómetro (Radio Direction Finder) || Fuerza de despliegue rápido (Rapid Deployement Force).

RDGE Éter diglicidílico de la resorcina (Resorcinol Diglycidil Ether).

RDI Regiones determinantes idiopáticas.

$\mathbf{r}_{\mathbf{diff}}$ Resistencia diferencial (Differential Resistance).

RDL Lógica de diodo y resistencia (Resistor Diode Logic) || Resistencia dependiente de la luz.

RDM Memoria de lectura (Read Memory) || Resistencia a drogas múltiples.

RDNP Reagrupamiento de los Demócratas Nacionales Progresistas (Rassemblement du Démocrates Nationals Progressites, Haití).

RdoP Reverendo Padre.

RDOUT Salida de lectura (Read Out).

RDP Reagrupamiento para la Democracia y el Progreso, Mali.

RDPC Reagrupamiento Democrático del Pueblo Camerunés (Rassemblement Démocratique du Peuple du Camerun).

RDR Ración diaria recomendada || Radar || Reagrupamiento para la Democracia y la Renovación (Rassemblement pour la Democratie et la Renovation, Comores).

RDS Síndrome de dificultad respiratoria (Respiratory Distress Syndrome).

RDSI Red Digital de Servicios Integrados.

RDT Transductor digital regenerativo (Regenerative Digital Transducer) || Tratamiento de diálisis regular (Regular Dialysis Treatment).

RdTh Radiotorio.

RDV Resistencia dependiente del voltaje.

Re Renio || Número de Reynolds || Rupia, referido a la unidad monetaria de la India.

$\boldsymbol{R}_{\mathrm{E}}$ Resistencia de emisor (Emitter Resistance).

RE Ojo derecho (Right Eye) || Receptor de estrógenos || Resistencia externa, referido a un circuito || Reticuloendotelial || Retículo endoplásmico || Tierras raras (Rare Earths, referido a química).

REA Recalentamiento externo activo || Registro de economistas auditores.

rec Recepción.

REC Grabación (Recording) || Rectificador (rectifier).

RECADI Régimen de Cambios Diferenciales, Venezuela.

RECG Radioelectrocardiografía || Radioelectrocardiograma.

RECO/EM Reconocimiento electromagnético.

RECOTAC Reconocimiento táctico.

rect Rectificado (Rectificatus).

RECT Rectificador.

RED Radio enlace digital.
REDIA Red española de itinerarios asfálticos.
REDMO Registro de donantes de médula ósea.
redox Reducción-oxidación.
REE Red eléctrica de España || Resonancia del espín electrónico.
ref Referencia.
REF Factor eritropoyético renal (Renal Erythropoietic Factor) || Registro español de frecuencias, referido a radiocomunicación.
reg Registro || Regla.
REG Radioencefalografía || Radioencefalograma.
REH Riesgo para la enfermedad de Huntington.
REI Radio Española Independiente || Regimiento de Especialidades de Ingenieros.
rel Reliquia (Reliquiae).
Rel Religión.
REL Retículo endoplásmico liso.
RELET Nos referimos carta (Regarding Letter).
REM Movimientos oculares rápidos (Rapid Eye Movements) || Radiaciones electromagnéticas.
REMPI Ionización multifotónica de resonancia reforzada (Resonance Enhanced Multiphton Ionization).
RENAMO Resistencia Nacional Mozambiqueña.
RENFE Red Nacional de Ferrocarriles Españoles.
REO Origen entérico y respiratorio (Respiratory and Enteric Origin, referido a ciertos Virus).
rep Reproducción || Traslocación recíproca, referido a citogenética.
Rep República.
REP Pielografía retrógrada (Retrograde Pyelography) || Resonancia electrónica paramagnética.
REPROM Memoria reprogramable de lectura solamente (Reprogrammable Read Only Memory).
RER Retículo endoplásmico rugoso.
RES Resistencia || Respuesta evocada somatosensorial || Sistema Reticuloendotelial (Reticuloendothelial System).
rest Restaurado || Restaurante.
RET Retorno (Return).
Reta Margarita (Margaret).
RETD Red Espacial de Transmisión de Datos.
RETEVISION Red Técnica Española de Televisión.
Retg Retaguardia.
RETMA Asociación de Fabricantes de Material de Radio, Televisión y Electrónica (Radio Television Electronics Manufacturers Association, EE.UU.).
rev Revolución (Revolution).
Rev Reverendo.
REV Respuesta evocada visual || Ruta de evacuación.
Revdo Reverendo.
rev ed Edición revisada (Revised Edition).
REW Rebobinado (Rewind).
rf Fiebre reumática (Rheumatic Fever) || Radiofrecuencia.
Rf Rufiya, referido a la unidad monetaria de las Maldivas.
RF Factor reumatoide (Rheumatoid Factor) || Fiebre reumática (Rheumatic Fever) || Formación reticular (Reticular Formation) || Insuficiencia renal (Renal Insufficiency) || Insuficiencia respiratoria (Respiratory Insufficiency) || Pie derecho (Right Foot) || Radio frecuencia (Radio Frequency) || República Francesa (République Française) || Rinofaríngeo.
RFA República Federal Alemana.
RFC Células formando roseta (Rosette Forming Cells) || Choque de radiofrecuencia (Radio Frequency Choke) || Retención fisiológica de Calcio || Rugby Football Club.
RFCDP Receptor del factor de crecimiento derivado de las Plaquetas.

RFCE Receptores del factor de crecimiento epidérmico.
RFd Radiofrecuencia distal.
RFE Radio Europa Libre (Radio Free Europe).
RFEA Real Federación Española de Atletismo.
RFEF Real Federación Española de Fútbol.
RFEN Real Federación Española de Natación.
RFET Real Federación Española de Tenis.
RFEV Real Federación Española de Vela.
RFI Interferencia de radiofrecuencia (Radio Frequency Interference).
RFL Rugby Football League.
RFLP Polimorfismos de la longitud de los fragmentos de restricción (Restriction Fragment Length Polymorphismus).
RFNA Ácido nítrico humeante rojo (Red Fuming Nitric Acid).
RFp Radiofrecuencia proximal.
RFP Rifampicina.
RFR Registro de radiofrecuencia (Radiofrequency Record) || Reserva funcional renal.
RFS Incidencia de supervivencia sin recidiva (Relapse Free Survival) || Radiofrecuencia sintonizada.
RFT Reacción de la fase tardía, referido a sujetos atópicos.
Rg Regimiento.
RG Receptores de glucocorticoides || Registro || Reserva general.
Rga Riga.
RGA Analizador de gas residual (Residual Gas Analyser).
RGB Recuento de glóbulos blancos || Rojo-verde-azul (Red-Green-Blue).
RGB-MB Resistencia de Guinea Bissau-Movimiento Bafatá.
RGC Formación reticular giganto celular || Respuesta galvánica cutánea.
RGD Reagrupamiento Guineano para el Desarrollo.
RGE Reflujo gastroesofágico.
RGM Reservas granulocíticas medulares.
Rgn Rangún.
RGO Real Observatorio de Greenwich (Royal Greewnwich Observatory, Reino Unido).
RGR Recuento de glóbulos rojos.
RGS Real Sociedad Geográfica (Royal Geographical Society, Reino Unido).
rh A derechas (Right Handed).
rH Logaritmo negativo de la presión de hidrógeno || Potencial de óxido-reducción.
Rh Rhesus, referido al sistema de grupo sanguíneo || Rodio.
RH Haití, referido a la matrícula internacional de automóvil || Humedad relativa (Relative Humidity) || Mano derecha (Right Hand) || Redemptor Hominis, referido a la encíclica || Reglamento hipotecario || Reostato (Rheostat).
rHb Hemoglobina recombinante.
RHD Enfermedad reumática del corazón (Rheumatic Heart Disease).
RHE Renovación del hierro eritrocitario.
RHEO Reostato (Rheostat).
RHF Insuficiencia cardíaca derecha (Right Heart Failure).
RHI Indicador de alcance de altura (Range Height Indicator) || Reciclaje de hierro inefectivo.
rhIL Interleuquina recombinante humana.
rhm Roentgen por hora a un metro.
RHM Reciclaje de hierro medular.
RHO Antena rómbica (Rhombic Antenna).
RHS Real Sociedad Histórica (Royal Historical Society).
RHT Conducto retinohipotalámico (Retinohypothalamic Tract).
rHuEPO Eritropoyetina humana recombinante.

ri Índice de refracción (Refractive Index).

R_i Resistencia interna (Internal Resistance).

RI Índice de refracción (Refractive Index) || Indonesia, referido a la matrícula internacional de automóvil || Insuficiencia renal (Renal Insufficiency) || Insuficiencia respiratoria (Respiratory Insufficiency) || Intensidad de radiación (Radiation Intensity) || Radioisótopo || Rayos infrarrojos || Regimiento de Infantería || Registro de instrucciones || Residuos (radiactivos) Inactivos || Resistencia-inductancia || Resistencia interna, referido a un circuito || Respuesta inmune || Robots industriales || Rotary International.

RIA Ataque isquémico reversible (Reversible Ischemic Attack) || Ensayo radioinmunológico (Radioimmunological Assay) || Radioinmunoanálisis.

RIAA Asociación de la Industria del Disco (Recording Industry Association of America, EE.UU.).

RIAC Regimiento de Infantería Acorazado.

RIAT Regimiento de Infantería Aerotransportable.

Rib Ribosa.

RIBA Real Instituto de Arquitectos Británicos (Royal Institute of British Architects).

RIC Real Instituto de Química (Royal Institute of Chemistry, Reino Unido).

RICE Descanso, hielo, compresión y elevación (Rest, Ice, Compression, Elevation, referido a la actuación ante una lesión deportiva).

RICH Reacción injerto contra huésped.

RICM Margen intercostal derecho (Right Intercostal Margin).

RICS Espacio intercostal derecho (Right Intercostal Space).

RID Inmunodifusión radial (Radial Immunodiffusion).

RIET Instituto Regional de las Teconologías del Medio Ambiente (Regional Institute of Environmental Technologies).

RIF Fosa ilíaca derecha (Right Iliac Fossa).

RIG Inmunoglobulina antirrábica (Rabies Immune Globulin).

RIH Hernia inguinal derecha (Right Inguinal Hernia).

RIIA Real Instituto de Asuntos Internacionales (Royal Institute of International Affairs, Reino Unido).

RIL Radar iluminador.

RIM Mauritania, referido a la matrícula internacional de automóvil || Moldeo por inyección de reacción (Reaction Inyection Molding).

RIMT Regimiento de Infantería Motorizado.

RIMTB Regimiento de Infantería Motoblindado.

RIMZ Regimiento de Infantería Mecanizado.

RIN Regimiento de Instrucción.

RIND Déficits neurológicos isquémicos reversibles (Reversible Ischemic Neurologic Deficits).

RING Regimiento de Ingenieros.

RIO Radioterapia intraoperatoria.

RIP Descanse en paz (Requiescat In Pace) || Radioinmunoprecipitación.

RIPA Real Instituto de Administración Pública (Royal Institute of Public Administration, Reino Unido).

RIPH&H Real Instituto de Salud Pública e Higiene (Royal Institute of Public Health and Hygiene, Reino Unido).

RIRPF Reglamento del impuesto sobre la renta de las personas físicas.

RIS Espectroscopia de ionización por resonancia (Resonance Ionization Spectroscopy).

RISA Albúmina sérica marcada con

yodo radiactivo (Radioactive Iodine Seric Albumine).

RISC Ordenadores con un equipo reducido de instrucciones (Reduced Instruction Set Computer).

RIST Test de radioinmunoabsorción (Radioimmunosorbent Test).

RIT Red Interamericana de Telecomunicaciones || Rorschach Inkblot test.

Rita Margarita (Margaret).

RIVA Ritmo idioventricular acelerado.

RKN Armada de la República de Corea (Republic Korean Navy).

rl Real.

Rl Real.

RL Líbano, referido a la matrícula internacional de automóvil || Pierna Derecha (Right Leg) || Relé.

R_L Resistencia de carga (Load Resistance).

RLC Capacidad pulmonar residual (Residual Lung Capacity).

RLD Decúbito lateral derecho (Right Lateral Decubitus).

RLE Extremidad inferior derecha (Right Lower Extremity).

RLFO Roman-láser de fibras ópticas.

RLL Lóbulo inferior derecho (Right Lower Lobe, referido al pulmón).

RLM Respuesta (o reacción) linfocitaria mixta.

RLPO Real Orquesta Filarmónica de Liverpool (Royal Liverpool Philharmonic Orchestra, Reino Unido).

RLQ Cuadrante inferior derecho (Right Lower Quadrant, referido al abdomen).

RLS Robert Louis Stevenson.

RLT Radio carta (Radio Letter).

RLX Recesivo ligado a X.

RLY Relé (Relay).

R_m Reluctancia magnética.

RM Madagascar, referido a la matrícula internacional de automóvil || Mastectomía radical (Radical Mastectomy) || Record mundial || Región militar || Resonancia magnética || Reverenda Madre, referido a orden religiosa || Registro mercantil.

RMA Residuos (radiactivos) de Media actividad.

RMC Radio Montecarlo.

RMCEN Región militar centro.

RMH Reticulosis medular histiocítica.

RMI Indicador radiomagnético (Radio Magnetic Indicator) || Renta mínima de inserción.

RMING Regimiento mixto de Ingenieros.

RML Lóbulo medio derecho (Right Middle Lobe, referido al pulmón).

RMLEV Región militar de Levante.

rmm Roentgen por minuto a un metro.

RMM Mali, referido a la matrícula internacional de automóvil || Memoria para Lectura Solamente (Read Mostly Memory).

RMN Resonancia magnética nuclear.

RMNOR Región militar noroeste.

RMP Rifampicina.

RMPFC Regimiento de Movilización y Prácticas de Ferrocarriles.

RMPOCC Región militar pirenaica occidental.

RMPOR Región militar pirenaica oriental.

Rmrz Ramírez.

RMS Rabdomiosarcoma || Raíz media cuadrada (Root Mean Square) || Sistema de control remoto (Remote Manipulator System).

RMSUR Región militar sur.

RMT Remoto, en la distancia.

RMTA Red de Mando y Tiro de Artillería.

RMV Volumen minuto respiratorio (Respiratory Minute Volume).

Rn Radón.

RN Armada Real (Royal Navy) || Niger, referido a la matrícula internacional de automóvil || Reglamento notarial || Renovación Nacional,

Chile || Rerum Novarum, referido a la encíclica || Reserva naval || Resistencia Nicaragüense || Ruido de referencia (Reference Noise).

RNA Ácido ribonucleico (Ribonucleic Acid) || Reserva naval activa.

RNase Ribonucleasa (Ribonuclease).

RNBD Renta nacional bruta disponible.

RNBP Recién nacidos de bajo peso.

RNC Resonancia nuclear cuadrípola (Nuclear Quadruple Resonance) || Respuesta o reflejo no condicionado.

RNE Radio Nacional de España || Renta Nacional de España.

RNM Resistencia Nacional Mozambiqueña || Resonancia nuclear magnética.

RNMBP Recién nacido de muy bajo peso.

RNN Armada Real Noruega (Royal Norwegian Navy).

RNP Ribonucleoproteína.

RNZN Armada Real de Nueva Zelanda (Royal New Zealand Navy).

R° Radio de un círculo en grados de arco || Registrado || Registro || Rodrigo.

RO (Radar indicador de) Distancia solamente (Range Only) || Real Orden || Rial Omaní, referido a la unidad monetaria de Omán || Rumanía, referido a la matrícula internacional de automóvil.

ROAC Registro Oficial de Auditores de Cuentas.

ROAD Partido de Acción Democrática para el Movimiento de los Ciudadanos, Polonia.

ROAP Rubidazona, oncovin, arabinósido de citosina, prednisona.

ROAR Reservado el derecho de admisión (Right of Admission Reserved).

ROC Reflejo de orientación condicionado || Región occipitocervical.

ROD Reposo, oxigenoterapia, descenso de cota.

ROE Relación de ondas estacionarias.

ROET Relación de ondas estacionarias de tensión.

ROEV Relación de ondas estacionarias de voltaje.

ROI Reflejo de orientación investigación.

ROK Corea del Sur, referido a la matrícula internacional de automóvil.

Rom Rumanía || Romano.

ROM Memoria de lectura solamente (Read Only Memory) || Otitis media derecha (Right Otitis Media).

ROMP Reacciones de polimerización de metátesis por apertura de anillo (Ring Opening Metathesis Polymerization).

RON Índice de octano de investigación (Research Octane Number).

R^{or} Registrador.

ROS Almacenador de lectura solamente (Read Only Storage).

ROTP Reflejos osteotendinosos profundos.

ROU Uruguay, referido a la matrícula internacional de automóvil.

r_p Resistencia de placa.

R_p Resistencia del primario, referido a un transformador.

Rp Rupia, referido a la unidad monetaria de Indonesia.

RP Filipinas, referido a la matrícula internacional de automóvil || Pielografía retrógrada (Retrograde Pyelography) || Plástico reforzado (Reinforced Plastic) || Pulso radial (Radial Pulse) || Receptor de la progesterona || Reflejo patelar || Remisión parcial || República Portuguesa || Resistencia periférica || Resistencia pulmonar || Respuesta parcial, referido a un tratamiento médico || Reticulosis pagetoide || Reverendo padre.

RPC Resucitación de paro cardíaco.

RPCF Fijación del complemento a la proteína de Reiter.
RPCH República Popular China.
RPCR Reagrupamiento para la Caledonia en la República (Rassemblement pour la Caledonia dans la République, Nueva Caledonia).
RPEI Regimiento de Pontoneros y Especialidades de Ingenieros.
RPF Flujo plasmático renal (Renal Plasma Flow) || Frente Patriótico de Ruanda (Ruanda Patriotic Front) || Reagrupamiento del Pueblo Francés (Ressemblement du Peuple Français).
RPFS Estudio de imágenes de frustración de Rosenzweig (Rosenzweig Picture Frustration Study).
RPG Programa generador de listados (Report Program Generator) || Reagrupamiento Popular Guineano, República de Guinea || Recuperación postural Global || Reflejo psicogalvánico.
RPGN Glomerulonefritis rápidamente progresiva (Rapidly Progressing Glomerulonephritis).
rph Revoluciones por hora.
RPI Hileras por pulgada (Rows Per Inch, referido a bits).
rpm Revoluciones por minuto.
RPM Resonancia paramagnética || Revoluciones por minuto || Rotura prematura de membranas, referido a obstetricia.
RPo Receptor postsináptico.
RPO Real Orquesta Filarmónica (Royal Philharmonic Orchestra, Reino Unido).
RPP Plástico pirolizado reforzado (Reinforced Pyrolized Plastic) || Reagrupamiento Popular para el Progreso (Rassemblement Populaire pour le Progrès, Djibuti) || Respiración con presión positiva.
RPPI Respiración con presión positiva intermitente.
RPPN Respiración con presión positiva-negativa.
RPQ Riñón Poliquístico.
RPr Receptor Presináptico.
RPR Reagina rápida en plasma (Rapid Plasma Reagine) || Reagrupamiento Para la República (Rassemblement Pour la République, Francia) || Unión por la República (Rassemblement Pour la République, Francia).
RPROM Memoria programable de lectura solamente (Reprogrammable Read Only Memory).
rps Revoluciones por segundo.
RPS Real Sociedad Fotográfica (Royal Photographic Society, Reino Unido).
RPSGB Real Sociedad Farmacéutica de Gran Bretaña (Royal Pharmaceutical Society of Great Britain).
RPT Reagrupamiento del Pueblo Togolés (Rassemblement du Peuple de Togo, Togo) || Resistencia Periférica Total.
RQ Cociente respiratorio (Respiratory Quotient).
RR Ferrocarril (Rail Road) || Frecuencia respiratoria (Respiratory Rate) || Intercambio respiratorio (Respiratory Reciprocity) || Rolls Royce.
RRA Ensayo de radiorreceptores (Radioreceptor Assay) || Fuerza de reacción rápida (Rapid Reaction Force).
RRC Reglamento del Registro Civil.
RRHH Recursos humanos.
RRI Relación real de intercambio.
RRKM (Teoría de) Rice-Ramsperger-Kassel-Marcus.
RRL Laboratorio de Investigación de Radioelectricidad (Radio Research Laboratory, Tokio).
RRM Reglamento del Registro Mercantil.
RRP Período refractario relativo (Relative Refractory Period).
RRPP Relaciones públicas || Reverendos Padres.
RRS Estación de investigaciones de

radioelectricidad (Radio Research Station, Reino Unido).

R_s Resistencia del secundario, referido a un transformador || Resistencia en serie.

RS Radiodifusión por satélite || Real Servicio || Residencia Sanitaria || (Virus) Respiratorio sincitial || Reticulosarcoma || Riesgo sísmico || Ritmo sinusal || Solución de Ringer (Ringer's Solution).

RSAN Armada Real de Arabia Saudita (Royal Saudi Arabian Navy).

RSC Real Sociedad de Química (Royal Society of Chemistry, Reino Unido) || Rotura del seno coronario || Royal Shakespeare Company.

RSDC Reagrupamiento Socialista y Democrático de Cataluña (Reagrupament Socialista i Democràtic de Catalunya).

RsDs Reales Decretos.

RSM Radar de Seguimiento del Misil || Real Sociedad de Medicina (Royal Society of Medicine, Reino Unido) || República de San Marino, referido a la matrícula internacional de automóvil.

RSN Armada de la República de Singapur (Republic Singapoore Navy) || Ritmo sinusal normal.

RSNA Sociedad Radiológica de Norte América (Radiological Society of North America).

RSO Real Orquesta de Escocia (Royal Scottish Orchestra) || Radar de Seguimiento del Objetivo.

RsOrds Reales Órdenes.

RSP Radiofaro de respuesta (Responder Beacon).

RSR Partido Radical Serbio || Ritmo sinusal regular.

RSS Raiz cuadrada de la suma de los cuadrados (Root Sum Square).

RST Reposición (Reset).

RSU Residuos sólidos urbanos.

RSV Virus respiratorio sincitial (Respiratory Syncytial Virus).

RT Radar de tiro || Radioteléfono || Radiotelégrafo || Radioterapia (Radio Therapy) || Reabsorción tubular, referido al riñón || Reflejo del tríceps, referido al sural || Resistencia térmica || Test de lectura (Reading Test) || Tiempo de reacción (Reaction Time) || Tiempo real (Real Time).

rT_3 Triyodotironina inversa.

RT_3U Captación de T_3 por Resina (Resine T_3 Uptake).

RTA Acidosis tubular renal (Renal Tubular Acidosis) || Reflejo del tendón de Aquiles.

RTBF Radiotelevisión Belga (de lengua) Francófona.

RTC Control de tiempo real (Real Time Control) || Radioterapia craneana.

RTCE Radioterapia craneoespinal.

Rte Remite.

RTE Radiotelevisión Irlandesa (Radio Telefis Eire) || Radioterapia Electrónica.

RTf Receptor de transferrina.

RTF Radio Televisión Francesa (Radio Télévision Française) || Radiotelefonía o radioteléfono || Reabsorción tubular de fosfatos.

RTFL Radioteléfono ligero.

RTFM Radioteléfono medio.

RTFP Radioteléfono pesado.

RTG Radiotelegrafía o radiotelégrafo.

R_{th} Resistencia térmica (Thermal Resistance).

RTL Lógica de resistencia y transistor (Resistor Transistor Logic) || Radiotelevisión de Luxemburgo.

RTM Marca de fábrica registrada (Registered Trade Mark) || Red territorial de mando.

RTNC República Turca del Norte de Chipre.

RTO Radiotelevisión Olímpica, referido a los juegos de Barcelona 1992.

RTOA Renfe-Talgo de América (Renfe-Talgo Of America).

RTOE Relación de tensión de ondas estacionarias.
RTP Radiotelevisión Portuguesa.
rtPA Activador de plasminógeno tisular recombinante.
RTPB Junta de Planificación Técnica de Radio (Radio Technical Planning Board, EE.UU.).
RTR Bastidor de prueba de repetidores (Repeater Test Rack).
RTRS Regimiento de Transmisiones.
RTS Sistema de sintonía de radio (Radio Tuning System).
RTT Radioteletipo.
RTTY Ratioteletipo (Radioteletype).
RTU Resección transuretral.
RTV Radiotelevisión || Vulcanizado a temperatura ambiente (Room Temperature Vulcanizing).
RTVE Radiotelevisión Española.
Ru Rusia || Rutenio.
RU Burundi, referido a la matrícula internacional de automóvil.
RUC Guardia Real del Úlster (Royal Ulster Constabulary).
RUE Extremidad superior derecha (Right Upper Extremity).
RUL Lóbulo superior derecho (Right Upper Lobe, referido al pulmón).
RUQ Cuadrante superior derecho (Right Upper Quadrant, referido al abdomen).
Rus Rusia || Ruso.
RUS Rusia, referido a la matrícula internacional de automóvil.
rust Rústica.
rúst Rústica, referido a tipo de encuadernación.
RUV Radiación ultravioleta || Riñones, Uréteres, Vejiga.
RV Regulador de velocidad || Resistencias vasculares || Ventrículo derecho (Right Ventricle) || Volumen Residual (Residual Volume, referido al aire en el pulmón).
RVA Recambio de la válvula aórtica || Red de Vigilancia Aérea || Rojo-Verde-Azul.
RVC Resistencia vascular cerebral.
RVD Relajación del ventrículo derecho.
RVF Insuficiencia ventricular derecha (Right Ventricular Failure).
RVH Hipertensión vascular renal (Renal Vascular Hypertension) || Hipertrofia ventricular derecha, referido al corazón.
RVI Relajación del ventrículo izquierdo.
RVM Rinitis vasomotora.
Rvma Reverendísima.
Rvmo Reverendísimo.
RVP Presión en ventrículo derecho (Right Ventricular Pressure) || Resistencia Vascular Periférica || Resistencia Vascular Pulmonar.
RVPC Resistencia vascular pulmonar capilar.
RVR Resistencia vascular renal.
RVS Inverso (Reverse) || Resistencia vascular sistémica.
RVU Reflujo vésico-ureteral.
Rw Ruanda.
RW Reacción de Wassermann, referido a la sífilis.
RWA Ruanda, referido a la matrícula internacional de automóvil.
Rx Radiología.
RX Radiografía.
RXT Radioterapia.
RYR Receptor de rianodina (Ryanodine Receptor).
RZ Células Revolucionarias, Alemania || Regimiento de Zapadores.
RZFC Regimiento de Zapadores de Ferrocarriles.

S

s Escrúpulo (Scruple) || Estéreo (Stere) || Izquierda (Sinister) || Satélite, referido a citogenética || Segundo || Siglo || Simétrico || Sin (Sine) || Singular || Socialista || Sociedad || Sólido || Soluble (1 en de 10 a 30) || Superficie || Sur.

S Azufre (Sulphur) || Cirugía (Surgery) || Compuesto S, referido al precursor inmediato del cortisol en la cadena de síntesis de los glucocorticoides || Desplazamiento lineal || Entropía || Espacio (Space) || Fuente, referido a un transistor (Source) || Interruptor (Switch) || Salina, referido a una solución con un porcentaje no especificado || San, referido a santidad || Santander, referido a la matrícula nacional de automóvil || Santiago, referido a nombre de persona || Santo || Schilling, referido a la unidad monetaria de Austria || Secundario, referido a un transformador || Segmentados, referido a los neutrófilos || Senado || Sentencia || Señor || Siemens, referido al símbolo de conducción eléctrica || Soledad, referido a nombre de persona || Sólido || Solubilidad || Sucre, referido a la unidad monetaria de Ecuador || Suecia, referido a la matrícula internacional de automóvil || Sulfuro || Superficie || Supervisor || Sur.

S Superficie o área || Transconductancia.

s l et a Sin lugar y año (Sine Loco et Anno).

S/C Su casa.

S/E Efectos adversos (Side Effects).

s/G Sin gastos.

s/m Sadomasoquismo.

s/n Sin número.

S/N Señal-ruido (Signal-Noise).

S/R Señal-ruido.

S en C Sociedad en comandita.

S-N (unidad) Sabouraud-Noiré.

S-VHS Super VHS.

s-w Onda corta (Short Wave).

S&A Azúcar y acetona (Sugar and Acetone).

S&M Sadismo y masoquismo (Sadism and Masochism).

S_1 Primer sonido cardíaco.

S_2 Segundo sonido cardíaco.

SA Acción prolongada (Sustained Action) || Albúmina sérica (Serum Albumin) || Arteria silviana (Sylvian Artery) || Salamanca, referido a la matrícula nacional de automóvil || Sede Apostólica || Semianual || Seno Auricular || Síndrome de Alport || Sinoatrial || Sociedad anónima || Solución (o suspensión) acuosa || Su Alteza || Superficie-Aire, referido a un misil.

SA de CV Sociedad Anónima de Capital Variable.

SA de CV y RL Sociedad Anónima de Capital Variable y Responsabilidad Limitada.

SAA Anemia aplástica grave (Severe Aplastic Anemia) || Arquitectura de Sistemas de aplicación (System Application Architecture) || Espectrometría de absorción atómica (Spectrometry Atomic Absorption) || Vías Aéreas de África del Sur (South African Airways).

SAARC Asociación del Sur de Asia para la Cooperación Regional (South Asian Association for the Regional Cooperation).

SAB Secreción ácida basal || Seroalbúmina bovina || Sociedad de Bacteriólogos Americanos (Society of American Bacteriologists).

sáb Sábado.

SABC Corporación de Radiodifusión de África del Sur (South African Broadcasting Corporation).

SABENA Sociedad Anónima Belga de Explotación de la Navegación Aérea (Societé Anonyme Belge d'Explotation de la Navigation Aérienne, referido a sus líneas Aéreas).

SABONE Seguridad, afecto, bienestar, orgullo, novedad y economía.

SABP Presión arterial sistólica (Systolic Arterial Blood Pressure).

Sac Sacaropina.

SAC Comando Aéreo Estratégico (Strategic Air Command, EE.UU.).

SACD Sociedad de Autores y Compositores Dramáticos (Société des Auteurs et Compositeurs Dramatiques, Francia).

SACE Enzima convertidora de angiotensina sérica (Seric Angiotensin Converter Enzime).

SACEM Sociedad de Autores, Compositores y Editores de Música, Francia.

SACP Partido Comunista de África del Sur (South African Communist Party).

SAD Sistema de alertas de la defensa || Sociedad Anónima Deportiva || Suero antidiftérico || Trastorno afectivo estacional (Seasonal Affective Disorder).

SADC Comunidad para el Desarrollo en el Sur de África (Southafrica Development Community).

SADCC Conferencia Coordinadora del Desarrollo del Sur de África (South Africa Development Coordinate Conference).

SADE Sociedad Argentina de Escritores.

SADS Escala de evaluación para los trastornos afectivos y la esquizofrenia (Schedule for Affective Disorders and Schizophrenia).

SADT Análisis estructurado y técnica de diseño (Structured Analysis and Design Technique).

SAE Sociedad Anónima Española || Sociedad de Ingenieros Automotrices (Society of Automotive Engineers).

SAF Fuerza Aérea Estratégica (Strategic Air Force) || Negro de hornos de superabrasión (Super Abrasion Furnace Black) || Síndrome alcohólico Fetal.

SAG Síndrome adrenogenital.

SAH Hemorragia subaracnoidea (Subarachnoid Hemorrhage) || S-Adenosilhomocisteína.

Sai Saigón.

SAI Sistema de alimentación ininterrumpida.

SAIB Acetato isobutirato de sacarosa (Sucrose Acetate Isobutyrate).

SAICAR Succinil aminoimidazol carboxamida ribótido.

SAIH Servicio automático de información hidrológica.

Sal Salmonella || Sara (Sarah).

SAL Suero antilinfocitario.

SALC Servicio de Autoformación en Lengua Catalana (Servei d'Autoformació en Llengua Catalana, de la Universitat Pompeu Fabra).

Sally Sara (Sarah).

Salm Salmonella.

saln Sin lugar, año, nombre (Sine Loco, Anno, Nomine, referido a bibliografía).

Salp Sodio antimonio lactofenato.

SALP Partido Laborista de África del Sur (South African Labour Party).

SALT Conversaciones para la Limitación de Armas Estratégicas (Strategic Armas Limitation Talks).
Sam Samoa || Samuel.
SAM Misil superficie-aire (Surface to Air Missile) || Moléculas de sustrato adherente (Sustract Adhesion Molecules) || S-Adenosil metionina (S-Adenosyl Methionine) || Secreción ácida máxima || (movimiento) Sistólico anterior (de la válvula) mitral || Servicio de Atención a la Mujer.
SAME Sialoadenitis mioepitelial.
SAMFRAN Geosinclinal denominado según las partículas siguientes: SAM (de sudamérica), FR (de áfrica), AN (de Australia).
SAMR Staphylococcus Aureus Meticilín resistentes.
SAN Estireno acrilonitrilo (Styrene Acrilonitrile) || Nodo Sinoatrial (Sinoatrial Node).
SANA Agencia Nacional Árabe Siria (Syrian Arab National Agency).
SAODAP Oficina de Acción Especial para la Prevención del Abuso de Drogas (Special Action Office for Drug Abuse Prevention).
SAOS Síndrome de apnea obstructiva del Sueño.
SAP Presión arterial sistólica (Systolic Arterial Pressure) || Sindicato Autónomo de Policia || Sistema para altas profundidades || Sistemas, aplicaciones y productos, en procesamiento de datos (Systems, Applications and Products, in data processing).
SAPA Asociación de Prensa de África del Sur (South African Press Association).
SAPHO Hiperostosis esternoclavicular, osteomielitis multifocal estéril crónica, hiperostosis vertebral y artritis periférica.
SAPP Sodio y pirofosfato (Sodium and Pyrophosphate).
SAPS Servicio de Atención y Prevención Sociosanitaria (Servei d'Atenció i Prevenció Socio-Sanitaria, Cataluña).
Sar Sarcosina.
SAR Búsqueda y salvamento (Search and Rescue) || Radar de apertura sintética || República de África del Sur (South African Republic). Servicio aéreo de rescate || Su Alteza Real.
SARA Sociedad Anónima Radio Argentina.
SARAH Búsqueda, rescate y guiado (Search and Rescue and Homing).
SARM Staphylococcus Aureus resistente a meticilina.
SART Conversaciones para la Reducción de Armamento Estratégico (Strategic Arms Reduction Talks).
SARV Sistema automático de reconocimiento de la voz.
SAS Alcanosulfonato sódico (Sodium Alkane Sulfonate) || Líneas Aéreas de Suecia (Scandinavian Airlines System) || Servicio Especial del Aire (Special Air Service, Reino Unido) || Síndrome de apnea del sueño || Su Alteza Serenísima || Sulfato alumínico sódico.
SASB Análisis estructural de la conducta social (Structural Analyses of Social Behavior).
SASP Salicilazosulfapiridina.
sat Satélite (Satellite) || Saturar (Saturate).
SAT Suero antitetánico || Test de aptitud académica (Scholastic Aptitude Test).
SATAR Satélite de investigación espacial (Satellite for Aerospace Research).
SATB Soprano, alto, tenor, bajo.
SATCOM Satélite de comunicaciones.
satd Saturado (Saturated).
satn Saturación (Saturation).
SAW Onda acústica superficial (Surface Acoustic Wave).

Sb Antimonio (Stibium) || Estrabismo (Strabismus) || Suboficial.

SB Banda Lateral (Sideband) || Radiodifusión por Satélite (Satellite Broadcast) || Síndrome de Bloom || Test de inteligencia de Stanford-Binet (Stanford-Binet intelligence test) || Transmisión simultánea (Simultaneous Broadcast).

SBA Alcohol-sec-butílico (sec-Butyl Alcohol) || Sistema normalizado de aproximación por Haz (Standard Beam Approach).

SBDT Transistor de superficie de difusión (Surface Barrier Diffused Transistor).

SBE Endocarditis bacteriana subaguda (Subacute Bacterial Endocarditis).

SBM Misil balístico estratégico (Strategic Ballistic Missile).

SBO Obstrucción del intestino delgado (Small Bowel Obstruction).

SBP Presión sanguínea sistólica (Systolic Blood Pressure) || Proteína (plasmática) unida a hormonas sexuales (Sexual Binding Protein).

SBR Caucho de estireno butadieno (Styrene Butadiene Rubber).

sbre Septiembre.

SBT Transistor de barrera de superficie (Surface Barrier Transistor).

sc Escalas (Scales).

Sc Escandinavia (Scandinavia) || Escandio (Scandium) || Esquizofrenia (Schizophrenia).

SC Células hematopoyéticas primarias (Steam Cells) || Click Sistólico (Systolic Click) || Club de Patinaje (Skatting Club) || Diseño estructurado (Structured Chart) || Eritrocito falciforme (Sickle Cell) || Escintigrafía (Scintigraphy) || Estearil celulosa (Stearyl Cellulose) || Estratocúmulos (Stratocumulus) || Portadora de sonido (Sound Carrier) || Sacrococcígeo || Sacroileítis Circunscrita || Semiconductor || Seno carotídeo || Streptozocin, ciclofosfamida || Subcutáneo || Suero de convaleciente, referido al sarampión || Superficie corporal.

SCA Anemia de célula falciforme (Sickle Cell Anaemia) || Síndrome cerebral agudo.

SCAB Streptozocin, lomustina, Adriamicina, bleomicina.

SCAP Sistema de control adaptativo predictivo.

SCAR Comité Científico de Investigación sobre la Antártida (Scientific Committee on Antartida Research).

SCC Carcinoma de células escamosas (Squamous Cell Carcinoma) || Forrado con una capa de algodón (Single Cotton Covered).

SCD Enfermedad de célula falciforme (Sickle Cell Disease) || Muerte súbita cardíaca (Sudden Cardiac Death) || Seno coronario distal.

SCE Sociedad Catalana de Economía (Societat Catalana d'Economía).

SCEA Sesquicloruro de etilaluminio.

SCFA Ácidos grasos de cadena corta (Short Chain Fatty Acids).

SCFH Pies cúbicos estándar por hora (Standard Cubic Feet per Hour).

SCFM Modulación en frecuencia de subportadora (Subcarrier Frequency Modulation).

SCG Cromoglicato de sodio (Sodium Cromoglycate).

Sch Schilling, referido a la unidad monetaria de Austria.

SCH Síndrome de Chediak-Higashi.

SCI Science Citation Index || Entrevista clínica estructurada (Structured Clinical Interview) || Síndrome del colon irritable || Sociedad de la Industria Química (Society of Chemical Industry).

SCI-cat Servicio Civil Internacional-Cataluña.

SCID Inmunodeficiencia combinada severa (Severe Combined Immunodeficiency) || Entrevista clínica estructurada para el (diagnóstico a través del) DSM-III-R (Structured Clinical Interview for Diagnosis).

SCIT Subcomisión internacional de clasificación de telecomunicaciones (Sub-commission International on the Classification of Telecommunications).

SCL Listado de síntomas (Symptom Checklist) || Servicio de Compensación y Liquidación, referido a valores || Sociedad Cooperativa Libre.

SCLC Cáncer de pulmón de células Pequeñas (Small Cell Lung Cancer).

SCLD Sistema de control de larga distancia.

SCLE Lupus eritematoso cutáneo subagudo.

SCM Seno coronario medio || Sociedad de Crédito Mercantil || Su católica majestad.

SCMF Sociedad Catalana de Medicina de Familia (Societat Catalana de Medicina de Familia).

SCMRE Subcomisión de métodos rápidos de explotación (Sub-Committee on Rapid Operating Methods).

SCN Núcleo supraquiasmático (Suprachiasmatic Nucleus) || Staphylococcus Coagulasa Negativo || Sulfocianato.

SCO Oscilador de subportadora (Subcarrier Oscillator) || Servicio Catalán de Ocupación (Servei Català d'Ocupació).

SCOPCE Select Committee on Psychiatric Care and Evaluation.

SCOPE Osciloscopio.

SCOTUS Tribunal Supremo de los Estados Unidos (Supreme Court of the United States, EE.UU.).

SCP Bujía esférica (Spherical Candle Power) || Impulso de mando de acumulación (Storage Command Pulse) || Proteína de célula única (Single Cell Protein) || Seno coronario proximal.

SCR Reacción catalítica selectiva (Selective Catalytic Reaction) || Rectificador controlado de silicio (Silicon Controlled Rectifier).

SCRN Pantalla (Screen).

SCS Buque de control aeronaval || Conmutador controlado de silicio (Silicon Controlled Switch) || Servicio Catalán de la Salud (Servei Català de la Salut) || Simplex de canal único (Single Channel Simplex).

SCTL Lógica de transistor acoplado por estabistor (Stabistor Coupled Transistor Logic).

SCTT Sociedad Canadiense de Telecomunicaciones Transmarítimas (Société Canadienne des Telecommunications Transmarines).

SCUA Asociación de Usuarios del Canal de Suez (Suez Canal Users' Association).

SCV Estado de la Ciudad del Vaticano (Stato della Città del Vaticano) || Sistema cardiovascular.

SCVA Soporte cardíaco vital avanzado.

SCVB Soporte cardíaco vital básico.

sd Sin día o fecha (Sine Die).

SD Demencia senil (Senile Dementia) || Desviación estándar (Standard Deviation) || Diodo sencillo (Single Diode) || Estreptodornasa (Streptodornase) || Indicador de sistemas (System Display) || Muerte súbita (Sudden Death) || Parto espontáneo (Spontaneous Delivery) || Se despide || Síndrome de Down || Soplo diastólico || (Disco de) Superdensidad (Superdensity).

SDA Adventistas del Séptimo Día (Seventh Day Adventist) || Agencia de Noticias de Suiza (Schweizerische Depschenagentur) || Asociación de Jabones y Detergentes (Soap and Detergent Association) || Alcohol especialmente desnaturalizado (Specially Denatured Alcohol) || Partido de Acción Democrática, República Srpska || Síndrome de déficit de atención || Síndrome diarreico acuoso.

Sdad Sociedad.
Sdad Gral Sociedad General.
SDAs Trastornos afectivos estacionales (Seasonal Affective Disorders).
SDAT Demencia senil de tipo Alzheimer (Senile Dementia of the Alzheimer Type).
SDC Frente Democrático Social (Front Démocratique et Social, Camerún).
SDDC Dimetilditiocarbamato sódico (Sodium Dimethyldithiocarbamate).
SDE Somnolencia diurna excesiva.
SDECE Servicio de Documentación Exterior y de Contraespionaje (Service de Documentation Extérieure et de Contre Espionnage, Francia).
SDED Sodio dietil ditiocarbamato.
SDF Repartidor de supergrupo (Supergroup Distribution Frame) || Sulfonildifenol.
SDFN Servicios Documentales Filatélicos y Numismáticos.
SDH Hematoma subdural (Subdural Hematoma) || Sorbitol deshidrogenasa.
SDHA Sulfato de dehidroepiandrosterona.
SDHEAS Sulfato de dehidroepiandrosterona.
SDI Iniciativa de defensa estratégica (Strategic Defence Initiative).
SDIO Sebacato de diisooctilo.
SDLP Partido Socialdemócrata y Laborista (Social Democratic and Labour Party, Irlanda del Norte).
SDM Sistema de desarrollo de microprocesadores.
SDMEAS Sulfato de dehidroepiandrosterona.
SDN Especialmente desnaturalizado (Specially Denatured).
Sdo Soldado.
SDP Servicio de documentación periodística || Sulfonildifenol (Sulfonildiphenol).
SDR Síndrome de dificultad respiratoria.
SDRA Síndrome de dificultad respiratoria del adulto.
SDRP Socialdemocracia de la República de Polonia.
SDS Sistema de defensa estratégico (Strategic Defence System) || (partido) Socialdemócrata de Eslovenia || Dodecilsulfato de sodio (Sodium Dodecylsulphate) || Unión de las Fuerzas Democráticas, Bulgaria.
SDS-PAGE Sodio dodecil sulfato-poliacrilamida gel.
SDSA Sociedad para la Difusión de las Ciencias y las Artes (Société pour la Diffusion des Sciences et des Arts de France).
SDSR Síndrome de distrofia simpática refleja.
se Error estándar (Standard Error).
Se Selenio.
SE Error estándar (Standard Error) || Sevilla, referido a la matrícula nacional de automóvil || Sindicato de Estudiantes || Su excelencia || Sulfoetil || Sureste.
SEA Servicio de extensión agraria || Sociedad Española de Acústica || Sociedad Española de Arteriosclerosis || Sudeste de Asia.
SEAL Sustancia estimulante de la agregación lábil.
SEAT Sociedad Española de Automóviles de Turismo.
SEATO Organización del Tratado del Sudeste Asiático (South East Asian Treaty Organization).
SEBC Sistema Europeo de Bancos Centrales.
sec Secante || Sección(es) || Segundo (Second).
Sec Secretaría || Secundario.
Sec de Est Secretaría de Estado.
Sec Gral Secretaría General.
Sec Gral Téc Secretaría General Técnica.
SEC Conducción de electrones secundarios (Secondary Electron Conduction) || Secundario || Sistema euro-

peo de contabilidad || Sociedad Española de Cardiología.

SECAM Secuencia electrónica de color con memoria (Séquence Electronique Couleur avec Mémoire).

SECC Servicio de enseñanza de catalán por correspondencia (Servei d'Ensenyament de Català per Correspondència).

SECED Servicio central de documentación.

SECO Control secuencial (Sequential Control).

SECOT Sociedad Española de Cirugía Ortopédica y Traumatología.

sech Secante hiperbólica.

SED Partido Socialista Unificado (Sozialistische Einheitspartei Deutschlands, antigua RDA) || Síndrome de Ehlers-Danlos.

SEDAM Secretaría de Estado de Administración Militar.

SEDEF Secretaría de Estado de la Defensa.

SEDEN Sociedad Española de Enfermería Nefrológica.

SEE Síndrome del edificio enfermo || Síndrome de la escaldadura estafilocócica || Síndrome del eutiroideo enfermo.

SEEA Sociedad Europea de Energía Atómica (Société Européenne d'Énergie Atomique).

SEEC Sociedad Española de Estudios Clásicos.

SEER Vigilancia epidemiológica y resultados finales (Surveillance Epidemiology and End Results).

seg Segundo.

Seg Soc Seguridad Social.

SEGO Sociedad Española de Ginecología y Obstetricia.

SEI Iniciativa de exploración espacial (Space Exploration Initiative) || Secretaría de Estado de Interior.

SEIS Servicio de extinción de incendios y salvamento.

SEJ Secretaría de Estado de Justicia.

SEK San Estanislao de Kostka, referido a una institución educativa los colegios SEK.

SEL Selección || Síndrome de Eaton-Lambert.

SELA Sistema Económico Latinoamericano.

SELMB Selección del Banco de Memoria (Selection Memory Bank).

SELRB Selección del Banco de Registro (Selection Register Bank).

sem Semana || Seminario.

SEM Error estándar de la media (Standard Error of the Mean) || Sociedad de Electricidad y Mecánica (Societé d'Electricité et de Méchanique, Bélgica) || Soplo sistólico de eyección (Systolic Ejection Murmur).

SEMAF Sindicato Español de Maquinistas y Ayudantes Ferroviarios.

SEMERGEN Sociedad Española de Medicina Rural y General.

SEMFYC Sociedad Española de Medicina Familiar Y Comunitaria.

SEMINCI Semana Internacional de Cine, Valladolid.

SEN Sector Naval || Sociedad Española de Nefrología || Sociedad Española de Neurología.

Sent Sentencia.

SEO Órbita elíptica semisincrónica || Sociedad Española de Ornitología.

sep Separar (Separate).

SEP Bombeo de emisión estimulada (Stimulated Emission Pumping) || Potenciales evocados somatosensoriales (Somatosensory Evoked Potentials) || Signos (o Síntomas) extrapiramidales || Sistema extrapiramidal.

SEPAR Sociedad Española de Patología del Aparato Respiratorio.

SEPE Síndrome Estafilocócico de la Piel Escaldada.

SEPI Sociedad Estatal de Participaciones Industriales.

SEPLN Sociedad Española para el Procesamiento del Lenguaje Natural.

SEPPA Sociedad Estatal de Participaciones Patrimoniales.
SEPRONA Servicio de protección de la naturaleza.
SEPs Potenciales evocados somatosensoriales (Somatosensory Evoked Potentials).
sept Septiembre.
seq sw Conmutador secuencial (Sequence Switch).
ser Serie.
Ser Serina.
SER Respuesta evocada somatosensorial (Somatosensory Evoked Response) || Retículo endoplásmico liso (Smooth Endoplasmic Reticulum) || Sociedad Española de Radiodifusión || Sociedad Española de Reumatología.
SERAI Sociedad de Estudios, de Investigaciones y de Aplicaciones para la Industria (Société d'Études, de Recherches et d'Applications pour l'Industrie).
Serb Serbia.
SERC Consejo de Investigación en Ciencia e Ingeniería (Science and Engineering Research Council, Reino Unido).
SERCON Seria y constructiva.
SERI Instituto de Investigación de la Energía Solar (Solar Energy Research Institute).
SERPAJ Servicio Paz y Justicia, Uruguay.
SERS Dispersión por Efecto Roman Incrementada por Efecto de la Superficie (Surface Enhanced Roman Scattering).
SES Barco de Efecto Superficie (Surface Effect Ship) || Nivel Socioeconómico (Socioeconomic Status) || Sociedad Europea de Satélites.
SEU Sindicato de Estudiantes Universitarios.
seuo Salvo error u omisión.
sf Sin fecha.
SF Ciencia ficción (Science Fiction) || Escarlatina (Scarlet Fever) || Finlandia, referido a la matrícula internacional de automóvil || Líquido cefalorraquídeo (Spinal Fluid) || Líquido sinovial (Synovial Fluid) || Streptozocin, 5-fluorouracilo || Subfusil.
SF league Liga de la Ciencia Ficción (Science Fiction league).
SFAR Servicio de Farmacia, referido al ejército.
SFC Síndrome de fatiga crónica.
SFCCE Sociedad de Fomento de la Cría Caballar de España.
SFCM Servicio de Formación de Cuadros de Mando, referido al ejército.
SFERT Sistema Fundamental (patrón) Europeo de Referencia para la Transmisión Telefónica (Système Fondamental Européen de Référence pour la Transmission Télèphonique).
SFFWA Sociedad Norteamericana de Escritores de Ciencia Ficción y Fantasía (Science Fiction and Fancy Writers of America).
SFI Sociedad Financiera Internacional (Société Financière Internationale).
SFIO Sección Francesa de la Internacional Obrera.
SFOR Fuerza de estabilización (Stabilisation Force).
sfpm Superficie pies por minuto (Surface Feet Per Minute).
SFRA Asociación de Investigación sobre la Ciencia Ficción (Science Fiction Research Association).
SFS Formaldehído sulfoxilato sódico (Sodium Formaldehyde Sulfoxylate) || Segundos Saybolt Furol (Saybolt Furol Seconds).
SFWA Sociedad Norteamericana de Escritores de Ciencia Ficción (Science Fiction Writers of America).
SG Rejilla-pantalla (Screen-Grid) || Segovia, referido a la matrícula nacional de automóvil || Severidad geológica || Sobrevida global.

SGA Pequeño para la edad gestacional (Small for Gestational Age, referido al feto) || Síndrome general de adaptación || Sociedad General de Autores.

SGAB Sociedad General de Aguas de Barcelona.

SGAE Sociedad General de Autores d España.

SG_{aw} Conductancia específica.

SGB Federación Suiza de Sindicatos (Schweizerischer Gewerkschaftsbund) || Síndrome de Guillain-Barré.

SGBD Sistema de gestión de base de datos.

SGE Servicio Geográfico del Ejército.

SGEL Sociedad General Española de Librería.

SGGT Gammaglutamil transpeptidasa (o transferasa) Sérica (Serum Gamma Glutamyl Transpeptidase or Transferase).

SGM Submarino diesel-eléctrico lanzamisiles.

SGOT Transaminasa glutámico oxalacética sérica (Serum Glutamic Oxylacetic Transferase).

SGP Singapur, referido a la matrícula internacional de automóvil.

SGPT Transaminasa glutámico pirúvica sérica (Serum Glutamic Piruvate Transferase).

Sgt 1º Sargento Primero.

SGT Secretaría General Técnica || Secretaría General de Turismo || Síndrome de Gilles de la Tourette.

sgte Siguiente.

Sgto Sargento.

Sh Shakespeare || Shigella.

SH Hormona somatotrópica (Somatotropic Hormone) || Schönlein-Henoch, referido a la púrpura || Sismicidad histórica.

SHAg Antígeno de la hepatitis sérica (Serum Hepatitis Antigen).

SHAI Síndrome hemofagocítico asociado a infecciones.

SHAV Síndrome hemofagocítico asociado a los virus.

SHBG Hormona sexual ligada a la globulina (Sex Hormone Binding Globulin).

SHE Síndrome hipereosinofílico.

SHF Frecuencia superelevada (Super High Frequency).

SHM Movimiento Armónico Simple (Simple Harmonic Motion).

SHODOP Doppler de corto alcance (Short Range Doppler).

SHORAN Navegación de corto alcance (Short Range Navigation).

SHV Síndrome de hiperventilación.

Si Silicio.

SI Examen sistémico (Systemic Inquiry) || Hierro sérico (Serum Iron) || Insulina soluble (Soluble Insulin) || Sacroilíaco || Señal de identificación || Servicio de información || Sistema internacional (Systeme International, referido a unidades) || Solución Independiente, referido la formación política de Castilla y León.

SIA Septum interauricular || Servicio de Información de Artillería.

SIAA Servicio de Información Antiaérea.

SIADH Síndrome de secreción inadecuada de hormona antidiurética (Syndrome of Innapropiate Secretion of Antidiuretic Hormone).

SIAL Salón internacional de la alimentación.

Sib Siberia.

SIB Sarcoma inmunoblástico.

SIBB Sarcoma inmunoblástico (de células) B.

SIBT Sarcoma inmunoblástico (de células) T.

sic Seco (Siccus).

Sic Sicilia.

SIC Capacidad inductiva específica (Specific Inductive Capacity) || Sistema Inmunocompetente || Sociedad Independiente de comunicación, Portugal.

SICAV Sociedad de inversión de capital variable.
SICE Controlador electrónico de interconexión normal (Standard Interface Control Electronics).
SICOT Sociedad Internacional de Cirugía Ortopédica y de Traumatología (Société Internationale de Chirurgie Orthopédique et de Traumatologie).
SID Perturbación ionosférica repentina (Sudden Ionospheric Disturbance) || Síndrome de inmunodeficiencia || Su espíritu está con Dios (Spiritus In Deo).
SIDA Síndrome de inmunodeficiencia adquirida.
SIDCG Síndrome de inmunodeficiencia combinada grave.
SIDP Entrevista estructurada para los trastornos de personalidad contemplados en el DSM-III (Structural Interview for the DSM-III Personality Disorders.
SIDS Síndrome de la muerte infantil Súbita (Sudden Infant Death Syndrome).
SIEL Servicio de información electrónica.
SIF Frecuencia intermedia de sonido (Sound Intermediate Frequency) || Salón internacional de la franquicia.
SIFAR Servicio de Información de las Fuerzas Armadas.
SIFMT Sistema de intercambio de facturas por medios telemáticos.
sig Siguiente.
SIg Inmunoglobulina secretora (Secretory Immunoglobulin).
SIG Señal (Signal) || Sistema de información geográfica || Sistema integrado de gestión.
sigte Siguiente.
SIHAD Secreción inadecuada de hormona antidiurética.
SIHD Enfermedad cardíaca (cardiopatía) isquémica silente (Silent Ischemic Heart Disease).
SII Síndrome del intestino irritable.
Sil Silvestre (Silvester).
SIL En línea simple (Single In Line) || Nivel de interferencia con la voz (Speech Interference Level) || Sociedad Internacional de la Lepra (Société Internationale de la Lèpre).
Sim Simón.
sím Símbolo.
SIM Servicio de Información Militar || Sociedad Internacional de Musicología (Société Internationale de Musicologie) || Sustancia inductora de la meiosis.
SIMACET Sistema de Mando y Control del Ejército.
SIMC Sociedad Internacional para la Música Contemporánea (Société Internationale pour la Musique Contemporaine).
SIMG Sociedad Internacional de Medicina General (Societas Internationalis Medicinae Generalis).
SIMS Espectroscopia de masa de ion secundario (Secondary Ion Mass Spectroscopy).
SIMU Sistema de identificación médica de urgencia.
sin Izquierda (Sinistra) || Sinónimo.
SIN Servicio de Inteligencia Nacional, Perú.
SINA Sociedad Ibérica de Nutrición Animal.
SINAD Señal + ruido y distorsión (Signal, Noise and Distortion).
SINAMOS Sistema Nacional de Movilización Social.
SINC Sincronización.
sing Singular.
Sing Singapur.
SINS Sistema de navegación inercial para buques (Ship's Inertial Navigation System).
SIO Serie de entrada-salida (Series Input-Output).
SIOP Sociedad Internacional de Oncología Pediátrica (International Society of Pediatric Oncology).

SIP Asociación Interamericana de Prensa (Society Interamericana of Press) || Procesador de instrucciones científicas (Scientific Instruction Processor).

SIPP Pirofosfato de sodio y hierro (Sodium Iron Pyrophosphate).

SIPRI Instituto Internacional de Investigaciones para la Paz de Estocolmo (Stockolm International for Peace Researchs Institute).

SIR Espectrometría infrarroja (Spectrometry Infrared).

SIRS Síndrome de respuesta inflamatoria sistémica (Systemic Inflammatory Response Syndrome).

SIS Escala de tentativa de suicidio (Suicide Intent Scale) || Servicio Secreto de Inteligencia (Secret Intelligence Service, Reino Unido) || Sistema de información de Schengen || Suspensión inyectable estéril.

SISDE Servicio para las Informaciones y la Seguridad Democrática, Italia.

SISMI Servicio para la Información y Seguridad Militares, Italia.

SISS Sistema de sonar integrado submarino (Submarine Integrated Sonar System).

SIT Síntesis intratecal || Técnicas de autoayuda (Self Instruction Techniques) || Temperatura espontánea de ignición (Spontaneous Ignition Temperature).

SITA Sociedad Internacional de Telecomunicaciones Aeronáuticas (Société Internationale de Télecommunications Aéronautiques).

SITADE Servicio de Información Telefónica y Atención de Emergencias.

SITC Salón Internacional del Turismo en Cataluña.

SITOR Teleimpresor simplex sobre radio (Simplex Teleprinting Over Radio).

SIV Septum interventricular || Virus de la inmunodeficiencia simia (Simian Immunodefficiency Virus).

SIWL Carga de rueda simple aislada (Single Isolated Wheel Load).

SIZOO Salón internacional de la zootecnia.

SJ Compañía de Jesús o Jesuitas (Societatis Jesu).

SJCRH Hospital de Investigaciones Pediátricas St Jude (St Jude Children's Research Hospital, EE.UU.).

SK Estreptoquinasa (Streptokinase) || Sarcoma de Kaposi.

Skm Estocolmo.

SKSD Estreptoquinasa-Estreptodornasa (Streptokinase-Streptodornase).

sl Sus labores.

Sl sol Ligeramente soluble (Slightly Soluble).

SL Estreptolisina (Streptolysin) || Linfoma (linfocítico) Pequeño (Small Limphoma) || Síndrome de Larou || Sociedad Limitada || Sodio lactato || Sueño lento.

SLA Adaptador sincrónico de línea (Synchronous Line Adapter) || Síndrome de linfadenopatía.

SLBM Misil crucero lanzado desde un buque (Ship Launched Cruise Missile) || Misil balístico de lanzamiento submarino (Submarine Launched Ballistic Missile).

SLC Capacitancia de variación lineal (Straight Line Capacitance) || Radar director de proyectores (Search Light Control Radar).

SLCM Misil crucero lanzado desde submarino (Submarine Launched Cruise Missile).

Sld Sólido (Solid).

SLE Lupus eritematoso sistémico (Systemic Lupus Erythematosus) || Sobrevida libre de enfermedad.

Slena Agencia de Noticias de Sierra Leona (Sierra Leone News Agency).

SLEv Sobrevida libre de eventos.

SLF Frecuencia de variación lineal (Straight Line Frequency).

SLID Síndrome de linfocitosis infiltrativa difusa.
SLM Misil lanzado desde un buque (Ship Launche Missile) || Movimientos lentos de los ojos (Slow Eye Movements).
slnd Sin (indicación de) fecha o lugar (Sine Loco nec Data).
SLR Radar de imágenes laterales (Side Looking Radar) || Sobrevida libre de recaída.
SLS Síndrome de Stein-Leventhal (Stein-Leventhal Syndrome).
SLSI Super gran escala de integración (Super Large Scale Integration).
SLW Longitud de onda de variación lineal (Straight Line Wavelength).
sly Lentamente (Slowly).
sm Pequeño (Small).
Sm Samario.
SM Armada Sueca (Svenska Marine) || Director de escena (Stage Manager) || Esfingomielina (Sphingomyelin) || Estreptomicina (Streptomycin) || Mantenimiento del sistema (System Maintenance) || Mastectomía simple (Simple Mastectomy) || Misil estratégico (Strategic Missile) || Sadomasoquismo || Salud mental || Santa Memoria (Sanctae Memoriae) || Síndrome de Marfan || Sociedad Marianista || Somatomedinas || Soplo sistólico (Systolic Murmur) || Su Majestad || Supervivencia media.
SMA Análisis múltiple secuencial (Sequential Multiple Analysis) || Anticuerpos contra el músculo liso (Smooth Muscle Antibodies) || Arteria mesentérica superior (Superior Mesenteric Artery).
SMAF Sindicato de Maquinistas y Ayudantes Ferroviarios.
SMB Su Majestad Británica.
SMC Servicio de Meteorología de Cataluña (Servei de Meteorologia de Catalunya) || Somatomedina C || Su Majestad Católica.
SMD Síndrome mielodisplásico || Soplo mesodiastólico.
SMDt Síndrome mielodisplásico (vinculado con el) tratamiento.
SME Santa Madre Iglesia (Sancta Mater Ecclesia) || Servicios médicos de empresa || Sistema Monetario Europeo || Surinam, referido a la matrícula internacional de automóvil.
SMF Sistema Monetario Internacional || Sistema mononuclear fagocítico || Sistemas de microfiltración || Streptozocin, mitomicina C, 5-fluorouracilo.
SMG Ganglio mesentérico superior (Superior Mesenteric Ganglion).
SMI Acoplador para memoria estática (Static Memory Interface) || Salario Mínimo Interprofesional.
SMIG Inmunoglobulina de superficie de membrana (Surface Membrane Immunoglobulin).
SML Sorbitan monolaurato.
SMM Sistema monocítico macrofágico.
SMMFYC Sociedad Madrileña de Medicina Familiar y Comunitaria.
SMO Sulfatado metil oleato.
SMOE Sistema microsómico oxidante de etanol.
smp Sin descendencia masculina (Sine Mascula Prole).
SMPE Sociedad de Ingenieros de Cinematografía (Society of Motion Picture Engineers).
SMPTE Sociedad de Ingenieros de Cine y Televisión (Society of Motion Picture and Television Engineers, EE.UU.).
SMPU Unidad de alimentación de potencia conmutada (Switched Mode Power Supply Unit).
SMR Tasa de mortalidad estandarizada (Standardized Mortality Rate).
SMS Soplo mesosistólico.
SMSI Síndrome de la muerte súbita infantil.
SMX Sulfametoxazol.

SMZ Sulfametoxazol.
sn Seno de la amplitud (Sine of the Amplitude) || Sin nombre (Sine Nomine) || Sin numerar.
Sn Estaño (Stannum).
SN Nodo sinusal (Sinus Node) || Número de serie (Serial Number) || Senegal, referido a la matrícula internacional de automóvil || Síndrome nefrótico || Sistema nervioso || Supernova.
SNA Acetato de naftaleno sódico (Sodium Naphthalene Acetate) || Sistema nacional de alerta || Sistema nervioso autónomo.
SNC Sistema nervioso central.
SNCB Sociedad Nacional de Ferrocarriles de Bélgica (Société Nationale de Chemins de Fer Belge).
SNCF Sociedad Nacional de Ferrocarriles Franceses (Societe Nationale de Chemins de Fer).
SNCL Linfoma de células pequeñas no hendidas (Small Noncleaved Cell Lymphoma).
SNE Encefalomielopatía necrotizante subaguda (Subacute Necrotizing Encephalomyelopathy).
SNEA Sociedad Nacional Elf-Aquitaine (Société National Elf-Aquitaine).
SNF Fuerzas nucleares estratégicas (Strategic Nuclear Forces).
SNFs Centro asistido por enfermeras expertas (Skilled Nursing Facilities).
SNG Gas natural sintético o sustituido (Synthetic or Substitute Natural Gas) || Sonda nasogástrica.
snm Sobre el nivel del mar.
SNM Síndrome neuroléptico maligno.
SNP Partido Nacionalista Escocés (Scottish National Party) || Sistema Nervioso Periférico.
SNPS Sistema nervioso parasimpático.
SNR Relación señal-ruido (Signal to Noise Ratio).
SNS Sistema Nacional de Salud || Sistema nervioso simpático.
SNT Servicio Nacional de Teatro, Brasil.
SNTA Nitrilotriacetato sódico (Sodium Nitrilotriacetate).
SNV Sistema nervioso vegetativo.
SO Sistema operativo || Soria, referido a la matrícula nacional de automóvil || Suroeste.
SO_2SC Saturación de O_2 del Seno Coronario.
SOA Octaacetato de sacarosa (Sucrose Octaacetate).
SOB Salpingo-oforectomía bilateral.
SOBS Sonar de descenso a profundidades oceánicas (Scanning Ocean Bottom Sonar).
soc Socialista, sociedad, sociología.
Soc Sociología.
SOC Estación de Servicio Espacial (Space Operations Center) || Sindicato de Obreros del Campo || Síndrome obsesivo compulsivo.
SOCADI Sociedad Catalana de Documentación e Información (Societat Catalana de Documentació i Informació).
SOD Soplo olodiastólico || Superóxido dismutasa.
SODAR Radar sonoro (Sound Radar).
SODEP Partido Democrático Social (Sosvol Demokrasi Partisi, Turquía).
SODEPAX (Comité para la) Sociedad, el Desarrollo y la Paz (del Secretariado del Consejo Ecuménico de la Iglesia Católica de Ginebra).
SODI Superóxido dismutasa.
SODOMEI Federación Japonesa de Sindicatos.
SODSC Secretariado de Orientación de la Democracia Social Catalana (Secretariat d'Orientació de la Democràcia Social Catalana).
SOFAR Situación y distancia por sonido (Sound Fixing and Ranging).
sol Soluble || Solución.

SOL Solenoide.
SOLION Solución iónica.
soln Solución (Solution).
solv Solvente (Solvent).
soly Solubilidad (Solubility).
SOM Somatostatina (Somatostatin).
SONAR Navegación y referencia por sonido (Sound Navigation and Ranging).
SONIBANQUE Sociedad Nigerina de Banca (Societe Nigerine de Banque, Niger).
SONIMAG Salón internacional del Sonido y la Imagen.
SOP Síndrome del ovario poliquístico.
SORAFOM Sociedad de Radiodifusión de los Territorios Franceses de Ultramar (Société de Radiodiffusion de la France D'Outre Mer).
sos Si fuera necesario (Si Opus Sit).
SOS Salven nuestras almas (Save Our Souls) || Soplo Olosistólico.
SOTELEC Sociedad Anónima de Telcomunicaciones (Société Anonyme de Telecommunications, Francia).
SOVI Seguro obligatorio de vejez e invalidez.
sp Específico (Specific) || Sin descendencia (Sine Prole).
Sp Spirillo.
SP España (Spain) || Partido Socialista (Socialist Party) || Sangre periférica || Servicio público || Sulfapiridina || Sumo pontífice (Summus Pontifex) || Unipolar (Single Pole).
s_p Transconductancia en frecuencia cero.
Sp Gr Peso específico (Specific Gravity).
sp ht Calor Específico (Specific Heat).
Sp Ht Calor específico (Specific Heat).
SP-A Proteína A del surfactante.
SP-B Proteína B del surfactante.
SP-C Proteína C del surfactante.
SP-D Proteína D del surfactante.
SPADATS Sistema de detección y seguimiento espacial (Space Detection and Tracking System).
spar Separata.
SPC Comisión del Pacífico Sur (South Pacific Commission) || Sindicato de Periodistas de Cataluña (Sindicat de Periodistes de Catalunya) || Síndrome postcommocional || Shunt (anastomosis Porta-Cava).
SPD Partido Socialdemócrata Alemán (Sozialdemokratische Partei Deutschlands, Alemania) || Soplo prediastólico || Trastorno esquizotípico de la personalidad (Schizotypal Personality Disorder).
SPDT Unipolar de doble posición (Single Pole Double Throw).
SPE Experiencia subjetiva paranormal (Subjective Paranormal Experience) || Secreción pancreática externa.
SPECT Tomografía computarizada por emisión de fotones (Single Photon Emission Computed Tomography).
SPEP Electroforesis de proteínas séricas (Seric Protein Electrophoresis) || Seminario Permanente de Educación para la Paz.
SPER Sociedad de Ingenieros de Plásticos (Society of Plastic Engineers).
SPF Factor de protección solar (Sun Protection Factor) || Forum del Pacífico Sur (South Pacific Forum).
SPF66 Synthetic Plasmodium Falciparum 66.
SPGB Partido Socialista de Gran Bretaña (Socialist Party of Great Britain).
Sph Esférico (Spherical).
SPI Sociedad de la Industria de Plásticos (Society of the Plastics Industry).
SPIB Solución de potencia iónica baja.

SPKR Altavoz (Speaker).

SPL Nivel de presión acústica (Sound Pressure Level).

spm Sin descendencia masculina (Sine Prole Mascula).

SPM Síndrome postmenopáusico || Síndrome premenstrual.

spn Separación (Separation).

SPN Nombre específico del componente (Specific Product Name) || Senos Paranasales.

SPO Movimiento Serbio de Renovación || Partido Socialista de Austria (Sozialistiche Partei Österreichs).

SPOT Sistema Probatorio de Observación de la Tierra (Systeme Probatoire d'Observation de la Terre).

SPQR El senado y el pueblo romanos (Senatus Populusque Romanus).

spre Siempre.

SpS Supersincrotón de protones.

SPS Motor del módulo de servicio (Service Propulsion System) || Partido Socialista Serbio || Soplo presistólico || Superprotón sincrotrón.

SPSS Paquete estadístico para las Ciencias Sociales (Statistical Package for the Social Sciences).

SPST Unipolar de una posición (Single Pole Single Throw).

SPTD Soplo protodiastólico.

SPTS Soplo protosistólico.

SPVM Síndrome de prolapso de la válvula mitral.

Sq Cuadrado (Square) || Medios, referido a la frecuencia de un altavoz (Squawker).

sq cm Centímetro cuadrado (Square Centimeter).

sq ft Pie cuadrado (Square Foot).

sq in Pulgada cuadrada (Square Inch).

sq km Kilómetro cuadrado (Square Kilometer).

sq m Metro cuadrado (Square Meter).

sq mi Milla cuadrada (Square Mile).

sq mil Milipulgada cuadrada (Square Mil).

sq rd Pértica cuadrada (Square Rod).

sq yd Yarda cuadrada (Square Yard).

SQ Estereofónico cuadrafónico (Stereophonic Quadraphonic).

SQM Monitor de calidad de señal (Signal Quality Monitor).

Sr Estroncio (Strontian) || Señor.

SR Rectificador de selenio (Selenium Rectifier) || Registro de desplazamiento (Shift Register) || Relé lento (Slow Relay) || Ritmo sinusal (Sinus Rhythm) || Señal de referencia || Servicio religioso || Síndrome de Raynaud || Sistema respiratorio || Velocidad de sedimentación (Sedimentation Rate, referido a eritrocitos).

Sra Señora.

SRA Sistema renina-angiotensina || Segunda Región Aérea.

SRAA Sistema reticular activador ascendente.

SRAEN Sistema de referencia (para la determinación) de las atenuaciones equivalentes de nitidez.

SRAM Memoria estática de acceso aleatorio (Static Random Acces Memory).

Sras Señoras.

SRC Se ruega contestación || Sociedad de Radio Canadá (Société Radio Canada) || Sociedad Regular Colectiva.

SRE Elemento de radar de vigilancia (Surveillance Radar Element) || Listado de experiencias recientes (Schedule of Recent Experiences) || Radar de exploración de aproximación (Surveillance Radar Element) || Secretaría de Relaciones Exteriores, México || Sistema reticuloendotelial.

SRF Factor liberador de la somatotropina (Somatotropin Releasing Factor).

SRH Hormona liberadora de somatotropina (Somatotropin Releasing Hormone).

Sria Secretaria.

SRIF Factor inhibidor de la libera-

ción de somatotropina (Somatotropin Release Inhibiting Factor).
SRIH Hormona inhibidora de la liberación de somatotropina (Somatotropin Release Inhibiting Hormone).
Srio Secretario.
SRIS Síndrome de respuesta inflamatoria sistémica.
SRLA Sustancia de reacción lenta de la anafilaxia.
SRM Misil de alcance corto (Short Range Missile) || Sección de reclutamiento y movilización || Staphylococcus resistentes a la meticilina || Su Real Majestad.
SRR Área de búsqueda y salvamento (Search and Rescue Area).
Srs Señores.
Srta Señorita.
Srtas Señoritas.
ss Sentido estricto (Sensu Estricto) || Siglos.
Ss Sentencias.
SS Enfermedad del suero (Serum Sickness) || Guipúzcoa, referido a la matrícula nacional de automóvil || Santa Sede || Santos Sacramentos || Seguridad Social || Servicio Secreto || Servicio de Seguridad (Security Service, Reino Unido) || Síndrome seco || Síndrome de Sézary || Síndrome de Sjögren || Sociedad Espectrográfica (Spectrographic Society) || Solución saturada || Soplo sistólico || Submarino diesel eléctrico || Su Santidad || Su Señoría || Sulfato de sodio (Sodium Sulphate) || Superficie superficie, referido a un misil.
SSAA Sus Altezas.
SSAP Servicios Sociales de Atención Primaria.
SSB Banda lateral única (Single Sideband).
SSBN Submarino estratégico nuclear Balístico (Strategic Submarine Ballistic Nuclear).
SSC Superacelerador superconductor.
SSDP Partido Social Democrático (Sosialidemokraathinen Puolue, Finlandia).
SSE Sin signos de enfermedad || Síndrome del seno enfermo || Sursureste.
SSF Solución salina fisiológica.
SSFM Modulación de frecuencia en banda lateral (Single Sideband Frequency Modulation).
SSG Surcos super rasgados.
SSGN Submarino lanzamisiles de propulsión nuclear.
SSI Integración a pequeña escala (Small Scale Integration) || Orquesta Sinfónica Escocesa (Scottish Symphony Orchestra) || Sociedad para el Estudio de la Impotencia (Society Survey Impotence).
SSM Melanoma de propagación superficial (Superficial Spreading Melanoma) || Misil tierra-tierra (Surface to Surface Missile).
SSMM Sus Majestades.
SSN Solución salina normal || Submarino nuclear.
SSO Órbita sincrónica al sol || Sursuroeste.
SSPE Panencefalitis esclerosante subaguda (Subacute Sclerosing Panencephalitis).
SSr Radar secundario de vigilancia (Secondary Surveillance Radar).
SSR Radar secundario de vigilancia (Secondary Surveillance Radar) || Receptor de la somatostatina (Somatostatine Receptor) || Sociedad Suiza de Radiodifusión (Société Suisse de Radiodiffusion).
SSRSC Comisión Saudí-Sudanesa del Mar Rojo (Saudi-Sudanese Red Sea Commission).
SSS Su Seguro Servidor || Sustancia soluble específica (Specific Soluble Substance).
SSSS Servicio Secreto de Su Santidad.
SST Temperatura superficial del agua marina (Surface Sea Temperature) ||

Transporte supersónico (Supersonic Transport).

SSW Síndrome de Sturge-Weber.

St Estrato, referido a meteorología.

ST Calle (Street) || Disparador Schmitt (Schmitt Trigger) || Estereo (Stereo) || Estudio a transmisor (Studio to Transmitter) || Tensión superficial (Surface Tension) || Test cutáneo (Skin Test) || Tiempo de supervivencia (Survival Time).

Stª Santa.

STA Almacenar en Acumulador (Store Accumulator).

STABEX (Mecanismo de) Estabilización de (los precios de) exportación.

STAC Sindicato de Taxistas Autónomos de Cataluña (Sindicat de Taxistes Autonoms de Catalunya).

STAI Cuestionario de ansiedad estado/rasgo (State Trait Anxiety Inventory).

STALO Oscilador local estable (Stable Local Oscillator).

START Conversaciones sobre la reducción de armas estratégicas (Strategic Arms Reduction Talks) || Tratado sobre reducción de armas estratégicas (Strategic Arms Reduction Treaty).

stat Inmediatamente (Statim).

STATC Sindicato de Trabajadores Autónomos del Taxi de Cataluña (Sindicat de Treballadors Autonoms del Taxi de Catalunya).

STb Tensión de Superficie (Surface Tension).

STB Estrobo (Strobe).

STC Control del tiempo de sensibilidad (Sensitivity Time Control) || Indicador de acarreo (Set Carry) || Sentencia del Tribunal Central || Síndrome del túnel carpiano.

STCons Sentencia del Tribunal Constitucional.

std Norma o Patrón (Standard).

Std Estándar (Standard).

STD Enfermedad de transmisión sexual (Sexual Transmitted Disease) || Soplo telediastólico.

STDM Multiplexión por división sincrónica de tiempo (Synchronous Time Division Multiplexing).

STE Sindicato de Trabajadores de la Enseñanza || Transpositor de supergrupo (Supergroup Translating Equipment).

STG Gastrectomía subtotal (Subtotal Gastrectomy).

STH Hormona somatotrópica (Somatotropic Hormone).

STL Secuencias terminales largas, referido a citogenética.

STLG Libra esterlina (Sterling).

STM Microscopio de túnel scaner (Scanning Tunnelin Microscope).

Stº Santo.

STOL (Aviones de) Despegue y aterrizaje cortos (Short Take-off and Landing).

STOP Síndrome de taquicardia ortostática postural.

STP Presión y temperatura normal (Standard Temperature and Pressure) || Somatotropina.

STPP Tripolifosfato sódico (Sodium Tripolyphosphate).

STPRM Sindicato de Trabajadores Petroleros de la República de México.

STR Almacenar (Store).

Strad Stradivarius.

STRAD Señal, transmisión, recepción y distribución (Signal, Transmission, Reception and Distribution).

strep Streptococcus.

STS Soplo telesistólico.

STT Sistema terapéutico transdérmico.

STte Subteniente.

STV Sindicato de Trabajadores Vascos.

Su Sudán.

SU Sindicato Unitario.

SUA Ácido úrico sérico (Serum Uric Acid).

sub Subjuntivo || Submarino || Subscripción || Subsidiario || Subsidio || Suburbio || Subvención.
subd Subdivisión.
Subsec Subsecretaría.
Suc Sucursal.
SUD Servicio de urgencias domicilarias.
suf Sufijo.
SUGC Sindicato Unificado de la Guardia Civil.
SUH Síndrome urémico hemolítico.
SUHP Síndrome urémico hemolítico postparto.
SUME Sindicato Unitario de los Mozos de Escuadra (Sindicat Unitari del Mossos d'Esquadra, Cataluña).
SUN Nitrógeno ureico sérico (Seric Ureic Nitrogen).
SUNFED Fondo Especial de las Naciones Unidas para el Desarrollo Económico (Special United Nations Fund for Economic Development).
SUNY Universidad del Estado de Nueva York (State University of New York).
sup Súplica.
SUP Sindicato Unificado de Policía.
suplte Suplente.
SUS Interruptor unidireccional de silicio (Silicon Unidirectional Switch) || Viscosidad universal Saybolt (Saybolt Universal Viscosity).
Sv Sievert.
SV Señal variable || Vaginitis específica (Specific Vaginitis) || Vagotomía selectiva (Selective Vagotomy) || Válvula de seguridad (Safety Valve) || Volumen sistólico (sistolic Volume).
SVA Servicio de vigilancia aduanera || Variación lenta de amplitud (Slowly Varying Amplitude).
SVC (Síndrome de la) Vena cava superior (Superior Vena Cava Syndrome).
SVCA Soporte vital cardíaco avanzado.
SVE Extrasístoles supraventriculares (Supra Ventricular Extrasystoles).
SVHL Síndrome de Von Hippel-Lindau.
SVPT Taquicardia paroxística supraventricular (Supraventricular Paroxysmal Tachycardia).
SVR Supergrabador de vídeo (Super Video Recording) || Telefonía y telegrafía simultáneas (Simultaneous Voice/Record).
SVS Sociedad de Validación de Sistemas.
Sw Suecia.
SW Interruptor (Switch) || Onda corta (Short Wave).
SWA Namibia, referido a la matrícula internacional de automóvil || Síndrome de Wiskott-Aldrich.
SWANUF Frente Unido Nacional de África del Suroeste (South West Africa National United Front).
SWAPO Organización Popular de África del Suroeste (South West African People Organization, Namibia).
SWET Sociedad del West End Theatre.
SWGR Dispositivo de conmutación (Switch Gear).
SWL Escucha de onda corta (Short Wave Linestener).
SWR Razón de ondas estacionarias (Standing Wave Ratio).
SWS Sueño con ondas lentas (Slow Wave Sleep).
SWTL Línea de transmisión de onda estacionaria (Standing Wave Transmission Line).
SWVR Relación voltaje onda estacionaria (Standing Wave Voltage Ratio).
Sx Signos o síntomas, referido a enfermedades.
Sy Seychelles.
SY Seychelles, referido a la matrícula internacional de automóvil.
S Yd Scotland Yard.

SYM Simétrico (Symmetrical).
SYNC Sincronizador.
SYNCOM Satélite de telecomunicaciones sincrónico (Synchronous Communication Satellite).
Syngas Gas de síntesis (Synthesis Gas).
Syr Jarabe (Syrup).
SYR Siria, referido a la matrícula internacional de automóvil.
SZE Síndrome de Zollinger-Ellison.

T

t Coeficiente de transmisión || En el tiempo de (Tempore) || Tarde || Temperatura || Tenor || Tiempo || Tomo || Tonelada (as) || Traslocación, referido a citogenética || Troy.

t Temperatura, referido a escala Celsius.

T Agudos, referido a la fecuencia de un altavoz (Tweeter) || Disparador (Trigger) || Efecto tautomérico || Esfuerzo de torsión || Índice de velocidad, referido a la máxima velocidad admitida para un neumático || Linfocitos T || Tailandia, referido a la matrícula internacional de automóvil || Tarragona, referido a la matrícula nacional de automóvil || Teléfono || Telégrafo || Temperatura, referido a meteorología || Temporizador || Tenor || Tera || Teresa || Tesla, referido a la inducción magnética || Testamento || Testosterona || Tiempo || Tomás || Tomo || Torácico || Toxicidad || Toxoide Tetánico || Transformador || Transistor || Transmisiones || Triodo || Tritio.

T Energía cinética || Temperatura, referido a escala Kelvin || Temperatura termodinámica || Tiempo.

T/A Cuenta de transferencias (Transfer Account) || Tierra-aire, referido a misil.

T/C Termopar (Thermocouple).

T/O Conectar (Turn On).

T-AT (complejo) Trombina-antitrombina.

T-D Transmisor distribuidor (Transmitter Distributor).

T-R Transmisión recepción.

T&A Tonsiloidectomía y adenoidectomía.

T&T Trinidad y Tobago.

t1/2 Vida media de desaparición.

T^2 Lógica transistor transistor (Transistor Transistor Logic).

T^2L Lógica transistor-transistor (Transistor-Transistor Logic).

T_3 Triiodotirosina.

T_3i Triyodotironina inversa.

T_3L Triyodotironina libre.

T^3L Lógica Transistor-transistor-transistor (Transistor-Transistor-Transistor Logic).

T_3RU Captación con resina de la T_3.

T_4 Tiroxina sérica o Tetraiodotirosina.

T_4L Índice de tiroxina libre.

Ta Tantalio.

TA Blanco (Target) || Taiwan || Temperatura axilar || Tensión arterial || Transaldolasa || Transporte aéreo || Trastorno por angustia.

TAA Tiroiditis autoinmune || Asintomática.

TAAF Tierras australes y antárticas francesas (Terres Australs et Antarctiques Francaises).

tab Tabla.

TAB Tifoidea-paratifoidea A-paratifoidea B, referido a la vacuna.

TAC Control y adquisición de datos de Teletexto (Teletext Data Acquisi-

tion and Control) || Tomografía axial Computarizada.
TACAN Navegación Aérea Táctica (Tactical Air Navigation).
TACE Tri-para-anisilcloroetileno (Tri-p-Anisylchloroethylene).
TACT Cuenta de transferencias (Transfer Account).
TAD Antidepresivo tricíclico (Tricyclic Antidepressant) || Tensión arterial diastólica || Tioguanina, arabinósido de citosina, daunomicina || Tratamiento antidepresivo.
TADs Tratamientos antidepresivos.
TAE Tasa anual efectiva || Trastorno afectivo emocional.
taf Tafilete.
TAF Factor de angiogénesis tumoral (Tumor Angiogenesis Factor).
Tag Tagalo, referido al lengüaje.
TAG Trastorno por ansiedad generalizada.
TAH Histerectomía abdominal total (Total Abdominal Hysterectomy).
TAH-BSO Histerectomía abdominal total con salpingoooforectomía Bilateral (Total Abdominal Hysterectomy Bilateral Salpingooophorectomy).
Tai Taiwan.
TAI Tiempo atómico invariable.
Tal Talmud.
TALGO Tren Articulado Ligero Goicoechea-Oriol.
TALM Tratado de Asistencia Legal Mutua, referido al suscrito entre Panamá y EE.UU..
Tam Tamil, referido al lenguaje || Tamoxifen.
TAM Misil aéreo táctico (Tactical Air Missile) || Taquicardia auricular multifocal || Tono de apertura de la mitral.
TAM AC Tamoxifen, adriamicina, ciclofosfamida.
T_{amb} Temperatura ambiente.
tan Tangente (Tangent).
Tang Tanganika.
tanh Tangente hiperbólica (Hyperbolic Tangent).
TANI Irradiación de nódulo (linfático) axial total (Total Axial Node Irradiation) || Tensión arterial no invasiva.
TANJUG Agencia de Noticias de Yugoslavia.
TAO Troleandomicina.
TAOS Título de antiestreptolisina O (Antistreptolysin O Titre).
TAP Taquicardia auricular paroxística || Transportes Aéreos Portugueses.
TAPAC Transporte Aéreo de Paracaidistas.
TAPPI Asociación Técnica de la Industria de la Pasta y el Papel (Technical Association of the Pulp and Paper Industry, EE.UU.).
TAR (Síndrome de) Trombocitopenia con ausencia de radios.
Tas Tasmania.
TAS Teatro de Animación de Setubal, Portugal || Tensión arterial sistólica || Tiro aire-superficie || Torpedo antisubmarino || Velocidad anemométrica verdadera (True Airspeed).
TASH Título de antiestreptohialuronidasa.
TASS Agencia Telegráfica de la Unión Soviética (Telegráfnoye Agentsvo Soviétskogo Soyuza).
TAT Test de apercepción temática (Thematic Apperception Test) || Toxina antitoxina || Transactivador (Transactivator).
Tau Taurina.
TAUN Asistencia Técnica de las Naciones Unidas (Technical Assistance of the United Nations).
TAV Tiempo de activación ventricular || Tren de Alta Velocidad.
Tb Terbio.
TB Bilirrubina total (Total Bilirubin) || Placa de terminales (Terminal Board) || Regleta de terminales (Terminal Block) || Temperatura basal ||

Traqueobronquitis || Tronco braquiocefálico || Tuberculosis.

TBARS Sustancias reactivas del ácido tiobarbitúrico.

TBC Correctores de base de tiempo || Tren de bandas calientes || Tronco braquiocefálico || Tuberculosis.

TBCEP Fosfato de tri beta cloro etilo (Tri Beta Chloroethyl Phosphate).

TBF Fosfato de tributilo (Tributyl Phosphate).

TBG Globulina fijadora de tirosina (Tirosine Binding Globulin).

TBH Hexacloruro de benceno técnico (Technical Benzene Hexachloride).

TBI Irradiación corporal total (Total Body Irradiation).

TBK Potasio corporal total (Total Body Potassium).

TBM Meningitis tuberculosa (Tuberculous Meningitis) || Misil balístico táctico (Tactical Ballistic Missile).

TBP Fosfato de tributilo (Tributyl Phosphate) || Trastorno bipolar || Triclorobenziloxipropanol.

TBP-1 Trastorno bipolar, historia de franca manía.

TBS Hablar entre buques (Talk Between Ships).

TBSS (Índice resultado del cociente de la suma de los pliegues) Tricipital-bicipital (medidores de obesidad periférica) y suprailíaco-subescapular (medidores de obesidad central).

TBT Titanato de tetrabutilo (Tetrabutyl Titanate).

TBTO Óxido de tributilestaño (Tributyltinoxide).

TBW Agua corporal total (Total Body Water).

tc Temperatura crítica.

T_c (Células) T Colaboradoras.

Tc Concentración tisular, referido a la inhalación de un isótopo || Tecnecio.

T_C Temperatura absoluta crítica.

T_c Teraciclo.

Tc/s Teraciclos por segundo.

TC/TT Tiroiditis crónica con tiroiditis transitoria.

TC Cheques de viajero (Traveller's Cheque) || Colesterol total (Total Cholesterol) || Compensado en temperatura (Temperature Compensated) || Temperatura corporal || Temperatura regulada (Temperature Controlled) || Termopar (Thermo Couple) || Tetraciclina || Tiempo de cefalina || Tiempo de coagulación || Toma central, referido a un transformador || Tomografía computarizada || Tono cardíaco || Transcobalamina || Traumatismo craneal || Tribunal constitucional || (ácido) tricloroacético || Trombosis cerebral || Tumor cerebral.

TC-RDD Tomografía computarizada retrasada de doble dosis.

TCA Ácido tricarboxílico (Tricarboxylic Acid) || Ácido tricloroacético || Tiempo de cefalina con activador, siendo éste el ácido elágico || Trans Canada Airlines.

TCAR Tomografía computarizada de alta resolución.

TCAs Antidepresivos tricíclicos (Tricyclic Antidepressants).

TCB Temperatura corporal basal || Tetracarboxibutano.

TCBM Misil balístico transcontinental (Transcontinental Ballistic Missile).

TCBO Óxido de triclorobutileno (Trichlorobutylene Oxide).

TCC Carcinoma de células Transicionales (Transitional Cell Carcinoma) || Comité coordinador de telecomunicaciones (Telecommunications Coordinating Committee, EE.UU.) || Terapia cognitivo conductual || Tomografía craneal || Traumatismo craneocerebral || Vaso de tagliabue cerrado (Tagliabue Closed Cup).

TCDB Tetraclorodibenceno.

TCDC Tomografía computarizada Dinámica con Contraste.

TCDD Tetraclorodibenzodioxina, más conocido como agente naranja.

TCDI Tiocarbonildiimidazol.

TCE Tetracloroetileno || Tomografía computarizada por emisión || Tratado de la Comunidad Económica || Traumatismo craneoencefálico || Tricloroetanol.

TCEFS Tomografía computarizada por emisión de fotón simple.

TCEUF Tomografía computarizada por emisión única de fotones.

TCF Test de completamiento de frases || Tono cardíaco fetal.

TCG Tumor de células gigantes.

TCGF Factor de crecimiento de células T (T-cell Growth Factor).

TCGNS Tumor de células germinales no seminomatosas.

TCH Telegrafía con hilos.

TCI Indicador iluminador de tierra (Terrain Clearence Indicator).

TCK Tiempo de cefalina con activador, siendo éste el kaolín.

TCM Tricloromelamina.

TCNQ Tetracianoquinodimetano.

Tcol Teniente coronel.

TCP Fosfato de tricresilo (Tricresyl Phosphate) || Protocolo de control de transmisión (Transmission Control Protocol) || Tomografía completa del pulmón || Tricresilfosfato (Tricresyl Phosphate) || Tripulantes de cabina de pasajeros.

TCPS Temperatura corporal y presión saturada.

TCR Receptor de células T (T Cells Receptor).

TCSA Tiempo de conducción senoauricular.

TCT Tirocalcitonina || Tribunal Central de Trabajo.

TCTP Tetracloro tiofeno || Tritiofosfito de tricetilo (Tricetyl Trithiophosphite).

Tcu Tribunal de cuentas.

TCV Volumen de la caja torácica (Toracic Cage Volume).

t_d Tiempo de retardo (Time Delay).

Td Combinación de los toxoides tetánico y diftérico de tipo adulto.

TD Diarrea del viajero (Traveller's Diarrhea) || Director técnico (Technical Director) || Incapacidad total (Total Disability) || (Antígenos) T dependientes || Terminal de datos || Tiempo de retardo (Time Delay) || Transmisor distribuidor (Transmitter Distributor) || Turbo diesel.

TD_{50} Dosis tóxica media (Toxic Dose).

TdA Teatro de los Autores, Italia.

TDA Trastorno por déficit de la atención.

TDAF Teledifusión por alta frecuencia.

TDB Banco de datos toxicológicos (Toxicology Data Bank).

TDC Tribunal de defensa de la competencia.

TDE Tetraclorodifeniletano (Tetrachlorodiphenylethane).

TDF Tiodifenol.

TDI Diisocianato de tolueno (Toluene Diisocyanate) || Índice de trastorno del pensamiento (Thought Disorder Index) || Turbo diesel inyección.

T_{dion} Tiempo de desionización.

TDL Lógica diodo transistor (Transistor Diode Logic).

TDM Multiplex por división de tiempo (Time Division Multiplex) || Tasa de depuración metabólica || Tereftalato de dimetilo || Tomodensitometría.

TDP Fosfito de triisodecilo (Triisodecyl Phosphite) || Tiodifenol (Thiodiphenol).

TDQP Polímero de trimetildihidroquinoleína (Trimethyldihydroquinoleine Polymer).

tds Para ser tomado tres veces al día (Ter Die Sumendum).

TDS Temporalmente desconectado (Temporarily Disconnected).
TdT Desoxinucleotidiltransferasa terminal (Terminal Deoxynucleotidyltransferase).
TDY Trastornos por deficiencia de yodo.
Te Telurio.
TE Teruel, referido a la matrícula nacional de automóvil || Tiempo de efemérides || Trasplante embrionario || Transversal eléctrica (Transverse Electric) || Traqueoesofágico || Trombocitosis esencial.
TEA Tetraetilamonio (Tetraethylammonium) || Trietanolamina.
TEAB Bromuro de tetraetilamonio (Tetraethylammonium Bromide).
TEAC Cloruro de tetraetilamonio (Tetraethylammonium Chloride) || Tribunal Económico Administrativo Central.
TEAL Trietilaluminio.
TEALS Trietanolamina lauril sulfato.
TEAR Teatro Estudio de Arte Realista, Portugal || Tercio de la Armada.
TEAT Técnico en Empresas y Actividades Turísticas.
TEB Tris-EDTA-Borato.
TeBG Globulina unida a testosterona (Testosterone Binding Globulin).
TEC Consejo Ejecutivo de Transición, República Sudafricana 1993 || Teatro Estable Castellano || Teatro Experimental de Cali || Teatro Experimental de Cascais, Portugal || Terapia electroconvulsiva || Toneladas equivalentes de carbón || Toro europeo conjunto, referido al proyecto para calentamiento plasmático en el ámbito de los reactores de fusión || Transistor de efecto de campo.
Ted Teodoro (Theodore).
TEDAX Técnico de desactivación de artefactos explosivos.
Teddy Teodoro (Theodore).
TEDP Ditiopirofosfato de tetraetilo (Tetraethyl Dithiopirophosphate).
TEE Trans Europa Expres, referido al ferrocarril.
TEG Tetraetilenglicol || Trietilenglicol || Tromboelastografía || Tromboelastograma.
TEGD Tránsito esofago-gastro-duodenoscópico.
TEI Teatro Estable Independiente.
TEIB Trietilen iminobenzoquinona (Triethylene Iminobenzoquinone).
tel Telecomunicación || Telefónico || Teléfono || Telegráfico || Telégrafo || Telegrama.
TEL Plomo tetraetílico (Tetraehtyl Lead) || Teléfono (Telephone) || Transferencia de energía lineal.
TELAM Telenoticias Americanas, Argentina.
tele Telefoto (Telephoto) || Television.
TELECAST Radiodifusión de Televisión (Television Broadcast).
telecom Telecomunicación.
teleg Telegrama || Telégrafo.
TELERAN Navegación Aérea por Radar y Televisión (Television Radar Air Navigation).
TELMEX Telecomunicaciones de México.
TELS Telegramas.
tem Trietilenmelamina.
TEM Microscopio de transmisión electrónica || Tasa de eliminación Metabólica || Transversal electromagnética (Transverse Electromagnetic) || Trietilenmelamina (Triehtylenemelamine).
temp Temperatura (Temperature).
TEMPL Tomografía de emisión en múltiples planos longitudinales.
TEN Necrólisis epidérmica tóxica (Toxic Epidermal Necrolysis) || Nitrógeno total excretado (Total Excreted Nitrogen).
TENG Teatro Estatal del Norte de Grecia.
TENS Estimulación nerviosa eléctrica transcutánea (Transcutaneous Electrical Nerve Stimulation).

TEP Teatro del Este Parisino || Terpolímero de etileno propileno || Tetraetilplomo || Trietilfosfato || Tomografía por emisión de positrones || Toneladas equivalentes de petróleo || Tromboembolismo pulmonar.
TEPA Trietilenfosforamida (Triethylenephosphoramide).
TEPP Pirofosfato de tetraetilo (Tetraethyl Pirophosphate).
TEPT Trastorno por estrés postraumático.
TER Tren Español Rápido.
terat Teratología.
Terc Terciario.
TERM Terminal.
TERNOR Tercio norte, referido a la Infantería de Marina.
ter rea Reagrupación terminal, referido a citogenética.
TERSUR Tercio sur, referido a la Infantería de Marina.
Tert Terciario (Tertiary).
TES Estimulación eléctrica transcutánea (Transcutaneous Electrical Stimulation).
test Testigo.
testa Testamento.
testmto Testamento.
TeSWeST Teoría de la estructura del texto y de la estructura del mundo (Text-Struktur Welt-Struktur Theorie).
TETD Disulfuro de tetraetiltiurama (Tetraethylthiuram Disulfide).
TETRAC Tetraiodotiroacético (Tetraiodothyroacetic).
TEU Unidades equivalentes de veinte pies (Twenty Feet Equivalent Units).
TeV Teraelectrón voltio.
tex Telex.
TF Función de transferencia (Transfer Function) || Indicador de tiempo (Time Flaq) || Tenerife, referido a la matrícula nacional de automóvil || Transferrina.
TFA Ácidos grasos totales (Total Fatty Acids) || Arteriograma Transfemoral (Transfemoral Arteriogram) || Trifosfato de Adenosina.
TFB Tetrafenilbutadieno.
TFC Trifosfato de citidina.
TFDVG Tratamiento fotodinámico vesical global.
TFE Tetrafluoretileno.
TFEO Tetrafluoretileno epóxido.
Tfer Teleférico.
TFF Trifenilfosfato.
TFG Tasa de filtración glomerular || Trifenilguanidina || Trifosfato de guanosina.
TFHE Tetrafosfato de hexaetilo.
TFN Nitrógeno fecal total (Total Fecal Nitrogen).
tfno Teléfono.
TFP Trifluoperacina.
TFR Receptor de transferrina (Transferrine Receptor) || Terapia con fotorradiación.
TFT Test de función tiroidea (Thyroid Function Test) || Transistor de película delgada (Thin Film Transistor).
TFTA Tobillo fijo y talón almohadillado.
TFTL Lógica de transistor de película delgada (Thin Film Transistor Logic).
TFU Trifosfato de uridina.
tg Tangente || Tiempo de generación celular.
Tg Genotipo (Type Genus) || Teragramo || Tiroglobulina.
TG Teniente general || Terapia génica || Tioguanina || Tireoglobulina || Togo, referido a la matrícula internacional de automóvil || Triglicérido.
TGA Ácido triglicolámico (Triglycollamic Acid) || Amnesia global Transitoria (Transient Global Amnesia) || Análisis termogravimétrico (Thermogravimetric Analysis) || Transposición de las grandes arterias.
TGC Triglicéridos.
TGE Gastroenteritis transmisible (Transmissible Gastroenteritis).

TGF Factor de crecimiento tumoral (Tumoral Growth Factor) || Factor transformador del crecimiento (Transformer Growth Factor) || Filtro de paso de grupo (Trough Group Filter).

TGI Inmunoglobulina que estimula el crecimiento del tiroides (Thyroid Growth Stimulating) || Tracto gastrointestinal.

TGIA Tránsito gastrointestinal alto.

TGO Transaminasa glutámico oxalacética.

TGOS Transaminasa glutámico oxalacética en suero.

TGP Transaminasa glutámico pirúvica.

TGPS Transaminasa glutámico pirúvica en suero.

TGR Telegrama.

TGV Tren de Gran Velocidad (Train á Grande Vitesse, Francia) || Trasposición de los grandes vasos || Volumen del gas torácico (Thoracic Gas Volume).

th Termia.

Th Espesor de la pared del ventrículo || Tórax || Torio.

TH Hormonas tiroideas || Tiristor (Thyristor) || Tiroiditis de Hashimoto.

THA Tetrahidroaldosterona (Tetrahydroaldosterone) || Tetrahidroaminoacridina (Tetrahydroaminoacridine).

THAM Trishidroximetilaminometano (Trishydroxymethylaminomethane).

THC Tetrahidrocannabinol (Tetrahydrocannabinol).

THD Distorsión armónica total (Total Harmonic Distortion).

THEIC Trishidroxietilisocianurato.

Theo Teodoro (Theodore).

THF Tetrahidrofolato || Tetrahidrofurano.

THFA Ácido tetrahidrofólico (Tetrahydrofolic Acid) || Tetrahidrofurfuril Alcohol.

THH Telangiectasia hemorrágica hereditaria || Tetrahidroharmina.

THI Índice humedad temperatura (Temperature Humidity Index).

thio-TEPA Trietilenetiofosforamida.

THP Transporte de hierro plasmático.

THPC Cloruro de tetrakis (Hidroximetil) fosfonio (Tetrakis (Hydroxymethil) Phosphonium Chloride).

Thr Treonina.

THRF Factor liberador de la hormona tireotropa (Thyrotropic Hormone Releasing Factor).

THRH Hormona liberadora de la hormona tireotropa (Thyrotropic Hormone Releasing Hormone).

THS Tratamiento hormonal sustitutivo.

THU Tetrahidroxiuridina.

THz Teraherzio.

Ti Tiempo inspiratorio || Titanio.

TI Incapacidad total (Total Incapacity) || Insuficiencia tricuspídea (Tricuspid Insufficiency) || Teoría de la Informática || (antígenos) T independientes.

TIAC Toxiinfección alimentaria colectiva.

TIAs Ataques isquémicos transitorios (Transient Ischemic Attacks).

Tib Tibet.

TIBAL Triisobutilaluminio.

TIBC Capacidad total de fijación del hierro (Total Iron Binding Capacity).

TIC Cadena de tiempos (Timing Chain) || Capacidad inhibidora de la tripsina (Tripsine Inhibitory Capacity) || Teatro interactivo científico.

TIF Factor de interferencia telefónica (Telephonic Interference Factor) || Transportes Internacionales por Ferrocarril (Transports Internationaux par Chemin de Fer).

TIG Inmunoglobulina tetánica (Tetanic Immunoglobulin) || Test de inteligencia general || Tungsteno en (atmósfera de) gas inerte (Tungsten Inert Gas).

TIH Trombopenia inducida por heparina.

TIJ Tribunal Internacional de Justicia.

Tilda Matilde (Mathilda).

Tim Timoteo (Timothy).

TIM Distorsión de intermodulación transitoria (Transient Intermodulation Distortion).

TIME Técnica de inmunoensayo multiplicado por enzimas.

TIMI Trombólisis en el infarto de miocardio (Thrombolysis in Myocardial Infarction).

TIMS Sistema multiespectral del infrarrojo térmico (Thermal Infrared Multiespectral Scanner) || Trastornos de inicio y mantenimiento del sueño.

T_{ion} Tiempo de ionización.

TIOP Fosfito de triisooctilo (Trisiooctyl Phosphite).

TIP Terapia interpersonal.

TIPA Triisopropanolamina.

TIQ Tetrahidroisoquinolona (Tetrahydroisoquinolone).

TIQs Tetrahidroisoquinolonas (Tetrahydroisoquinolones).

TIR Transporte internacional por carretera (Transport International Routier).

TirP Tirosina fosforilada.

TIS (Células de) Transición (papilar superficial) in situ.

TISA Telefónica Internacional Sociedad Anónima.

TISAANT Trastorno de la identidad sexual en la adolescencia o en la vida adulta de tipo no transexual.

tít Título.

TITG Transferencia intratubárica de gametos.

TIV Tabique interventricular || Válvula térmica aislante (Thermal Insulating Valve).

TJ Reflejo del tríceps (Triceps Jerk, referido al sural || Terajulio.

TJCE Tribunal de Justicia de las Comunidades Europeas.

Tk Taka, referido a la unidad monetaria de Bangladesh.

TK Transcetolasa (Transketolase).

TKBR Tonelada kilómetro bruta remolcada.

TKBT Tonelada kilómetro bruta total.

TKP Fosfato tripotásico (Tripotassium Phosphate).

TKPP Pirofosfato tetrapotásico (Tetrapotassium Pyrophosphate).

TKU Tonelada kilómetro útil.

Tl Talio.

TL Lípidos totales (Total Lipids) || Triboluminiscencia.

TLAM (Linfoma de) Tejido linfoide asociado a la mucosa.

TLC Capacidad pulmonar total (Total Lung Capacity) || Cromatografía de capa fina (Thin Layer Chromatography) || Pensamiento, lenguaje y comunicación (Thought Language and Communication) || Tratado de Libre Comercio.

TLET Tigres de Liberación de Eelam Tamil, Sri Lanka.

TLF Teléfono (Telephone).

Tlg Telegrama.

TLG Telégrafo (Telegraph).

TLI Inmunorreactividad (sérica) de tipo tripsina (Tripsine Like Immunorreactivity) || Irradiación linfática total (Total Lymphatic Irradiation).

TLM Tiempo letal medio.

TLN Teatro Lírico Nacional.

TLP Psicoterapia de tiempo limitado (Time Limited Psychotherapy) || Fosfito de trilaurilo (Trilauryl Phosphite).

TLS (Prueba de) Tipificación linfocitaria sensibilizada.

TLTTP Tritiofosfito de trilaurilo (Trilauryl Trithiophosphite).

TLV Valor límite umbral (Threshold Time Value) || Volumen pulmonar total (Total Lung Volume).

tm Tiempos ocupados en la mitosis.
Tm Tonelada métrica || Tulio || Tumores múltiples.
TM (Onda) Magnética transversa (Transverse Magnetic) || Modulación de tiempo (Time Modulation) || TeleMadrid || Tintura Madre, referido a homeopatía || Transversal magnética (Transverse Magnetic) || Trastorno mental || Trimetoprim || Trombomodulina || Tropomiosina.
TMA Análsis termomecánico (Thermomechanical Analysis) || Anhídrido trimetílico || Telemedida analógica || Trimetilaluminio || Trimetilamina.
TMAS Escala de ansiedad manifiesta de Taylor (Taylor Manifest Anxiety Scale).
TMB Transportes Metropolitanos de Barcelona.
TMBR Tonelada milla bruta remolcada.
TMBT Tonelada milla bruta total.
TMC gl Tasa metabólica cerebral de glucosa.
TMC g/l Tasa metabólica cerebral de glucosa local.
TMC g/r Tasa metabólica cerebral de glucosa regional.
TMCDT Trimetilciclododecatrieno.
TMD Tiempo medio de disolución.
TMDI Diisocianato de trimetilhexametileno (Trimethylhexamethylene Diisocianate).
TMEDA Tetrametiletilendiamina.
TMEF Tiempo medio entre fallos.
TmF Transporte máximo de glucosa, referido a la capacidad máxima de reabsorción de glucosa por el túbulo renal.
TmG (Reabsorción) Tubular máxima de glucosa.
TMG Hora del meridiano de Greenwich (Time Meridian Greenwich).
TMI Tasa de mortalidad infantil.
TML Tetrametilplomo (Tetramethyllead).
TMLS Test múltiple de latencia del sueño.
TMM Tratamiento de mantenimiento con metadona.
TMN Telemedida numérica.
TMO Trasplante de médula ósea || Trastorno mental orgánico.
TmP (Reabsorción) Tubular máxima de fósforo.
TMP Potencial transmembrana (Transmembrane Potential) || Tetrametilplomo || Timidina monofosfato (Thymidine Monophosphate) || Trimetilpsoraleno || Trimetoprim.
TmPAH Transporte máximo de ácido paraaminohipúrico.
TMR Tiempo medio de reparación.
TMS Trastorno mental severo.
TMTD Disulfuro de tetrametiltiouramilo.
TMTSF Tetrametiltetraselenafulvaleno.
TMU Tonelada milla útil.
TMV Virus del mosaico del tabaco (Tobacco Mosaic Virus).
TMX Tamoxifen.
Tn Tonelada (Ton).
TN Teniente de navío || Termonuclear || Túnez, referido a la matrícula internacional de automóvil.
TNA Trinitroanilina || Trinitrobenceno || Tubulonefritis aguda.
TNC Teatro Nacional de Cataluña (Teatre Nacional de Catalunya) || Troponina C || Tubulonefritis crónica.
TNEP Tumores neuroectodérmicos primitivos.
TNF Factor de necrosis tumoral (Tumoral Necrosis Factor).
TNG Trinitroglicerina.
TNI Tasa normalizada internacional, referido a la supresión del tiempo de protrombina || Troponina I.
TNLDIO Diodo túnel (Tunel Diode).
TNM Factor de necrosis tumoral (Tumor Necrosis Factor) || Misil nu-

clear táctico (Tactical Nuclear Missile) || Tumor, nódulo (ganglio), metástasis.

TNP Partido Nacional (The National Party, Estado de Granada) || Teatro Nacional Popular (Théâtre National Populaire, París) || Tratado sobre no proliferación, referido a las armas nucleares.

TNPP Fosfito de trisnonilfenilo (Trisnonilphenyl Phosphite).

TNS Estimulación nerviosa transcutánea (Transcutaneous Nerve Stimulation).

TNT Trinitrotolueno || Troponina T.

TNX Trinitroxileno (Trinitroxylene).

To Togo.

T_o Temperatura absoluta del punto de congelación || Temperatura observada.

TO Teatro de operaciones, referido a una acción militar || Técnica operatoria, referido a cirugía || Temperatura oral || Toledo, referido a la matrícula nacional de automóvil.

TOA Transporte oruga acorazado.

TOC Trastorno obsesivo compulsivo || Vaso de Tagliabue abierto (Tagliabue Open Cup).

TOD Tratamiento de observación directa.

TOF-SARS Espectrometría de retroceso y dispersión de tiempo de vuelo (Time of Flight Scattering and Recoiling Spectrometry).

t_{off} Tiempo de desconexión (Turn Off Time).

Tok Tokyo.

tol Tolueno (Toluene).

TOL Tolerancia.

Tom Tomás (Thomas).

TOM Materia orgánica total (Total Organic Matter).

Tommy Tomás (Thomas).

t_{on} Tiempo de conexión (Turn On Time).

ton Tonelaje.

TON Nitrógeno orgánico total (Total Organic Nitrogen).

Tony Antonio (Anthony).

TOP Tribunal de Orden Público.

TOPO Trioctilfosfínico Óxido.

TOPV Vacuna antipolio trivalente oral (Trivalent Oral Poliovaccine).

TOR Teleimpresor sobre radio (Teleprinting Over Radio) || Teletipo over radio (Teletype Over Radio).

TORCH Toxoplasmosis, rubéola, citomegalovirus, herpes.

TOS Temporalmente fuera de servicio (Temporarily Out of Service).

TOTE (Unidad de) Prueba-operación-prueba-salida (Test-Operate-Test-Exit).

TP Punto de prueba (Test Point) || Taurociaminfosfato || Telegrama postal || Teletipo (Teleprinter) || Tiempo de protrombina || Treponema pallidum || Tronco pulmonar || Tuberculosis pulmonar.

TPA Ácido tereftálico (Terephthalic Acid) || Activador tisular del Plasminógeno (Tissular Plasminogen Activator) || Área de programas transitorios (Transient Program Area) || Taquicardia paroxística auricular.

TPAN Trombopenia aloinmune neonatal.

TPB Teatro Popular de Bogotá || Tetrafenilbutadieno (Tetraphenylbutadiene).

TPC Transposición porta-cava.

TPCF Fijación del complemento para el treponema Pallidum (Treponema Pallidum Complement Fixation).

TPCI Tumor primario clínicamente indetectable.

tpd Toneladas por día.

TPE Protección total del medio ambiente (Total Protected Environment).

TPFA Anticuerpo fluorescente frente al treponema Pallidum (Treponema Pallidum Fluorescent Antibodies).

TPG Tiempo de propagación de grupo || Trifenilguanidina (Triphenylguanidine).

tph Toneladas por hora.

TPH Triptófano hidroxilasa.

TPHA Hemaglutinación del treponema Pallidum (Treponema Pallidum Hemagglutination).

TPI Incapacidad parcial temporal (Temporary Partial Incapacity) || Tribunal Penal Internacional || Tribunal de Primera Instancia || Triosafosfato isomerasa (Triosephosphate Isomerase) || Vueltas por pulgada (Turns Per Inch).

TPIA Inmunoadherencia del treponema Pallidum (Treponema Pallidum Immunoadherence).

tpm Toneladas por minuto.

TPM Marcapaso temporal (Temporary Pacemaker) || Tensión Premenstrual || Toxoplasmosis.

TPN Nutrición parenteral total (Total Parenteral Nutrition) || Teatro de los Países del Norte || Trifosfopiridina nucleótido (Triphosphopyridine Nucleotide) || Tumescencia peneana nocturna.

TPNH Trifosfopiridina nucleótido reducida (Reduced Triphosphopyridine Nucleotide).

tpo Tiempo.

TPP Fosfato de trifenilo (Triphenyl Phosphate) || Nucleótido de trifosfopiridina (Triphosphopyridine Nucleotide) || Tiempo de protrombina parcial.

TPPA Tromboplastina parcial activada.

TPPS Tetrafenilporfirina sulfato (Tetraphenilporphirine Sulfate).

TPR Resistencia periférica total (Total Peripheral Resistance) || Temperatura, pulso, respiración.

TPro Tiempo de protrombina.

TPS Sistema de protección térmico (Thermal Protection System, referido a las losetas refractarias que revisten el transbordador espacial) || Televisión por satélite.

TPSA Tetrapropenilsuccínico ácido.

TPSV Taquicardia paroxística supraventricular.

TPT Tiempo parcial de tromboplastina || Titanato de tetraisopropilo (Tetraisopropyl Titanate) || Trifeniltetrazolio (Triphenyltetrazolium).

TQ Tiempo de Quick.

TQM Gestión de la calidad total (Total Quality Management).

TR Receptores de hormonas tiroideas || Regurgitación tricuspídea (Tricuspid Regurgitation) || Taquicardia recíproca || Temperatura rectal || Theodore Roosevelt || Termorresistente || Tiempo de reacción || Toneladas registradas || Transformador || Transistor || Transmisor-receptor || Turquía, referido a la matrícula internacional de automóvil.

TRA Tercera Región Aérea || Transaldolasa.

TRAb Anticuerpos contra el receptor tiroideo.

TRACALS Sistema de Aproximación y Aterrizaje, Navegación y Control del Tráfico aéreo (Traffic Control Navigation. Approach and Landing System).

Tracy Teresa (Theresa).

trad Traducción.

TRANSISTOR Resistencia de transferencia (Transfer Resistor).

TRAP Fosfatasa ácida tartrato resistente (Tartrate Resistant Acid Phosphatase).

TRB Toneladas de registro bruto.

TRBF Flujo sanguíneo renal total (Total renal Blood Flow).

TRC Tubo de rayos catódicos.

TRCV Volumen globular total (Total Red Cell Volume).

t_{rec} Temperatura recomendada.

TRELEV Tercio de Levante, referido a la Infantería de Marina.
TRF Factor liberador de tirotropina (Thyrotropin Releasing Factor) || Radiofrecuencia sintonizada (Tuned Radio Frequency).
TRG Tasa de renovación de granulocitos.
TRH Hormona liberadora de tirotropina (Thyrotropin Releasing Hormone).
TRHP Tasa de renovación del hierro plasmático.
tri Triodo.
TRI Triodo.
TRIAC Conmutador de corriente alterna de tres electrodos (Triode Alternating Current Switch) || Triiodotiroacético.
tribl Tribunal.
trig Disparador (Trigger) || Trigonometría || Trigonométrico.
TriMP Trimetil piperacina.
TRIT Triiodotironina (Triiodothyronine).
TRK Transcetolasa.
TRL Laboratorio de Investigación en Telecomunicación (Telecommunications Research Laboratory, Johannesburgo) || Lógica transistor resistor (Transistor Resistor Logic) || Teoría de la reacción y el ligamiento.
TRLGSS Texto refundido de la ley general de la Seguridad Social.
TRLSA Texto refundido de la ley de Sociedades Anónimas.
TRM Transmisor (Transmitter).
TRNS Tiempo de recuperación del nódulo sinusal.
TRNSC Tiempo de recuperación del nódulo sinusal corregido.
TRO Test de relaciones objetales.
TROM Memoria para teletexto de lectura solamente (Teletext Read Only Memory).
TROP Troponina.
Trop Can Trópico de Cáncer.
Trop Cap Trópico de Capricornio.
Trp Triptófano.
TRP Período refractario total (Total Refractory Period, referido a un estímulo) || Reabsorción tubular del fósforo (Tubular Reabsorption Phosphorus).
trpt Punto de transición (Transition Point).
TRSSGM Misil guiado superficie superficie de alcance táctico (Tactical Range Surface to Surface Guided Missile).
TRUS Ultrasonografía transrectal (Transrectal Ultrasonography).
TRV Tiempo de recuperación venosa.
Try Triptófano.
ts Tiempo de síntesis, referido al ADN.
t_s Tiempo de almacenamiento (Storage Time).
T_s (células) T supresoras.
Ts Tosilo.
TS Cirugía torácica (Thoracic Surgery) || Estenosis de tricúspide (Tricuspid Stenosis) || Fuerza de tensión (Tension Strength) || Síndrome de La Tourette (Tourette's Syndrome) || Tasa de síntesis || Tensión superficial || Tentativa de suicidio || Tiempo de sangría || Transexual || Transfusión sanguínea || Trastornos somatoformes || Tribunal Supremo.
TSA Ácido toluenosulfónico (Toluensulfonic Acid) || Área de superficie total (Total Surface Area) || Troncos supraaórticos.
TSAb Anticuerpos estimuladores del tiroides (Thyroid Stimulating Antibodies).
TSBI Iniciativa Transatlántica para las Pequeñas y Medianas Empresas (Transatlantic Small Business Initiative).
TSCA Acta de control de las sustancias tóxicas (Toxic Substance Control Act) || Tribunal Supremo (salas de lo) Contencioso Administrativo).

TSCS Escala autoconceptual Tennessee (Tennessee Self-Concept Scale).

TSD Enfermedad de Tay-Sachs (Tay-Sachs Disease) || Test de supresión de la dexametasona.

TSE Encefalopatía espongiforme transmisible (Transmited Spongyphorme Encephalopathy) || Teleseñalización || Tribunal Supremo Electoral.

TSeF Tetraselenofulvaleno.

TSEM Toluensulfonanilida etilmercúrica.

TSF Filtro de paso de supergrupo (Trough Supergroup Filter) || Tetraselenofulvaleno.

TSH Hormona estimulante del tiroides (Thyroid Stimulating Hormone) || Telegrafía sin hilos.

TSHRF Factor liberador de la hormona estimulante del tiroides (Thyroid Stimulating Hormone Releasing Factor).

TSHRH Hormona liberadora de la hormona estimulante del tiroides (Thyroid Stimulating Hormone Releasing Hormone).

tsi Toneladas por pulgada cuadrada (Tons per Square Inch).

TSI Inmunoglobulinas estimulantes del tiroides (Thyroid Stimulating Immunoglobulins).

TSJ Tribunal Superior de Justicia.

TSJB Tribunal Superior de Justicia de Baleares.

TSJC Tribunal Superior de Justicia de Cantabria || Tribunal Superior de Justicia de Cataluña.

TSJEx Tribunal Superior de Justicia de Extremadura.

TSJPV Tribunal Superior de Justicia del País Vasco.

TSP Fosfato tribásico de sodio (Tribasic Sodium Phosphate) || Proteínas séricas totales (Total Serum Protein) || Trastorno esquizotípico de la personalidad.

TSPA Trietilentiofosforamida (Triethylenethiophosphoramide).

TSPP Pirofosfato tetrasódico (Tetrasodium Pyrophosphate).

TSS Sensibilidad tangencial (Tangential Sensitivity) || Síndrome de Shock Tóxico (Toxic Shock Syndrome) || Tesorería de la Seguridad Social.

t_{stg} Temperatura de almacenamiento (Storage Temperature).

TSV Taquicardia supraventricular.

TSW Conmutador de prueba (Test Switch).

tt Tomos.

TT Teletipo || Tiempo de trombina || Tilt test || Todo terreno || Tourist Trophy || Toxoide tetánico || Transferencia por telégrafo || Trinidad y Tobago, referido a la matrícula internacional de automóvil.

TTB Titanato de tetrabutilo.

TTC Cloruro de trifeniltetrazolio (Triphenyltetrazolium Chloride) || Tetraciclina.

TTD Teletermografía dinámica.

Tte Teniente.

TTeF Tetratelurofulvaleno.

TTF Tetratiafulvaleno.

TTG Test de tolerancia a la glucosa.

TTGEV Test de tolerancia a la glucosa endovenosa.

TTH Hormona tireotropa (Thyrotropic Hormone).

TTHP Tasa de transporte de hierro plasmático.

TTI Incapacidad total temporal (Temporary Total Incapacity) || Test de tolerancia a la insulina.

TTKG Gradiente transtubular de potasio.

TTL Lógica transistor-transistor (Transistor-Transistor Logic) || Test de transformación linfoblástica || Tribotermoluminiscencia.

TTLH Lógica de transistor-transistor de alta velocidad (Transistor-Transistor Logic High Velocity).

TTLIC Circuito integrado con lógica transistor-transistor (Transistor-Transistor Logic Integrated Circuit).

TTLL Lógica transistor-transistor de baja potencia (Transistor-Transistor Logic Low Power).

TTM Módulo de disparo de tiristores (Thyristor Trigger Module) || Tiempo de tránsito medular.

Tto Tratamiento.

T_{tot} Tiempo total.

TTP Púrpura trombocitopénica trombótica (Thrombotic Thrombocytopenic Purpura) || Tiempo de tromboplastina parcial || Troncotibioperoneo.

TTPA Tiempo de tromboplastina parcial activado.

TTR Tiempo total de recuperación || Transtiretina.

TTS Sistema de tratamiento transdérmico (Transdermal Therapeutic System).

TTT (Curva de) Tiempo, temperatura, transformación.

TTY Teleimpresor (Teleprinter) || Teletipo (Teletype).

TU Sindicato (Trade Union) || Tiempo universal || Tupolev, referido al avión || Turquía || Unidad tuberculínica (Tuberculin Unit).

TUC Congreso de los sindicatos (Trade Union Congress) || Trabajos de utilidad colectiva || Tiempo universal coordinado.

TUEC Transistor de unión de efecto de campo.

TUN Sintonía (Tuning).

TUR Resección transuretral (Transurethral Resection).

TUR-BT Resección transuretral de tumor vesical (Transurethral Resection of Bladder Tumor).

TURP Resección transuretral de la glándula prostática (Transurethral Resection of the Prostate Gland).

TURT Resección transuretral de tumor (Transurethral Resection of Tumour).

TUSP Trastornos por uso de sustancias psicoactivas.

tv Televisión.

TV Taquicardia ventricular || Televisión || Trichomonas vaginalis || Trombosis venosa || Válvula tricúspide (Tricuspid Valve).

TV b/n Televisión en blanco y negro.

TV3 Televisión de Cataluña (Televisión de Catalunya).

TVA Impuesto sobre el valor añadido (Tax sur la Valeur Ajoutée, Francia) || Terapia Vasoactiva || Thiotepa, vinblastina, adriamicina.

TVAD Televisión de alta definición.

TVC Televisión por cable || Televisión de Cataluña (Televisió de Catalunya) || Televisión en color || Trombosis venosa central.

TVCC Televisión en circuito cerrado.

TVE Televisión Española.

TVG Televisión de Galicia.

TVI Interferencias de Televisión (Television Interference) || Televisión independiente, Portugal.

TVNS Taquicardia ventricular no sostenida.

TVP Trama vascular pulmonar || Trombosis venosa profunda.

TVR Trombosis de la vena renal.

TVS Taquicardia ventricular sostenida.

TVU Volumen urinario total (Total Volume Urine, referido a 24 horas).

TVV Televisión Valenciana.

Tw Twaddell.

TW Agua total (Total Water, referido al organismo) || Onda progresiva (Traveling Wave) || Teravatio.

TWA Trans World Airlines.

TWh Teravatio hora.

TWIST Tiempo sin síntomas de toxicidad (Time Without Symptoms of Toxicity).

TWM Maser de ondas progresivas (Traveling Wave Maser).

TW° (grados) Twaddell.
TWSB Banda lateral doble (Twin Sideband).
TWT Tiempo de ida y vuelta (Two Way Time) || Tubo de onda progresiva (Traveling Wave Tube).
Tx Tratamiento, referido a medicina.
TX Tromboxanos.
TXA_2 Tromboxano A_2.
TXB_2 Tromboxano B_2.
TXCO Oscilador controlado por cristal termorregulado (Temperature Controlled Crystal Oscillator).
Tyr Tirosina.
TYR Tirosina.
TYR-OH Tirosin hidroxilasa.

U

u Energía intrínseca || Velocidad.
u Densidad de energía radiante || Tensión instantánea || Unidad de masa atómica || Velocidad de reacción.
U Diferencia de potencial || Energía almacenada || Energía interna || Unidad, referido a agrupación militar || Unión || Universidad || Uracilo || Uranio || Uruguay, referido a la matrícula internacional de automóvil || Usted || Velocidad lineal.
U Energía intrínseca || Energía potencial || Energía radiante || Energía total || Tensión || Termodinámica.
U&E Urea y electrolitos (Urea and Electrolytes).
UA Unidad aérea || Unidad Alavesa || Unidades arbitrarias || Unidades astronómicas || United Artist || Universidad Autónoma || Urinálisis.
UAA Líneas Aéreas Árabes Unidas (United Arab Airlines).
UAB Universidad Autónoma de Barcelona.
UACEC Unión Aduanera y Comercial Económica Centroafricana.
UAE Emiratos Árabes Unidos (United Arab Emirates).
UAF Ultraalta frecuencia.
UAL Unidad aritmético lógica.
UAM Misil submarino aire (Underwater to Air Missile) || Universidad Autónoma de Madrid.
UAPT Unión Africana de Correos y Telecomunicaciones (Union Africaine de postes et Télécommunications).
UAR República Árabe Unida (United Arab Republic).
UART Transmisor-receptor asíncrono universal (Universal Asynchronous Receiver Transmitter).
UASP Unión de Acción Sindical Popular, Guatemala.
UAT Ultra alta tensión.
UAW Vías Aéreas (respiratorias) Superiores (Upper Airwais).
UB Universidad de Barcelona.
UBC Unidad de buceadores de combate.
UBS Unión de Bancos Suizos.
UC Colitis ulcerosa (Ulcerative Colitis) || Unidad de carga || Unidad Comunista || Unidad de control || Unidad coronaria || Unión Caledoniana, Nueva Caledonia || Unión Constitucional, Marruecos.
UCA Unidad Centrista de Andalucía || Universidad de Centroamérica.
UCa/Cr Cociente urinario de calcio-creatinina.
UCB Unión de los Comunistas Burkinabos, Burkina Faso.
UCC Unidad de cambio de color || Unidad de cuidados coronarios.
UCCI Unión de Ciudades Capitales Iberoamericanas.
UCCM Unidad de cuidados coronarios móvil.
UCD Enfermedades comunes (propias) de la Infancia (Usual Childhood Diseases) || Unión de Centro Democrático.

UCE Unión de Consumidores Españoles || Universidad Catalana de Verano (Universitat Catalana d'Estiu).

UCG Gonadotropina coriónica urinaria (Urinary Chorionic Gonadotropin).

UCH Unión Catalana de Hospitales (Unió Catalana d'Hospitals).

UCHB Unión Croata de Herceg-Bosna, Croacia.

UCHD Enfermedades comunes en la infancia (Usual Childhood Diseases).

UCI Unidad de cuidados intensivos || Unión Ciclista Internacional (Union Cycliste Internationale) || Universidad de California Irvine.

UCIFA Unidad Central de Investigación Fiscal y Antidroga, referido a la unidad de la Guardia Civil.

UCL Unidad de control de líneas.

UCLA Universidad de California Los Ángeles.

UCM Unidad de cinta magnética || Unidad coronaria móvil || Universidad Complutense de Madrid.

UCN Unión del Centro Nacional, Guatemala.

UCO Unidad Central Operativa, referido al cuerpo de élite de la Guardia Civil.

UCP Coproporfirina urinaria (Urinary Coproporphyrin) || Unidad central de proceso || Unidad Cívico Popular, Bolivia || Unidad de curas paliativas || Unión Comoriana para el Progreso, Comores.

U_{cr} Concentración urinaria de creatinina.

UCR Reflejo (o respuesta) no condicionado (Unconditioned Reflex or Response || Unión Cívica Radical, Argentina.

Ucs Inconsciente (Unconscious).

UCS Estímulo no condicionado (Unconditioned Stimulus) || Unión Cívica Solidaridad, Bolivia.

UCSB Universidad de California Santa Bárbara.

UCSD Universidad de California San Diego.

Ud Usted.

UD Dador universal (Universal Donor, referido a sangre) || Úlcera duodenal || Unión Democrática (Unió Democrática, Cataluña) || Unión Democrática, Polonia || Uroporfirinógeno decarboxilasa || Unión Deportiva.

UDA Asociación de Defensa del Ulster (Ulster Defence Association).

UDC Clasificación decimal universal (Universal Decimal Clasification) || Unión para la Democracia Congoleña (Union pour la Democratie du Congo, Congo) || Unión Demócrata Cristiana, Ecuador || Unión Democrática de Cataluña (Unió Democrática de Catalunya) || Unión Democrática del Centro (Union Démocratique du Centre, Suiza) || Unión Democrática Croata, Croacia.

UDCA Ácido ursodesoxicólico (Ursodeoxycholic Acid).

UDCV Unión democrática de Cabo Verde.

UDE Unión Dermoepidérmica.

UDEAC Unión Aduanera y Económica del África Central (Union Douanière et Économique de l'Afrique Centrale).

UDEAO Unión Aduanera de los Estados de África del Oeste (Union Douanière des États d'Afrique d'Ouest).

UDF Fuerza de Defensa del Ulster (Ulster Defence Force) || Fuerza Democrática del Ulster (Ulster Democratic Force) || Unión para la Democracia Francesa (Union pour la Democratie Française) || Unión Demócrata Foral, Navarra || Unidad Divisora de frecuencia.

UdG Universidad de Gerona (Universitat de Girona).

UDH Unidades de desintoxicación hospitalaria.

UDHR Unión Democrática Húngara de Rumanía.
UDI Unión Demócrata Independiente, Chile || Unión de Mujeres Italianas.
UdL Universidad de Lérida (Universitat de Lleida).
UDM Unión para la Democracia Multipartidista, Tanzania || Unión Democrática de Mongolia.
UDP Partido Demócrata del Ulster (Ulster Democratic Party) || Unión para la Democracia y el Progreso (Union pour la Democratie et le Progrès, Mauritania) || Uridina Difosfato (Uridine Diphosphate).
UDP-GT Uridina difosfato glucuronil transferasa.
UDPG Uridina Difosfato Glucosa (Uridine Diphosphate Glucose).
UDPM Unión Democrática del Pueblo Maliano, Mali.
UDPS Unión para la Democracia y el Progreso Social (Union pour la Democratie et le Progrès Social, Zaire).
UDR Regimiento de Defensa del Ulster (Ulster Defence Regiment) || Unión de Demócratas por la República (Union des Démocrates pour la République, Francia).
Uds Ustedes.
UDS Sistema de desarrollo universal (Universal Development System) || Unidad de demoliciones submarinas || Unión Democrática y Social, Guinea Ecuatorial.
UDVP Usuarios de droga por vía parenteral.
UE Extremidad superior (Upper Extremity) || Unidad de entrada || Unidad enzimática || Unión Europea.
UEAC Unión de Estados del África Central (Union d'États de l'Afrique Central).
UEAPME Unión Europea del Artesanado y de las Pequeñas y Medianas Empresas.
UEDC Unión Europea Demócrata Cristiana.
U_{ef} Tensión eficaz.
UEF Unión Europea de Federalistas (Union Européenne des Fédéralistes).
UEFA Unión de Asociaciones Europeas de Fútbol (Union of European Football Associations).
UEM Unidades Electromagnéticas || Unión Económica y Monetaria, referido a la Comunidad Europea.
UEO Unión Europea Occidental (Union de l'Europe Occidentale).
UEPS Unión Europea de la Prensa Deportiva (Union Européenne de la Presse Sportive).
UER Unión Europea de Radiodifusión (Union Européenne de Radiodiffusion).
UES Esfínter esofágico superior (Upper Esophageal Sphincter) || Unidad electrostática.
UEV Urografía endovenosa.
UF Unión fenosa || Urea formaldehido.
UFA Ácidos grasos no esterificados (Unesterified Fatty Acids).
UFB-E Unidades formadoras de blastos eritroides.
UFC Cortisol urinario libre (Urinary Free Cortisol) || Ultrafiltración continua || Unidades formadoras de colonias || Unión de las Fuerzas del Cambio (Union des Forces de Changement, Togo).
UFC-E Unidades formadoras de colonias eritroides.
UFC-GEEMM Progenitores múltiples.
UFC-GM Unidades formadoras de colonias granulocíticas y monocíticas.
UFC-MC Unidades formadoras de colonias megacariocíticas.
UFC-S Unidades formadoras de colonias esplénicas.
UFCT Unidades formadoras de colonias tempranas.

UFD Unión de Fuerzas Democráticas, Bulgaria || Unión de Fuerzas Democráticas (Union de Forces Démocratiques, Mauritania).

UFDC Unión de las Fuerzas Democráticas del Camerún (Union de Forces Démocratiques de Camerun).

UFEC Unión de Federaciones Deportivas Catalanas (Unió de Federacions Esportives Catalanes).

UFF Combatientes por la Libertad del Ulster (Ulster Freedom Fighter).

UFI Unión de Ferias Internacionales.

UFM Movimiento de Liberación de Uganda (Uganda Freedom Movement).

UFO Objeto volante no identificado (Unidentified Fliying Object).

UFP Unión Federal de Policía || Universidad para la Paz (University For Peace).

UFT Telegrafía por frecuencia de voz (Voice Frequency Telegraphy) || Unión Francesa de Transportistas.

Ug Uganda.

U_G Concentración urinaria de glucosa.

UG Úlcera gástrica || Unidad Gallega || Unidad de Guerrilleros || Uretritis gonocócica || Urogenital.

UGGI Unión Geodésica y Geofísica Internacional.

UGI (tracto) Gastrointestinal Superior (Upper Gastrointestinal).

UGM Unidades de ganado mayor.

UGR Utilización (del hierro) en los glóbulos rojos.

UGT Unión General de Trabajadores.

UGTA Unión General de Trabajadores de Argelia.

UGTT Unión General de Trabajadores de Tunez.

UH Unidades Hounsfield.

UHF Frecuencia ultra alta (Ultra High Frequency).

UI Unidad inmunizante || Unidades Internacionales.

UI/L Unidades Internacionales por Litro.

UIA Unión de Asociaciones Internacionales (Union of International Associations) || Unión Internacional de Arquitectos.

UIAA Unión Internacional de Asociaciones Alpinistas (Union Internationale des Associations d'Alpinisme).

UIAG Unión Internacional Contra el Cáncer (Union International Against Cancer).

UIBC Capacidad de Fijación del Hierro Insaturado (Unsaturated Iron Binding Capacity).

$UICC_0$ Unión Internacional Contra el Cáncer (Union Internationale Contre le Cancer).

UICN Unión Internacional para la Conservación de la Naturaleza (Union Internationale pour la Conservation de la Nature).

UIE Unión Internacional de Editores (Union Internationale d'Editeurs).

UIG Unión Internacional del Gas.

UIII CoS Uroporfirinógeno III cosintetasa.

UIL Federación Italiana de Sindicatos (Unione Italiana del Lavoro).

UIMP Universidad Internacional Menéndez Pelayo.

UIP Unidad de Intervención Policial.

UIPC Unión Internacional de la Prensa Católica (Union Internationale de la Presse Catholique).

UIR Unión Internacional de Radiodifusión.

UIS Unión Internacional de Espeleología (Union Internationale de la Speleologie) || Uroporfirinógeno I sintetasa.

UISB Unión Internacional de Ciencias Biológicas (Union Internationale des Sciences Biologiques).

UIT Unión Internacional de Telecomunicaciones (Union Internationale des Télécommunications).

UIV Urografía intravenosa.

UJC Unión de Jóvenes Comunistas, Cuba.
UJT Transistor uniunión (Unijunction Transistor).
UK Reino Unido (United Kingdom) || Uroquinasa (Urokinase).
UKUP Partido Unionista del Reino Unido (United Kingdom Unionist Party).
UL Unión LIberal (Unió Liberal, Andorra).
ULIMO Movimiento Unificado de Liberación (Unifyed Liberation Movement, Liberia).
ULM Masa Ultra Ligera (Ultra Low Massa) || Unidad de Lesionados Medulares.
ULP University of London Press.
últ Último.
UM Última menstruación || Unidad Mache || Unidad de montaña || Unidad móvil || Unión Mallorquina (Unió Mallorquina).
UMA Unión del Magreb Árabe (Union du Magreb Arabe).
UMD Unión Militar Democrática.
UME Unión Monetaria Europea || Unión Motociclista de España.
U_{med} Tensión media.
UMI Unión Motociclista Internacional.
UMN Última menstruación normal || Unión Mundial por la Naturaleza.
UMOA Unión Monetaria del Oeste Africano (Union Monétaire Ouest Africain).
UMOCF Unión Mundial de Organizaciones Católicas Femeninas.
UMP Monofosfato de uridina (Uridine Monophosphate).
UMPTS Servicio de Telecomunicaciones Personal Móvil Universal (Universal Mobile Personal Telecommunications Service).
UMTS Sistema Universal de Telecomunicaciones Móviles.
U_{mx} Tensión máxima.
UN Naciones Unidas (United Nations) || Unión Nacional.
U_{Na} Concentración urinaria de sodio.
UNA Asociación de las Naciones Unidas (United Nations Association).
UNAC Consejo Africano Nacional Unido (United African National Council, Zimbabwe).
UNACO Unión Nacional de Cooperativas del Campo.
UNAIDS Programa conjunto de las Naciones Unidas sobre el SIDA (United Nations AIDS).
UNAM Universidad Nacional Autónoma de México.
UNARCO Comisión de Narcóticos de las Naciones Unidas (United Nations Narcotics Commission).
UNAVEM Misión de las Naciones Unidas en Angola.
UNC Unión Nacional Camerunesa (Union Nationale Camerounaise, Camerún).
UNCAST Conferencia de las Naciones Unidas sobre la Aplicación de la Ciencia y la Tecnología (United Nations Conference on the Applications of Science and Technology).
UNCC Comisión Cartográfica de las Naciones Unidas (United Nations Cartographic Commission).
UNCED Conferencia de las Naciones Unidas sobre Medio Ambiente y Desarrollo (United Nations Conference on Environment and Development).
UNCHS Centro de las Naciones Unidas sobre Hábitats Humanos.
UNCITRAL Comisión de las Naciones Unidas para el Derecho Mercantil Internacional (United Nations Commission on International Trade Law).
UNCSTD Conferencia de las Naciones Unidas sobre Ciencia y Tecnología para el Desarrollo (United

Nations Conference on Science and Technology for Development).

UNCTAD Conferencia de las Naciones Unidas para el Comercio y el Desarrollo (United Nations Conference for Trade and Development).

UNCURK Comisión de las Naciones Unidas para la Unificación y Rehabilitación de Corea (United Nations Commission for Unification and Rehabilitation of Korea).

UNDC Comisión de las Naciones Unidas para el Desarme (United Nations Disarmament Commission) || Unidad Nacional para la Democracia en las Comores.

UNDD Unión Nacional para la Democracia y el Desarrollo (Union National pour la Democratie et le Développement, Madagascar).

UNDOF Misión de las Naciones Unidas para la Disuasión.

UNDP Programa de las Naciones Unidas para el (control de) Drogas (United Nations Drug Program) || Programa de las Naciones Unidas para el Desarrollo (United Nations Development Program) || Unión Nacional para la Democracia y el Progreso (Union National pour la Democratie et le Progrès, Camerún).

UNDRO Oficina de Naciones Unidas para Catástrofes Naturales (United Nations Disaster Relief Office).

UNDV Tensión baja (Under Voltage).

UNE Explosión nuclear subterránea (Underground Nuclear Explosion) || Una Norma Española || Unión Nacional Española.

UNEAC Unión Nacional de Escritores y Artistas de Cuba.

UNECA Comisión Económica de las Naciones Unidas para Asia (United Nations Economic Commission for Asia).

UNED Universidad Nacional de Educación a Distancia.

UNEF Fuerzas de Emergencia de las Naciones Unidas (United Nations Emergency Forces).

UNEP Programa de las Naciones Unidas para el Medio Ambiente (United Nations Environment Program).

UNESA Unidad Eléctrica Sociedad Anónima.

UNESCO Organización de las Naciones Unidas para la Educación, la Ciencia y la Cultura (United Nations Educational, Scientific and Cultural Organization).

UNFAO Organización de las Naciones Unidas para la Alimentación y la Agricultura (United Nations Food and Agriculture Organization).

UNFICYP Fuerzas de las Naciones Unidas para el Mantenimiento de la Paz en Chipre (United Nations Peacekeeping Force in Cyprus).

UNFSTD Fondo de las Naciones Unidas para la Acción de la Ciencia y la Tecnología para el desarrollo (United Nations Fund for Science, Technology and Development).

ung Ungüento o pomada (Unguentum).

UNG Uretritis no gonocócica.

UNGA Asamblea General de las Naciones Unidas (United Nations General Assembly).

Unh Unilhexio.

UNH Nitrato de uranilo hidratado (Uranyl Nitrate Hydrated).

UNHCR Alto Comisariado de las Naciones Unidas para los Refugiados (United Nations High Commission for Refugees).

UNHQ Cuartel General de las Naciones Unidas (United Nations Headquarters).

UNHRC Comisionado de las Naciones Unidas para los Derechos Humanos (United Nations Human Rights Commissioner).

UNIC Centro de Información de las

Naciones Unidas (United Nations Information Centre).

UNICE Unión de Industrias de la Comunidad Europea (Union des Industries de la Communauté Européenne).

UNICEF Fondo Internacional de las Naciones Unidas Para la Ayuda a la Infancia (United Nations International Children's Emergency Fund).

UNICOM Comunicaciones Universales Integradas (Universal Integrated Communications).

UNIDIR Instituto de las Naciones Unidas para la Investigación del Desarme (United Nations Institute for Disarmament Research).

UNIDO Organización de las Naciones Unidas para el Desarrollo Industrial (United Nations of Industrial Development Organization) || Unión Nacionalista Democrática, Filipinas.

UNIFEM Fondo de las Naciones Unidas para el Desarrollo de la Mujer.

UNIFIL Fuerza Interina de las Naciones Unidas en Líbano (United Nations Interin Force in Lebanon).

UNIKOM Misión de las Naciones Unidas en Irak-Kuwait.

UNIMA Unión Internacional de la Marioneta (Union Internationale des Marionnettes).

UNIOVI Universidad de Oviedo.

UNIP Partido de Independencia Nacional Unido (United National Independence Party, Zambia).

UNIPEDE Unión Internacional de Productores y Distribuidores de Energía Eléctrica (Union Internationale des Producteurs et Distributeurs d'Énergie Électrique).

UNIR Unidad de Intervención Rápida || Unión Nacional para la Independencia y la Revolución, Chad.

UNITA Unión Nacional para la Independencia Total de Angola (União Nacional para a Independência Total de Angola).

UNITAR Instituto de las Naciones Unidas para la Educación y la Investigación (United Nations Institute For Training and Research).

univ Universal || Universidad.

UNIVAC Ordenador automático universal (Universal Automatic Computer).

UNKRA Agencia de las Naciones Unidas para la Reconstrucción de Corea (United Nationes Korean Reconstruction Agency).

UNLA Ejército de Liberación Nacional de Uganda (Uganda National Liberation Army).

UNLOS Conferencia de las Naciones Unidas para la Ley del Mar.

UNMC Comisión de las Naciones Unidas para el Mediterráneo (United Nations Mediterranean Commission).

UNMOGIP Misión de las Naciones Unidas en India-Pakistán.

UNO Organización de las Naciones Unidas (United Nations Organization) || Unión Nacional Opositora, Nicaragua.

UNOSOM Operación de las Naciones Unidas en Somalia (United Nations Operation on Somalia).

Unp Unilpentio.

UNPC Comisión de las Naciones Unidas para Palestina (United Nations Palestine Commission).

UNPCC Comisión de Conciliación de las Naciones Unidas para Palestina.

UNPROFOR Fuerzas de Protección de las Naciones Unidas (United Nations Protection Forces, referido a Yugoslavia).

Unq Unilcadio.

UNR Unión para la Nueva República, Guinea.

UNREF Fondo de Urgencia de las Naciones Unidas para los Refugiados (United Nations Refugees Emergency Fund).

UNRISD Instituto de las Naciones Unidas para el Estudio del Desarrollo Social (United Nations Research Institute for Social Development).
uns Asimétrico (Unsymmetrical).
Uns Unilseptio.
UNS Asimétrico o no simétrico (Unsymmetrical).
UNSC Consejo de Seguridad de las Naciones Unidas (United Nations Security Council).
UNSCCUR Conferencia Científica de las Naciones Unidas sobre Conservación y Utilización de Recursos (United Nations Scientific Conference on the Conservation and Utilization of Resources).
UNSCOB Comité Especial de las Naciones Unidas sobre los Balcanes (United Nations Special Committee on the Balkans).
UNSCOP Comité Especial de las Naciones Unidas sobre Palestina (United Nations Especial Committee on Palestine).
UNSF Fondo Especial de las Naciones Unidas para el Desarrollo Económico (United Nations Special Fund for Economic Development).
UNSG Secretario General de las Naciones Unidas (United Nations Secretary General).
UNSO Oficina de las Naciones Unidas para Sudán-El Sahel.
unst Inestable (Unstable).
UNT Unión Nacional de Trabajadores.
UNTAA Administración de Asistencia Técnica de las Naciones Unidas (United Nations Technical Assistance Administration).
UNTAES Administración de Transición de las Naciones Unidas para Eslavonia Oriental (United Nations of Transition Administration for Eslavonia).
UNTAM Misión de Asistencia Técnica de las Naciones Unidas (United Nations Technical Assistance Mission).
UNTSO Misión de las Naciones Unidas en Oriente Medio.
UNU Universidad de las Naciones Unidas.
UNWCC Comisión de las Naciones Unidas para Crímenes de Guerra (United Nations War Crimes Commission).
u_0 Velocidad inicial.
UO Unidad Oxford.
UOC Universidad Abierta de Cataluña (Universitat Oberta de Catalunya).
U_{OIH} Concentración urinaria de ortoiodohipurán.
U_{osm} Osmolalidad de la orina.
UP Depresión unipolar (Unipolar Depression) || Úlcera péptica || Unidad de proceso || Unión de Labradores (Unió de Pagesos, Cataluña) || Unión Patriótica, Colombia || Unión Patriótica, Liechtenstein || Unión Popular, Guinea Ecuatorial || United Press || Universidad de París || Universidad Politécnica.
UPA Unión Postal Árabe || United Press Associations.
UPAB Unión Popular Agraria Búlgara.
UPADS Unión Panafricana para la Democracia Social (Union Panafricaine pour la Democratie Social, Congo).
UPAE Unión Postal de América y España.
U_{PAH} Concentración urinaria de ácido paraaminohipúrico.
UPC Congreso del Pueblo de Uganda (Uganda People's Congress) || Partido Conservador y Unionista, Reino Unido || Unión de Poblaciones Camerunesas (Union des Populations Camerounaises) || Unión para el Progreso de Cantabria || Unión para el Progreso Comoriano (Union pour le Progrès du Comores, Comores) ||

Unión del Pueblo Canario || Unión del Pueblo Corso (Union du Peuple Corse, Córcega) || Universidad Politécnica de Cataluña (Universitat Politecnica de Catalunya).

UPCA Unión para el Progreso de Cantabria.

UPCF Unidos por la ciencia ficción.

UPE Unión Parlamentaria Europea || Unión por Europa || Unión Profesional de la Enfermería.

UPF Unión Progresista de Fiscales || Universidad Pompeu Fabra (Universitat Pompeu Fabra, Barcelona).

UPFP Uvulopalatofaringoplastia.

UPG Unión del Pueblo Gabonés (Union du Peuple du Gabon, Gabón) || Uretritis postgonocócica.

UPI United Press International.

UPIGO Unión Profesional Internacional de Ginecólogos y Obstetras (Union Professionelle Internationale des Gynécologues et Obstétriciens).

UPK Unión Patriótica del Kurdistán.

UPLG Unión Popular para la Liberación de Guadalupe (Union Populaire pour la Libération de Guadalupe).

UPM Unión de Partidos Moderados, Vanuatu || Universidad Politécnica de Madrid.

UPN Partido de la Unidad de Nigeria || Unión del Pueblo Navarro.

UPNI Partido Unionista de Irlanda del Norte (Unionist Party of Northern Ireland).

U_{PO4} Concentración urinaria de fosfato.

UPRONA Unión para el Progreso Nacional, Burundi.

UPS Espectroscopia ultravioleta fotoelectrónica (Ultraviolet Photoelectron Spectroscopy) || Fuente de potencia ininterrumpida (Uninterruptible Power Supply).

UPU Unión Postal Universal (Universal Postal Union).

UPUP Partido Unionista Popular del Ulster (Ulster Popular Unionist Party).

UPV Unidad del Pueblo Valenciano || Universidad del País Vasco.

UQ Ubiquinona.

UQC Equipo de Comunicación Acústica Submarina (Underwater Sound Communication).

Ur Uranio || Uruguay.

U_R Tensión nominal (Rated Voltage).

URAMEX Uranio Mexicano.

urb Urbano, referido a urbe.

URD Unión para la Revolución Democrática (Union pour la Révolution Démocratique, Congo).

URDC Unión para una República Democrática en Comores (Union pour une République Démocratique dans Comores).

URF Factor relajante uterino (Uterine Relaxing Factor).

URI Infección Respiratoria Superior (Upper Respiratory Infection) || Universidad Radiofónica Internacional.

URL Universidad Ramón Llull (Universitat Ramón Llull, Barcelona).

URN Unión para la Reconciliación Nacional (Union pour la Réconciliation National, Haití).

URNG Unión Revolucionaria Nacional Guatemalteca.

URO Uroporfirinógeno.

URSI Unión Científica Internacional de Radio (Union Radio Scientifique International).

URSS Unión de Repúblicas Socialistas Soviéticas.

URT Tracto Respiratorio Superior (Upper Respiratory Tract).

URTI Infección del tracto respiratorio superior (Upper Respiratory Tract Infection) || Universidad Radiofónica y Televisual Internacional (Université Radiophonique et Televisuelle International).

Uru Uruguay.

Urug Uruguay.

Urupabol Uruguay, Paraguay y Bolivia.

URV Universidad Rovira y Virigili (Universitat Rovira i Virgili, Tarragona).
US Estados Unidos (United States, referido a Norteamérica) || Estímulo no condicionado (Unconditioned Stimulus) || Sistema Universal (Universal System) || Ultrasonidos || Ultrasonografía || Unidad de Salida || Unión Sudanesa || Uroporfirinógeno sintetasa.
USA Estados Unidos de América (United States of America, referido a la matrícula internacional de automóvil).
USAF Fuerza Aérea de los Estados Unidos (United States Air Force).
USAFR Reserva de la Fuerza Aérea de los Estados Unidos (United States Air Force Reserve).
USAID Agencia de los Estados Unidos (de América) para el Desarrollo Internacional (United States Agency for International Development).
USAN Nombre adoptado en los Estados Unidos (United States Adopted Name) || Unidad de Asistencia Sanitaria.
USARD Unión Sudamericana de Radiodifusión.
USB Banda Lateral Superior (Upper Sideband).
USC Congreso de los Estados Unidos (United States Congress) || Universidad de Santiago de Compostela.
USCG Servicio de Guardacostas de los Estados Unidos (United States Coast Guard).
USCI Satélite de Comunicaciones de los Estados Unidos (United States Satellite Communications inc).
USCY Moneda de los Estados Unidos (United States Currency).
USD Dólares de los Estados Unidos (United States Dollars) || Unión Socialdemócrata, Rumanía.
USDA Departamento de Agricultura de los Estados Unidos (United States Department of Agriculture).
USDLRS Dólares de los Estados Unidos (United States Dollars).
USFDA Administración de los Estados Unidos para Alimentos y Medicamentos (United States Food and Drug Administration).
USG Ultrasonografía || Ultrasonograma.
USIA Agencia de Información de los Estados Unidos (United States Information Agency).
USIS Servicio de Información de los Estados Unidos (United States Information Service).
USL Unión Social Liberal, Chequia.
USMAC Cuerpo de Marines de los Estados Unidos (United States Marine Corps).
USN Armada de los Estados Unidos (United States Navy).
USNR Reserva de la Armada de los Estados Unidos (United States Navy Reserve).
USO Unión Sindical Obrera.
USP Farmacopea de los Estados Unidos (United States Pharmacopoeia) || Patente de los Estados Unidos (United States Patent).
USPGA Asociación Profesional de Jugadores de Golf de los Estados Unidos (United States Professional Golfers Association).
USPHS Servicio de Salud Pública de los Estados Unidos (United States Public Health Service).
USRDA Valores dietéticos recomendados por los Estados Unidos (United States Recommended Dietary Allowances).
USS Senado de los Estados Unidos (United States Senate) || Unión Sindical Suiza (Union Syndicale Suisse).
USTN Unión de Sindicatos de los Trabajadores del Niger (Union de Syndicats des Travailleurs du Niger).
USTT Unión Sindical Tunecina del Trabajo (Union Syndical Tunisien du Travail).

USWB Oficina meteorológica de los Estados Unidos (United States Weather Bureau).

u_t Velocidad en Tiempo t.

UT Hora universal (Universal Time) || Tracto Urinario (Urinary Tract) || Unidad de tiro || Unión del Trabajo, Polonia.

UTA Unión de Transportes Aéreos (Union de Transports Aeriens).

UTE Unión Temporal de Empresas.

UTF Último teorema de Fermat.

UTI Infección del tracto urinario (Urinary Tract Infection).

UTP Uridina trifosfato (Uridine Triphosphate).

UU Urobilinógeno urinario || Ustedes.

UUM Misil submarino submarino (Underwater to Underwater Missile).

UUP Partido Unionista del Ulster (Ulster Unionist Party).

UV Ultravioleta || Unidad Valenciana || Unidades de Volumen.

UVA (Radiación) Ultravioleta A.

UVB (Radiación) Ultravioleta B.

UVC (Radiación) Ultravioleta C.

UVF Fuerza de Voluntarios del Ulster (Ulster Volunteer Force).

UVI Acoplador universal para vídeo (Universal Video Interface).

UVL Luz ultravioleta (Ultraviolet Light).

UVV Ultravioleta de vacío (Vacuum Ultraviolet).

UW Unidades Wood.

UWP Partido Unido de los Trabajadores, Santa Lucía.

UZ Universidad de Zurich.

V

v Absorción variable, referido a espectroscopia || Contra (Versus) || Vacío, referido a física || Véase || Velocidad || Vena || Vertical || Virus || Viscosidad || Voltaje || Voltio || Volumen específico || Volumen por unidad de peso o masa || Vuestro (a).

v Tensión instantánea || Velocidad || Volumen específico.

V Coeficiente de variación || Diferencia de potencial || Potencial de excitación || Tubo de vacío || Usted || Valencia, referido a la matrícula nacional de automóvil || Válvula electrónica || Vanadio || Vaticano, referido a la matrícula internacional de automóvil || Véase || Vehículo || Vena || Venerable || Venoso || Versículo || Vía || Vicente || Victoria || Vincristina || Virus || Viscosidad || Vizconde || Voltio o Voltaje || Voltímetro || Volumen || 5, referido a número romano.

V Tensión || Velocidad || Volumen.

V/Q (gammagrafías de) Ventilación-Perfusión.

V/S Voltios por segundo.

$V_{(BR)}$ Tensión de ruptura (Breakdown Voltage).

V-in Voltios por pulgada.

V-Z Varicela zoster, referido al virus.

V&T Vodka y tónica.

va Véase además.

V_a Tensión de ánodo.

V^a Vigilia.

V$_A$ Ventilación alveolar o volumen del gas alveolar.

VA/W Razón de voltio-amperios a vatios.

VA Agudeza visual (Visual Acuity) || Valladolid, referido a la matrícula nacional de automóvil || Válvula aórtica || Vaso abierto || Ventriculoauricular || Verdes de Andalucía, referido al partido ecologista || Vicario Apostólico || Vicealmirante || Voltamperímetro || Voltamperio || Volumen alveolar, referido al gas || Vuestra alteza.

VAB Valor añadido bruto.

VAB/CMP Vinblastina, adriamicina, bleomicina || Ciclofosfamida, metotrexato, prednisona.

VABCD Vinblastina, adriamicina, bleomicina, lomustina, dacarbacina.

vac Vacío (Vacuum).

VAC Vaso abierto de Cleveland || Vincristina, actinomicina, ciclofosfamida || Vincristina, adriamicina, ciclofosfamifa || Voltios de corriente alterna (Volts Alternating Current).

VACA Vincristina, actinomicina, ciclofosfamida, adriamicina.

VACAMPA Vincristina, adriamicina, ciclofosfamida, actinomicina, medroxiprogesterona acetato.

VACMPA Vincristina, adriamicina, ciclofosfamida, medroxiprogesterona acetato.

VACP Vincristina, adriamicina, ciclofosfamida, prednisona.

VACPDE Vincristina, adriamicina, ciclofosfamida, cisplatino, actinomicina, etopósido.

VAD Vincristina, adriamicina, dexametasona.

VAI Vías aéreas inferiores.

VAIE Virus de la anemia infecciosa equina.

VAIN Neoplasia vaginal intraepitelial (Vaginal Intraephitelial Neoplasia).

V_{AK} Tensión entre ánodo y cátodo. (Anode-Cathode Voltage).

val Valenciano.

Val Valentín (Valentine) || Valina || Valor, referido a medida o cantidad.

VAL Virus asociado a las linfadenopatías.

VAM Monómero de acetato de vinilo (Vinylacetate Monomer) || Tensión (V), corriente (A), potencia (W) || Vincristina, adriamicina, mitomicina.

VAMf Vincristina, adriamicina, metotrexato con rescate mediante ácido folínico.

VAMFBH 6MPf Vincristina, adriamicina, metotrexato, fluorouracilo, bleomicina, hidroxiurea, 6-mercaptopurina, ácido folínico.

VAP Vincristina, adriamicina, prednisona || Vincristina, adriamicina, procarbacina.

VAP+RT Vincristina, adriamicina, prednisona + radioterapia.

VAPA Vincristina, adriamicina, prednisona, arabinósido de citosina.

VAPB Valvuloplastia aórtica percutánea con balón.

var Variable || Variación || Variante || Variedad.

Var Variable, referido a una región cromosómica.

VAr Voltamperio reactivo (Voltampere Reactive).

VAR Alcance visual auditivo (Visual Aural Range) || Vuestra Alteza Real.

VARICAP Capacidad variable (Variable Capacitance).

Varig Viacäo Aérea Rio Grandense, referido a las líneas aéreas de Brasil.

VAS Vías Aéreas Superiores, referido a función respiratoria.

vasc Vasco.

Vat Vaticano.

VAT Impuesto sobre el valor añadido (Value Added Tax, Reino Unido) || Tiempo de activación ventricular (Ventricular Activation Time) || Valor de atenuación || Vaso abierto de Tagliabue.

V_{AV} Tensión media (Average Voltage).

VB Vertebrobasilar || Vinblastina, bleomicina.

VBAP Vincristina, carmustina, adriamicina, prednisona.

VBC Vinblastina, bleomicina, cisplatino.

VBE Vinil butil éter.

Vbl Vinblastina.

VBM Vinblastina, bleomicina, metotrexato.

VBP Vía biliar principal || Vinblastina, bleomicina, cisplatino.

VBPDCA Vinblastina, bleomicina, cisplatino, actinomicina, ciclofosfamida, adriamicina.

VBR Cociente ventrículo cerebro (Ventricle Brain Ratio).

Vc Volumen de la sangre capilar.

V_c Volumen crítico.

VC Capacidad vital (Vital Capacity, referido al pulmón) || Cloruro de vinilideno (Vinylidene Chloride) || Cloruro de vinilo (Vinyl Chloride) || Columna vertebral (Vertebral Column) || Vaso cerrado || Vellosidades coriales || Ventilación (respiratoria) controlada || Vicecónsul || Voltio culombio || Volumen de contracción, referido al corazón || Volumen corriente.

VCA Acetato de cloruro de vinilo (Vinylchloride Acetate) || Amplificador controlado por tensión (Voltage Controlled Amplifier) || Antígeno de la cápside viral (Viral Capside Antigen).

VCAd Vincristina, ciclofosfamida, adriamicina.
VCAF Vincristina, ciclofosfamida, adriamicina, fluorouracilo.
VCAP Vincristina, ciclofosfamida, adriamicina, prednisona.
VCB Valvuloplastia por catéter con balón.
VCD Diodo de capacidad variable (Variable Capacitance Diode).
VCF Filtro controlado por tensión (Voltage Controlled Filter).
VCG Generador controlado por tensión (Voltage Controlled Generator) || Vectocardiografía || Vectocardiograma || Vicecónsul General.
VCI Vena cava inferior.
VCM Monómero de cloruro de vinilo (Vinyl Chloride Monomer) || Velocidad de conducción motora || Virus (de las inclusiones) Citomegálicas || Volumen corpuscular medio.
VCML Virus de la coriomeningitis linfocitaria.
VCMP Vincristina, ciclofosfamida, melfalán, prednisona.
VCN Variación contingente negativa || Velocidad de conducción nerviosa || Vibrio cholera neuraminidasa.
VCO Oscilador controlado por tensión (Voltage Controlled Oscillator).
VCP Vincristina, ciclofosfamida, prednisona.
Vcr Vincristina.
VCR Magnetoscopio con cinta en casete (Video Cassette Recorder) || Registro de vídeo en casete (Video Cassette Recording) || Resistencia controlada por tensión (Voltage Controlled Resistor) || Vincristina.
VCS Sistema de vídeo computarizado (Video Computer System) || Velocidad de conducción sensitiva || Vena cava superior.
VCSI Vena cava superior izquierda.
VCT Vaso cerrado de Tagliabue.
VCXO Oscilador de cristal controlado por tensión (Voltage Controlled Crystal Oscillator).
VCZ Vehículo de combate de zapadores.
vd Viuda.
Vd Usted.
V_D Ventilación de espacio muerto, referido a función respiratoria.
VD Enfermedad valvular (Valvular Disease, referido al corazón) || Enfermedad venérea (Venereal Disease) || Ventrículo derecho || Videodisco || Vindesina, cisplatino.
Vda Viuda.
VDA Vincristina, actinomicina, adriamicina.
VDAP Vincristina, dianhidrogalactitol, adriamicina, cisplatino.
VDC Tensión en corriente continua (Volts Direct Current).
VDCA Vincristina, actinomicina, ciclofosfamida, adriamicina.
VDCT Tensión de prueba en corriente continua (Volts Direct Current Test).
VDCW Tensión de trabajo en corriente continua (Volts Direct Current Working).
VDF Volumen diastólico final.
VDG Gonorrea de contagio venéreo (Venereal Disease Gonorrhea).
VDH Enfermedad valvular del corazón (Valvular Disease of the Heart).
VDI Indicador Doppler visual (Visual Doppler Indicator).
VDR Receptor de vitamina D (Vitamine D Receptor) || Resistencia dependiente de la tensión (Voltage Dependent Resistor).
VDRL Laboratorio de Investigación de Enfermedades Venéreas (Venereal Disease Research Laboratory, referido a pruebas de diagnóstico).
Vds Ustedes.
VDS Sonar de profundidad variable (Variable Depth Sonar) || Vindesina.
VDU Unidad de representación visual (Visual Display Unit).

VDW Van Der Waals.
V_E Volumen alveolar espirado o volumen total del gas espirado.
VE Exantema vesicular (Vesicular Exanthema) || Verdes Ecologistas || Vía endovenosa || Volumen espirado, referido al pulmón || Vuestra Excelencia o Vuecencia.
VE Extrasístoles ventriculares (Ventricular Extrasystoles).
VEAC Virus de la encefalitis y artritis caprina.
VEB Virus de Epstein-Barr.
VEC Vehículo de exploración de caballería || Vincristina, epirubicin, ciclofosfamida || Virus de la encefalitis de California.
vECJ Variante de la enfermedad de Creutzfeldt-Jakob.
VEEO Virus de la encefalitis equina oriental.
VEEOC Virus de la encefalitis equina occidental.
VEEP Vincristina, epirubicin, etopósido, prednisona.
VEEV Virus de la encefalitis equina venezolana.
VEF Volumen espiratorio forzado.
V_{eff} Tensión eficaz (Efficacious Voltage).
VEI Vocabulario electrotécnico internacional.
VeIP Vinblastina, ifosfamida, cisplatino.
vel Velocidad (Velocity).
VEM Velocidad espiratoria máxima.
VEMS Volumen espiratorio máximo por segundo.
Ven Venerable || Venezuela || Venecia.
Venez Venezuela.
VEO Virus equino oriental.
VEP Potencial evocado visual (Visual Evoked Potential).
VEPs Potenciales evocados visuales (Visual Evoked Potentials).
VER Respuesta evocada visual (Visual Evoked Response) || Volumen espiratorio de reserva.
VERF Vigilancia epidemiológica y resultados finales.
VERT Vehículo eléctrico rutero de turbina.
VES Velocidad de eritrosedimentación.
VESL Virus de la encefalitis de San Louis.
V_{ext} Tensión de extinción (Extinction Voltage).
VF Audiofrecuencia (Voice Frequency) || Campo de visión (Visual Field) || Frecuencia de imagen (Visual Frequency) || Fibrilación ventricular (Ventricular Fibrilation) || Videofrecuencia || Visor (View Finder, referido a una cámara).
VFB Retroalimentación de voltaje (Voltaje Feedback).
VFC Convertidor de tensión a frecuencia (Voltage Frequency Converter).
VFET Transistor de efecto de campo vertical (Vertical Field Effect Transistor).
VFG Velocidad de filtración glomerular.
VFGC Virus de la fiebre de las garrapatas de colorado.
VFO Oscilador de frecuencia variable (Variable Frequency Oscillator).
VFR Reglas de vuelo visual (Visual Flight Rules).
VFS Velocidad fraccional de síntesis, referido al colesterol.
V_{fwd} Tensión directa (Forward Voltage).
vg Por ejemplo o verbigracia (Verbi Gratia) || Virgen.
VG Valor globular, referido al contenido hemoglobínico de los hematíes || Vicario general.
VGIT Volumen de gas intratorácico.
VGM Volumen globular medio.
VGRS Volumen de los glóbulos rojos sedimentados.

vgs Vírgenes.
VGT Volumen de gas torácico || Volumen globular total.
VH Hepatitis vírica (Viral Hepatitis) || Histerectomía vaginal (Vaginal Hysterectomy).
VHA Virus de la hepatitis A.
VHB Virus de la hepatitis B.
VHC Virus de la hepatitis C.
VHD Virus de la hepatitis D.
VHDD Disco de vídeo de alta densidad (Video High Density Disk).
VHE Virus de la hepatitis E.
VHF Fiebre hemorrágica vírica (Viral Haemorrhagic Fever) || Frecuencia muy alta (Very High Frequency).
VHFDF Radiogoniómetro de muy alta frecuencia (Very High Frequency Direction Finding).
VHL (síndrome de) Von Hippel-Lindau.
VHS Sistema de vídeo doméstico (Video Home System) || Virus del herpes simple.
VHS-C VHS compacto.
VHSI Muy alta velocidad de integración (Very High Speed Integration).
vi Ver más abajo (Vide Infra).
V_i Potencial de ionización.
Vi Virginio.
V_{i} Tensión de entrada (Input Voltage).
$\mathbf{V_I}$ Volumen total del gas inspirado.
VI Álava, referido a la matrícula nacional de automóvil || Indicador de volumen (Volume Indicator) || Índice de viscosidad (Viscosity Index) || Intérvalo variable (Variable Interval) || Ventrículo izquierdo || Vía intramuscular || Volumen inspiratorio.
VIASA Venezolana Internacional de Aviación Sociedad Anónima.
VIC Volumen intracelular.
Vic Ap Vicario apostólico.
Vic Gen Vicario general.
Vict[a] Victoria, referido a nombre de mujer.
Victe Vicente.
vid Véase (Vide).
VId Vía intradérmica.
VID Vídeo.
VIDF Videofrecuencia.
Vien Viena.
vier Viernes.
VIF Virus de la inmunodeficiencia felina.
$\mathbf{VIF_1}$ Volumen inspiratorio forzado en un segundo.
VIGMA Vigilancia marítima.
VIH Virus de la inmunodeficiencia humana.
vill Villa.
$\mathbf{VIMS_1}$ Volumen inspiratorio máximo en un segundo.
Vin Vicente (Vincent).
VInh Vía inhalatoria.
VIP Etopósido, ifosfamida, cisplatino || Persona muy importante (Very Important Person) || Péptido intestinal vasoactivo (Vasoactive Intestinal Peptide) || Procesador de entrada de vídeo (Video Input Processor).
VIPS Personas muy importantes (Very Important Persons).
$\mathbf{VI_{ptd}}$ Presión telediastólica ventricular izquierda.
VIQ Cociente de inteligencia verbal (Verbal Intelligence Quotient).
VIR Aislado con caucho vulcanizado (Vulcanized India Rubber) || Referencia de intervalo vertical (Vertical Interval Reference).
virg Virgen.
virgs Vírgenes.
Vis Virus de la inmunodeficiencia simia || Visitación, referido a nombre de persona.
visc Viscoso (Viscous).
$\mathbf{VI_{sp}}$ Presión ventricular sistólica izquierda.
vit Vitamina.
VIT Virus iridiscente de las típulas.
VitA Vitamina A o retinol.
$\mathbf{VitB_1}$ Vitamina B_1 o tiamina.
$\mathbf{VitB_2}$ Vitamina B_2 o riboflavina.
$\mathbf{VitB_5}$ Vitamina B_5 o ácido pantoténico.

VitaB$_6$ Vitamina B_6 o piridoxina.
VitB$_{12}$ Vitamina B_{12} o cianocobalamina.
VitC Vitamina C o ácido ascórbico.
VitD$_2$ Vitamina D_2 o ergocalciferol.
VitD$_3$ Vitamina D_3 o colecalciferol.
VitE Vitamina E o tocoferol.
VITE Voluntario con instrucción técnica especial.
VitH Vitamina H o biotina.
VitK$_1$ Vitamina K_1 o fitomenadiona.
VitK$_2$ Vitamina K_2 o naftoquinona.
VitK$_3$ Vitamina K_3 o menadiona.
VitK$_5$ Vitamina K_5 o aminometilnaftol.
VitPP Vitamina PP o nicotinamida.
vitr Vítreo (Vitreous).
VJC Virus JC.
V_k Tensión de cátodo (Cathode Voltage).
V$_L$ Volumen pulmonar.
VL Leishmaniasis visceral (Visceral Leishmaniasis) || Vehículo ligero.
VLA Dispositivo muy grande (Very Large Array), referido al conjunto de antenas paraboloides instaladas en San Agustín, Nuevo México.
VLB Vinblastina.
VLBI Interferometría de base muy larga (Very Large Base Interpherometry).
VLBP Vinblastina, cisplatino.
VLCC Superpetrolero (Very Large Crude Carriers).
VLDL Lipoproteínas de muy baja densidad (Very Low Density Lipoprotein).
VLDL-C Colesterol de lipoproteínas de muy baja densidad (Very Low Density Lipoprotein Cholesterol.
VLF Muy baja frecuencia (Very Low Frequency).
VLFe Virus de la leucemia felina.
VLM Vehículo levantaminas.
VLMu Virus de la leucemia murina.
VLMu-A Virus de la leucemia murina Abelson.
VLMu-M Virus de la leucemia murina Moloney.
VLP Vehículo lanzapuentes || Vídeo de larga duración (Video Long Play).
VLPA Vaina linfática periarteriolar.
VLRad Virus de la leucemia por radiaciones.
VLS Sistema de lanzamiento vertical (Vertical Launch System).
VLSI Integración a muy gran escala (Very Large Scale Integration).
VLTH Virus del linfoma T humano.
VLU Valor límite umbral.
Vm Vuestra Merced.
VM Materia volátil (Volatile Matter) || Válvula mitral || Ventilación máxima || Ventilación minuto || Virgen María || Voltímetro || Volumen minuto || Vuestra Majestad.
VM-26 Tenipósido.
VM$_{26}$PP Tenipósido, procarbacina, prednisona.
VMA Ácido vanilmandélico (Vanilmandelic Acid).
V$_{max}$ Velocidad máxima.
Vmax 50 Flujo espiratorio máximo al 50% de la capacidad vital espirada.
Vmax 75 Flujo espiratorio máximo al 75% de la capacidad vital espirada.
VMAX Velocidad máxima.
VMC Condiciones meteorológicas visuales (Visual Meteorologic Conditions), referido a la navegación aérea) || Vincristina, metotrexato, citrovorum factor.
VMCP Vincristina, melfalán, ciclofosfamida, prednisona.
Vmd Vuestra Merced.
VMfA Vincristina, metotrexato con rescate mediante ácido folínico, adriamicina.
VMH Ventromedial hypothalamus.
VMI Ventilación mecánica intermitente.
VMIN Velocidad mínima.
vmp Valva mitral posterior.
VMP Valvulotomía mitral percutánea.

VMP+Proc Vincristina, melfalán, prednisona + procarbacina.
VMPA Vainas macrográficas periarteriales.
VMS Bobina magnética variable (Variable Magnetic Shunt).
VMT Tubo de modulación de velocidad (Velocity Modulated Tube) || Ventromedial Mesencephalic Tegmentum.
VN Vietnam, referido a la matrícula internacional de automóvil.
VNPI Variación negativa postimperativa.
VNS Vegetative Nervous System.
V_o Tensión de salida (Output Voltage).
V_0 Volumen por gramo-mol de un gas ideal.
VO Versión original || Vía oral.
V_{O2} Consumo de oxígeno.
VO_2 max Consumo máximo de oxígeno.
VOA La Voz de Las Américas (Voice Of America).
V°B° Visto bueno.
vocab Vocabulario.
VOD Televisión a la carta (Video On Demand).
VODAS Dispositivo antimicrofónico activado por la voz (Voice Operated Device Anti Singing).
VODER Demostrador de funcionamiento vocal (Voice Operation Demonstrator).
VOf Vía oftálmica.
V_{OIH} Concentración venosa de ortoiodohipurán.
VOK Conmutador accionado por la voz (Voice Operated Keyer).
vol Volumen (Volume).
Vol sp Volumen específico (Volume Specific).
VOL Volumen.
volat Volátil (Volatile).
volc Volcánico.
vols Volúmenes.
VOM Voltímetro-ohmímetro-miliamperímetro.
VOR Radiofaro omnidireccional de muy alta frecuencia (Very High Frequency Omnidirectional Range) || Relé accionado por la voz (Voice Operated Relay).
VOS Versión original subtitulada.
VOSC Versión original subtitulada en Catalán.
VOSE Versión original subtitulada en español.
VOSIM Simulador de voz (Voice Simulator).
vot Voto.
VOt Vía ótica.
VOT Oscilador sintonizable por tensión (Voltage Tunable Oscillator).
VP Partido de Nuestra Tierra, Vanuatu || Paso variable (Variable Pitch) || Vanguardia Popular, Costa Rica || Vena Porta || Venas pulmonares || Vía Parenteral || Vicepresidente || Vincristina, prednisona.
VP-16 Etopósido.
VP-16+MBP Etopósido, metotrexato, bleomicina, prednisona.
VP-P Etopósido, cisplatino.
V_{PAH} Concentración venosa de ácido paraaminohipúrico.
VPB Bradicardia paroxística ventricular (Ventricular Paroxysmal Bradycardia).
VPC Cromatografía en fase de vapor (Vapor Phase Chromatography) || Venta por correspondencia.
VPD Vehículos por día.
VPH Vehículos por hora || Virus del papiloma humano.
VPL Ventral posterior lateral.
VPM Vehículos por Milla || Volumen plaquetario medio.
VPO Viviendas de protección oficial.
VPP Vía de la pentosa fosfato.
VPPB Vértigo paroxístico posicional benigno.
VPPI Ventilación a presión positiva intermitente.
VPPN Ventilación a presión positiva-negativa.

VPT Volumen pulmonar total.
VPU Unidad de programación de vídeo (Video Programming Unit).
V_r Volumen reducido.
VR Regulador de tensión (Voltage Regulator) || Retorno venoso (Venous Return) || Valoración del ruido || Vehículo de reconocimiento || Vía rectal || Volumen residual, referido a la respiración || Vuestra reverencia.
V_R Tensión nominal (Rated Voltage).
vra Vuestra.
vras Vuestras.
VRE Volumen de reserva espiratoria.
VRI Infección respiratoria por virus (Virus Respiratory Infection) || Vehículo de reconocimiento de ingenieros || Volumen de reserva inspiratoria.
vro Vuestro.
vros Vuestros.
VRR Radiofaro Visual (Visual Radio Range).
VRS Virus respiratorio sincitial.
vs Contra (Versus) || Ver más arriba (Vide Supra).
Vs Ustedes.
VS Signos vitales (Vital Signs) || Velocidad de sedimentación || Vesícula presináptica || Volumen sistólico || Vueseñoría o usía || Vuestra Señoría.
VSA Virus del sarcoma aviario.
VSB Banda lateral residual (Vestigial Sideband).
VSBF Filtro supresor de banda lateral (Vestigial Sideband Filter).
VSc Vía subcutánea.
VSC Volumen sanguíneo cerebral.
VSD Defecto del septum ventricular (Ventricular Septal Defect).
VSE Velocidad de sedimentación eritrocitaria.
VSF Veterinarios sin fronteras || Volumen sistólico final.
VSG Velocidad de sedimentación globular.
VSl Vía sublingual.
VSI Vueseñoría (o Usía) Ilustrísima.
VSM Vehículo siembraminas.
VSW Onda muy corta (Very Short Wave).
VSWR Relación de ondas estacionarias de tensión (Voltage Standing Wave Ratio).
V_t Velocidad en tiempo t.
V_T Volumen de ventilación pulmonar.
VT Taquicardia ventricular || Tiempo variable (Variable Time) || Válvula tricúspide || Válvula de vacío (Vacuum Tube) || Vasotonina || Vatu, referido a la unidad monetaria de Vanuatu || Verotoxina || Vía tópica.
vta Vuelta.
VTDVD Volumen telediastólico del ventrículo derecho.
VTEC Verotoxina *Escherichia coli.*
VTM Magnetrón sintonizable por tensión (Voltage Tunable Magnetron).
vto Vencimiento || Vuelto.
VTOL Despegue y aterrizaje vertical (Vertical Take-off and Landing Aircraft).
V_{tr} Tensión de transformador (Transformer Voltage).
VTR Registrador magnetoscópico (Video Tape Recorder) || Grabación en cinta de vídeo (Video Tape Recording).
VTS Sistema de sintonía de vídeo (Video Tuning System) || Volumen telesistólico.
VTSVD Volumen telesistólico del ventrículo derecho.
VTVM Voltímetro de tubo de vacío (Vacuum Tube Voltmeter).
VU Unidad de volumen (Volume Unit).
vulc Volcánico.
vulg Vulgarmente.
VUR Reflujo vesicoureteral (Vesicoureteral Reflux).
vv Varios || Viceversa || Volúmenes.

VV Ustedes || Venas varicosas || Vía vaginal || Vulvovaginitis.

VVAA Varios autores.

VVD Partido Popular para la Libertad y la Democracia (Volkspartij voor Vrijheid en Democratie, Holanda).

VVM Ventilación voluntaria máxima.

VVs Venas varicosas (Varicose Veins).

VVVE Voltímetro de verdadero valor eficaz.

VVZ Virus varicela zoster.

VW Volkswagen.

vWF Factor de von Willebrand.

vWFAg Antígeno del factor de von Willebrand.

VZV Virus varicela zoster (Varicella Zoster Virus).

W

w Agua (Water) || Constante de desplazamiento de Wieu || Peso por unidad de tiempo (Weight).

W Agua, referido a la presentación estéril para inyección || Blanco (White) || Energía eléctrica || Graves, referido a la frecuencia de un altavoz (Woofer) || Hilo (Whire) || Occidental (Western) || Oeste (West) || Trabajo, referido a física || Tungsteno || Vatímetro (Wattmeter) || Vatio (Watt) || Wifredo || Wolframio || Won, referido a la unidad monetaria de Corea del Sur.

W Resistencia eléctrica || Trabajo o energía.

(W) Componente de velocidad lineal.

W/c Vatios por bujía (Watts per Candle).

W/E Fin de semana (Weekend).

W/m² Vatio por metro cuadrado.

W/sr Vatio por esterradián.

W/sr-m² Vatio por esterradián metro cuadrado.

W/T Telegrafía sin hilos (Wireless Telegraphy, referido a la radiotelegrafía).

W-hr Vatio hora.

W&S Whisky y soda.

WAC Cuerpo Femenino del Ejército (Women's Army Corps, EE.UU.).

WAG Gambia, referido a la matrícula internacional de automóvil.

WAGR (Síndrome donde coexisten) Tumor de Wilms, aniridia congénita, malformaciones genitourinarias y retraso mental.

WAIS Escala de inteligencia para adultos de Wechsler (Wechsler Adult Intelligence Scale).

WAISR Escala de inteligencia para adultos de Wechsler revisada (Wechsler Adult Intelligence Scale Revised).

WAL Sierra Leona, referido a la matrícula internacional de automóvil.

Walt Gualterio (Walter).

WAMOSCOPIO Osciloscopio de onda original (Wave Modulated Oscilloscope).

WAN Nigeria, referido a la matrícula internacional de automóvil || Red de Ámbito Amplio.

Wash Washington.

WASP Blanco-anglosajón-protestante (White-Anglo-Saxon-Protestant).

WAT Prueba de asociación de palabras (Word Association Test).

WATA Asociación Mundial de Agencias de Viajes (World Association of Travel Agencies).

WAY Asamblea Mundial de la Juventud (World Assembly of Youth).

Wb Weber o weberio.

Wb/A Weber por amperio.

WB Banco Mundial (World Bank) || Banda ancha (Wide Band) || Oficina Meteorológica (Weather Bureau) || Warner Brothers || Wechsler-Bellevue, referido al test de inteligencia.

WBC Consejo Mundial de Boxeo (World Boxing Council) || Glóbulo Blanco (White Blood Cell).

WBR Radioterapia corporal total (Whole Body Radiotherapy).

WC Inodoro o retrete (Water Closet).

WCC Concilio (o Consejo) Mundial de las Iglesias (World Council of Churches).

WCL Confederación Mundial de Trabajo (World Confederation Labour).

WCUK Costa Oeste del Reino Unido (West Coast United Kingdom).

4WD Cuatro Ruedas Motrices (Four Wheel Drive).

WDA Alianza Mundial de la Danza (World Dance Alliance).

WDHA Síndrome de diarrea acuosa con alcalosis hipocalémica (Syndrome of Watery Diarrhea with Hypokalemic Alkalosis).

WDM Multiplex por división de longitud de onda (Wavelength Division Multiplex).

WDWN Bien desarrollado-bien nutrido (Well Developed-Well Nourished).

Well Wellington, referido a la capital de Nueva Zelanda.

WEV Unión Europea Occidental (Western European Union).

WF Factor Willebrand (Willebrand Factor).

WFC Consejo Mundial para la Alimentación (World Food Council).

WFMH Federación Mundial para la Salud Mental (World Federation for Mental Health).

WFN Federación Mundial de Neurología (World Federation of Neurology).

WFNA Ácido nítrico humeante blanco (White Fuming Nitric Acid).

WFP Programa Mundial de Alimentación (World Food Programme).

WFPA Federación Mundial para la Protección de los Animales (World Federation for the Protection of Animals).

WFTU Federación Mundial de Sindicatos (World Federation Trade Union).

WFUNA Federación Mundial de Asociaciones de Naciones Unidas (World Federation of United Nations Associations).

W_g Función de trabajo de Gross.

WG Grenada, referido a la matrícula internacional de automóvil || Grupo de Trabajo (Working Group).

Wh Vatio-hora (Watthour).

WH Casa Blanca (White House, referido a la residencia del presidente de los EE.UU.).

WHA Asamblea Mundial de la Salud (World Health Assembly) || Asociación Mundial de Hockey (World Hockey Association).

WHHHHIMP Wernicke, Hipertensive (encephalopaty), hypoglycemia, hypoperfusion (of CNS), Hypoxemia, intracranial (bleed), meningitis, poisons.

WHO Organización Mundial de la Salud (World Health Organization).

WHRC Centro de Investigación Mundial de la Salud (World Health Research Centre).

W_i Potencia de entrada (Input Power).

Will Guillermo (William).

WIPO Organización Mundial de la Protección Intelectual (World Intellectual Protection Organization).

WISA Escala de inteligencia de Wechsler para adultos (Weschler Intelligence Scale for Adult).

WISC Escala de inteligencia de Wechsler para niños (Wechsler Intelligence Scale for Children).

WISCR Escala de inteligencia de Wechsler para niños revisada (Wechsler Intelligence Scale for Children Revised).

WITA Asociación Internacional de Tenis Femenino (Women's International Tennis Association).

WJC Congreso Mundial Judío (World Jewish Congress).

WL Línea de flotación (Water Line).

Wln Wellington, referido a la capital de Nueva Zelanda.

WM Vatímetro (Wattmeter).

WMA Asociación Médica Mundial (World Medical Association).

WMC Centro Mundial de Meteorología (World Meteorological Centre).

WMI Intérvalos Meteorológicos Mundiales (World Meteorological Organization).

WMO Organización Mundial de Meteorología (World Meteorological Organization).

WMS Escala de memoria de Wechsler (Wechsler Memory Scale).

WN Bien nutrido (Well Nourished).

WNW Oestenoroeste.

W_o Potencia de salida (Output Power).

WOCOL Carbón mundial (World Coal).

WOO Organización Oceanográfica Mundial (World Oceanographic Organization).

wpc Vatios por bujía (Watts Per Candle).

WPC Congreso Mundial del Petróleo (World Petroleum Congress) || Vatios por Bujía (Watts Per Candle).

WPGA Asociación Profesional de Mujeres Jugadoras de Golf (Women's Professional Golfers'Association).

WPI Instituto Mundial de Prensa (World Press Institute).

WPM Palabras por minuto (Words Per Minute).

WPO Orquesta Filarmónica de Viena (Wiener Philharmonisches Orchester).

WPPSI Escala de inteligencia preescolar y primaria de Wechsler (Wechsler Preschool and Primary Scale of Intelligence).

WPW (Síndrome de) Wolf-Parkinson-White.

WR Reacción de Wassermann (Wassermann Reaction) || Record Mundial (World Record) || Velocidad de Escritura (Writting Rate) || Waaler-Rose.

Ws Vatio-segundo (Watt second).

WS Equipo de radio (Wireless Set) || Hidrosoluble (Water Soluble) || Samoa Occidental, referido a la matrícula internacional de automóvil.

WSCF Federación Mundial de Estudiantes Cristianos (World Student Christian Federation).

WSFS Sociedad Mundial de la Ciencia Ficción (World Science Fiction Society).

WSW Oestesudoeste.

wt Peso (Weight).

WT Peso (Weight) || Telegrafía sin hilos (Wireless Telegraphy) || Vatio (Watt).

WTA Agencia Mundial del Transporte (World Transport Agency) || Asociación de Mujeres Tenistas (Women's Tennis Association).

wt/gal Peso por galón (Weight Per Gallon).

WTO Organización Mundial de Turismo (World Tourist Organization).

WTTC Consejo Mundial de Viajes y Turismo (World Travel and Tourism Council).

WTUC Conferencia Mundial de Sindicatos (World Trade Union Conference).

WU Western Union.

WUI Western Union International.

WUTCO Compañía de Telégrafos Western Union (Western Union Telegraph Company).

WV San Vicente y las Granadinas, referido a la matrícula internacional de automóvil || Tensión de trabajo (Working Voltage).

WVA Asociación Veterinaria Mundial (World Veterinary Association).

WW Bobinado (Wire Wound).

WW1 Primera Guerra Mundial (World War One).

WW2 Segunda Guerra Mundial (Worl War Two).

WWF Fondo Mundial para la Naturaleza (Worlwide Fund for Nature).

WWW Telaraña a nivel mundial (World Wide Web).

WZO Organización Sionista Mundial (World Zionist Organization).

X

x Signo de multiplicar.
X Cristo || Cromosoma sexual || Dilución decimal hahnemanniana, referido a homeopatía || 10, referido a la numeración romana.
X Reactancia.
45,X Monosomía X o síndrome de Turner.
XA Ácido xanturénico (Xanthurenic Acid).
XAD Red de Atención a las Drogodependencias (Xarxa d'Atencio a les Drogodependencies, Cataluña).
X_C Reactancia capacitiva.
Xe Xenón.
XH Dilución Hahnemanianna, referido a homeopatía.
XHUP Red de Hospitales de Utilización Pública (Xarxa d'Hospitals d'Utilització Pública, Cataluña).
XIP Red de Información Pública (Xarxa d'Informació Pública, Cataluña).
X_L Reactancia Inductiva.
XL Ligado a X.
XLR Recesivo ligado a X.
XMP Xantosina monofosfato (Xanthosine Monophosphate).
XMTR Transmisor.
XO Síndrome de Turner.
XP Xeroderma pigmentoso.
XPC Cristo (Christus).
xpiano Cristiano.
Xpo Cristo.
XPS Cristo (Christus) || Espectroscopia fotoelectrónica de rayos X (X-Ray Photoelectron Spectroscopy).
xptiano Cristiano.
Xpto Cristo.
Xptóbal Cristóbal.
XR Radiografía || Rayos X (X Rays).
XRT Radioterapia (Radiotherapy).
XTAL Cristal.
XTEC Red Telemática Educativa de Cataluña (Xarxa Telemática Educativa de Catalunya).
Xto Cristo.
$\mathbf{X_u}$ Unidad X, referido a la longitud de onda de rayos X y gamma).
XU Unidad Siegbahn.
XX Cromosoma Sexual Femenino || 20, referido a la numeración romana.
XXX Síndrome triple X.
XXY Síndrome de Klinefelter.
XY Cromosoma sexual masculino.
46,XY Fórmula cromosómica del hombre sano.
47,Xy+21 Trisomía del cromosona 21.

Y

y Año (Year) || Distancia del objeto || Variable || Yarda.

Y Amarillo (Yellow) || Cromosoma sexual || Itrio || Yen, referido a la unidad monetaria de Japón || Yersinia, referido a la enterobacteria || Yolanda || Yuan, referido a la unidad monetaria de China || Yugoslavia.

Y Admitancia || Componente de fuerza.

y' Distancia de la imagen || Tamaño de la imagen.

yac Yacimiento.

YAG Granate de itrio-aluminio (Yttrium Aluminum Garnet).

YAG:Nd Granate de itrio-aluminio (impurificado con iones de) Neodimio (Yttrium Aluminum Garnet: Neodimium).

Yb Iterbio.

yd Yarda.

yd^2 Yarda cuadrada.

yds Yardas.

YEL Amarillo (Yellow).

YIG Granate de itrio-hierro (Yttrium-Iron Garnet).

YL Señorita (Young Lady).

yob Año de nacimiento (Year of Birth).

yod Año de la muerte (Year of Death).

yom Año del casamiento (Year of Marriage).

YPFB Yacimientos petrolíferos fiscales bolivianos.

yr Año (Year).

YSL Yves Saint Laurent.

Yt Itrio.

YUP Yale University Press.

YV Universidad de Yale (Yale University) || Venezuela, referido a la matrícula internacional de automóvil.

Z

z Valencia de un ión || Zona.

Z Coeficiente de viscosidad || Componente de fuerza || Número atómico || Número de colisiones moleculares por segundo || Zaire, referido a la unidad monetaria del Zaire || Zambia, referido a la matrícula internacional de automóvil || Zaragoza, referido a la matrícula nacional de automóvil || Zona, referido al herpe zoster.

Z Impedancia.

Z/C Zona de concentración.

Z/D Zona de destrucción.

Z/O Zona objetivo.

ZA Unión Sudafricana, referido a la matrícula internacional de automóvil || Zamora, referido a la matrícula nacional de automóvil || Zona aérea.

Zac Zacarías (Zachary).

ZAC Zona Aérea de Canarias.

Zag Zagreb.

ZAL Zona de actividades logísticas.

ZAM Zambia || Zinc-base (aleación con bajos porcentajes de) aluminio y mercurio.

ZAN Zapador anfibio.

ZANU Unión Nacional Africana de Zimbabwe (Zimbabwe African National Union).

ZANU-PF Unión Nacional Africana de Zimbabwe-Frente Patriótico (Zimbabwe African National Union-Patriotic Front).

Zap Zapadores.

ZAPU Unión de Pueblos Africanos de Zimbabwe (Zimbabwe African People's Union).

ZATC Zona de ataque.

ZBX Butilxantato de zinc (Zinc Butylxanthathe).

ZC Congreso Sionista (Zionist Congress) || Zona de combate.

ZCDA Zona contaminada.

ZDIO Azelato de diisooctilo.

ZDP Ditiofosfato de zinc (Zinc Dithiophosphate).

ZE Zollinger-Ellison, referido al síndrome.

ZEC Zona Especial Canaria.

ZEE Zona Económica Exclusiva.

Zero g Gravedada nula.

ZES Síndrome de Zollinger-Ellison (Zollinger-Ellison Syndrome).

ZETA Reactor de fusión de energía nula (Zero Energy Thermal Apparatus).

ZF Zona de fuego, referido a una acción militar.

ZG Zona gaseada, referido a guerra química.

Z_i Impedancia de salida.

Ziana Agencia de Noticias Inter África de Zimbabwe (Zimbabwe Inter-Africa News Agency).

ZIG Inmunoglobulina zoster (Zoster Immunoglobulin).

ZIP Plasma inmune antizoster (Zoster Inmune Plasma).

Zl Zloty, referido a la unidad monetaria de Polonia.

ZM Marcador de zona (Zone Marker) || Zona marítima.

ZMA Metaarsenito de zinc (Zinc Metarsenite).
ZMBAL Zona militar de Baleares.
ZMBI Mercaptobenzoimidazol de zinc (Zinc Mercaptobenzoimidazole).
ZMBT Mercaptobenzotiazol de zinc (Zinc Mercaptobenzothiazole).
ZMCANA Zona militar de Canarias.
Zn Zinc.
ZnPP Zinc protoporfirina.
Z_o Impedancia de salida.
ZO Organización Sionista (Zionist Organization).
Zod Zodíaco.
Zool Zoología.
ZOP Zimosan opsonizado.
ZP Zona de peligro.
ZPI Indicador de posición de zona (Zone Position Indicator).
ZPO Peróxido de zinc (Zinc Peroxide).
Zr Zirconio.
ZR Zona de resistencia, referido a una acción militar.
ZRADA Zona radiactiva.
ZRE Zaire, referido a la matrícula internacional de automóvil.
ZREV Zona de recepción de evacuados.
ZRMP Zona (de paso) de rutas (aéreas) mundiales principales.
ZRT Zona de retaguardia.
ZS Zona de seguridad.
ZSO Zona de socorro.
Z test Test de Rorschach (Rorschach Test).
ZTO Tetraóxido de zinc (Zinc Tetraoxyde).
ZTP Zirconato titanato de plomo.
ZUM Movimiento Unificado de Zimbabwe (Zimbabwe Unificated Movement).
ZUR Zonas de urgente reindustrialización.
Z_v Impedancia de vídeo.
ZW Zimbabwe, referido a la matrícula internacional de automóvil.
zz Zig zag.
Zz Jengibre (Zingiber).